Helge Hesse
Hier stehe ich, ich kann nicht anders

PIPER

Zu diesem Buch

»Ich wasche meine Hände in Unschuld.« – »Zeit ist Geld.« – »Vertrauen ist gut, Kontrolle ist besser.« – »Gott würfelt nicht.« Jeder hat diese Sätze schon oft gehört oder gelesen. Doch in welchem Zusammenhang der Geschichte wurden sie gesagt? Und von wem? Dieses Buch lädt ein zu einer etwas anderen Reise durch die Weltgeschichte. Anhand der 80 bekanntesten Sätze aus 2600 Jahren führt es zu Orten, Menschen und Schlüsselmomenten der Geschichte und lässt die einzelnen Epochen von der Antike bis heute wieder lebendig werden. Was Caesars gefallene Würfel über das Römische Reich, Luthers Ausspruch über die Reformation, Kants Worte über die Aufklärung oder Kennedys Berlin-Statement über den Kalten Krieg verraten, erzählt Helge Hesse in diesem Buch. Jeder dieser berühmten Sätze steht für eine Epoche der Weltgeschichte, die man in 80 unterhaltsamen Kapiteln durchschreiten kann!

Helge Hesse, geboren 1963, studierte Philosophie und Betriebswirtschaftslehre. Als freier Autor und Publizist ist er zu historischen, kulturellen und wirtschaftlichen Themen tätig. »Hier stehe ich, ich kann nicht anders. In 80 Sätzen durch die Weltgeschichte« wurde von der Zeitschrift Damals 2007 als historisches Buch des Jahres in der Kategorie Unterhaltung ausgezeichnet. Zuletzt erschien von ihm »Ich habe einen Traum. In 80 Sätzen durch die Geschichte des 20. Jahrhunderts«. Helge Hesses Bücher wurden in mehrere Sprachen übersetzt.

Helge Hesse

Hier stehe ich, ich kann nicht anders

In 80 Sätzen durch die Weltgeschichte

Piper München Zürich

Mehr über unsere Autoren und Bücher:
www.piper.de

Für Herta und Hermann,
Lore und Hugo

Ungekürzte Taschenbuchausgabe
Piper Verlag GmbH, München
1. Auflage Dezember 2008
3. Auflage März 2010

Umschlag: semper smile, München
Umschlagabbildung: Barry Rosenthal / Getty Images
und Swim Ink 2, LLC / Corbis
Autorenfoto: Cornelia Ulmer
Satz: Fuldaer Verlagsanstalt, Fulda
Papier: Munken Print von Arctic Paper Munkedals AB, Schweden
Druck und Bindung: CPI – Clausen & Bosse, Leck
Printed in Germany   ISBN 978-3-492-25127-3

Inhalt

Vorwort

Viele berühmte Sätze, die wir im Alltag lesen, hören und sagen sind zum Teil Jahrtausende alt. Sie entstanden in schicksalhaften Momenten der Weltgeschichte, entweder als Ausspruch oder wurden niedergeschrieben. Einige sind sogar älter als unsere heutige Sprache. Sie alle erzählen uns etwas über unsere Kultur und Geschichte.

Gehen wir den berühmten Zitaten der Geschichte nach und werfen einen Blick auf ihre Urheber und erforschen die Umstände, unter denen sie entstanden sind, können wir feststellen, dass sich mit ihnen nicht nur eine Reise in die Vergangenheit unternehmen lässt, sondern auch eine Abfolge von Stippvisiten zu besonders bedeutenden Wegmarken der Menschheitsgeschichte.

Dieses Buch lädt Sie auf eine Reise ein. So wie Jules Verne seinen Held Phileas Fogg in 80 Tagen um die Welt reisen ließ, verläuft unsere Reise in 80 berühmten Sätzen durch die Weltgeschichte und besucht Orte, Menschen und historisch bedeutsame Momente. Von »Erkenne dich selbst!« bis zu der »Achse des Bösen« durchmisst es einen Zeitraum von etwa 2600 Jahren.

Hinter jedem Zitat, das dieses Buch unterwegs aufsucht, verbirgt sich mindestens eine hochinteressante Episode der Geschichte. Jedes stößt eine Tür zu einem eigenen Abschnitt in Zeit und Raum auf, entfaltet überraschende Eindrücke vergangener Epochen und zeigt immer wieder den Menschen mit seinem sehr individuellen Blick auf die Welt.

Wie auf jeder Reise, muss man immer wieder die Entscheidung treffen, wo man halt macht, was man besichtigt und was man am Wegesrand stehen lässt. Da dieses Buch von der Weltgeschichte erzählt, habe ich literarische Zitate nur dann aufgenommen, wenn sie für eine besondere historische Zeit oder ein bedeutsames Ereignis in Politik und Gesellschaft stehen. An manchen Orten würden Sie vielleicht gerne länger verweilen, obwohl unsere Fahrt schon wieder weiter geht. Diese Reise verfolgt nicht den Anspruch, erschöpfend oder ausgewogen zu sein. Sie könnte es auch nicht leisten, nicht zuletzt, weil nicht jedes wichtige Ereignis der Weltgeschichte ein geläufiges Zitat hervorgebracht hat. Dieses Buch soll vielmehr in erster Linie Vergnügen an der Geschichte bereiten, und wenn Sie angeregt durch die Lektüre einiges ausführlicher nachlesen wollen, hilft Ihnen das Literaturverzeichnis weiter, das zu jedem Zitat Quellen nennt.

Ein letzter Hinweis: Jedes Kapitel ist in sich abgeschlossen und obwohl das Buch chronologisch vorgeht, können Sie, sollte das ein oder andere Zitat auf den ersten Blick nicht Ihr Interesse wecken, dieses einfach überspringen. Vielleicht kommen Sie später wieder darauf zurück, womöglich, wenn Ihnen das Zitat erneut im Alltag begegnet.

Ich hoffe, dass Sie sich mir als »Reiseführer« dieser Reise in 80 Sätzen durch die Weltgeschichte anvertrauen und dass Ihnen dieses Buch zeigen kann, wie spannend Geschichte ist. Viel Vergnügen!

Helge Hesse

Erkenne dich selbst!

Thales von Milet (um 625 – um 547 v. Chr.)

Diesen hohen Besuch hatte man selbst beim Orakel von Delphi noch nicht gesehen. Die Sieben Weisen, die klügsten Männer des antiken Griechenland, hatten die teils weite und beschwerliche Reise angetreten und sich in dem Heiligtum getroffen. Damit ein wenig ihres Wissens für alle Zeit auch dem heiligen Ort zuteil werde, bat der Priester des Orakels jeden von ihnen, einen Sinnspruch im Stein des Tempels zu hinterlassen. Als Erster verewigte sich der Staatsmann Chilon aus Sparta. Über den Eingang des Heiligtums meißelte er die Worte »Gnothi seauton!« (Erkenne dich selbst).

So beginnt eine der ältesten Urheberrechtsstreitigkeiten der Geschichte. War die Maxime »Erkenne dich selbst!« tatsächlich eine Idee Chilons? Oder hatte er sie nur übernommen? Stammte sie stattdessen von Thales, einem anderen der Sieben Weisen, dem viele diese Worte zuschreiben? Andere Quellen weisen den Satz sogar einem dritten damals Anwesenden zu: dem athenischen Staatsmann Solon.

Wem also ist eines der ältesten überlieferten Zitate der Menschheitsgeschichte zu verdanken? Auf wen gehen die Worte zurück, die wie die Initialzündung der abendländischen Philosophie anmuten? Bereits in der Antike hat diese Frage so manchen griechischen Denker beschäftigt.

Hundert Jahre nach besagtem Ereignis meinte Anaximenes, der wie Thales aus Milet stammte, Chilon habe Thales aus purer Geltungssucht den Satz gestohlen. Weitere hundert Jahre später wies der weise Antisthenes der ersten Priesterin des Orakels von Delphi, der berühmten Phaemonoe, die Urheberschaft des Satzes »Erkenne dich selbst!« zu. Von ihr, so glaubte er, habe dann Chilon den Spruch entlehnt. Auch wenn wir den Streit wohl nie werden klären können, in der Tendenz spricht vieles für Thales als Urheber. Denn der Satz »Erkenne dich selbst!« scheint wie geschaffen, den Beginn der abendländischen Philosophie zu markieren, und mit Thales von Milet nahm sie für viele ihren Anfang.

Warum gilt gerade Thales als einer der ersten Philosophen? Befragen wir die Geschichtsschreibung. Diese lässt die Philosophie meist mit den griechischen Denkern um 650 – 450 v. Chr. beginnen. Man nennt diese Denker Vorsokratiker, weil sie die Philosophie vor Sokrates prägten, der dann um 450 eine neue Richtung im Denken einschlug. Die Vorsokratiker bezeichnet man häufig auch als Naturphilosophen, weil sie sich vor allem darum bemühten, die Zusammenhänge der Natur zu verstehen. Daher ist es kein Wunder, dass fast jeder von ihnen eine Schrift mit dem Titel *Über die Natur* verfasst hat. Thales gilt als der Erste dieser Vorsokratiker oder Naturphilosophen, zu denen auch sein Schüler Anaximander, der bereits erwähnte Anaximenes, die Pythagoreer, die Eleaten wie Xenophanes und Parmenides sowie die Atomisten wie Leukipp und Demokrit gehören. Auch die Sophisten wie Protagoras ordnet man oft noch den Vorsokratikern zu, obwohl diese im engeren Sinne keine mehr sind.

Die Naturphilosophen suchten nach dem die Welt durchdringenden Urstoff oder Urprinzip, aus dem alles entstanden ist. Sie wollten das Wesen allen Seins erkennen. Für Thales war der Ursprung allen Lebens das Wasser. Er argumentierte, wie Aristoteles berichtet, alle Pflanzen seien feucht, auch alle Samen. Alle Leichen hingegen trockneten aus. Thales ging so weit, dass er meinte, die Welt sei ein großes, auf dem Wasser schwimmendes Floß. Die Gründe für Thales' Verbundenheit mit dem Wasser sind nachzuvollziehen. Immerhin hatte er viel von seinem Wissen in Ägypten und Mesopotamien – also an Nil, Euphrat und Tigris – erworben, wo man das Wasser verständlicherweise besonders verehrte.

Warum man letztlich Thales den Zuschlag für den Satz »Erkenne dich selbst!« geben möchte, liegt daran, dass er zeigte, wie das Wahrnehmen des eigenen Ichs, seiner Stärken und Schwächen, zu Lösungen beitragen kann. Sein Leben, sein Individualismus schienen immer wieder der Maxime »Erkenne dich selbst!« zu folgen. »Dich«, so kann man die Worte verstehen, »gibt es nur einmal. Nur du bist in der Lage dich zu erkennen und die Entscheidungen über die Wege zu treffen, die du gehst.«

Die Worte »Erkenne dich selbst!« stehen für die Abkehr vom Vertrauen auf die Götter und für den Beginn des Nachdenkens über den Ursprung, den Lauf und die Zusammenhänge der Welt. Auch weil die Aufforderung »Erkenne dich selbst!« den Menschen selbst in den Mittelpunkt der Erkenntnis rückt, markiert sie den Anfang der Philosophie. Seit über 2500 Jahren mahnt sie jeden, sich und sein Dasein in der Welt zu hinterfragen und die eigene Rolle im Leben zu finden. Dass der Satz die Jahrtausende überdauerte, zeigen auch die Worte, die Oscar Wilde im 19. Jahrhundert niederschrieb: »Über der Pforte der antiken Welt stand geschrieben: ›Erkenne dich selbst!‹ Über der Pforte unserer neuen Welt sollte geschrieben stehen: ›Sei du selbst‹.«

Thales war ganz »er selbst«. Er lebte die meiste Zeit in Milet, einer reichen griechischen Hafenstadt, gelegen auf einer Halbinsel an der Westküste Ioniens in der heutigen Türkei. Milet war ein gutes Pflaster für die Geburt der »Liebe zur Weisheit«, wie man die Philosophie sinngemäß übersetzen kann. Denn die wohlhabenden Mileter mussten sich nicht mehr um das Überleben des nächsten Tages sorgen. Die geschenkte Zeit nutzten sie, um über Zusammenhänge nachzudenken, über Ursachen und Wirkungen der Dinge. Thales stand noch mehr Zeit zur Verfügung als den meisten seiner Mitbürger, denn er war der Sohn wohlhabender phönizischer Eltern. Er erlernte einen Beruf, mit dem man ihn heute halb als Naturwissenschaftler und halb als Techniker bezeichnen würde. Die Wissenschaften waren noch nicht in einzelne Disziplinen getrennt. Als junger Mann reiste Thales nach Ägypten, in den Mittleren Orient und auch nach Athen. Vor allem bei ägyptischen Priestern eignete er sich das damalige Wissen über Mathematik, Navigation und Astronomie an. Zurück in Milet versuchte er sich zunächst in der Stadtpolitik. Doch bald war es erneut die Betrachtung der Natur, der er seine Zeit widmete. Thales wurde stadtbekannt und man sagte ihm nach, ein versponnener Kauz zu sein. Auf den ersten Blick schien er sich auch alle Mühe zu geben, die Philosophie gleich zu ihrem Beginn in den Ruf geraten zu lassen, ein Betätigungsfeld eigentümlicher und zerstreuter Gelehrter zu sein. So betrachtete Thales eines Nachts im Gehen die Sterne und weil er nicht auf den Weg achtete, fiel er in einen Brunnen. Eine Magd, die das beobachtet hatte, sagte lachend zu ihm, er beschäftige sich zwar mit den Dingen im Himmel, doch sehe er nicht, was direkt vor seinen Füßen liege.

Thales' Mutter hätte ihr vermutlich beigepflichtet und dann noch seufzend hinzugefügt: »Würde er doch wenigstens die Frauen beachten!« Denn so sehr sie ihren Sohn auch drängte, er wollte partout nicht heiraten. Auch wenn einige Quellen sagen, Thales habe eine Frau und sogar einen Sohn gehabt, ist folgende Überlieferung zu schön, um auf ihre Wahrheit geprüft zu werden: Auf die Drängeleien seiner Mutter, endlich zu heiraten, soll er jahrelang hartnäckig geantwortet haben: »Noch ist nicht die Zeit dazu«, bis er endlich antworten konnte: »Nun ist die Zeit dazu vorüber.«

Zum Star der Wissenschaft seiner Zeit stieg Thales auf, als er eine Sonnenfinsternis vorhersagte, die er mit einigem Glück aus alten Quellen gedeutet hatte und die dann in Anatolien tatsächlich zu sehen war. Schriftliches ist von Thales nicht erhalten. Wenn überhaupt, so wird von dem großen frühen Geschichtsschreiber der Philosophie Diogenes Laertius vermutet, verfasste er zwei Schriften über astronomische Fragen. Im Mittelpunkt seines Denkens standen zweifellos die Naturwissenschaften und da vor allem die Astronomie. Auch wenn Thales glaubte, die Welt sei eine Scheibe und der Himmel eine Halbkugel, die darüber gestülpt sei, leistete er auf diesem Gebiet Beachtliches.

Thales starb vermutlich mit Ende 70, andere Quellen sagen sogar, er sei 90 geworden. Zum Zeitpunkt seines Todes hatte er im Stadion einem Wettkampf zugeschaut. Der Philosoph des Wassers war infolge der gerade herrschenden Hitze an Austrocknung und an Altersschwäche gestorben.

Doch eine Sache wäre noch zu klären. Was hat Thales damals in Delphi getan, als Chilon die Worte »Erkenne dich selbst!« in Stein meißeln ließ, obwohl er sehr wahrscheinlich nicht der erste war, der sie formuliert hatte? Welchen Spruch ließ Thales daraufhin in dem Heiligtum verewigen? Es war der schlichte Satz »Gedenke der Freunde«. Wer weiß, an wen Thales dabei gedacht hat – und an wen nicht.

2 Alles fließt

Heraklit (um 540 – um 480 v. Chr.)

Alles fließt? Auf den ersten Blick könnte man meinen, Heraklit habe den Staffelstab des Thales von Milet übernommen. Denn der hatte gesagt, der Urstoff allen Seins sei das Wasser. Das Neue bei Heraklit war

– wenn wir die beiden Worte des Zitates interpretieren –, dass er das Wasser als etwas Dynamisches verstand. Für ihn war alles im Fluss. Alles wird, alles vergeht, alles ändert sich. Nichts bleibt, wie es ist.

Heraklit jedoch als einen Philosophen des Wassers zu bezeichnen, hieße wohl zuallererst, seinen Unmut zu erregen. Denn er verdammte das Wasser als das größte Übel, das es für den Menschen gebe, weil es alles in schändlichste Tiefen hinabziehe. Für Heraklit war das Feuer die Ursubstanz aller Dinge, denn Feuer wandle sich »in das All und das All in Feuer«, wie es in den von ihm erhaltenen Fragmenten heißt.

Wie Thales war auch Heraklit vornehmer Herkunft. Sein Vater war ein direkter Nachfahre des Gründers der Stadt Ephesos, gelegen im Landesinnern der anatolischen Halbinsel, in der heutigen Türkei. Ephesos beherbergte mit dem Tempel der Artemis eines der sieben Weltwunder der Antike. Eines Tages trug man Heraklit sogar die Königswürde an. Doch er wies sie zurück und übertrug sie auf seinen nächstgeborenen Bruder. Politik und Macht waren nicht Heraklits Sache, er war auch kein besonders geselliger Zeitgenosse. Dazu hielt er viel zu wenig von seinen Mitmenschen und auch an seinen Philosophenkollegen ließ er kaum ein gutes Haar. Hesiod, Xenophanes und Pythagoras kanzelte er gnadenlos ab.

Diogenes Laertius berichtet, Heraklit habe sich eines Tages im Artemistempel mit kleinen Jungen ins Würfelspiel vertieft. Als Mitbürger hinzutraten und ihm angesichts dieser nach ihrer Meinung nichtsnutzigen Tätigkeit Vorhaltungen machten, beschied er sie barsch, dass dies besser sei als mit ihnen den Staat zu führen.

Den in Heraklits Augen letzten Beweis dafür, wie schlecht sie waren, lieferten ihm seine Mitbürger, als sie – wie Diogenes Laertius berichtet – Hermodor, den damaligen Herrscher über die Stadt und ein Freund von Heraklits Familie, mit der Begründung verjagten, dass unter ihnen »keiner der Beste sein (solle), und wenn einer das ist, dann sei er an einem anderen Orte und bei anderen Leuten«. Heraklit grollte: »Recht täten die Epheser, sich Mann für Mann aufzuhängen allesamt.« Er verließ die Stadt und wurde Eremit.

In der Einsamkeit verfasste er eine Schrift, die wie die Hauptwerke der meisten Naturphilosophen *Von der Natur* hieß. Er hinterlegte sie im Artemistempel. Keiner, der sie las, verstand sie. Die Sätze wirkten wie Orakelsprüche und die mehrdeutigen Bilder, in denen

Heraklit sprach, brachten ihm den Beinamen »der Dunkle« ein. Wer weiß, vielleicht hat er es so gewollt. In jedem Fall führte die Vielfalt, mit der seine Worte interpretiert werden können, dazu, dass ihn noch heute Philosophen auf mannigfache Weise deuten. Böse gesprochen: Heraklits Sätze kann jeder mehr oder minder so auslegen, wie es ihm gerade passt. Daher gilt also auch in gewisser Weise für die Heraklit-Rezeption: »Alles fließt.«

Worum ging es Heraklit? Sein Anliegen war weniger das Sein der Dinge, sondern vielmehr das Werden und Vergehen, und so sah er alles Dasein als permanenten Wandel. Das Leben war für ihn ein immer währender Kampf der Gegensätze. Verbindet man den Satz »Alles fließt« mit einem anderen berühmten Satz von ihm, mit »Der Kampf ist der Vater aller Dinge«, dann stößt man in das Herz seines Denkens. Denn für Heraklit trieben Gegensätze wie Für und Wider, Sein und Nichts die Welt, das gesamte Leben voran. Man kann sagen, dass bei Heraklit bereits die Thematik von These und Antithese aufscheint und damit die Dialektik. Diese Denkweise wurde bald von den Sophisten, wie Protagoras, ins Zentrum der Philosophie gerückt und erfuhr dann ihre erste große Blüte durch Sokrates.

Mit dem Satz »Alles fließt« nahm Heraklit die Gegenposition zu der Auffassung seines Zeitgenossen Parmenides ein. Der war wie viele Denker jener Tage der Ansicht, dass gar nichts im Dasein fließe. Für Parmenides war alles Sein unbeweglich und unveränderlich. Alles sei immer schon da gewesen. Dass der Mensch Veränderung wahrnehme, liege lediglich an Täuschungen der Sinne. Befrage man die Vernunft, müsse man erkennen, dass es nur Sein oder Nichtsein gebe.

Während also Parmenides auf das Sein und die reine Vernunft setzte, vertraute Heraklit auf die Sinne und auf ihre Wahrnehmung von Veränderungen. Auf diese Weise schuf Heraklit einen Gegenentwurf zur allgemeinen Denkauffassung seiner Zeit.

Von Heraklits Satz »Alles fließt« wissen wir durch Platon, der die Worte »Pánta rhei« (Alles fließt) Sokrates im Dialog *Kratylos* in den Mund legt und ihn verkünden lässt, Heraklit habe diesen Spruch gelehrt. In Heraklits erhaltenen Schriften – nur Fragmente haben die Zeiten überdauert – ist das wortwörtliche Zitat »Alles fließt« nicht zu finden. Doch bei ihm selbst stößt man – je nach Übersetzung – auf zwei ebenfalls berühmt gewordene Sätze, die ohne weiteres als variierende »Langfassungen« des Mottos »Alles fließt« zu deuten sind. Der erste heißt: »Wir können nicht zweimal in denselben Fluss steigen.« Soll heißen: Wenn wir zum zweiten Mal in einen Fluss steigen, ist völlig neues Wasser herangeflossen und auch wir haben uns inzwischen verändert. Daher sei beim zweiten Mal nichts so, wie es beim ersten Mal war. Der zweite erhaltene Satz variiert diesen Gedanken nur: »In dieselben Fluten steigen wir und steigen wir nicht: wir sind es und sind es nicht.«

3 Der Mensch ist das Maß aller Dinge

Protagoras (um 485 – um 415 v. Chr.)

Das öffentliche Leben spielte sich im antiken Athen vor allem auf der Agora ab, dem Markt- und Versammlungsplatz zu Füßen der Akropolis. Das weite Dreieck war lose umsäumt von Tempeln und den wichtigsten Verwaltungs- und Versammlungsgebäuden des Stadtstaates. Diejenigen, die nicht am politischen Tagesgeschäft teilnehmen mussten, gingen vielleicht an den über den Platz verteilten Marktständen entlang und schlenderten dann hinüber zu dem Monument der athenischen Helden, an dessen Sockel Papyruszettel mit den neuesten öffentlichen Bekanntmachungen angebracht waren.

Wer in das angrenzende Haus von Simon, dem Flickschuster trat, um sein repariertes Schuhwerk abzuholen, traf dort an manchen Tagen den Philosophen Sokrates, der wie der Staatschef Perikles zu Simons Kunden gehörte. Vielleicht wurde man von Sokrates sofort in ein Gespräch verstrickt, das man im Schatten einer Säulenhalle fortführte. Womöglich begegnete man auch Protagoras, und dann konnte man ihn fragen, ob es immer noch so wahnsinnig teuer sei, sich von ihm in der Kunst der Rede unterrichten zu lassen.

In jenen Tagen war Protagoras wer. Er war befreundet mit Euripides, dem Tragödiendichter, und mit dem die Stadt regierenden Perikles. Protagoras kam aus einer armen Familie im thrakischen Abdera, nahe der heutigen griechisch-türkischen Grenze. Die Skurrilität, die man den Einwohnern von Abdera nachsagte, mündete in dem Begriff »abderitisch«, mit dem man Einfältigkeit und Schildbürgertum beschrieb. Wie zum Trotz brachte Abdera berühmte Söhne wie den Naturphilosophen Demokrit und eben besagten Protagoras hervor.

Dem etwa 25 Jahre älteren Demokrit gebührt das Verdienst, »Entdecker« des jungen Protagoras gewesen zu sein, der damals in Abdera mit Transporten für Kaufleute den Lebensunterhalt für seine Familie verdiente. Demokrit wurde eines Tages Zeuge, wie Protagoras eine große Ladung Holz auf einen Esel packte. Das Geschick, das Protagoras dabei zeigte, war für Demokrit ein Hinweis, dass der junge Mann auch für die Philosophie begabt sein müsse. Er beschloss, sich seiner anzunehmen. Protagoras enttäuschte seinen berühmten Förderer nicht. Vor allem als Redner zeigte er außergewöhnliche Begabung. Nachdem er in Abdera eine Zeit lang als öffentlicher Vorleser gearbeitet hatte, zog es ihn schließlich in das Athen des Perikles. Dieser ließ gerade auf der Akropolis, dem weißen, die Stadt überragenden Felsen, neue Prachtbauten wie das Parthenon errichten.

In der Regierungszeit des Perikles standen nicht nur die Architektur, das Handwerk und alle Künste in hoher Blüte, auch die Demokratie als Gesellschaftsform erfuhr ihren ersten Höhepunkt. So setzte Perikles durch, dass auch weniger vermögende athenische Bürger an der Regierung mitwirken konnten, indem er ihnen ihre politische Tätigkeit bezahlen ließ. In jenen Tagen, vielleicht den besten, die die Stadt je erlebte, zog es die Menschen des übrigen Griechenland, vor allem die Intellektuellen, nach Athen.

Protagoras wurde in Athen rasch als Lehrer der Redekunst reich und berühmt. Wie das möglich war? Die Antwort liefert die radikale Form der Demokratie, die man dort zur Zeit des Perikles praktizierte. Der Volksversammlung, in der die wichtigsten politischen Entscheidungen zu treffen waren, gehörten nicht etwa nur bestimmte gewählte Personen an, sondern alle freien Männer der Stadt. Weil jeder als politisch gleich fähig eingestuft wurde, bestimmte man die politischen Beamten, wie etwa die Männer des Rats und der Gerichte, per Los aus den Reihen der Volksversammlung. Nur die Strategen wie Perikles und die Finanzaufsicht wurden gewählt. Daher konnte, wer in diesem Staat nach Macht und Einfluss strebte, nicht mehr auf Zugehörigkeit zum Adel oder auf Reichtum vertrauen, sondern musste argumentieren und überzeugen können. Dass darüber die öffentliche Rede zunehmend zum rhetorischen Wettstreit geriet, kam dem Wesen der Griechen entgegen, schließlich haben sie die Olympischen Spiele erfunden und trugen auch sonst begeistert Wettkämpfe in Kunst und Schauspiel aus. All das war Humus für die Sophisten, jene Gelehrte, die in der Redekunst und der geschickten argumentativen Verteidigung jedweder Ansicht unterrichteten. Protagoras war Vorreiter und Star dieses Berufsstandes und womöglich sogar der Erste, der sich »Sophist« nannte.

Auch wenn die Bezeichnung »Sophist« später für Menschen gebraucht wurde, die man der Rechthaberei bezichtigen wollte, hatte das Wort zu Protagoras' Zeiten zunächst einen guten Klang. Denn es stand in seinem griechischen Wortursprung für nichts anderes als für einen Lehrer der Weisheit. Doch weil die Kritiker der Sophisten, allen voran Sokrates und Platon, sehr viel berühmter und einflussreicher als jene wurden, schrieben auch in diesem Fall die »Sieger« die Geschichte. Sokrates und Platon stellten die Sophisten als spitzfindige und keiner Wahrheit oder Moral verpflichtete Söldner des Denkens und Redens dar. Vor allem Sokrates wollte sich trotz vieler Gemeinsamkeiten klar gegen diese abgrenzen.

Um den Sophisten und vor allem Protagoras Gerechtigkeit zukommen zu lassen, kommt der berühmteste Satz, der Protagoras zugeschrieben wird, gerade recht: »Der Mensch ist das Maß aller Dinge«, auf Griechisch: »Anthropos metron hapanton.« Protagoras soll ihn in seiner nicht erhaltenen Schrift *Aletheia* (Wahrheit) niedergeschrieben haben. Dieser später so genannte Homo-mensura-Satz wurde schon in der Antike oft zitiert. Aristoteles erwähnte die Worte in seiner *Metaphysik* und Platon ging auf sie in seinem Dialog *Theaitetos* ein. Darin beschäftigt sich Platon mit der Erkenntnis und zitiert Protagoras mit den Worten: »Denn irgendwo sagte er, der Mensch ist das Maß aller Dinge, der seienden, dass (wie) sie sind, der nichtseienden, dass (wie) sie nicht sind.«

Protagoras ging es mit diesem Satz um die Erkenntnisfähigkeit des Menschen. Immer wieder streitet die Philosophie darüber, ob er vom Menschen als Gattungsbegriff oder vom Menschen als Individuum sprach. Denn ob man die Menschheit an sich oder jeden einzelnen Menschen zum Maß aller Dinge erklärt, führt zu völlig verschiedenen Schlüssen. Macht man die Menschheit in ihrer Gesamtheit zum Maß aller Dinge, geht es um kollektive Begriffe. Doch damit verlässt man auch in Bezug auf Erkenntnis das Individuelle und blendet Abweichungen aus. Versteht man in Protagoras' Satz den Menschen aber als ein Individuum, das Maß aller Dinge ist, dann berücksichtigt man, wie verschieden die Sicht auf die Welt und damit wie facettenreich die menschliche Erkenntnis sein kann.

Vieles spricht dafür, dass Protagoras Letzteres im Auge hatte und die Erkenntnisfähigkeit des einzelnen Menschen meinte. Insofern könnte »Der Mensch ist das Maß aller Dinge« auch heißen: »Alles Menschliche – alle Erkenntnis über die Dinge, die Welt – ist subjektiv.« Denn nur der Mensch misst und bewertet die Erscheinungen der Welt – seine Schlüsse zieht er aufgrund seiner begrenzten und subjektiven Sicht. Daher gibt es, wo der Mensch im Spiel ist, keine Objektivität. Das, was der Mensch erkennt, ist nicht absolut, sondern nur relativ. Auch eine andere, recht häufige Auslegung dieses Satzes wird damit widerlegt: Protagoras sei es um eine Erhebung des Menschen über die Natur gegangen. Genau das hatte er nicht im Sinn.

Dass Protagoras mit seinen berühmten Worten die Relativität der Erkenntnis ansprach, legt auch ein anderer Satz von ihm nahe: »Über jede Sache gibt es zwei entgegengesetzte Aussagen.« In diesen Worten zeigt sich nicht nur der Geist der Sophisten, sondern in ihnen findet sich auch die Benennung von These und Antithese. Doch bei Protagoras entsteht daraus keine Dialektik und damit eine Synthese, wie zwei Jahrtausende später bei Hegel, sondern läuft der Gedanke auf die Schlussfolgerung hinaus, dass es keine endgültige Wahrheit gibt und daher jeder einzelne Mensch mit seiner Sicht zu akzeptieren ist. Für das Zusammenleben der Menschen leitet sich daraus die Aufforderung ab, den Pluralismus der Meinungen und Lebensformen zu pflegen und zu schützen. Daher ist Protagoras der Philosoph der Demokratie. Es ist nur folgerichtig, dass Karl Raimund Popper, der große Staatsphilosoph des 20. Jahrhunderts und Hauptverfechter einer offenen Gesellschaft, Protagoras zu einem seiner Helden erklärte.

Als Protagoras bereits 70 Jahre alt war, hatten einige in Athen endgültig genug von ihm. Seine Schrift *Über die Götter*, in der er die Auffassung vertrat, es sei für den Menschen nicht festzustellen, ob es Gott gebe oder nicht, brachte ihm eine Anklage wegen Leugnung der Götter ein. Anders als einige Jahre später sein Kollege Sokrates entschloss er sich zu fliehen. Je nach Überlieferung ertrank er auf der Flucht beim Schiffbruch vor Sizilien oder starb friedlich im Exil.

4 Ich weiß, dass ich nichts weiß

Sokrates (um 470 – 399 v. Chr.)

Als sich das Jahr 400 v. Chr. dem Ende neigte, reichte in Athen ein gewisser Meletos eine Anklageschrift ein. Ihre Begründung schien an den Haaren herbeigezogen, die geforderte Strafe absurd übertrieben. Meletos beschuldigte den 70-jährigen Philosophen Sokrates, die alten Götter nicht anzuerkennen, sogar neue Götter einzuführen und obendrein die Jugend zu verderben. Deshalb sei nichts Geringeres als die Todesstrafe zu verhängen.

Sokrates war damals der bekannteste Philosoph in Athen. Doch so groß sein Ruhm auch sein mochte, er verkörperte alles andere als das Ideal seiner Zeit. Sein ganzes Benehmen, sein Aussehen, sein Lebenswandel waren für viele seiner Mitbürger ein Affront. Auf offener Straße stellte er sich plötzlich unbekannten Leuten in den Weg und verwickelte sie in philosophische Gespräche – und die verliefen nicht immer angenehm. Wer an einem späten Vormittag auf der Agora, dem athenischen Marktplatz einkaufen wollte, dem konnte es passieren, dass er an seinen Erledigungen gehindert wurde, weil ein ungewaschener, nachlässig gekleideter kleiner Mann mit knolliger Nase, mächtigem Schädel und schütterem Haar an seine Seite trat, ihn mit wachen Augen unter hoher, vorgewölbter Stirn fixierte und ihm aus heiterem Himmel die Frage stellte, was Weisheit sei oder was man gut und was man gerecht nennen könne. Antwortete der Angesprochene dann, stellte ihm Sokrates rasch die nächste Frage. Diese zog die gegebene Antwort oft in Zweifel. Der Gefragte dachte nun womöglich noch länger nach, gab eine nächste Antwort, der sofort eine weitere bohrende, verunsichernde, auf die Schwäche der Argumentation zielende Frage des Sokrates folgte. Nach einiger Zeit dachten vermutlich die meisten, Sokrates wolle sie bloßstellen. Das war aber nicht sein Anliegen. Sokrates fragte, um Wissen zu erlangen. Er befragte auf diese Weise nicht nur andere, sondern auch sich selbst und zog damit immer wieder seine eigenen Gedanken und Schlussfolgerungen in Zweifel. Diese besondere Art des Gesprächs, in dem der Lehrer der Hinterfragende ist und den Schüler animiert, über die gestellten Fragen nachzudenken und das, was er eigentlich meint, zu sagen und damit zu echtem Wissen zu gelangen, kennt die Philosophie als sokratische Methode. Sie war Sokrates' wichtigstes Instrument in seinem Bemühen um wahre Erkenntnis und das daraus abzuleitende richtige Handeln.

Die wahren Gründe für die Anklage des Sokrates werden wir wohl nie in Erfahrung bringen. Fest steht, dass Athen in jenen Tagen nach politisch turbulenten Jahren wieder zur Demokratie zurückfand. Wenige Jahre zuvor hatte die Stadt den verheerenden Peloponnesischen Krieg (431 – 404 v. Chr.) gegen Sparta verloren. Der spartanische Feldherr Lysander setzte 30 Oligarchen ein, die brutaler wüteten als alle ihre Vorgänger in den Jahrhunderten davor und die als die »30 Tyrannen« in die Geschichte Athens eingingen. Sokrates, der nicht die schlechtesten Verbindungen zu dieser Herrscherclique hatte, ließ sich in jener Zeit nichts zuschulden kommen. Doch als die Demokraten die Tyrannen vertrieben hatten, empfand mancher, der nun bei der anbrechenden inneren Neuordnung Athens vor allem Sicherheit und klare Antworten suchte, gerade Sokrates mit seinem Nonkonformismus, seinem Infragestellen jeder vermeintlichen Gewissheit, als Bedrohung der erhofften Ruhe. Die archaische Seite Athens erstarkte wieder. Anders als in den meisten anderen griechischen Siedlungen des Mittelmeerraums, hatten sich die Menschen Athens trotz der Vorreiterrolle der Stadt in der Dichtkunst, der Bildhauerei und der Architektur nie von den alten staatlichen Götterkulten gelöst. Nun zeigte sich, dass in Athen das neue rationale Denken in der Philosophie trotz Sokrates noch längst nicht verankert war. Sokrates, bekannt, geachtet, bewundert, stand als Störenfried da.

Der Prozess des Sokrates wurde ein großes Ereignis. Im Frühjahr 399 kam der Fall wie seinerzeit in Athen üblich vor einer Jury von 500 Bürgern zur Verhandlung. Sokrates verteidigte sich selbst. Den Gedanken »Ich weiß, dass ich nichts weiß« stellte er ins Zentrum seiner Selbstverteidigung.

Während des Prozesses hielt Sokrates drei Reden, die sein Schüler Platon später in seiner Schrift *Apologie des Sokrates* festhielt. In der ersten, seiner eigentlichen Verteidigungsrede, wies Sokrates alle Anklagepunkte zurück. Er kam auf das Argument seiner Ankläger zu sprechen, dass einer, der die Dinge erforsche wie er, die Existenz der Götter leugnen müsse. Seine Weisheit, so sagten seine Anhänger, sei ein Beweis dafür. Sokrates erörterte daraufhin, wie er in den Ruf der Weisheit gelangt sei. Er berichtete, wie sein Freund Chairephon in Delphi das Orakel gebeten habe, ihm den Weisesten Athens zu nennen. Das Orakel habe geantwortet: »Weise ist Sophokles, weiser ist Euripides, aber von allen der Weiseste ist Sokrates.«

Als Sokrates davon erfuhr, beschloss er, den Orakelspruch zu widerlegen. Er befragte Politiker, Dichter und Handwerker. Dabei bemerkte er, dass sie sich alle für weiser hielten, als sie tatsächlich waren. Und das nur, weil sie ihr jeweiliges Metier gut beherrschten. Aus dieser Beobachtung folgerte Sokrates, dass er tatsächlich wohl der Weiseste von ihnen sei. Denn er selbst glaube nicht, weise zu sein. »Ich weiß, dass ich nichts weiß« war sein berühmtes Fazit.

Nach der Übersetzung von Manfred Fuhrmann legte Platon Sokrates diese Worte in den Mund, als der von seinem Gespräch mit einem Politiker berichtete: »... er aber (der Politiker) bildet sich ein etwas zu wissen, obwohl er nichts weiß, während ich, der ich nichts weiß, mir auch nichts zu wissen einbilde.« Auch wenn Sokrates also den griffigeren Satz »Ich weiß, dass ich nichts weiß« so vermutlich nie sagte, schimmert auch in dessen »Langfassung« die berühmte sokratische Ironie durch. Denn natürlich wusste Sokrates etwas und würde man aus dem Satz die Ironie herausnehmen, müsste er etwa heißen: »Ich vermute etwas zu wissen, weiß aber, dass ich nicht genug weiß.«

Wie ging der Prozess weiter? Nach Sokrates' Verteidigungsrede wurde abgestimmt. Schuldig oder nicht schuldig? 280 stimmten für schuldig, 220 waren für einen Freispruch. Nun, so wollte es das damalige Verfahren, sollte jede Seite, Anklage wie auch Verteidigung, eine Strafe vorschlagen, über die dann erneut abgestimmt wurde. Die Anklage plädierte abermals für die Todesstrafe. Was würde Sokrates anbieten? Falls er vorhatte, sein Leben zu retten, beging er nun den entscheidenden Fehler. Laut Platon schlug er in seiner zweiten Rede vor, ihm als öffentlichem Wohltäter in der Stadthalle lebenslang freie Kost zu gewähren. Das sollte eine Strafe sein? Es war eine Düpierung des Gerichts. Schließlich bot Sokrates mehr oder minder halbherzig eine Geldstrafe an. Doch der provozierende erste Vorschlag hatte den Schaden bereits angerichtet. Nicht jeder teilte den Humor des alten Philosophen. Nun stimmten, so berichtet es Diogenes Laertius, die 500 Jurymitglieder in einem Verhältnis von 360 zu 140 für die Todesstrafe – also viel mehr, als ihn zuvor für schuldig befunden hatten.

Daraufhin hielt Sokrates seine dritte, abschließende Rede. Platon berichtet, Sokrates habe sich zuerst an die gewandt, die ihn verurteilt hatten, und erklärt, dass sie sich mit seiner Verurteilung keineswegs den lästigen Fragen entziehen könnten, die bisher nur er gestellt hatte. Denn ihm würden andere nachfolgen, die noch unbequemer seien als er. An die Adresse seiner Freunde sagte er, dass er den Tod nicht fürchte. Sofern er ein traumloser Schlaf sei, sei er ein Gewinn. Sei der Tod aber, wie manche sagen, ein Leben in einer Welt, in der man den Menschen vergangener Zeiten begegne, dann freue er sich darauf, Homer, Hesiod oder Minos zu treffen und mit ihnen zu reden.

Eigentlich war es üblich, ein Todesurteil sofort zu vollstrecken. Da jedoch die Verurteilung Sokrates' in die Zeit der Gesandtschaft zur heiligen Insel Delos fiel und niemand hingerichtet werden durfte, so lange das Schiff nicht zurück gekehrt war, schob man die Hinrichtung auf. Sokrates saß noch einen Monat im Gefängnis, wo ihn seine Freunde häufig besuchten. Im Dialog *Kriton* deutet Platon an, dass Sokrates die Möglichkeit zur Flucht gehabt habe, doch diese ungenutzt verstreichen ließ. Sokrates begründete sein Verhalten damit, dass er ein guter Bürger sein und nicht gegen das gesprochene Recht verstoßen wolle, auch wenn es sich gegen ihn selbst richte. Schließlich trank er aus dem Schierlingsbecher, und wenn es so gekommen ist, wie er es sich gewünscht hat, dann löchert er noch heute in einer anderen Welt nicht nur Minos und Homer mit seinen Fragen.

Sokrates' Gedankengang des »Ich weiß, dass ich nichts weiß« wurde essenziell für die Philosophie. Denn jede Suche nach Erkenntnis beginnt mit dem Eingeständnis, etwas nicht zu wissen. Sokrates wollte Nichtwissen und Scheinwissen aufdecken und den einzelnen Mensch durch vernünftige Einsicht – die Sokrates mit Tugend gleichsetzte – zu richtigem Handeln führen. Im Alltag fällt die Äußerung »Ich weiß, dass ich nichts weiß«, wenn jemand vor voreiligen Schlussfolgerungen warnen und zum nochmaligen Nachdenken anregen oder mit einer gewissen Ironie sein Nichtwissen dokumentieren will. Beide Arten seiner Anwendung hätten Sokrates vermutlich Spaß gemacht.

5 Wehe den Besiegten!

Brennus (4. Jhdt. v. Chr.)

Im Juli des Jahres 387 v. Chr. versammelten sich etwa 30 000 gallische Krieger weniger als 15 Kilometer vor Rom an einem kleinen Nebenfluss des Tiber namens Allia. Ihnen hatte sich ein 40 000 Mann starkes römisches Heer entgegengestellt. Der Anblick der groß gewachsenen gallischen Krieger mit ihren langen, hellen Haaren, gekleidet in Felle und bunte Stoffe, war für die meisten römischen Soldaten nicht nur ungewohnt, sondern einschüchternd.

Seit Jahren waren die Barbaren, wie die Römer sie nannten, über die Poebene immer weiter nach Italien vorgedrungen. Rom war noch weit von seiner späteren Macht entfernt. Doch der Ehrgeiz der römischen Bürger war bereits groß. Sie strebten danach, die Region zu beherrschen. Irgendwann musste das Heer der Stadt Rom den Barbaren entgegentreten.

Als die Waffen der Heere klirrend aufeinandertrafen, zeigte sich schnell, dass den Römern ein Feldherr fehlte, der ihre Reihen zusammenhielt. Den ruhmreichen Camillus hatten sie gerade verbannt, da er auf die Alleinherrschaft in der Stadt aus gewesen war. Das römische Heer wandte sich bald zur Flucht, löste sich auf und die Schlacht an der Allia geriet zu einem der größten Desaster der römischen Geschichte. Schnell drang die Kunde der verheerenden Niederlage nach Rom und es hieß, die siegreichen Gallier seien auf dem Weg in die Stadt. Männer, Frauen und Kinder flohen.

Doch etwa tausend römischen Soldaten unter Führung des Marcus Manlius gelang es, rechtzeitig nach Rom zurückzukehren. Sie verschanzten sich mit einigen Bürgern auf dem Kapitol, dem von einem dicken Mauergürtel umgebenen Burgberg. Die Festung beherbergte nicht nur Tempel, vornehme Wohnhäuser und zahlreiche Amtsgebäude, dort lagerten auch die Schätze der Stadt.

Als die Gallier Rom erreichten, standen die Tore offen. Die Mauern waren unbewacht. Einen Hinterhalt fürchtend betraten sie zögerlich die leeren Straßen. Auf dem zentralen Platz der Stadt, dem Forum Romanum, bot sich den Eindringlingen ein merkwürdiges Bild. Still, wie lebende Säulen, standen dort in ihren Gewändern die alten Senatoren. Unbewaffnet erwarteten sie den Feind und den Tod.

Die Gallier erschlugen sie ohne Ausnahme. Dann zogen sie plündernd und brandschatzend durch die Stadt. Es war ihr letzter Triumph. Nun begann sich über sie der Fluch jenes Siegers zu senken, der es nicht vermocht hatte, vollkommen zu siegen. Denn es gelang ihnen nicht, das Kapitol zu erstürmen, das sich auf drei Seiten über unzugänglichen Fels erhob. Die letzten Verteidiger Roms waren nicht zur Aufgabe zu zwingen.

Die Gallier nahmen die Belagerung auf. Sie dauerte Tage, Wochen, schließlich Monate. Bitter büßten sie nun für die Zerstörung der Stadt. Die Krieger hatten keine ausreichende Verpflegung und darbten wie die Belagerten. Schließlich brach der Winter ein. In den Ruinen der Stadt fanden die Gallier keinen Schutz vor Sturm und Regen. Krankheiten brachen aus.

Auch bei den Belagerten auf dem Kapitol neigten sich die Vorräte in den Speichern dem Ende zu. In der Not beschloss man, mit dem verbannten Camillus Kontakt aufzunehmen. Sollte er die Gallier vertreiben, wollte man ihm die Alleinherrschaft über die Stadt anbieten, ihm also das gewähren, was zuvor noch Grund für seine Verbannung gewesen war. Im Schutz der Nacht sandte man einen Boten aus. Über geheime Wege kletterte er ins Tal.

Der Bote kam durch, doch die Gallier entdeckten seine Fußspuren und so den geheimen Pfad hinauf auf das Kapitol. In der folgenden Nacht, die Belagerten warteten noch auf Antwort von Camillus, machte sich ein gallisches Kommando auf den Weg und schlich hinauf zur Burgmauer. Unbemerkt erreichten sie den Durchschlupf, den der Bote tags zuvor genommen hatte. Kein Wachposten war zu sehen. Die Gallier waren fast am Ziel, sie setzten bereits an, in die Festung zu schleichen und die Belagerten im Schlaf zu überraschen, da durchbrach plötzlich Lärm die Stille. Seltsame weiße Wesen erschienen zwischen den Mauern und liefen schreiend umher. Nach dem Schreck kam das Erkennen. Es waren die Gänse, die ein Bürger der Stadt gestiftet hatte und die im Tempel zu Ehren der Göttin Juno gehalten wurden. Sie hatten die Gefahr gewittert. Die schlafenden Mauerwächter wachten von dem lauten Schnattern ebenso auf wie der Kommandant Marcus Manlius. Der stieß laut Legende den vordersten gallischen Angreifer von der Burgmauer, der mehrere seiner Kampfgenossen mit sich in die Tiefe riss.

Die Gänse auf dem Kapitol hatten Rom fürs Erste gerettet. Erneut begann eine Zeit des Wartens. Von Camillus war nichts zu erfahren und bei den Eingeschlossenen schwand die Hoffnung auf seine Hilfe. Da griffen sie zu einer List. Sie warfen die letzten Brote, die ihnen geblieben waren, über die Burgmauer auf die Belagerer. Der Bluff gelang. Die Gallier glaubten, die Belagerten lebten noch immer im Überfluss.

Brennus, der Führer der Gallier und Häuptling des Stammes der Senonen, erklärte sich nun bereit, über einen Abzug zu verhandeln. So berichtet es der römische Geschichtsschreiber Livius. Ob dieser Brennus tatsächlich gelebt hat, ist historisch nicht gesichert. Laut Livius einigte man sich nach einigem Hin und Her auf einen Abzug der Gallier. Bedingung war allerdings, dass die Römer tausend Pfund in Gold als Lösegeld zahlten. Das war eine stattliche Summe. Die Eingeschlossenen trugen sie, wenn auch unter großen Schwierigkeiten, zusammen. Für Brennus war es dennoch eine Niederlage. Wie viele Schätze hatte er sich vor Monaten erwartet, als er wie der vollkommene Sieger aussah? Wie viel hatte er seitdem ertragen müssen? Wie viele Männer hatte er seitdem verloren, ohne etwas zu gewinnen?

Die Gallier schafften schließlich Waagschalen und Gewichte herbei und begannen das römische Gold abzuwiegen. Da trat plötzlich ein römischer Offizier vor und bezichtigte die Gallier, falsche Gewichte zu benutzen. Brennus war empört. Wütend rief er »Vae victis!« (Wehe den Besiegten!), nahm sein Schwert und warf es in die Waagschale zu den gallischen Gewichten. So erzählt es Livius. Ob Brennus des Lateinischen mächtig war, darf bezweifelt werden und so ist es Livius' Sprache, die den Sinn des Satzes transportiert.

Brennus' Worte waren laut dem römischen Geschichtsschreiber Florus bereits im 2. Jahrhundert n. Chr. sprichwörtlich geworden. Auch die Redewendung »sein Schwert in die Waagschale werfen« leitet sich von jener Begebenheit ab. Will man einigen besonders dramaturgiefreundlichen Berichten glauben, überschlugen sich nach Brennus' Ausruf die Ereignisse: Denn plötzlich erschien der herbeigesehnte Camillus mitsamt dem wiedervereinigten Heer der Römer, und einen flotten Spruch soll er auch auf den Lippen gehabt haben: »Mit Eisen, nicht mit Gold pflegen wir Römer zu bezahlen!«

Dann ließ er Taten folgen. Er drängte die ausgezehrten Gallier aus der Stadt. Die setzten sich tapfer zur Wehr, doch schließlich waren sie besiegt. Fortan nannte man Camillus dankbar den zweiten Gründer Roms, und um die Geschichte ganz rund zu machen erzählen einige Quellen, man habe Brennus noch auf dem Schlachtfeld hingerichtet und die Sieger hätten ihm spöttisch sein eigenes »Wehe den Besiegten!« zugerufen.

Ob sich vor allem die zuletzt beschriebenen Ereignisse tatsächlich so zutrugen, bleibt wie gesagt ungewiss. Vielleicht zog Brennus auch unbehelligt mit den Schätzen ab, wie andere Quellen berichten. Doch ein besiegter und getöteter Brennus war auf jeden Fall das versöhnlichere Ende für das römische Selbstverständnis.

Die Ereignisse jener Tage blieben in der Seele der Römer als Trauma haften. Auf lange Zeit war der 18. Juli, der Tag der Niederlage an der Allia, ein »dies ater«, ein schwarzer Tag. Die von nun an tief verankerte Furcht vor den Galliern konnte sich Jahrhunderte später auch Julius Caesar für seine Ziele zunutze machen. Doch Rom setzte nach diesen Ereignissen seinen Aufstieg zur Weltmacht fort. Um 270 v. Chr. hatte sich die Stadt die Vormachtstellung über ganz Mittel- und Süditalien gesichert und strebte nach mehr. Viele waren überzeugt, dass sich erfüllen würde, was der römische Gott Jupiter einst seiner Stadt prophezeit hatte: »Ihr setze ich im Raum nicht, noch in der Zeit eine Grenze: Herrschaft ohne Ende habe ich ihr gegeben!«

6 Das ist der springende Punkt

Aristoteles (384 – 322 v. Chr.)

Anscheinend war 387 v. Chr. ein besonders bemerkenswertes Jahr für die Menschheit. In Italien entging das aufstrebende Rom durch das warnende Schnattern der Gänse auf dem Kapitol nur knapp seiner völligen Zerstörung. Zur gleichen Zeit gründete in Griechenland am Rande der Stadt Athen ein Mann namens Platon eine Schule. Der Hain, in dem sie lag, war dem Helden Akademos gewidmet und so erhielt sie den Namen Akademie. Mehr als 900 Jahre lang sollte hier gelehrt werden. Später, im Mittelalter, wurde Platons Schule Vorbild für die in ganz Europa entstehenden Universitäten.

Zum berühmtesten Schüler dieser wichtigsten geistigen Wiege des Abendlandes entwickelte sich Aristoteles. Er kam 367 im Alter von 17 Jahren aus dem Provinzstädtchen Stageira, einem Ort in Thrakien, nach Athen. Angeblich hatte das Orakel in Delphi seinem Vater, dem Leibarzt des makedonischen Königs Amyntas II., geraten, den begabten Sohn Philosophie studieren zu lassen. Als Aristoteles in die Akademie eintrat, lehrte Platon dort bereits seit 20 Jahren. Er sollte an der Schule noch weitere 20 Jahre wirken bis er starb. Aristoteles wurde in dieser Zeit sein enger Mitarbeiter, blieb aber immer ein Außenseiter unter Platons Schülern. Er lispelte ein wenig und steckte seinen Kopf den ganzen Tag über in Bücher, sodass Platon ihn bald »den Leser« nannte. Während die anderen Schüler Platons sich zunehmend der Askese zuwandten, achtete Aristoteles auf einen bequemen Lebenswandel. Gute Kleidung war ihm ebenso wichtig wie gepflegtes Haar und schmückende Ringe an den Fingern.

In seinen philosophischen Arbeiten vertiefte, kategorisierte und differenzierte Aristoteles Platons Denken. Noch zu Lebzeiten seines Lehrers kam es zu ersten philosophischen Auseinandersetzungen zwischen ihnen, was Platon seufzen ließ: »Aristoteles hat gegen mich ausgeschlagen, wie es junge Fohlen gegen ihre Mutter tun.« Trotzdem war die Verehrung, die Aristoteles für Platon hegte, grenzenlos. Und doch unternahm er schließlich etwas für einen Schüler Ungeheuerliches: Er veränderte radikal den Blickwinkel, den sein Lehrer eingenommen hatte, stellte ihn geradezu auf den Kopf. Denn während Platon die Welt und die Dinge als Ausdruck einer ewigen und unveränderlichen Idee ansah, suchte Aristoteles nach dem Wesen und der Idee in den Dingen selbst.

Zum endgültigen Bruch mit der Schule Platons kam es für Aristoteles, als nach dem Tod seines Lehrers im Jahr 347 nicht er zum Nachfolger ernannt wurde, sondern der vergleichsweise unbedeutende Speusippos. Tief verletzt verließ Aristoteles Athen und ging nach Kleinasien an den Hof von Hermias, dem Herrscher von Atarneus. Die Männer wurden enge Freunde und Aristoteles heiratete schließlich Phytias, eine Nichte oder Schwester des Herrschers. Im Jahr 342 v. Chr. ging Aristoteles an den makedonischen Königshof von Philipp II. Dort wurde er Teil einer der bemerkenswertesten Beziehungen der Weltgeschichte, denn man betraute ihn mit der Erziehung des 13-jährigen Thronfolgers Alexander, der später als Welteroberer Alexander der Große in die Geschichte einging.

Im Jahr 334 v. Chr. kehrte Aristoteles nach Athen zurück und gründete seine eigene Schule. Er nannte sie Lykeion, was sich später in dem Wort Lyceum wiederfand. In Ermangelung eines adäquaten Lehrgebäudes traf sich Aristoteles mit seinen Schülern in einer Säulenhalle und lehrte, indem er mit ihnen diskutierend auf und ab ging. Bald nannte man sie überall in der Stadt die »Herumwandler« und so gingen sie nach dem griechischen Ausdruck dafür als »Peripatetiker« in die Philosophiegeschichte ein.

Wie durch die Säulengänge schien Aristoteles in seinem Denken durch die Themen der Menschheit zu »wandeln«, denn seine Schriften befassen sich mit nahezu allen Fragen des Daseins: Philosophie, Naturwissenschaft, Ethik, Politik und Staat. Als er starb, hinterließ er ein sowohl vom Inhalt als auch vom Umfang her unglaubliches schriftliches Werk. Bedenkt man, dass er in den zwölf Jahren, die ihm nach der Gründung seiner Schule noch verblieben, seine Schrifttätigkeit sogar reduzierte und viele seiner Gedanken nun in Mitschriften seiner Schüler niedergelegt wurden, ist seine Leistung umso eindrucksvoller.

Aristoteles ordnete nicht nur das gesamte Denken umfassend, sondern durchdrang es als Erster inhaltlich und formal. Er führte zahlreiche Grundbegriffe der Philosophie ein, die heute selbstverständlich sind. Darüber hinaus begründete er die Logik und hob die philosophische Disziplin der Metaphysik aus der Taufe. Diese in 14 Büchern ausgeführte Lehre vom Sein, von seinen Ursachen und seinem Wesen, erhielt ihren Namen, weil sie in einer späteren Ausgabe (70 v. Chr.) »meta«, also »nach« den Büchern zur Physik eingeordnet wurde. In der Tat beschäftigt sich die Metaphysik mit den Fragen, die über den Erkenntnisgegenstand der Natur (griech. phýsis) hinausgehen.

Auch der Betrachtung der Poesie widmete sich Aristoteles eingehend. Doch nur ein Buch ist erhalten: das über Tragödie und Epos. Umberto Eco machte 1982 Aristoteles' verschollenes Buch über die Komödie zum Auslöser der Ereignisse in seinem erfolgreichen Roman *Der Name der Rose*.

Mit seinen Schülern hatte Aristoteles auch alles über die Tierwelt gesammelt, was sie erfassen konnten: Wie die Tiere beschaffen sind, wie sie sich fortpflanzen, von welchen Krankheiten sie heimgesucht werden. Dabei unterliefen ihm manche kuriosen Irrtümer. So werden nach Aristoteles Rebhühner durch den Luftzug, der von den Menschen ausgeht, trächtig, oder Mäuse durch das Lecken von Salz befruchtet.

Auch das geflügelte Wort vom »springenden Punkt« ist auf einen Irrtum zurückzuführen. Aristoteles beschrieb in seiner zehn Bücher umfassenden Zoologie *Historia animalium*, dass sich im Weißen eines Eies das Herz des werdenden Vogels »als ein Blutfleck« erkennen lasse. Dies sei ein »Punkt, (der) wie ein Lebewesen hüpfe und springe«. Im 15. Jahrhundert übersetzte der Aristoteliker Theodorus Gaza den zweiten Abschnitt ins Lateinische mit den Worten »quod punctum salit iam et movetur ut animal«. Dies wiederum wurde zum »punctum saliens« und somit zum springenden Punkt. Herkunft und Zusammenhang des »springenden Punkts« erklären also auch, warum man ihn heranzieht, wenn man das Wesentliche, den Kern einer Sache, benennen will.

Die Wirkung von Aristoteles' Werk war immens. Seine Fülle und Vielfalt beendete die noch bei Platon vorhandene Einheit der Wissenschaft. Nun driftete sie in einzelne theoretische und praktische Disziplinen wie Physik, Politik, Ethik, Logik oder Zoologie auseinander. Als Aristoteles' Schriften zu Beginn des Mittelalters wieder ins Bewusstsein rückten, wurde das Denken der westlichen Welt bis zum Ende des 17. Jahrhunderts im Kern ein Denken nach seinen Kategorien. Das Christentum lag von Aristoteles aus gesehen noch über 300 Jahre in der Zukunft. Doch seine Auffassung von Gott als Geist, der über die menschliche Vernunft hinausgeht, reichte aus, dass sich die Scholastiker – die christlichen Philosophen des Mittelalters – mangels anderer Quellen auf den Wissensreichtum seiner Schriften, vor allem auf seine naturwissenschaftlichen Arbeiten stürzten. Somit war Aristoteles selbst zum »springenden Punkt« für das Denken des christlichen Abendlandes geworden.

7 Geh mir ein wenig aus der Sonne

Diogenes von Sinope (um 404 – um 323 v. Chr.)

Der Eine war nur für seine Mitbürger ein Ärgernis. Der Andere wurde es für ganze Völker. Die Rede ist von dem Philosophen Diogenes von Sinope und dem Welteroberer Alexander dem Großen. Sie begegneten sich, so will es die Legende, im Jahr 336 v. Chr. in Korinth. Doch sie hatten sich dort nicht etwa verabredet. Nein, Alexander war gerade oberster Feldherr des Korinthischen Bundes geworden und hatte die üblichen Huldigungen empfangen. Sein Vater Philipp II., König von Makedonien, war kurz zuvor einem Attentat zum Opfer gefallen. Anschließend hatte der erst 20-jährige Alexander gegen alle Widerstände die Macht ergriffen. Nun war er nicht nur König der Makedonier, sondern auch oberster Heerführer der griechischen Allianz, die einst sein Vater geschaffen hatte. Auf das Erscheinen des Diogenes, den er verehrte, doch noch nie getroffen hatte, wartete Alexander einen ganzen Tag lang vergeblich. Da beschloss er, Diogenes in Begleitung einiger seiner Offiziere einen Besuch abzustatten.

Sie trafen Diogenes in der warmen Mittagssonne liegend. Er döste, womöglich vor jener Tonne, die sein Zuhause gewesen sein soll. Mehr, so hieß es, brauche und wolle er nicht. Diogenes war nicht mehr jung. Fast 70 Jahre mochte er in seinen Knochen haben. Der alte Körper, schmal von der lebenslangen Askese, die Haut gegerbt vom ständigen Aufenthalt in Wind und Sonne, war in grobes Tuch gehüllt. Ob die Tonne des Diogenes mit Stroh für ein Nachtlager ausgelegt war, ist nicht überliefert, vermutlich verschmähte er derlei als Luxus und schlief lieber auf den groben Planken. Neben Diogenes lag der Stock, mit dem er in der Stadt umherzustreifen pflegte, außerdem nur noch die kleine Tasche, in die er die Essensreste steckte, die man ihm überließ. Das war Diogenes' ganzer materieller Besitz.

Als Alexander den alten Denker sah, war er noch ganz eingenommen von seinem Erzieher Aristoteles, der ihn bis kurz vor der Thronbesteigung unterrichtet hatte. Diogenes, von dem der ehrgeizige und hochintelligente junge König viel gehört hatte und dessen Wesen und Denken so gegensätzlich zu dem seinen schien, faszinierte ihn. Die Macht trifft gerne auf den Geist, sofern es zu ihren Bedingungen geschieht.

»Ich bin Alexander, der König von Makedonien«, sagte er zu dem alten Mann und trat so nah an ihn heran, dass seine Gestalt einen Schatten auf ihn warf.

Der Bettler-Philosoph blickte auf.

»Ich bin Diogenes, der Kyniker«, antwortete der alte Mann.

Was mag Alexander, der nur im Großen fühlte und dachte, bei Diogenes' Anblick in den Sinn gekommen sein? Vielleicht die Frage, wie und wo sich ihre gegensätzlichen Welten treffen könnten? Diogenes' materielle Bedürfnislosigkeit sah er, von Diogenes' geistiger Unabhängigkeit hatte er gehört. Unter dem Eindruck des alten Mannes gab sich Alexander ganz als König, als Weltbeweger.

»Oh Diogenes, nenne mir einen Wunsch. Ich erfülle ihn dir. Egal, was es kostet«, sagte er.

Auf dieses Angebot folgte ein Moment der Stille. Alexander war zufrieden, vielleicht bewegt von dem Anblick des alten weisen Mannes, doch ebenso bewegt von seinem eigenen königlichen Großmut. Diogenes indessen hatte sich weder erhoben, noch die Haltung aufgegeben, in der Alexander ihn angetroffen hatte. So fiel auch nach wie vor der Schatten des jugendlichen Königs auf ihn.

»Dann geh mir ein wenig aus der Sonne«, antwortete er.

Alexander, verblüfft von der Antwort, tat wie von ihm gewünscht, nickte Diogenes vielleicht noch kurz zu und ging schließlich davon. Seine Offiziere folgten. Empört begannen sie über den ungehobelten alten Denker zu schimpfen und zu spotten. Doch Alexander gebot ihnen zu schweigen. »Wäre ich nicht Alexander«, sagte er, »so wollte ich Diogenes sein.«

Überliefert haben diese Begebenheit Jahrhunderte später Cicero (im 1. Jhdt. v. Chr.) in seinen *Gesprächen in Tusculum* und Diogenes Laertius in seinem Hauptwerk *Über Leben und Meinungen bekannter Philosophen* (im 2. Jhdt. n. Chr.). Aber vielleicht ist das alles nie geschehen, womöglich hat Diogenes auch nie in einer Tonne gelebt. Denn es kann sein, dass die Geschichtsschreibung nur einen Ausspruch Senecas weitergesponnen hat, der einmal sagte, ein Mann mit solch geringen Bedürfnissen könne auch in einer Tonne leben.

Fest steht aber, dass Diogenes eins war in seinem Denken und Tun. Für ihn konnte ein Mensch nur das Glück erlangen, wenn er auf alles Materielle verzichtete und entsprechend seinem eigenen Wesen im Einklang mit der Natur lebte. Skandalös für seine Zeitgenossen war dieser Sonderling, den sie auch »kyon«, den Hund nannten, weil er seine Geisteshaltung nicht nur auslebte, sondern auch Schamgrenzen unbekümmert überschritt. Diogenes tat alles in der Öffentlichkeit, auch, was die Angelegenheiten der Liebesgöttin Aphrodite betraf, und als man ihn dabei sah, soll er gerufen haben: »Wenn man nur auch den Hunger stillen könnte, indem man sich den Bauch reibt!«

Am helllichten Tag ging er mit einer Laterne in der Hand über den Markt und leuchtete den Menschen ins Gesicht. Immer wieder ging er kopfschüttelnd weiter. Als man ihn schließlich fragte, was er da tue, antwortete er: »Ich suche einen Menschen.«

War Diogenes lediglich der Klassenkasper der Philosophie? Zweifelsohne sind die mit ihm verbundenen Anekdoten bekannter als seine philosophische Leistung. Geboren in Sinope, einem Ort an der Schwarzmeerküste, war er der Sohn eines Finanzbeamten, den man aus der Stadt jagte, weil er mit Prägungen von Münzen herumgepfuscht hatte. Diogenes wurde Schüler des Antisthenes, der wiederum Schüler des Sokrates gewesen war. Für viele war Antisthenes der Gründer der kynischen Schule. Die Kyniker forderten die Unabhängigkeit des Individuums, taten das aber so gründlich, dass sie alles Gesellschaftliche ablehnten, sei es Politik, Kunst, Religion, Sitte oder Anstand. Sie verneinten schroff die allgemein akzeptierten Werte. Dies führte zu dem Wort »zynisch«, das heute für verletzendes Spotten steht. Fast könnte man sagen, dass für die Kyniker nur das Private zählte. Diogenes nahm das alles sehr ernst. Er lebte Autarkie durch Bedürfnislosigkeit und strebte darin Perfektion an. Sogar seinen Becher warf er weg, als er sah, dass ein Knabe Wasser aus der hohlen Hand trank.

Beliebt ist die Anekdote von der Begegnung des reichen, nach Weltherrschaft strebenden Alexanders mit dem bedürfnislosen Diogenes bis heute. Diogenes' Entgegnung negiert anarchisch und schlagfertig Alexanders Machtwillen und Erfolgshunger. Das Zitat »Geh mir ein wenig aus der Sonne« ist wie die Anekdote selbst ein Beispiel der extremen Pole des menschlichen Daseins, die in den beiden Protagonisten verkörpert waren.

Alexander eroberte in den 13 Jahren, die ihm von nun an noch blieben, den Großteil der damals bekannten Welt. 333 unterjochte er Kleinasien, er besiegte den persischen Herrscher Darius III., zerschlug dessen Großreich und unterwarf Syrien, Palästina und Ägypten. Er eroberte Babylon und Persien und stieß schließlich 327 bis nach Indien vor. Erst als seine Soldaten meuterten, trat er den Rückzug an. 323 starb er unerwartet in Babylon. Er war erst 33 Jahre alt. Vermutlich endete Alexanders Leben im gleichen Jahr wie das des alten Mannes, dem er 336 in Korinth begegnet war.

Angesichts Alexanders frühen Todes erscheint »Geh mir ein wenig aus der Sonne« im Nachhinein wie eine Warnung des alten Philosophen: Erkenne das Wichtige im Leben. Sieh nicht bloß das Messbare, das Materielle, sondern auch das Innere, die Seele, den Geist.

Der heutige Gebrauch des Satzes »Geh mir ein wenig aus der Sonne« lässt dessen Ursprung leicht vergessen. Denn im Alltag fallen die Worte nicht im Zusammenhang mit einer Philosophie der Genügsamkeit, sondern wenn man jemandem scherzhaft sagen will, dass er stört oder dass er einem tatsächlich das Licht nimmt.

Als hätte das Schicksal Alexander Jahre später noch einmal einen ähnlichen Wink geben wollen, ließ es ihn nach strapaziösen Märschen im fernen Indien dem Brahmanen Dandamis begegnen. Der weise Mann soll Alexander nach Aussage von Plutarch lediglich die Frage gestellt haben: »Aus welchem Grund ist Alexander eigentlich diesen weiten Weg hierher gekommen?«

Es scheint, als habe Diogenes diese Frage aus der Ferne übermitteln lassen.

8 Was zu beweisen war

Euklid (um 320 – um 275 v. Chr.)

Als Euklid in der damals noch im Aufbau befindlichen ägyptischen Metropole Alexandria das Licht der Welt erblickte, hatte man dort gerade ihren Gründer Alexander den Großen nach seinem frühen Tod zur Ruhe gebettet. Alexandria war eine von 17 nachgewiesenen Stadtgründungen des Welteroberers. Sie wurde die bedeutendste und berühmteste von ihnen.

In den Jahrzehnten, die Euklid in Alexandria verbrachte, erlebte er, wie auf der vorgelagerten Insel Pharos der berühmte und über 100

Meter hohe Leuchtturm errichtet wurde, der als das siebte Weltwunder der Antike galt. Euklid wurde auch Zeuge, wie seine Heimatstadt zum Mittelpunkt des Hellenismus heranwuchs. Die hellenistische Epoche entstand aus der einheitlichen griechischen Kultur, die sich trotz des frühen Todes Alexanders, in dessen unvollendet gelassenem Weltreich ausbreitete und im Osten bis zum Indus vordrang. Griechisch entwickelte sich zur Weltsprache, Kunst, Kultur und Wissenschaften erklommen atemberaubende Höhen. Bis zur römischen Kaiserzeit (beginnend mit Augustus' Prinzipat 27 v. Chr.) blieb der Hellenismus dominierend. Dann wurde er nach und nach von der römischen Kultur in den Hintergrund gedrängt, verging aber nicht ganz. Mit dem Niedergang Roms entdeckte man den Hellenismus in der Spätantike im 4. Jahrhundert n. Chr. wieder. Nun wurde er zum Orientierungspunkt und Alternativentwurf für diejenigen, die dem aufkommenden christlichen Glauben distanziert gegenüberstanden. Bemerkenswert ist, dass Alexandria auch als ein frühes Zentrum des Christentums galt.

In Ägypten war der Hellenismus eng mit der Herrscherdynastie der Ptolemäer verbunden. Ptolemaios I. Soter, genannt »der Retter«, Jugendfreund, Weggefährte und ein Heerführer Alexanders des Großen wurde von diesem zum Statthalter in Alexandria bestimmt. Nach Alexanders Tod behauptete Ptolemaios geschickt seine Macht in den Kämpfen der Diadochen, der Feldherren Alexanders, die sich nach dessen Tod um sein Weltreich stritten (das griechische Wort diádochos bedeutet »Nachfolger«). Als Ptolemaios schließlich König wurde, war das der Beginn der Ptolemäerdynastie, die erst 30 v. Chr. mit dem Tod der letzten Herrscherin, der berühmten Kleopatra, enden sollte. Ptolemaios I. gründete in Alexandria das Museion, eine Akademie der Wissenschaften und der Literatur. In dessen Nähe errichtete sein Sohn Ptolemaios II. später die berühmte Bibliothek. Sie war öffentlich zugänglich und beherbergte zu ihrer Glanzzeit über eine Dreiviertelmillion Buchrollen.

Man kann verstehen, dass es die großen Gelehrten jener Zeit nach Alexandria zog. Einer war von Anfang an dort: Euklid. Sein Forschungsgebiet, die Geometrie, ist aus der Antike nicht wegzudenken. Überall im Alltag jener Tage war sie zu finden, in der Architektur, dem Schiffs- oder dem Städtebau. Die Straßen, durch die Euklid in Alexandria lief, trafen alle im rechten Winkel aufeinander. Geometrisch angeordnet wie auf einem Schachbrett standen die Häuserblocks auf der Halbinsel an der Mündung eines Nilarmes. Sie beherbergten Wohnviertel für Ägypter, Juden und Griechen. Nahezu eine Million Menschen lebten in der Metropole. Hier schuf Euklid sein mathematisches Werk, dessen Bedeutung fundamental für die gesamte Geistesgeschichte wurde. Über 2000 Jahre lang war sein Buch *Elemente* (Stoicheia) das Basislehrbuch für den Geometrieunterricht und einige halten es neben der Bibel für die Schrift, die das Denken des Abendlandes am nachhaltigsten geprägt hat.

Was ist der Grund? Dass es Euklid in den *Elementen* gelingt, das gesamte mathematische Wissen seiner Zeit zusammenzufassen, ist nur das Eine. Das war quasi die Pflicht und er erledigt sie mit großer Sorgfalt. Doch ihm ging es um mehr: Er gab dem Zusammengetragenen ein System, setzte also alles in einer bestimmten Ordnung in Beziehung zueinander. Ganz so, als habe ihn der schachbrettartige Stadtplan Alexandrias inspiriert. Sein System entwickelte er aus der Annahme eines Raums, in dem die drei Dimensionen (vorne/hinten, links/rechts, oben/unten) aufeinander treffen.

Euklid begann seine Ausführungen mit einfachen Begriffen, legte die geometrischen Grundbegriffe wie Punkt oder Gerade dar, erörterte die gesamte Zahlentheorie und baute jede nachfolgende Definition auf der vorangegangenen auf. Die gesamte so genannte Euklidische Geometrie lässt sich dank ihres systematischen Aufbaus auf fünf Grundannahmen, die fünf Axiome zurückführen. Jeden seiner Beweise beendete Euklid mit dem Satz »Was zu beweisen war«. Diese Worte wurden in späteren Jahrhunderten – der Hellenismus war längst vergangen – als lateinisches »quod erat demonstrandum« berühmt und oft auch als q.e.d. abgekürzt.

Aber gerade die Aufforderung »quod erat demonstrandum« sollte Euklids Mathematikerkollegen noch vor ungeahnte Probleme stellen. Der Beweis für das fünfte Axiom, also die Erfüllung des »quod erat demonstrandum«, wurde zum mathematischen Abenteuer.

Die ersten vier Axiome sind noch einfach zu verstehen und bergen auch keinen Zündstoff:

Man kann zwischen zwei Punkten eine Gerade ziehen.

Eine Gerade kann endlos verlängert werden.

Man kann einen Kreis zeichnen, wenn Mittelpunkt und Abstand bekannt sind.

Alle rechten Winkel gleichen sich.

So weit, so gut. Doch das fünfte Axiom hatte es in sich:

Wenn eine Gerade zwei andere Geraden so schneidet, dass die beiden inneren Winkel auf der einen Seite zusammen kleiner als zwei rechte Winkel sind, dann schneiden oder treffen sich die beiden Geraden, wenn sie verlängert werden, auf der Seite, auf der die Winkel liegen, die zusammen kleiner als zwei rechte Winkel sind.

Einfacher gesagt: Wenn neben einer Geraden ein Punkt existiert, kann durch diesen Punkt nur eine einzige weitere Gerade gezeichnet werden, die parallel zu der ersten Geraden ist. Daher trägt Euklids fünftes Axiom auch den Namen Parallelaxiom. Das alles scheint logisch, fand sich auch im Schachbrett. Doch dieses Axiom ist nicht so makellos und klar wie die anderen. Die hellsten Köpfe der Mathematik sollten sich in den nächsten zwei Jahrtausenden daran die Zähne ausbeißen. Denn vergeblich versuchte man dem Parallelaxiom das angedeihen zu lassen, was Euklid ihm vielleicht aus gutem Grund verweigert hatte: den Beweis.

Der Versuch, das Parallelaxiom aus Euklids anderen Axiomen herzuleiten, blieb ohne Erfolg. Erst in der ersten Hälfte des 19. Jahrhunderts kam es zur so genannten kopernikanischen Wende in der Mathematik. Unabhängig voneinander entwickelten der Deutsche Carl Friedrich Gauß, der Ungar János Bolyai und der Russe Nikolai Iwanowitsch Lobatschewski die nichteuklidische Geometrie, deren Lücken 1899 der Deutsche David Hilbert schloss. Die nichteuklidische Geometrie lässt das Parallelaxiom einfach weg. An die Stelle der Vorstellung eines »geraden« Raumes tritt das Bild vom »gebogenen« Raum, das später mit der Relativitätstheorie Albert Einsteins eine weitere Dimension erfuhr. Euklids *Elemente* sind dennoch auch im 20. Jahrhundert bedeutsam für die Mathematik geblieben.

9 Um dem Volk voranzugehen, muss man sich dahinter stellen

Laozi (auch Lao-Tse; vermutl. 3./4. Jhdt. v. Chr.)

Eines Tages konnte der weise alte Laozi den zunehmenden Verfall in seiner Heimatprovinz nicht mehr ertragen und beschloss, trotz seines hohen Alters das Land zu verlassen. Als er die Grenze am Gebirgspass erreichte, erkannte ihn der Dienst habende Wächter. Da der befürchtete, dass mit Laozi auch all sein Wissen entschwinde, bat er den weisen Mann, dieses in einem Buch niederzulegen. Laozi entsprach der Bitte. Erst dann zog er davon und »niemand weiß, wo er geendet hat«. So soll, quasi als ein Zoll des Wissens, eines der wichtigsten Werke der fernöstlichen Philosophie entstanden sein, das *Daodejing* (auch: *Tao-te-king*). Das berichtet der chinesische Geschichtsschreiber Sima Qian in seinem Werk *Shiji* um 100 v. Chr.

Sinngemäß kann man den Titel *Daodejing* mit »Vom Sinn und der Kraft« übersetzen. In 81 knappen Kapiteln und etwas mehr als 5 000 Wörtern enthält es die wesentlichen Gedanken eines der größten Meister der chinesischen Philosophie.

Laozi und das *Daodejing* fallen zeitlich in das Ende der Zhou-Dynastie. Diese große Sippe eroberte 1122 v. Chr. die damalige Hauptstadt Yin und baute im Laufe der Jahrhunderte einen weit verzweigten Lehnsstaat auf. Ab Anfang des 8. Jahrhunderts begannen die Lehnsherren der Regionen gegeneinander zu kämpfen und die Einheit des Reiches zerfiel. Die Periode des endgültigen Niedergangs der Zhou-Dynastie, die »Zeit der streitenden Reiche« (um 475 – um 221 v. Chr.) bescherte China eine Blüte des Geisteslebens, die es bis heute nicht wieder erreicht hat. Ihre bedeutendsten Denker wurden selbst in der europäischen Kultur früh bekannt: Kong Zi (besser bekannt als Konfuzius) und Laozi.

Über Laozis Leben weiß man wenig. Die einzige historische Quelle ist jene bereits erwähnte Schrift *Shiji* des Geschichtsschreibers Sima Qian, deren Inhalt sich auf lange Überliefertes stützt. Sima Qian merkt selber an, wie unsicher das von ihm Berichtete ist. Man glaubt, dass Laozi als Archivar und Verwalter am Hof seiner Heimatprovinz, dem heutigen Hénán, arbeitete. Vermutlich wurde er im 4. oder 3. Jahrhundert v. Chr. geboren. Andere Quellen orten ihn schon im 6., manche sogar im 7. Jahrhundert v. Chr. Doch letztlich ist nicht einmal sicher, ob es ihn überhaupt gegeben hat oder ob er nur Legende ist. In diesem Falle wäre Laozi gar nicht der Schöpfer des *Daodejing*. In der Tat gehen einige neuere Forschungen von mehreren Verfassern des Buches aus.

Wie viel Legende um Laozi gestrickt wurde, lassen Berichte erahnen, die behaupten, er sei über 160 Jahre alt geworden. Daoisten – die Anhänger von Laozis Lehre – glauben, dass er so alt wurde, weil er seine eigenen Maximen befolgte. Laozi bedeutet »der Alte«, »alter Sohn« oder »alter Meister«. Sein eigentlicher Name war Li Er. Ist »der Alte« lediglich die Personifizierung einer Idee oder wäre es ganz in Laozis Sinne, dass er als »der Alte« berühmt geworden ist? Denn wenn es stimmt, was man über ihn sagt, war er bescheiden und zurückhaltend und wollte ganz im Sinne seiner Lehre ohne Namen bleiben.

Will man den Daoismus verstehen, als dessen Begründer Laozi gilt, muss man einen Blick in das *Daodejing* werfen. Die Bedeutungsvielfalt der chinesischen Schriftzeichen schafft ein erstes Hindernis. Wie ist der Sinn eines Zeichens zu übersetzen? Deutsche Übersetzungen des *Daodejing* gibt es zahlreiche, mit ebenso vielen Deutungsvarianten. Schon die ersten Worte des *Daodejing* stiften Verwirrung. Man kann sie übersetzen mit »Das Dao, das man beschreiben kann, ist nicht das absolute – ewige – Dao«. Oder mit »Der Name, den man geben kann, ist kein absoluter – ewiger – Name«.

Was ist dieses »Dao«? Mit Dao wird keine Gottheit an sich beschrieben. Dao ist ein Weg, der Sinn, der Ursprung, das Wesen der Dinge. Dao ist das alles umfassende und ewige Prinzip in der Natur. Es ist das Sein und das Nichts zugleich und daher durch Worte nicht zu beschreiben. Worte grenzen es nur ein. Und der Mensch? Der soll durch Nichteinmischung in die Natur versuchen, sich dem Dao zu nähern.

Trotz aller Kulturvielfalt haben nur wenige historische Zitate, die von außerhalb des europäischen Kulturkreises stammen, den Weg in unseren Alltagsgebrauch gefunden. Beispiele finden sich außer bei Laozi und Konfuzius noch bei dem indischen Dichter und Philosoph Rabindranath Tagore, natürlich bei Mahatma Gandhi und, unter den heute Lebenden, zuweilen bei dem Dalai Lama.

Der Satz »Um dem Volk voranzugehen, muss man sich dahinter

stellen« ist eine der bekanntesten Äußerungen Laozis und im 66. Kapitel des *Daodejing* zu finden. Sie gilt in allen Übersetzungen unstrittig und zugleich als beispielhaft für den Denkstil Laozis. Immer wieder stellt Laozi in den zahlreichen Aphorismen des *Daodejing* die beiden gegensätzlichen Ausprägungen einer Sache, gleich These und Antithese, gegeneinander. Hier sind es »vorangehen« und »dahinter stellen«. An anderer Stelle spricht er vom »Dienen, um zu herrschen«.

Laozis Philosophie vom »Wirken durch Nichtwirken«, seine Forderung, dass der Mensch sich dem Dao zu nähern habe, indem er möglichst nicht in den Lauf und das Wesen der Dinge eingreift, gilt auch hier. Der Satz »Um dem Volk voranzugehen, muss man sich dahinter stellen« ist nicht als frühe Variante eines Demokratieverständnisses zu deuten. Hier geht es nicht darum, streitende Interessen auszugleichen, zu debattieren oder abzustimmen. Laozis Satz ist auch weniger als Handlungsanweisung an einen Regierenden denn als eine Aufforderung zu verstehen, eine bestimmte innere Haltung einzunehmen. Die Einwirkung auf das Volk, das »Vorangehen«, das Laozi meint, ist als ein Vorangehen im Geiste, bestenfalls als ein Vorangehen durch Beispiel zu verstehen.

Mit ihrer Naturbezogenheit bildet die Lehre vom Dao eine Antithese zum Konfuzianismus, der als Staatsphilosophie eher auf den praktischen Alltagsgebrauch zielt und die Harmonie des Einzelnen mit der Gemeinschaft, auch mit der Macht und dem Staat anstrebt. Dem Daoismus hingegen liegen Dinge wie das Streben nach Macht, äußerem Fortschritt und Kultur fern. Ihm geht es um die Harmonie des Individuums mit sich und der Natur. Man erkennt in ihm Parallelen zur Naturbezogenheit und Gesellschaftsferne des Diogenes und der Kyniker. Sowohl der Daoismus als auch die Kyniker lieferten Varianten einer frühen Forderung von »Zurück zur Natur!«. Sie wurden trotz der Einflüsse, die von ihnen ausgingen und die vom Daoismus auch heute noch ausstrahlen, in keiner Gesellschaft dauerhaft zum geistigen Leitbild. Konfuzius und seine Lehre sind dagegen tief verwurzelt in den ostasiatischen Gesellschaften, vor allem in den chinesisch geprägten. Dennoch geht vom Daoismus bis heute eine ungebrochene Faszination aus.

10 Du verstehst zu siegen, den Sieg zu nutzen, verstehst du nicht

Marhabal (3. Jhdt. v. Chr.)

Immer wieder trifft man auf historische Momente, die einladen darüber nachzusinnen, wie der Lauf der Geschichte ausgesehen hätte, wäre ein Entschluss anders gefasst worden.

Zu derlei Gedankenspielerei lädt auch die Entscheidung eines Feldherrn ein, der nach einer siegreichen Schlacht im Jahr 216 v. Chr. nicht nachsetzte, um den Feind endgültig zu besiegen, sondern seine Soldaten ausruhen ließ. Dieser Feldherr, der Karthager Hannibal, hatte soeben ein zahlenmäßig weit überlegenes römisches Heer auf einem Feld nahe dem apulischen Ort Cannae vernichtend geschlagen. Die Schlacht bei Cannae gilt als eine der größten Meisterleistungen militärischer Taktik. Noch zu Beginn des 21. Jahrhunderts gehört sie als Paradebeispiel einer Umfassungsschlacht zum Unterrichtsplan in Militärakademien. Mit der karthagischen Kavallerie hatte Hannibal die römischen Truppen in die Zange genommen und vollkommen vernichtet. Vier Legionen waren für Rom verloren. Der Weg in die Stadt schien frei.

Marhabal, der Kommandeur von Hannibals Kavallerie, drängte nach diesem überwältigenden Sieg seinen Befehlshaber, nun nach Rom zu ziehen und die Stadt einzunehmen. »Binnen fünf Tagen wirst du auf dem Kapitol im Triumph zu Abend essen!«, soll er Hannibal zugerufen haben. Doch Hannibal, dessen Streitmacht in der Schlacht vergleichsweise glimpflich davongekommen war, traute seinen Kräften nicht. Der Krieg hatte ihm und seinen Soldaten schon übermenschliche Leistungen abverlangt. Hannibal rechnete mit dem erbitterten Widerstand der Einwohner Roms und wusste, seine Truppen verfügten weder über die Ausrüstung noch über die Verpflegung für eine Belagerung. Daher lehnte er es ab, den Marschbefehl zu geben. Die Einnahme der Stadt musste warten. Daraufhin sagte Marhabal enttäuscht: »Du verstehst zu siegen Hannibal, den Sieg zu nutzen, verstehst du nicht.« So berichtet es der römische Geschichtsschreiber Titus Livius. »Vincere scis, Hannibal, victoria uti nescis«, heißt es in seiner *Römischen Geschichte*.

Hat Hannibal nach der Schlacht bei Cannae einen möglichen Sieg über Rom verschenkt? Die Historiker sind uneins. Einige meinen, ihm hätte es durchaus gelingen können, die Stadt unter seine Kontrolle zu bringen. Andere führen an, dass Hannibal davon ausgehen musste, dass die Metropole binnen kurzer Zeit trotz der Vernichtung ihres Heeres genug Soldaten rekrutieren konnte, um die Stadtmauern zu verteidigen. Außerdem musste er fürchten, dass ihm bei einer Belagerung Verbündete Roms in den Rücken fielen.

Hannibal bot Rom Friedensverhandlungen an. Doch obwohl die Lage der Stadt denkbar schlecht war, lehnte der Senat ab. Im Gegenteil: Die Römer begannen neue Armeen auszuheben. Der Krieg ging weiter. Nach der Schlacht bei Cannae zog Hannibal mit seinem Heer noch 15 lange, blutige Jahre durch Italien, ohne eine Entscheidung herbeiführen zu können.

In diesem zweiten Punischen Krieg (218 – 201 v. Chr.) ging es wie im zuvor ausgefochtenen ersten Punischen Krieg (264 – 241 v. Chr.) darum, ob Rom oder die an der heutigen tunesischen Küste gelegene Stadt Karthago die Macht im Mittelmeer ausübt. Die Punischen Kriege sind benannt nach der römischen Bezeichnung für die Phönizier, die Karthago einst gegründet hatten.

Zwei Jahre vor den Ereignissen bei Cannae war Hannibal in Spanien, das damals zum karthagischen Reich gehörte, mit etwa 60000 Mann und 37 Kriegselefanten aufgebrochen. Er überquerte die Alpen und kam in Italien mit nur noch 20000 Mann an. Es gelang ihm im Verlauf des Krieges nie, sein Heer gegen das mächtige Rom noch einmal entscheidend zu stärken. Trotz des Sieges von Cannae gewann Hannibal keinen entscheidenden strategischen Vorteil. Obwohl der ein oder andere Bündnispartner Roms in den nächsten Jahren auf die Seite der Karthager wechselte – wie zwischenzeitlich die Stadt Capua und später Tarent und Syrakus –, blieb das römische Bündnissystem intakt. Hannibal hingegen konnte keine entscheidende Allianz schmieden. Darüber hinaus kam kaum Unterstützung aus Karthago. Sein geplanter Eroberungsfeldzug erlahmte zu einem jahrelangen Kleinkrieg.

211 v. Chr. versuchte Hannibal noch einmal einen Vorstoß auf Rom. Der Aufschrei der Bürger in der bedrohten Stadt »Hannibal ad portas!« (Hannibal vor den Toren!) wurde in der grammatikalisch nicht korrekten Version »Hannibal ante portas!« berühmt. Doch es blieb bei dem angstvollen Ausruf. Hannibal gelang auch diesmal

nicht der entscheidende Schlag. Die Kräfte reichten nicht aus. Er zog sich zurück.

201 v. Chr. endete der zweite Punische Krieg mit der Niederlage Karthagos. Die Römer hatten es letztlich ihrem Gegner nachgemacht: Sie trugen den Krieg vor dessen Haustür. Zuerst hatte der römische Feldherr Scipio den Nachschub Hannibals in Spanien abgeschnitten, dann war er in Nordafrika gelandet. In der Entscheidungsschlacht von Zama 202 v. Chr. besiegte Scipio Hannibal mit dessen Taktik von Cannae. Rom verlangte Karthago immense Kriegsentschädigungen ab. Hannibal nahm sich nach jahrelanger Flucht vor den Häschern Roms 189 v. Chr. in Kleinasien das Leben. Derweil war Rom längst der ständigen Bedrohung durch Karthago überdrüssig. Bereits vor dem entscheidenden dritten Krieg hatte der Senator Cato laut Cicero die berühmten Worte »ceterum censeo Carthaginem esse delendam« (Im Übrigen bin ich der Meinung, dass Karthago zerstört werden muss.) ausgerufen. Wie die Geschichte weiß, haben sich die Römer den Rat zu Herzen genommen. 146 v. Chr., im dritten Punischen Krieg, eroberten sie Karthago und vernichteten es endgültig. Das karthagische Gebiet wurde als Provinz Africa dem Römischen Reich einverleibt.

Ob Marhabal mit seinen anklagenden Worten nach der Schlacht von Cannae Recht hatte oder ob Hannibal mit der Einschätzung seiner begrenzten Kräfte richtig lag, ist vermutlich nie endgültig zu klären. Die Worte Marhabals wurden berühmt, da sie treffend die Situation beschreiben, in der der Sieger einer Schlacht die Chance zum endgültigen Triumph und damit zur Beendigung des Krieges nicht erkennt. Genau so schätzte Marhabal die Lage ein. In Wahrheit fanden sich die beiden Feldherren in einer Situation, die in der Geschichte immer wieder vorkommt: Ein – zuweilen sogar übermächtiger – Gegner kann vom Schwächeren für einen bestimmten Moment besiegt werden, doch nur vorübergehend. Marhabal hätte die Wahrheit, der er und Hannibal sich stellen mussten, treffender in dem Satz zusammengefasst: »Wir können diesen Gegner hin und wieder besiegen Hannibal, doch vernichten können wir ihn nicht.« Daher war Hannibals Entscheidung vielleicht sogar die einzig mögliche.

Dass man nur noch vergleichsweise wenig von Hannibal, Marhabal und ihrer Heimat Karthago und deren Hochkultur weiß, liegt an der Geschichtsschreibung der Sieger. Denn die römischen Annalen gaben sich Mühe, alle Kriege Roms als gerechte Kriege erscheinen zu lassen und die Gegner als Barbaren darzustellen. Im Falle Karthagos scheute man keine Phantasie, die karthagische Kultur als erschreckend darzulegen, gleichzeitig tilgte man ihre Zeugnisse soweit man konnte aus der Welt. Daher ist auch über den Charakter Hannibals wenig zu erfahren. Auch von Marhabal weiß man kaum etwas. Bezeichnend ist eine Darstellung aus der römischen Überlieferung, die zu der Vermutung führt, Marhabal habe als einer der Ersten biologische Kriegsführung betrieben: Einen Rückzug vortäuschend, hatte Marhabal einmal mit Alraune-Pflanzen vergiftete Weinvorräte zurückgelassen. Als die feindlichen Truppen dann das Lager eingenommen und von dem Wein getrunken hatten, kehrte er zurück und metzelte den geschwächten Feind nieder. Doch dies war eine Qualität der Niedertracht, die auch die Römer zu entfalten wussten.

Störe meine Kreise nicht

Archimedes (287 – 212 v. Chr.)

An dem Tag, als seine sizilianische Heimatstadt Syrakus im Jahr 212 v. Chr. fiel, hatte sich Archimedes in sein Haus zurückgezogen. Dank seines Genies war es der Stadt zunächst gelungen, über längere Zeit Widerstand zu leisten. Der zweite der Punischen Kriege (218 – 201 v. Chr.) zwischen den Stadtstaaten Rom und Karthago um die Vorherrschaft im Mittelmeer tobte und Syrakus stand an der Seite der Karthager unter der Führung Hannibals.

Damit Syrakus sich wehren konnte, hatte Archimedes phantastische Waffen erfunden. Gigantische Hohlspiegel bündelten das Sonnenlicht und entfachten über weite Entfernungen Feuer. Riesige Schleudern warfen zentnerschwere Steine in die Reihen der Römer, die unter dem Kommando des Claudius Marcellus die Stadt belagerten. Sogar Kräne, die römische Galeeren aus dem Meer hoben, sollen nach Archimedes' Plänen gebaut und eingesetzt worden sein.

Archimedes, einer der größten Mathematiker und Erfinder der Menschheit, hatte bereits als junger Mann eine Röhre erfunden, die durch Drehung einer spiralartigen Windung in ihrem Innern Wasser von niedrigeren Ebenen in höhere transportieren kann, die so genannte Archimedische Schraube. Sie wird noch immer in Ägypten und anderen Teilen der Welt zur Bewässerung genutzt. Später berechnete er auf raffinierte Weise die Zahl Pi und damit das Verhältnis zwischen Umfang und Durchmesser eines Kreises.

Bei allem abstrakten Denken war es für Archimedes immer wichtig, seine Erkenntnisse in praktischen Nutzen für den Alltag umzusetzen. Als er die Hebelgesetze entdeckte, von denen er so überwältigt war, dass er die berühmt gewordenen Worte gesagt haben soll: »Man gebe mir einen festen Punkt außerhalb der Erde und ich hebe die Welt aus den Angeln«, erkannte er rasch, wie die Menschen in ihrem Alltag von ihnen profitieren konnten. Er entwickelte den Flaschenzug.

Am berühmtesten ist wohl die Geschichte, wie er das Auftriebsgesetz entdeckte. Hieron II., der Herrscher von Syrakus, hatte sich eine Krone aus 24-karätigem Gold anfertigen lassen. Sie wog ebenso viel wie das zur Verfügung gestellte Gold. Hieron argwöhnte jedoch, der Goldschmied habe etwas von dem edlen Metall für sich selbst abgezweigt und der Krone stattdessen minderwertiges Material beigefügt. Er wollte Klarheit und rief Archimedes. Der folgerte schnell, dass das Volumen der Krone mit einer gleichschweren Goldmenge verglichen werden muss. Sollte das der Krone größer sein, wäre der Verdacht bestätigt. Denn alles minderwertigere Metall ist leichter, hat also bei gleichem Gewicht ein höheres Volumen. Doch wie sollte er das Volumen eines so komplizierten Gegenstandes wie der Krone berechnen? Archimedes grübelte nach. Er grübelte auch, als er in eine Wanne stieg, um ein Bad zu nehmen. Als das Wasser überschwappte, kam ihm der Geistesblitz. Er sprang aus der Wanne und rannte laut Plutarch und Vidruv nackt durch Syrakus. Dabei rief er »Heureka!« (Ich hab's gefunden!).

Archimedes' Lösung war einfach: Man musste nur die Krone in einen randvoll gefüllten Wasserbehälter tauchen und messen, wie viel Wasser herausgedrängt wurde. Das Volumen der Wassermenge wäre identisch mit dem Volumen der Krone. Wenn man danach auf gleiche Weise einen Klumpen mit dem Gewicht des zur Verfügung gestellten Goldes maß und dieser mehr Wasser verdrängte, wäre der Goldschmied überführt. Wie berichtet wird, trat dies auch so ein.

Als Syrakus gefallen war, römische Soldaten in Straßen und Häuser eindrangen und die Welt um Archimedes zusammenbrach, half ihm ein besonderer Wesenszug, der schon immer Befremden bei seinen Zeitgenossen ausgelöst hatte. Archimedes war fähig, völlig in Gedanken zu versinken, sich ganz und gar seinen Überlegungen hinzugeben. Dann kritzelte er seine Ideen und Berechnungen auf Wände oder in die Asche des Feuers, kurz, auf alles, was zum Beschreiben geeignet schien.

So trafen ihn denn auch die marodierenden römischen Soldaten im Hof seines Hauses an. Er saß da und blickte auf die von ihm gezogenen Linien im Sand. Einer der Legionäre baute sich vor ihm auf und fragte ihn nach seinem Namen. Doch der alte Mann ignorierte ihn. Der Legionär näherte sich ihm verärgert und trat dabei mit seinen Sandalen in die Zeichnungen im Sand. Archimedes herrschte ihn an: »Noli turbare circulos meos!« (Zerstöre meine Kreise nicht!)

Heute werden Archimedes' Worte meist als »Störe meine Kreise nicht« zitiert. Man zieht sie heran, wenn man nicht behelligt werden möchte. Die wenigsten denken dabei wohl an die kurze und brutale Antwort, die Archimedes erhielt: Der Soldat tötete ihn auf der Stelle mit dem Schwert.

Es kursieren noch zwei andere Versionen von Archimedes' Tod. Beide nennt Plutarch, beide sind interessant. Nach der einen Überlieferung bittet Archimedes den Soldaten, der mit gezogenem Schwert vor ihm steht, ihn zu töten. Doch er möge ihn zuvor noch seine Arbeit zu Ende bringen lassen. Der Soldat tötet ihn jedoch sofort. Eine weitere Version berichtet, Archimedes habe mathematische Instrumente zum siegreichen Feldherrn Marcellus tragen wollen. Mit Scheiben, Kugeln und Achsen sei er durch die brennenden Straßen gelaufen. Soldaten, die ihn sahen, vermuteten in ihm einen Plünderer und erschlugen ihn.

12 Die Würfel sind gefallen.

Julius Caesar (100 – 44 v. Chr.)

Vor ihnen flossen beschaulich die Wasser des Rubikon. Der kleine Fluss markierte an jener Stelle die Grenze zwischen der römischen Provinz Gallia Cisalpina – heute Oberitalien – und dem Kernland

Roms. Julius Caesar war im Wagen gereist. Am Rubikon angekommen, hatte er anhalten lassen. Die Zugpferde tranken am seichten Wasser des Ufers. Die kühle Luft an jenem Wintertag mag nach dem Schweiß der Pferde und der Caesar begleitenden Soldaten gerochen haben. Caesar wusste, welch schwere Folgen es nach sich ziehen würde, sollte er mit seinem Heer den Grenzfluss überqueren.

Auf die Entscheidung, die Julius Caesar an jenem Januartag des Jahres 49 v. Chr. treffen musste, waren die Ereignisse der vergangenen Jahre zugelaufen. So viel war sicher: Würde er mit seinen Truppen den Rubikon überschreiten und auf römisches Staatsgebiet vorstoßen, wäre ein römischer Bürgerkrieg unvermeidlich. Caesar scheute ihn nicht, um an sein Ziel zu kommen, und so nahmen die Dinge ihren Lauf. An einigen Brücken hatten seine Legionäre schon den Fluss überquert. Nun gab er den endgültigen Marschbefehl.

Plutarch berichtet, dass Caesar in diesem Moment der Entscheidung auf griechisch den Dichter Menander zitierte: »Anerriphtho kybos« (Hochgeworfen sei der Würfel). Plutarch machte in seiner lateinischen Übersetzung daraus »Iacta alea est« (Geworfen ist der Würfel). Ob es tatsächlich so war? Caesar, immer bedacht auf einen guten Effekt, erwähnt es in seinem eigenen Werk über den nun ausbrechenden Krieg (*Der Bürgerkrieg* (*De bello civili*)) mit keinem Wort.

Der Würfel ist gefallen, oder »Alea iacta est«: Am geläufigsten ist letztere, nicht ganz wortgetreue Übersetzung des römischen Schriftstellers Sueton. Immer wieder wird dieser Ausspruch zitiert, nachdem eine schwere Entscheidung getroffen wurde oder wenn nach langem Hin und Her ein Ergebnis feststeht. Doch diejenigen, die beim Gebrauch dieser Worte an ein Wagnis denken, dessen Ausgang unsicher ist, sind Caesar im Geiste sehr viel näher. »Überschreiten des Rubikon« bezeichnet eine Tat, die nicht mehr rückgängig gemacht werden kann. Wie sie ausgeht, ist zu diesem Zeitpunkt jedoch noch offen.

Für Caesar und seine Gegner waren die Würfel am Rubikon geworfen worden. Erst drei Jahre später sollten sie wieder zur Ruhe kommen. Was hatte Caesar das Spiel eröffnen lassen und worum ging es dabei?

Als Julius Caesar im Jahr 100 v. Chr. in Rom geboren wurde, sprach nicht sonderlich viel dafür, dass die späteren Herrschertitel Kaiser und Zar einmal auf seinen Namen zurückzuführen sein würden. Der Legende zufolge kam er auf jene Weise zur Welt, die seinetwegen den Namen »Kaiserschnitt« trägt. Zwar entstammte Gaius, so sein Vorname, der vornehmen Familie der Julier, diese gehörte jedoch nicht zu den wahrhaft einflussreichen Familien Roms. Gaius Julius Caesar wuchs keineswegs zu einer Heldengestalt heran. Er war nicht besonders groß gewachsen, er sprach mit vergleichsweise heller Stimme, früh wurde sein Haar schütter, ärgerlich für ihn, der als eitel galt. Auch litt er später immer stärker an Epilepsie, der Fallsucht, die ihn sogar im Schlachtgetümmel ergriff. Doch sein Gesicht nahm ein. Der feine Mund, die hohen Wangenknochen, ein asketischer Zug deutete sich schon früh an. Caesar besaß schon als junger Mann Ausstrahlung. Er konnte Menschen für sich gewinnen, wusste zu reden und nutzte dabei gerne effektvolle Pausen. Später gruben sich zwei Grübelfalten in die Nasenwurzeln und die Erfahrungen des Lebens verliehen schließlich den Augen- und Mundwinkeln des unumschränkten Herrschers einen Ausdruck, der auch die Kälte und den Zynismus des alternden Mannes erahnen ließ.

Nach Militärdienst und Studium begann seine politische Laufbahn. Nacheinander hakte Caesar die wichtigsten politischen Ämter Roms ab. Er begann 68 in Spanien als Quästor und bekleidete damit das Amt eines hohen Verwaltungsbeamten. Drei Jahre später nach Rom zurückgekehrt, ergatterte er durch Geldzuwendungen das Amt des Ädils, eines Kulturministers, der sich um die Tempel und die Zirkusspiele zu kümmern hatte. Caesar nutzte diese Position, um sich im Volk bekannt und beliebt zu machen. 63 wurde er Pontifex Maximus und somit Vorsteher des Priesterkollegiums. Während seines Aufstiegs genoss Caesar immer wieder die Unterstützung des reichen und ehrgeizigen Marcus Licinius Crassus, einer Art Rockefeller Roms. Dennoch war Caesar hoch verschuldet, und so kam es ihm gelegen, als Statthalter nach Spanien zu gehen. Als er Mitte 60 v. Chr. zurückkehrte, war er schuldenfrei. Nun schloss er mit Crassus und dem damals populärsten Feldherrn Roms Gnaeus Pompeius einen Bund. Dieses so genannte Triumvirat sollte ihnen helfen, ihre politischen Interessen durchzusetzen. Pompeius heiratete Caesars Tochter Julia. 59 wurde Caesar schließlich Konsul und gelangte damit in das damals höchste Amt der römischen Republik. Konsul war man in der Regel nicht allein, sondern immer mit einem zweiten Mann, und man war es nur für ein Jahr.

Das römische Parlament, der Senat, war dem Konsul Caesar nicht gewogen. Die Senatoren blockierten Caesars Gesetzeseingaben, der wiederum wehrte sich, zum Teil mit offenem Rechtsbruch. Solange Caesar als Konsul amtierte, blieb er immun, konnte nicht angeklagt werden. Es war üblich, nach der Zeit als Konsul als Prokonsul in die Provinzen zu gehen. Auch Caesar tat das. Seine einflussreichen Freunde verschafften ihm jedoch nicht nur eine Provinz, sondern gleich drei: außer Illyrien – das heutige Dalmatien – noch das bereits erwähnte Gallia Cisalpina (Oberitalien) mit dem Grenzfluss Rubikon sowie Gallia Narbonensis (Südfrankreich). Letztere Provinz nutzte Caesar als Ausgangspunkt eines Eroberungskrieges, mit dem er schließlich ganz Gallien unterwerfen sollte. Befohlen hatte ihm das niemand, erst recht nicht der Senat.

Wegen seines eigenmächtigen Handelns drohte ihm nach seinem Prokonsulat die Anklage in Rom, und das ironischerweise aufgrund des einzigen durch ihn in Kraft getretenen Gesetzes. Denn das so genannte »lex Iulia de repetundarum« verbot den Statthaltern in den Provinzen, Truppen aus deren Gebiet zu führen und ohne Weisung des Senats einen Krieg zu beginnen. Einer Anklage entging Caesar zunächst, weil seine Statthalterschaft um weitere fünf Jahre verlängert wurde. Er kämpfte weiter in Gallien, überquerte mit seinen Truppen zweimal den Rhein und setzte, um die Eroberungen zu sichern, auch nach Britannien über. Solange Caesar für Rom kämpfte und siegte, war er schwer abzuberufen. 56 v. Chr. erneuerte er sein Triumvirat mit Pompeius und Crassus. Seine beiden Verbündeten sollten zu Konsuln gewählt werden und danach jeder ein lukratives Feldkommando zugeschanzt bekommen. Wie gesagt, so getan. Widerstände in Rom gegen die beschlossene Wahl wurden gewaltsam unterdrückt. Es gab Tote.

Dann wurde Crassus auf einem Feldzug gegen die Parther getötet. In Rom tobten bewaffnete Banden verschiedener Politiker durch die Straßen. Schließlich ging die Curia, der Sitzungssaal des Senats, in Flammen auf. Pompeius raufte sich nun mit dem Senat zusammen und ließ sich zum alleinigen Konsul mit diktatorischen Vollmachten ausrufen. Rasch sorgte er für Ruhe und ließ einen zweiten Konsul hinzuwählen. In Gallien endete unterdessen 51 v. Chr. der Krieg. Der letzte große Widerstand unter dem Gallierführer Vercingetorix war bereits 52 nach dem Fall der Festung Alesia gebrochen worden. Das ehemals freie Gallien zwischen Rhein und Pyrenäen war unterworfen und Caesar gebot über eines der reichsten Gebiete des westlichen Mittelmeerraums.

Nun, im Jahr 49, kurz vor dem Augenblick am Rubikon, wollte Caesar Konsul für das darauf folgende Jahr werden. Einmal im Amt, wäre eine Anklage gegen ihn nicht mehr möglich. Seine Bitte, in Abwesenheit kandidieren zu dürfen, wurde abgelehnt. Caesar, das forderten Senat und Pompeius, solle erst seine Truppen entlassen. Doch der erklärte sich dazu nur bereit, wenn Pompeius gleichzeitig seine Truppen in Spanien aufgäbe. Pompeius lehnte ab. Im Januar 49 v. Chr. stattete der Senat Pompeius erneut mit diktatorischen Vollmachten aus und forderte Caesar endgültig auf, sein Heer und seine Provinzen abzugeben.

Caesar hatte Rom seit fast neun Jahren nicht mehr betreten, er hatte nahezu ununterbrochen Krieg geführt. Als er den Rubikon überschritt und der Bürgerkrieg begann, stand Rom den kampferprobten Legionen Caesars schutzlos gegenüber. Pompeius flüchtete mit der römischen Flotte, der Senat wich nach Süditalien und schließlich nach Griechenland aus. Binnen drei Monaten war ganz Italien unter Caesars Kontrolle. Da er die Besiegten oft mit seiner berühmten »clementia caesaris«, der Milde Caesars, schonte, schwächte er geschickt die Moral des Feindes. Es genügte ihm, den Unterlegenen wissen zu lassen, dass er anders könnte, und die Milde machte den Widerstand gegen ihn schwerer.

Caesar schlug seine Gegner Zug um Zug. Nach der Eroberung von Pompeius' Provinzen in Spanien und der Einnahme von Massilia, dem heutigen Marseille, kam es bei Pharsalos in Thessalien im Norden des heutigen Griechenlands am 9. August 48 zur entscheidenden Schlacht gegen Pompeius. Caesar siegte, Pompeius flüchtete nach Ägypten. Der dortige König Ptolemaios XIV., der mit seiner mitregierenden Schwester Kleopatra um die Alleinherrschaft stritt, ließ in der Hoffnung, sich Caesars Unterstützung sichern zu können, Pompeius festnehmen und ermorden. Doch als man Caesar den Kopf des Pompeius brachte, war er tief erschüttert. Der Mord an Pompeius lieferte ihm jedoch den Anlass, mit einer kleinen Truppe nach Ägypten überzusetzen. Was er auch vorgehabt haben mag – ab dem Moment, da er Kleopatra kennen lernte, lenkte sie seine Pläne mit. Caesar ließ sie zur alleinigen Königin ernennen. Ptolemaios ertrank nach verlorener Schlacht gegen Caesar im Nil. In den nächsten Monaten verbrachte Caesar seine Zeit mit Kleopatra. Später gebar sie einen Jungen, Caesarion. Ob er Caesars Sohn war, bleibt umstritten. Caesar selbst hat an diese Vaterschaft nicht geglaubt.

Als Caesar im Frühjahr 46 v. Chr. die pompeianischen Anhänger bei Thapsus in Nordafrika schlug und im Jahr darauf in Spanien die Söhne des Pompeius, waren die Würfel endgültig zum Stillstand gekommen. Das Ergebnis des Bürgerkriegs war der uneingeschränkte Sieg Caesars.

In Rom näherten sich Caesars Machtbefugnisse unaufhaltsam denen eines totalitären Machthabers. Man ernannte ihn schließlich zum Diktator auf Lebenszeit. Doch auch der Argwohn wuchs. Feinde formierten sich, während Caesar das Regieren und die immer bizarreren Ehrungen seiner Person immer lästiger wurden.

Bei einem großen Fest zu Ehren des Gottes Pan am 15. Februar 44 v. Chr. bot ihm Marcus Antonius, der damalige Konsul von Caesars Gnaden, vor aller Augen die Königswürde an. Caesar wies sie barsch zurück. Er war in jenen Tagen besonders lustlos, niedergeschlagen, so als deprimiere ihn sein gewaltiger Erfolg. Doch auch Caesars Gegner hatten genug und die Verschwörung war bereits im Gange.

Sechzig Senatoren unter der Führung des Marcus Iunius Brutus und des Gaius Cassius Longinus planten den, wie sie meinten, unvermeidlichen und gerechtfertigten Tyrannenmord. Am 15. März – im römischen Kalender die Iden des März – schritten sie zur Tat. Caesar stand kurz vor der Abreise zu einem Feldzug gegen die Parther. Obwohl er gewarnt wurde, ging er an jenem Tag zu der Senatssitzung. Auf dem Weg dorthin steckte man ihm sogar eine erneute Warnung zu. Er ignorierte sie. In der Eingangshalle des Theaters des Pompeius – dort fanden seit dem Brand des eigentlichen Senatsgebäudes die Senatssitzungen statt – umringten ihn die Verschwörer. In ihren weißen Togen schlossen sie einen Kreis um den Mann in der Purpurtoga. Die ersten zückten die Dolche, sie stachen zu, manche voller Angst. 23 Stiche streckten Caesar nieder. Ob er tatsächlich die Worte »Auch du, mein Sohn?« ausrief, als er seinen Schützling Brutus unter den Mördern erblickte, ist nicht gesichert. Sueton und Cassius Dio berichten davon, bestreiten aber auch die Authentizität dieses Ausspruchs. Im Angesicht des Todes soll Caesar sein Haupt verhüllt haben. Dann hat er die Tat geschehen lassen.

13 **Irren ist menschlich**

Marcus Tullius Cicero (106 – 43 v. Chr.)

»Errare humanum est« – Irren ist menschlich. Für wenige Menschen ist die Fallhöhe dieser Worte so groß gewesen wie für Marcus Tullius Cicero. Er gilt nicht nur als einer der bedeutendsten Autoren, den die lateinische Literatur je hatte, sondern auch als einer der brillantesten politischen Köpfe Roms und als einer der wortmächtigsten Redner seiner Zeit.

Wie alle Politiker Roms hielt Cicero seine Reden nicht nur im Senat, sondern häufig vor den Bürgern. Als Bühne wählte er meist den wichtigsten Platz im Herzen der Stadt, das Forum Romanum. In einer Talsenke zwischen Hügeln gelegen, bildete es jahrhundertelang den Mittelpunkt der politischen Öffentlichkeit. Hatte dort ein Redner zu sprechen begonnen, kamen die Menschen, die zuhören wollten, aus den schattigen Arkaden vom Einkauf bei den zahlreichen Markthändlern herbei, oder sie lösten sich von einem Schwatz in den Säulengängen. Das Sonnenlicht brach sich auf dem hellen Marmor der Gebäude, die den Platz säumten. Kein Grün, kein Baum, kein Strauch. Das Forum war das steinerne geometrische Zentrum eines Imperiums.

Cicero entstammte einer Familie des Ritterstandes, jener Adelsschicht, die zwar wohlhabend war, doch politisch nur geringen Einfluss genoss. Der begabte junge Mann studierte Rechte, Rhetorik, Philosophie sowie Literatur und begann zunächst als Anwalt zu arbeiten. Bald schon machte er sich durch seine Redekunst einen Namen. Er ging in die Politik, wurde römischer Verwalter von Sizilien und versah sein Amt mit Geschick und Umsicht. Man wählte ihn in den Senat, und schließlich stieg er zum Konsul auf. In diesem höchsten Amt der römischen Republik gelang es ihm 63 v. Chr. die Verschwörung des Lucius Sergius Catilina aufzudecken und zu zerschlagen. Ciceros Reden gegen den Anführer der Verschwörung, die *Catilinarischen Reden*, wurden berühmt und werden noch heute zum Vergnügen – oder Missvergnügen – der Schüler im Lateinunterricht gelesen.

Auch wenn die Republik zunächst gerettet schien, drohte ihr durch das Triumvirat der Feldherrn Julius Caesar, Gnaeus Pompeius und Marcus Licinius Crassus neues Ungemach. Diese meinten, das römische Weltreich sei nur noch mithilfe einer neuen, autoritäreren Staatsform zu führen, doch Cicero hielt eisern an der bewährten Verfassung fest. Die Triumvirn begannen die Volksstimmung gegen ihren wortmächtigen Gegner zu schüren. Schließlich gelang es ihnen, die Hinrichtungen, die Cicero nach der Catilinarischen Verschwörung durchgesetzt hatte, als illegalen Akt einstufen zu lassen. 58 v. Chr. musste Cicero in die Verbannung gehen. Fernab von Rom verlor er seinen politischen Einfluss. Er wandte sich der Schriftstellerei zu und übernahm die Verwaltung der Provinz Kilikien in der heutigen Türkei. Als Caesar in Rom ab 49 v. Chr. den Bürgerkrieg entfesselte, kehrte Cicero zurück und bekämpfte den Usurpator politisch. Doch Caesar siegte und begnadigte Cicero, schloss ihn aber erneut aus der römischen Politik aus.

Wieder wandte sich Cicero seinen Schriften zu, von denen uns viele erhalten sind. Auch zahlreiche zeitgenössische Texte über ihn haben die Zeiten überdauert. Gerade weil sich Cicero zu einem breiten Spektrum von Themen äußerte und man viel über ihn selbst lesen kann, liefert die Geschichtsschreibung kein eindeutiges Bild von ihm. Wird Kritik an ihm laut, dann heißt es, er sei wankelmütig gewesen. Auch sagt man ihm nach, er habe keine neuen politischen Ideen entwickelt. Doch muss man ihm zugute halten, dass keiner der Politiker, mit denen er sich zeitlebens auseinander setzte, eine politische Vision hatte. Caesar, Pompeius, Antonius und Octavian: Sie alle verfolgten nur ein Ziel: die eigene Machtgestaltung und -erhaltung. Cicero hingegen trat letztlich immer aus Überzeugung für die Republik, die »res publica«, die gemeinsame Sache aller freien Bürger, ein. Darin war er unbeirrbar.

Als Anhänger der Republik begrüßte er Caesars Tod, doch hatte er an dem Mordkomplott keinen Anteil. In den unsicheren Tagen nach der Ermordung des Diktators riss er die Führung im Senat an sich und lieferte ein Meisterstück politischen Geschicks: Er sorgte dafür, dass alle Pläne und Gesetze Caesars auf den Weg gebracht wurden und setzte damit ein Zeichen der Kontinuität. Die Verschwörer kamen in den Genuss einer Amnestie, doch sie mussten in die Verbannung. Ihre Tat war somit als Unrecht amtlich, sie selbst aber wurden nicht zu Märtyrern gemacht.

Wer sollte Caesars Nachfolger werden? Auch Cicero kam ins Gespräch. Er war nun 62 Jahre alt, ein Machtmensch trotz alledem, abgeneigt war er sicher nicht. Doch ihm fehlte die Tatkraft des Hasardeurs. Cicero hatte nicht das Herz eines Eroberers und vermutlich hielt er, der Intellektuelle, sich zu lange mit Spielregeln und Planungen auf. Am Ende blieb ihm wie schon zuvor im Bürgerkrieg nur noch die Entscheidung, wem der beiden längst in Stellung gegangenen Kombattanten er sich anschließen sollte. Die Rede ist von Marcus Antonius, einem der amtierenden Konsuln, und dem jungen Adoptivsohn Caesars: Octavian. Der erst 18-jährige, dem wenige etwas zutrauten, entschloss sich, nicht nur um das materielle Erbe, sondern auch um die Macht zu kämpfen. Während Octavian in Rom gegen Antonius den Volkszorn zu entfachen suchte, nahm dieser sich ein Heer und zog gegen die Mörder Caesars.

Auch Cicero agitierte in jenen Tagen gegen Antonius. Zeugnis dafür sind seine berühmten *Philippischen Reden* (in Anlehnung an die gleichnamigen Ansprachen des großen griechischen Redners Demosthenes gegen den Makedonenkönig Philipp II.). An einer Stelle (12, 2) fallen die Worte: »Cuiusvis hominis est errare« (Jeder Mensch kann irren) und »nisi insipientis in errore perseverare« (im Irrtum verharren wird nur der Unkluge).

Cicero selbst hat sich während seiner politischen Laufbahn nicht selten geirrt. Doch in unsicheren Zeiten irrt der Mensch vermutlich noch öfter als gewöhnlich. Der Gedanke, dass es menschlich ist, zu irren, taucht schon sehr viel früher in der Antike auf. Bereits die griechische Philosophie beschäftigte sich mit dem Phänomen, etwa Sokrates in seinen Überlegungen zu Wissen und Scheinwissen oder Parmenides mit seinem Hinweis, dass die menschlichen Sinne Täuschungen unterliegen. Doch die älteste explizit hervorzuhebende schriftlich belegte Stelle, die nahe an der später gängigen Variante »errare humanum est« ist, findet sich bei Cicero. Über 400 Jahre danach erschienen in einem der Briefe des Kirchenvaters Hieronymus dann die Worte »quia et erasse humanum est et confiteri errorem prudentis« (weil es sowohl menschlich ist, geirrt zu haben, als auch klug, den Irrtum einzugestehen). Man kann daher darüber streiten, ob die verkürzte und gängige Form »errare humanum est« auf Cicero oder auf Hieronymus zurückzuführen ist. Für Cicero spricht, dass Hieronymus auf den Gedanken mit Sicherheit in Ciceros Schriften stieß. Denn der Heilige war einer der belesensten Männer des frühen Christentums und ein Verehrer Ciceros, was sogar so weit ging, dass Hieronymus sich vorhalten lassen musste, kein Jünger Christi, sondern ein Jünger Ciceros zu sein. So veranschaulicht diese kleine Historie des Zitates »errare humanum est« auch Ciceros Rolle in der Geschichte der abendländischen Kultur: Er bewahrte die griechische Philosophie, übertrug sie in die Welt der lateinischen Sprache und schlug so eine Brücke zum Mittelalter und der Neuzeit.

Irrte sich Cicero seinerzeit auch in der Einschätzung der beiden Männer, die um die Macht in Rom kämpften, indem er Octavian unterstützte? Zunächst besiegte Octavian seinen Rivalen Antonius auf dem Schlachtfeld, dieser floh. Doch dann verbündeten sich die Kontrahenten und bildeten mit dem eher unbedeutenden Marcus Amaelius Lepidus 43 v. Chr. ein Triumvirat. Rom war damit in ihrer Hand und vor allem Marcus Antonius ließ nun nackten Terror wüten. Octavian schritt nicht ein. Im Gegenteil, er setzte rasch noch einige weitere Namen auf die von Antonius ausgearbeitete Todesliste. 300 Senatoren und 2000 Ritter fielen in den folgenden Wochen den Mordkommandos zum Opfer. Tausende von Römern verließen in Todesangst die Stadt. Auch Cicero musste fliehen, denn Antonius hatte die *Philippischen Reden* gegen ihn nicht vergessen und Octavian tat nichts zu Ciceros Schutz. Am 7. Dezember 43 stoppten Häscher Ciceros Sänfte auf einer Landstraße. Als er seinen Kopf heraus steckte, wurde er ihm sofort abgeschlagen.

14 **Nutze den Tag!**
Horaz (65 – 8 v. Chr.)

Die Tage, in denen der römische Dichter Horaz die Worte »Carpe diem« im ersten Buch seiner *Oden* niederschrieb, sahen das Ende eines langen grausamen Bürgerkriegs im Römischen Reich. Als Sieger ging Octavian hervor. Er nahm nach dem Tod des letzten gefährlichen Gegners Marcus Antonius den Namen Augustus an und stieg zum ersten römischen Kaiser auf. Die Republik war vergangen, die Herrschaft eines Einzelnen hatte begonnen. Für die Menschen in Rom zählte in jenen Tagen allein, dass wieder Friede eintrat, sie aufatmen konnten. Die Aufforderung ihres Dichters Horaz, den Tag zu nutzen, schien wie ein Echo ihrer Gefühle.

Horaz hieß eigentlich Quintus Horatius Flaccus. Der letzte Name bedeutet so viel wie Schlappohr. Er war nicht nur Zeuge, sondern auch Mitwirkender der vorangegangenen historischen Ereignisse gewesen. Horaz' Vater, ein freigelassener Sklave, hatte den Jungen mit nach Rom genommen und ihm eine gute Schulausbildung ermöglicht. Schließlich ging der junge Horaz sogar nach Athen und lernte Griechisch. Im Alter von 21 Jahren trat er in das Heer des Brutus ein und machte rasch Karriere. Diese endete allerdings abrupt, als Brutus 42 v. Chr. in der Schlacht bei Philippi gegen Octavian verlor und Selbstmord beging. Horaz musste fliehen und konnte erst nach einer Amnestie nach Rom zurückkehren. Sein Familienbesitz war jedoch eingezogen worden und Horaz mittellos. Er musste als »scriba quaestorius«, als Beamter der Staatskasse arbeiten und verdiente sich ein kärgliches Auskommen. Später sagte er, dass die Armut ihn zum Dichten getrieben habe. Nicht die schlechteste Entscheidung. Denn kein Geringerer als Vergil, der damals größte Poet Roms, wurde auf Horaz' Verse aufmerksam und stellte ihn dem unermesslich reichen Kunstförderer Gaius Cilnius Maecenas vor, dessen Name bis in unsere Tage in dem Wort Mäzen weiterlebt. Maecenas nahm sich des vielversprechenden Horaz an. Der veröffentlichte bald seine *Sermones* (Plaudereien) und begründete damit die Literaturgattung der Satire. 32 v. Chr. schenkte ihm sein Gönner ein Landgut in den Sabiner Bergen. Fortan war Horaz aller finanzieller Sorgen enthoben. Zwei Jahre später – Octavian wurde gerade Kaiser – begann er mit der Niederschrift seiner *Oden*. Veröffentlichen sollte er sie erst sieben Jahre später.

»Carpe diem quam minimum credula postero« (Pflücke diesen Tag und vertraue am allerwenigsten dem nächsten) heißt das berühmteste Zitat aus den *Oden* (I, 11, 8), in seiner vollen Länge. Zu jener Zeit war es in der Literatur üblich, Verse an erfundene oder tatsächliche Personen zu richten. Dieser galt einer Frau namens Leuconoe. Ihr Name bedeutet soviel wie »Mädchen mit klarem Verstand«. Die deutsche Aufforderung »Nutze den Tag!« ist, wenn auch nicht die wortwörtliche, so doch eine treffende Übersetzung dessen, was Horaz meinte. Denn die lateinische Aufforderung »Carpe!« steht im Deutschen nicht nur für »Pflücke!«, sondern auch für »Greife!«. Was man pflückt, was man greift, das möchte man sich aneignen, das will man nutzen und genießen. Dies, so Horaz, gelte auch für den Tag.

In der Aufforderung, den Tag zu nutzen, klang die damals bereits jahrhundertealte Lehre der Epikureer durch, benannt nach dem Stammvater dieser philosophischen Schule Epikur von Samos (341–270 v. Chr.). Der hatte das Streben nach Glückseligkeit zum alleinigen Ziel des Menschen erklärt. Neben der Lebenseinstellung der Epikureer lassen sich in Horaz' Worten die Maximen einer zweiten griechischen Denkschule finden, die der Stoiker. Diese hatten sich der Gelassenheit, der Entsagung von Lüsten, aber auch der Pflichterfüllung verschrieben. Etwas zu nutzen, einen Nutzen zu bringen, bedeutete für sie auch, eine Pflicht zu erfüllen.

Die Melange aus Epikurs Lehren und denen der Stoiker passte zum Zeitgeist, der im Rom jener Tage herrschte. Ohne die Schrecken des gerade beendeten Krieges zu vergessen, wandten sich die Menschen wieder dem Leben zu. Die Davongekommenen genossen und nutzten den Tag bewusster als zuvor.

Nach dem Tod Vergils ernannte Kaiser Augustus Horaz zu dessen Nachfolger als »Poeta laureatus« und somit auch offiziell zum ersten Dichter Roms. Vor allem als solcher, so darf man vermuten, wollte Horaz seine eigenen Tage nutzen. Denn ein Angebot, Privatsekretär des Kaisers zu werden, schlug er aus.

15 Ich wasche meine Hände in Unschuld

Pontius Pilatus (Statthalter 26 – 36 n. Chr.)

Wenn es nur darum ginge, berühmte Zitate des Abendlandes aufzulisten, wären Sätze aus der Bibel am häufigsten vertreten. Worte wie »Auge um Auge, Zahn um Zahn«, »Seid fruchtbar und mehret euch«, »Macht euch die Erde untertan«, »Mein Reich ist nicht von dieser Welt« – ganz zu schweigen von den zehn Geboten – haben das Christentum und was in seinem Namen geschah begleitet. Kein Buch hat neben dem Koran ähnlichen Einfluss auf den Lauf der Geschichte genommen, bei keinem Buch streiten Gelehrte so heftig darüber, was Tatsache oder Glauben, Historie oder Legende ist, als bei der Bibel.

Um das Jahr 30 n. Chr., in den Tagen vor dem heiligen Passahfest, das zur Erinnerung an die Befreiung aus Ägypten gefeiert wurde, pilgerten zehntausende Juden nach Jerusalem. Auch ein Mann namens Jesus kam in die Stadt. Er stammte aus dem kleinen Ort Nazareth in Galiläa und zog seit einigen Jahren als Prediger und Wunderheiler durch das Land. Anhänger hatten sich um ihn geschart und begleiteten ihn von Ort zu Ort, von Predigt zu Predigt, von Tat zu Tat. Wie die Bibel überliefert, ritt Jesus auf einem Esel in Jerusalem ein. War er der Messias, der, wie Zacharias prophezeite, auf eben solch einem Tier eintreffen sollte? Der Apostel Matthäus berichtet von einer großen Menschenmenge, die Jesus begeistert empfangen haben soll. Doch vieles spricht auch dafür, dass vor allem die Jünger, die Jesus begleiteten, ein Spektakel veranstalteten, damit die Menschen den Einzug ihres Meisters in die Stadt wahrnahmen. Das Aufsehen reichte aus, um die oberste jüdische Priesterschaft auf den Mann aufmerksam zu machen. Sie hatte schon das ein oder andere von ihm gehört.

Die Hohepriester, so hießen die Oberhäupter des jüdischen Volkes, waren in jener Zeit römischer Besatzung eigentlich nichts anderes als die schwachen Anführer der Schwachen. Ihre weltliche Ohnmacht wurde ihnen und ihrem Volk von den Römern tagtäglich vor Augen geführt. Einige der Hohepriester verstanden es vortrefflich, sich mit den Machthabern zu arrangieren, mit dem Ergebnis, dass ihnen auch beim eigenen Volk ihre geistliche Macht zu entgleiten drohte. Auch deshalb herrschte beim Volk Konjunktur für Wanderprediger, von denen nahezu jeder eine andere Heilslehre zu verkünden wusste. Einer von ihnen, zweifellos kein Unbedeutender, war Jesus von Nazareth. Da das Passahfest immer wieder von jüdischen Widerständlern gegen die römische Besatzung genutzt wurde, war man in Jerusalem auf der Hut. Als Jesus nach der biblischen Überlieferung für Wirbel und Ärger in einem Tempel sorgte, den Finger in die Wunde der Hohepriester legte und deren Verweltlichung geißelte, entstand Unruhe. Wie würde das Volk reagieren? Was würden, sollte das so weitergehen, die Römer tun?

Ob sich nun die Hohepriester zur Krisensitzung bei ihrem Kollegen Kaiphas trafen und dort beschlossen, Jesus töten zu lassen, ist historisch ebenso wenig belegt wie der Verrat des Judas Ischariot. Fest steht, irgendwann in den Tagen vor dem Passahfest wurde Jesus von den römischen Besatzern festgenommen.

Nun trat Pontius Pilatus auf. Er amtierte seit dem Jahr 26 als römischer Präfekt und war somit Statthalter von Judäa und Samaria. Pilatus vertrat unnachgiebig die römischen Interessen, sein Regiment war hart. Seine Amtszeit hatte er damit begonnen, die Juden durch das Aufstellen kaiserlicher Standarten zu provozieren. Er bediente sich der Gelder des Tempelschatzes und setzte diese beim Bau von Aquädukten ein. Für Rom schien er seine Sache nicht schlecht zu machen, immerhin blieb er zehn Jahre Statthalter. Im Römischen Reich war das eine ungewöhnlich lange Amtszeit. Erst 36 wurde er nach seinem blutigen Einschreiten gegen eine Versammlung des Volkes der Samaritaner abberufen. Sehr viel mehr wissen die historischen Quellen nicht über ihn zu berichten.

Ob es das Hin und Her des Gerichtsverfahrens gegen Jesus gegeben hat, das zu der scherzhaften Redewendung »Von Pontius zu Pilatus schicken« führte, kann historisch nicht belegt werden. Doch unstrittig ist, dass eine Verurteilung von Jesus, sofern es um Hochverrat und Anstiftung zum Aufruhr ging, in die Zuständigkeit des Pontius Pilatus fiel. Dieser verurteilte Jesus schließlich zum Tod am Kreuz.

Was waren die näheren Umstände? Die Verfasser der Bibel, die Evangelisten, lassen in ihrem Bericht Pilatus bei der Verurteilung zaudern. Er habe, so erzählen sie, eine versammelte Menschenmenge befragt, diese habe von ihm gefordert, Jesus ans Kreuz schlagen zu lassen. Pilatus habe gezögert. Doch um des lieben Friedens willen, so entsteht der Eindruck – so soll er auch entstehen und so wird die Situation seit Jahrhunderten von christlicher Seite zumeist interpretiert –, gab er schließlich nicht nur dem Drängen der jüdischen Hohepriester, sondern auch dem lautstarken Willen der versammelten jüdischen Volksmenge nach. An das Kreuz mit dem Mann!

Wie sehr Pilatus unter dieser Entscheidung litt, schildert die Bibel. Denn nach Matthäus 27, 24 »nahm er Wasser und wusch die Hände vor dem Volk und sprach: Ich bin unschuldig an dem Blut dieses Gerechten; sehet ihr zu!« In der Bibel erscheint der Satz auch in Psalm 26, Vers 6. In diesem »Gebet zur Rettung der Unschuld« heißt es: »Ich wasche meine Hände in Unschuld und halte mich Herr zu deinem Altar.«

Die Bibel hat den Satz »Ich wasche meine Hände in Unschuld« ins kollektive Gedächtnis gebrannt. Ob er je gesagt wurde, ob die

Szene, wie Pilatus die jüdische Menge befragt, je stattgefunden hat, ist nicht nachzuweisen. Heute wird der Satz »Ich wasche meine Hände in Unschuld« gebraucht, wenn man betonen will, dass man an einer bestimmten Sache weder beteiligt war noch dafür verantwortlich gemacht werden kann. Doch kein anderer als Pontius Pilatus trägt – auch wenn man nach dem Bericht der Bibel geht – letztlich die Verantwortung für den Tod von Jesus von Nazareth. Er hat ihn verurteilt. Wenn er sich nach seinem Urteilsspruch so verhalten hat, wie die Bibel berichtet, kann man von nichts anderem sprechen als von Zynismus, ja sogar von purer Verhöhnung des Opfers. Pilatus ist das Beispiel für einen Menschen, der als Einziger über Leben und Tod eines anderen entscheiden kann, der die Entscheidung für den Tod des anderen trifft, doch dann die Verantwortung nicht übernehmen will, sie sogar abschiebt.

Warum sich Pilatus so verhielt? Reines Kalkül. Pilatus hatte in Rom einen Förderer gehabt, den Prätorianerkommandanten Lucius Aelius Seianus. Vermutlich verdankt er ihm sogar das Amt des Präfekten. Seianus war der mächtigste Mann in Rom, denn er hatte sich Kaiser Tiberus unentbehrlich gemacht. Nun war er dort aber einer Verschwörung bezichtigt und sofort hingerichtet worden. Die Jesus-Angelegenheit barg für Pilatus also Sprengstoff. Denn sollte sich jemand Pilatus' Verbindung zu dem Verschwörer Seianus in Rom zunutze machen, die Hohepriester vielleicht mit Hinweis auf die Gefahr von Unruhen Gehör in der Hauptstadt suchen, würde man dort zu einem äußerst ungünstigen Zeitpunkt auf Pilatus aufmerksam werden. Doch wenn er sich des Ruhestörers rasch entledigte, wäre die Gefahr gebannt. Irgendwer, so mag ihm eingefallen sein, hatte diesem Jesus doch unterstellt, er bezeichne sich als König der Juden. Das war für Pilatus' Zwecke hervorragend. So konnte er Jesus zu einem politischen Aufrührer stempeln und wenn man dessen Verurteilung dann auch noch so hinstellen könnte, als hätten die unbeliebten Hohepriester ihm – Pilatus – gar keine Wahl gelassen, dann würde sich der erwartete Volkszorn auf diese richten. Damit war für Pilatus alles gelöst. Teile und herrsche! Jesus war aus dem Weg, die Hohepriester beruhigt und die Anhänger Jesus' konnten nicht richtig böse auf Pilatus sein, der ja nur Volkes Stimme nachgegeben hatte.

Die Evangelisten schilderten später die Rolle der jüdischen Priester und des angeblich versammelten Volkes nicht sehr schmeichelhaft und vermutlich tendenziös. So wollten sich die Christen als junge und immer noch kleine Religionsgemeinschaft vom Judentum abgrenzen, gerade vom Judentum, der Glaubensgemeinschaft, von der sie sich abwandten und die nun zur Konkurrentin wurde. Zur Erinnerung: Jesus war Jude und er wollte vermutlich nichts anderes sein als Jude.

Jesus war Opfer eines Justizskandals geworden, denn obwohl Pilatus ihn für unschuldig hielt, verurteilte er Jesus zum Tode. Der Person des Pilatus bemächtigte sich rasch die christliche Legende. Interessant ist, wie im Laufe der Zeit die Rolle des Pilatus (immer besser) und die der Juden (immer ungünstiger) dargestellt wurde. Das gipfelte schließlich in den so genannten Pilatus-Akten, die zu den Apokryphen gehören. Die Apokryphen – von griechisch: biblio apokryphoi für »verborgene Bücher« – entstanden im 5. Jahrhundert n. Chr. und sind jene christlichen Schriften und Evangelien, die nicht in die Bibel aufgenommen wurden. In ihnen wird Pilatus als später geläuterter Christ und Märtyrer dargestellt.

Alle Ereignisse um den Tod des Jesus von Nazareth, der zentralen Gründergestalt des Christentums, gehören aufgrund der Deutung, die sie im Laufe der Jahrhunderte erfahren haben, zu den folgenreichsten der Geschichte. Denn sie sind fester Bestandteil des Selbstverständnisses der Weltreligion, die auf die Entwicklung der Menschheit in den nachfolgenden zwei Jahrtausenden entscheidenden Einfluss ausübte.

Der Verantwortliche für den Tod des Jesus von Nazareth geriet erstaunlicherweise mehr und mehr in den Hintergrund. Stattdessen stürzte sich die junge christliche Kirche bald auf die Frage nach der Schuld derjenigen, die mit dem Christentum in einer Art weltanschaulicher Konkurrenz standen, der Juden. Indem die Kirche zunehmend die Schuld nicht nur den Hohepriestern, sondern den Juden als Volk zuschob, hat sie wesentlich zum historischen Antisemitismus beigetragen.

Eingedenk der Ereignisse, während der er gefallen sein soll, mahnt der Satz des Täters Pontius Pilatus »Ich wasche meine Hände in Unschuld« immer wieder, dass jeder Mensch für seine Entscheidungen zuallererst selbst die Verantwortung trägt – nicht andere.

16 Welch ein Künstler geht mit mir zugrunde!

Nero (37 – 68 n. Chr.)

Wer je den Film *Quo vadis* gesehen hat, wird sich kaum von dem Bild lösen können, das Peter Ustinov von Nero gab: schwach, gefährlich, despotisch, selbstverliebt und verschlagen. Die Darstellung des großen Schauspielers geriet zur Verkörperung des Wahnsinns und der Absurdität des von Augustus begründeten iulisch-claudischen Kaiserhauses, das mit Neros Onkel Kaiser Caligula (12 – 41 n. Chr.) bereits ein anderes Monster hervorgebracht hatte.

Die ersten fünf Jahre der Regierung des zu Beginn seiner Herrschaft erst 16-jährigen Nero gelten als eine gute Zeit. Zu verdanken war dies dem Einfluss seiner Mutter Agrippina der Jüngeren und den beiden Männern, die sie ihm zur Seite gestellt hatte: den Philosophen Lucius Aeneus Seneca, der auch Neros Erzieher war, und den Prätorianerpräfekten Sextus Afranius Burrus. Zunächst gestalteten diese beiden die römische Politik. Doch es dauerte nicht lange, da zeigte Nero, wie gefährlich er war. Im Januar 55 ließ der erst 17-jährige seinen potenziellen Konkurrenten Britannicus durch Gift ermorden. Da Nero sich zunehmend als Gott sah, nahmen die Spannungen mit seiner machtbewussten Mutter zu. Zuerst verbannte er sie, schließlich wollte er sich ihrer ganz entledigen. Zu diesem Zweck wurde ein Schiff angebohrt. Als sich Agrippina schwimmend ans Ufer rettete, erwartete sie dort ein Offizier und tötete sie. Auch Octavia, Neros Frau, fiel einem Mordbefehl des jungen Kaisers zum Opfer.

Es kam der Tag, da glaubte Nero auch Seneca und Burrus nicht mehr zu brauchen. Zunächst schonte er ihr Leben; sie zogen sich zurück. Nero, der schon als Kind den schönen Künsten zugetan war, widmete sich nun immer intensiver seinen musischen Neigungen, vor allem der Musik. War er zuvor lediglich in seinem Palast oder in seinem Garten aufgetreten, gab der dicke rothaarige Kaiser mit dem Doppelkinn schließlich Gastspiele auf den Bühnen Neapels. Bald trat er auch in Rom öffentlich auf, sang bei einem von ihm gestifteten Wettkampf im Theater des Pompeius und spielte dabei die Leier. Seine Auftritte wurden zu wahren Triumphen. Doch nicht seine Kunst, sondern Geld und Angst ließen das Publikum jubeln. Der römische Schriftsteller Sueton berichtet in seiner Nero-Biografie, dass es niemandem, egal aus welchem Grund, erlaubt war, während der Darbietungen Neros das Theater zu verlassen. So sollen Frauen auf den Rängen Kinder zur Welt gebracht haben. Andere hätten sich tot gestellt, damit man sie aus der endlosen Aufführung hinaustrug. Kein Besucher wagte einzunicken, denn Neros Spitzel waren überall. War der stundenlange Vortrag Neros endlich zu Ende, sorgten hochbezahlte Beifallklatscher für tosenden Applaus.

In seiner »Freizeit« verfiel Nero wie zuvor sein Onkel, der grausame Caligula, zügellosen Ausschweifungen. Der Prätorianerpräfekt Tigellinus, Chef der kaiserlichen Leibgarde, hatte nach der Ablösung Senecas und Burrus' weitgehend die Nero so lästigen alltäglichen Regierungsgeschäfte übernommen. Er rief die verhassten und zuletzt unter Caligula durchgeführten Hochverratsprozesse wieder ins Leben. Die auf diese Weise beschlagnahmten Vermögen halfen, die Löcher in der leeren Staatskasse halbwegs zu stopfen. In der Nacht zum 19. Juli 64 brach in Rom ein verheerender Brand aus, der sechs Tage wütete. Das Gerücht machte die Runde, Nero habe das Feuer legen lassen und angesichts der Flammen eine Ode auf den Brand Trojas gesungen. Brände, um die Muse anzuheizen? Längst traute man ihm das zu. An Verfolgung, Terror und Morde hatten sich die Römer fast schon gewöhnt, doch ein Kaiser, der dichtete und sang, war ihnen nicht geheuer. Dann kam der Verdacht auf, Nero habe das Feuer auch deshalb legen lassen, weil er die alten Häuser und eng gewundenen Gassen Roms zerstören wollte, um auf ihren Trümmern eine neue Stadt mit dem Namen Neropolis zu errichten. Als Nero tatsächlich auf der frei gewordenen Fläche mit dem Bau eines neuen Herrscherpalastes begann, schien der Beweis erbracht. Das Volk wurde unruhig und Nero erkannte, dass rasch ein Schuldiger für den verheerenden Brand gefunden werden musste. Er fand gleich mehrere: Die noch kleine und obskure jüdische Sekte, die sich Christen nannte, eignete sich hervorragend. Viele von ihnen ließ Nero öffentlich verbrennen oder im Circus Maximus den wilden Tieren vorwerfen. Auch die Apostel Paulus und Petrus sollen unter den Opfern gewesen sein.

Aber auch Neros Terror in den Reihen der römischen Bürger wurde immer unerträglicher. Die so genannte Pisonische Verschwörung unter der Führung des Gaius Calpurnius Piso scheiterte im Jahr nach dem Brand. Auch Seneca war darin verwickelt. Er wurde nicht hingerichtet, sondern Nero gewährte ihm die Gnade, sich selbst das Leben nehmen zu dürfen.

Im Jahr 66 reiste Nero nach Griechenland, er ging quasi als Künstler auf Tournee. Bei Festspielen errang er als Wagenlenker und Musikant insgesamt 1808 Siegeskränze. Im Taumel seiner erkauften Triumphe gewährte er den Griechen Steuerfreiheit und die volle Selbstverwaltung. Diese Entscheidung sollte ihm zum Verhängnis werden. Denn die Statthalter in den anderen Provinzen befürchteten, sie hätten angesichts der schlechten Staatsfinanzen den Verlust aus den Einnahmen der Provinz Griechenland zu kompensieren. Es kam zum Aufstand. In Gallien erhob sich Gaius Julius Vindex, in Spanien schloss sich der dortige Statthalter, der greise General Galba dem Aufstand an. Obwohl Vindex rasch von kaisertreuen Truppen aus Germanien besiegt und zum Selbstmord getrieben wurde, war die Revolte nicht mehr aufzuhalten. Sogar die Männer der mächtigen kaiserlichen Leibgarde, die Prätorianer, wandten sich schließlich von Nero ab. Daraufhin fasste auch der Senat Mut und erklärte Nero für abgesetzt und vogelfrei. Bei der Ausrufung des neuen Kaisers spielten, wie bei der Ernennung der drei Kaiser zuvor, die Prätorianer wieder die entscheidende Rolle. Sie erkoren den alten Galba zum neuen Herrscher. Nero floh aus der Stadt und verkroch sich auf dem Landgut eines Freigelassenen. Als er merkte, dass seine Ergreifung nur noch eine Frage von Stunden, vielleicht Minuten war, befahl er seinem Sekretär, ihm dabei zu helfen, sich den Dolch in die Kehle zu stoßen. Nach Sueton waren Neros letzte Worte: »Qualis artifex pereo!« (Welch ein Künstler geht mit mir zugrunde!).

Bei einer Umfrage nach dem grausamsten und degeneriertesten Kaiser Roms würden sich Nero und sein Onkel Caligula scharfe Konkurrenz machen. Objektiv gesehen ist vermutlich Caligula mit weit mehr Opfern der Blutrünstigere der beiden. Dennoch würde Nero sicher den Spitzenplatz an Grausamkeit einnehmen. Vielleicht ist es der Einfluss der christlichen Geschichtsschreibung, denn das von ihm befohlene Massaker an den Christen blieb im kollektiven Gedächtnis des Abendlandes haften. Für Martin Luther war Nero der »Antichrist«.

Ohne seine Untaten zu relativieren, versucht die neuere Geschichtsschreibung jedoch ein differenzierteres Bild Neros zu zeichnen. Sie ertastet einen musischen, doch sehr schwachen Charakter, dem ohne sein Zutun Macht zuwuchs und dem die schon in der Kindheit eingeflüsterte Gottgleichheit die Seele auffraß. Wäre Nero nur der Kunst nachgegangen, zu der er sich offenkundig berufen fühlte, hätten Zehntausende nicht den Tod gefunden.

17 Geld stinkt nicht

Vespasian (9 – 79 n. Chr.)

»Vom Sanges- zum Finanzkünstler«: So könnte man nach Neros Absetzung den Aufstieg Vespasians zum römischen Kaiser betiteln. Allerdings folgte Vespasian nicht direkt auf Nero. Denn zunächst kamen noch drei andere und verschwanden schnell wieder. Im so genannten Vierkaiserjahr, wie die Zeit von Nero zu Vespasian von Mitte 68 bis Mitte 69 genannt wird, fiel Neros Nachfolger Galba rasch einem Mordanschlag zum Opfer. Otho, der Anführer der Verschwörung, nahm seinen Platz ein, beging jedoch nach verlorener Schlacht gegen seinen Konkurrenten Vitellius Selbstmord. Aber auch Vitellius war nur kurz Kaiser. Er musste weichen, als im Juli 69 die Ostheere Vespasian zum römischen Kaiser ausriefen.

Vespasian, eigentlich: Titus Flavius Vespasianus, war alles andere als hochwohlgeboren. Als Sohn eines Steuereinnehmers und Geldverleihers aus der italienischen Provinz war er der erste Kaiser von vergleichsweise einfacher Herkunft, doch sein finanziell erfolgreicher Vater hatte ihm eine gute Ausbildung und somit den Einstieg in die militärisch-politische Laufbahn ermöglicht. Vespasian machte Karriere und bekleidete unter Kaiser Claudius bald hohe zivile und militärische Ämter. Er zeichnete sich in Britannien als Feldherr aus und amtierte unter Nero als Konsul. Dann wurde es einige Zeit lang still um ihn, bis er schließlich am Hof Neros wieder auftauchte. Von Nero zum Statthalter in der Provinz Africa Proconsularis ernannt, fiel Vespasian dadurch auf, dass er sich in seiner Amtszeit nicht bereicherte. Vespasian »durfte« Nero auf dessen berühmt-berüchtigter Griechenlandtournee begleiten. Nero wusste offensichtlich, welch tüchtigen und unbestechlichen Mann er in Vespasian hatte, und Gefahr schien von ihm nicht auszugehen. Daher blieb es für Vespasian auch ohne Folgen, als er bei einem der Sangesvorträge seines Kaisers einschlief und die Darbietung durch Schnarchen unterbrach.

Als Kaiser wusste Vespasian von Anfang an, dass er Oberhaupt eines zerrütteten Staates war. Er machte sich energisch daran, das zu ändern. Die Wunden des Bürgerkrieges mussten geheilt, die leere Staatskasse saniert werden. Zwar war Vespasian mit seinen 60 Jahren nach den Maßstäben seiner Zeit nicht mehr der Jüngste, doch seine Herkunft als Sohn eines Finanzfachmanns, auch seine Erfahrung als Politiker und Militär halfen ihm zweifellos.

Vespasian war das verkörperte, energiegeladene Pflichtbewusstsein, und genau das strahlen auch die von ihm erhaltenen Porträts aus. Sie spiegeln in ihrem realistischen, schonungslosen Stil den Bruch mit der iulisch-claudischen Epoche und ihrer idealisierenden Porträts wider. Die Vespasian-Bildnisse zeigen einen Mann mit wuchtigem Schädel, auf einem Hals, der wirkt, als könne sein Besitzer Mühlsteine schleppen. Die auffallend breite Stirn ist fast kahl. Die eng anliegenden Augen blicken verschmitzt in die Welt. Vespasians Gesicht, von Falten und Furchen durchzogen, beherrscht von einer großen gebogenen Nase, die den schmallippigen Mund fast verdeckt, verrät einen permanent angespannten Geist.

Dem Kaiser, der im Umgang bescheiden und humorvoll gewesen sein soll, gelang es, die Staatsfinanzen zu ordnen. Er zeigte außergewöhnlichen Erfindungsreichtum, wenn es darum ging, neue Einnahmequellen zu erschließen. So beschloss er eines Tages, den in den öffentlichen Latrinen anfallenden Urin, der zur Ledergerbung genutzt wurde, zu besteuern. Vespasians Sohn Titus war pikiert. Doch sein Vater hielt ihm Münzen der ersten Einnahmen aus der neuen Steuer unter die Nase und sagte nur »Non olet« (Es stinkt nicht). Das berichten Sueton und Cassius Dio. Heute ziehen Arbeitsethiker den daraus entstandenen Ausspruch »Geld stinkt nicht« heran, um zu unterstreichen, dass auch das Einkommen aus schmutziger Arbeit, sofern ehrlich, nicht zu beanstanden sei. Zyniker dagegen interpretieren den Satz »Geld stinkt nicht« anders. Sie schließen aus den Worten, dass es bei Geld letztlich egal sei, woher es stammt.

Als die Staatskasse wieder gefüllt war, wandte sich Vespasian der Sanierung und dem Ausbau Roms zu. Um die Stadt vor den regelmäßigen Überschwemmungen des Tibers besser zu schützen, ließ er den Lauf des Flusses regulieren. Dort, wo Nero mit dem Bau seines Palastes begonnen hatte, ließ Vespasian das große Flavische Theater errichten. Da in seiner unmittelbaren Nachbarschaft eine kolossale Statue des Nero stand, bekam das neue Gebäude den Namen, mit dem es berühmt wurde: Colosseum.

Auch außenpolitisch war die Regierung Vespasians für Rom recht erfolgreich. Vespasian sicherte und begradigte die Grenzen des Imperiums. Sein Feldherr Agricola dehnte die römische Herrschaft in Britannien weiter nach Norden aus, Vespasians Sohn Titus eroberte und zerstörte im Jahr 70 Jerusalem. In Rom selbst war es während Vespasians Regierungszeit friedlich. Als er am 24. Juni 79 im Alter von fast 70 Jahren in der Nähe seiner Heimatstadt starb, verlor das Römische Reich einen Kaiser, dem es eine gute Zeit verdankte.

18 In diesem Zeichen wirst du siegen!

Konstantin der Große (um 288 – 337)

Das Zeichen kam zur rechten Zeit. Es half dem Christentum, doch zuerst einmal dem Mann, dem es erschien.

Im Jahr 293 hatte Kaiser Diokletian die Tetrarchie ins Leben gerufen, die Herrschaft von gleichzeitig vier Kaisern über das römische Imperium. Er hoffte, mit dieser Regierungsform das allmähliche Auseinanderfallen des riesigen Reiches abwenden zu können. Zumindest gelang es ihm, den Staat durch einschneidende Wirtschafts- und Verwaltungsreformen neu zu ordnen. Rasch zeigte sich jedoch, dass die Aufteilung der Macht Zündstoff für neuen Streit barg, der bald schon eskalierte. Im Westteil des Reiches rangen bereits ein Jahr nach Diokletians Tod die Söhne und Nachfolger zweier seiner Mitregenten, Kaiser Konstantin I. und Kaiser Maxentius, um die Alleinherrschaft. Dass sie verschwägert waren – Konstantin hatte seine erste Frau verstoßen und Maxentius' Schwester Fausta geheiratet –, spielte dabei keine Rolle.

Am 28. Oktober 312 stießen die Heere der Kontrahenten vor den Toren Roms an einer Steinbrücke über dem Tiber aufeinander. Die Schlacht an der Milvischen Brücke ist legendenumwoben. Vor dem Waffengang hatte Maxentius angeblich Orakel befragen lassen, die vorhersagten, dass er den mit 40 000 Mann auf Rom zumarschierenden Konstantin vernichtend schlagen werde. Drang das bis zu Konstantin und seinem Heer vor? Zumindest wird er gewusst haben, dass ihm zahlenmäßig weit überlegene Truppen gegenüberstanden, und so war es angebracht, sich einen Mutmacher für die eigenen Soldaten einfallen zu lassen.

Da kam ihm gelegen, dass ihm eine Vision – er hatte sie angeblich schon mehrfach zuvor gehabt – unmittelbar vor der Schlacht erneut erschien. Konstantin trat vor seine Männer und erklärte, er habe am Himmel in der Mittagssonne das Christuszeichen gesehen und darauf die Worte gelesen »Hoc signo vinces« (In diesem Zeichen wirst du siegen!). Nun ließ er laut Legende das so genannte Christusmonogramm – die ineinander verschlungenen griechischen Buchstaben X (für »Ch«) und P (für »R«) – auf die Schilde seiner Soldaten malen. XP war ein in der Spätantike häufig benutztes Symbol für Jesus Christus. Von dem Satz »In diesem Zeichen wirst du siegen!« liest man auf Münzen aus jener Zeit auch die Variante »Hoc signo victor eris« (Durch dieses Zeichen wirst du Sieger sein). Inzwischen werden die Worte nicht nur verwandt, um jemanden auf den Schutz des Kreuzes angesichts einer großen Herausforderung hinzuweisen. Auch im Zusammenhang mit anderen Symbolen werden sie herangezogen. Doch immer steht der Satz für das Vertrauen in ein Vorhaben und dessen Wendung zum Guten – sei es durch die Hilfe einer höheren Macht oder den Geist einer gemeinsamen Sache.

War Konstantin tatsächlich eine Vision erschienen oder hatte er eine großartige Finte ausgeheckt, die ihm half, zwei Fliegen mit einer Klappe zu schlagen? Wir wissen es nicht. Immerhin konnte er nun seine Soldaten vor der Schlacht ermutigen und ein Zeichen gegen das setzen, wofür Maxentius stand. Denn dieser versuchte, seitdem er als Kaiser in Rom residierte, die altrömischen Traditionen und die damit verbundenen religiösen Kulte wiederzubeleben. Als es zur Schlacht kam, war das Kriegsglück auf Konstantins Seite, er triumphierte, Maxentius ertrank im Tiber. Konstantin herrschte nun allein über den Westteil des Römischen Reichs.

Zwölf Jahre später besiegte Konstantin auch Licinius, Kaiser des östlichen Teils des Reiches, der zuvor Maximinus Daia, den vierten Kaiser der Tetrarchie ausgeschaltet hatte. Nun war Konstantin Alleinherrscher sowohl über den West- als auch über den Ostteil des

Reiches. Im Jahr 330 verlegte er nicht nur aus außenpolitischen Gründen seinen Regierungssitz von Rom in den Osten. In der alten griechischen Stadt Byzantion, dem heutigen Istanbul, hoffte er, das Reich, besser sichern zu können, das von Westen und Norden immer häufiger bedroht wurde. Doch auch seinen Anspruch absoluter Macht schien er hier besser ausüben zu können als in dem wankelmütigen Rom mit seinem widerspenstigen Senat und den undurchdringlichen Machtstrukturen. Er benannte die Stadt erst in Neu-Rom, dann in Konstantinopel um. Das Wappen der neuen Hauptstadt des Römischen Reiches trug den doppelköpfigen Adler, der nach Osten und nach Westen schaute.

Konstantins Anspruch auf alle Macht, sein Wille zur Einheit, spiegelte sich auch in den Porträts wider, die er von sich anfertigen ließ. Sie zeigen ein neues Bild vom Menschen. Konstantins Gesicht erscheint dort wenig individuell gezeichnet. Mit großen Augen, einer gebogenen Raubvogelnase und energischem Kinn, glatt rasiert – damals ein Ausdruck christlicher Gesinnung, denn Jesus Christus stellte man sich in jenen Tagen bartlos vor – schaute der Herrscher in die Welt. Die Bildnisse Konstantins entfernen sich vom Individualismus der Antike. Sie strahlen unnahbare absolute Macht aus, sind idealisiert, scheinen gottgleich wirken zu wollen, so wie sich viele Jahrhunderte zuvor schon die Pharaonen hatten abbilden lassen.

Das Christentum wurde unter Konstantin nach und nach zur Staatsreligion. Er ließ Kirchen bauen, verlieh Bischöfen richterliche Befugnisse und führte den Sonntag als Ruhetag ein. Das Bestreben der Christen, sich zu organisieren, ihr Wille, missionarisch zu wirken, machte die expansive Religion zu einem willkommenen Instrument für Konstantins Machtsicherung. Doch er wusste, das Christentum konnte ihm nur von Nutzen sein, wenn er auf die Belange der Kirche Einfluss nahm. Daher verfolgte er aufmerksam die zahlreichen, oft widersprüchlichen Strömungen des frühen Christentums und versuchte, sie in seinem Sinne zu lenken. 325 ließ er im von ihm geleiteten Konzil von Nicäa die Lehre von der Dreifaltigkeit – dass Gott, Jesus und der Heilige Geist von gleichem Wesen seien – zum Kirchendogma erheben.

Man kann darüber streiten, ob mit Konstantins Regierungszeit die Antike endete, doch sicher ist, dass in jenen Jahren viele Schritte getan wurden, die zu ihrem Ende führten. Die alte römische Kultur war im Niedergang, auch wenn sie noch immer im Wesentlichen den Alltag bestimmte. Zunehmend wurde sie von der aufkommenden christlichen Kultur verdrängt. Ob Konstantin Christ war, ist schwer zu klären. Auf seinem Triumphbogen anlässlich des Sieges an der Milvischen Brücke fehlen christliche Symbole, doch die römische Siegesgöttin Viktoria und der Sonnengott sind dargestellt. Im eher heidnischen Westteil seines Reiches bekannte er sich nicht offen zum Christentum, im mehrheitlich christlichen Osten bezeichnete er sich dagegen als Christ. Was davon Staatsräson war, bleibt offen.

Als Konstantin im Jahr 337 starb, ließ er sich von dem einflussreichen Eusebius von Nikomedia, dem Patriarchen von Konstantinopel, auf dem Sterbebett taufen. Er hoffte, so auch sühnen zu können, dass er seine Frau und seinen Sohn hatte umbringen lassen. Die Kirche in Rom verbreitete später die Legende von der Konstantinischen Schenkung. Sie behauptete, es sei nicht Eusebius von Nikomedia, sondern Papst Silvester I. gewesen, der Konstantin auf dem Sterbebett getauft habe. Konstantin habe ihm und seinen Nachfolgern als Bischof von Rom in seiner Dankbarkeit und Güte die Oberherrschaft über die Stadt Rom und die Westhälfte des Römischen Reiches geschenkt. Die im 8. oder 9. Jahrhundert eigens dazu gefertigte Urkunde wurde im 15. Jahrhundert von Nikolaus von Kues als Fälschung nachgewiesen. Doch da war es längst zu spät. Der Bischof von Rom hatte als Papst auch mit Hilfe der so genannten Konstantinischen Schenkung seinen irdischen Machtanspruch begründet und ausgebaut. Obwohl die Christen im Westteil des auseinander driftenden Römischen Reiches noch jahrhundertelang weit weniger Einfluss hatten als ihre Glaubensbrüder und -schwestern im Osten des Reiches, hatten sie spätestens mit den Renaissancepäpsten den mächtigen römischen Kirchenstaat etabliert.

Auch die Spaltung der Kirche in römisch-katholische Kirche und orientalische, orthodoxe Kirchen, die sich schließlich im Jahr 1054 im Morgenländischen Schisma manifestierte, als sich der Papst in Rom und der Patriarch von Konstantinopel gegenseitig exkommunizierten, hat ihre Anfänge in der unter Konstantin beginnenden religiösen und kulturellen Spaltung des Römischen Reiches.

Die orthodoxe Kirche verehrt Konstantin heute als Heiligen. In der katholischen hat er es nicht so weit gebracht. Nur ein Namenstag ist für ihn herausgesprungen. Ihm würde es wohl egal sein, denn wichtig war ihm sicher nur, dass ihr Zeichen ihm dabei half, über seine Gegner zu siegen.

19 Im Zweifel für den Angeklagten

Corpus iuris civilis (Entstehung 528 – 534)

Konstantin der Große war der letzte Kaiser gewesen, der das römische Imperium 324 noch einmal einte. Knapp 60 Jahre nach seinem Tod zerfiel es endgültig in ein West- und ein Ostreich. Das Ostreich, in dem sich die neue christliche Kultur durchgesetzt hatte, erhielt seinen Namen nach der Hauptstadt Byzanz. Der ewigen Stadt Rom verblieb nur noch das Westreich. Dort versuchte man, die alte, doch längst sterbende römische Kultur zu bewahren. Noch weitere 80 Jahre zogen ins Land, bis der letzte weströmische Kaiser im Jahr 476 gehen musste.

Dieser erst 16-jährige Jüngling trug – Zufall oder Augenzwinkern der Geschichte? – den gleichen Namen wie der legendäre Gründer der Stadt: Romulus. Den traditionellen Titel »Augustus«, verniedlichte man aufgrund der Jugend des Amtsträgers und wegen seiner nur noch geringen Macht zu »Augustulus« (Kaiserlein). Romulus Augustulus musste die Schmach ertragen, von einem Barbaren abgesetzt zu werden, dem germanischen Söldnerführer Odoaker.

Was blieb von der einst alles beherrschenden Kultur Europas? Vor allem das römische Rechtsverständnis konnte seinen Einfluss dauerhaft bewahren. Noch viele Jahrhunderte später prägte es die gesellschaftliche und politische Entwicklung weiter Teile Europas. Römische Rechtsgrundsätze wie »bona fides« (Treu und Glauben), »do ut des« (Ich gebe, damit du gibst) und »in dubio pro reo« (Im Zweifel für den Angeklagten) reichen bis in das 21. Jahrhundert hinein.

»In dubio pro reo« ist ein besonders einflussreiches Beispiel. Wann dieser Satz zum ersten Mal niedergeschrieben wurde, ist nicht mehr festzustellen. Doch er zieht sich schon früh durch die römische Rechtsauffassung und wurde zu einem wesentlichen Element moderner Rechtsstaaten. »Im Zweifel für den Angeklagten« bedeutet, dass ein Angeklagter freizusprechen ist, wenn nach Prüfung aller Indizien und Beweise noch Zweifel an seiner Schuld bestehen. Auch der römische Rechtsgrundsatz der Unschuldsvermutung spielt in den Dubio-pro-reo-Satz hinein: Der Angeklagte muss seine Unschuld nicht beweisen, sondern der Ankläger dessen Schuld. Dieser Gedanke schlägt sich Jahrhunderte später zur Zeit der Aufklärung in dem berühmten Satz nieder, der in Voltaires Erzählung *Zadig* zu finden ist: »Besser man riskiert, einen Schuldigen zu retten, als einen Unschuldigen zu verurteilen.«

Die Maxime »in dubio pro reo« durchdringt – wenngleich nicht wortwörtlich formuliert – auch das bedeutende Gesetzeswerk *Corpus iuris civilis*, eine systematische Sammlung und Aufarbeitung der römischen Rechtsprechung, die der oströmische Kaiser Justinian I. im Jahr 528 in Auftrag gab.

Justinian wollte das römische Recht in seinem ganzen Reich durchsetzen. Die Männer, die sich an die Arbeit machten, mussten eine fast tausend Jahre alte juristische Geschichte aufarbeiten. Denn im alten Rom hatte man bereits um das Jahr 450 v. Chr. im berühmt gewordenen Zwölftafelgesetz tradierte Rechtsgrundsätze niedergelegt und sich dabei noch stark von den Griechen beeinflussen lassen. Die eigentlichen römischen Rechtsregeln entstanden erst danach aus der Rechtsprechung der Prätoren, den hohen gewählten juristischen Beamten Roms. Diese formulierten ihre richterlichen Entscheidungen (Edikte) so, dass man sie beispielhaft für ähnliche oder gleiche Sachlagen erneut heranziehen konnte. Nachfolgende Prätoren erweiterteten sie, Juristen ergänzten sie mit Kommentaren und Abhandlungen. Ihre Blüte erlebte die römische Rechtswissenschaft in der Kaiserzeit, um dann unter den über zwei Dutzend Soldatenkaisern ab 235 n. Chr. ihren Niedergang zu erfahren.

Justinians Beauftragter für die Erstellung der Gesetzessammlung, sein Justizminister Tribonianus, hatte das Glück, dass die von ihm geführte Kommission aus Gelehrten und Rechtskundigen auf eine umfangreiche, nahezu lückenlose Literatur in privaten und öffentlichen Schriftsammlungen zurückgreifen konnte und dass sie das Wissen besaß, diese zu interpretieren. Das Werk, das die Kommission nach über fünfjähriger Arbeit bis zum Jahr 534 zusammentrug, umfasste drei Teile. Der erste Teil, die vier Bücher der »Institutionen«, war ein amtliches Lehrbuch, das auf dem gleichnamigen Werk des berühmten römischen Juristen Gaius basierte. Der zweite Teil, die 50

Bücher der »Digesten« beziehungsweise »Pandekten«, bildete eine Sammlung von Schriften römischer Juristen aus der Zeit des 1. bis 3. Jahrhunderts n. Chr. Der dritte Teil schließlich, die zwölf Bücher des »Codex Justitianus«, vereinte Gesetze von Kaiser Hadrian bis Justinian. Nach 533 wurde mit den »Novellen« ein vierter Teil hinzugefügt, eine Sammlung von 168 Gesetzen in griechischer Sprache.

Justinian versuchte während seiner Regierungszeit mit aller Macht, im Mittelmeerraum das alte Römische Weltreich wieder aufzubauen. Eine besondere Rolle, vielleicht sogar politisch wirksamer als er selbst, spielte dabei seine Frau Theodora. Sie war schön, klug, hochintelligent, eine umschwärmte Tänzerin und Schauspielerin. Gegen alle Widerstände heiratete er sie und räumte ihr weitgehende Mitregentschaft ein. Ein kluger Zug, denn Theodora bewies politisches Talent. Als im Jahr 532 – die Rechtsgelehrten arbeiteten noch immer fieberhaft an der Gesetzessammlung – in der Hauptstadt der so genannte Nikaaufstand gegen Justinian ausbrach, rettete Theodora ihrem Mann das Reich. Sie überredete ihn, der schon bereit war, zu flüchten, in der Stadt zu bleiben. In der Folge schlugen Justinians geniale Heerführer Belisar und Narses den Aufstand nieder und bescherten ihm, der Byzanz so gut wie nie verließ, durch ihre Feldzüge ein Reich, das in seinen Ausmaßen dem Römischen Weltreich ähnelte. Auch wenn Justinians Nachfolger Justinos die meisten Eroberungen wieder verlor, überdauerte das Byzantinische Reich Jahrhunderte. Erst als am 29. Mai 1453 die Osmanen Konstantinopel eroberten, ging es endgültig unter.

Das große Werk des Tribonianus und seiner Gelehrten geriet allerdings schon kurz nach seiner Entstehung in Vergessenheit, wenig nur floss in die alltägliche byzantinische Rechtsprechung ein. Im Westen dagegen übernahmen viele Herrscher des Frühmittelalters Elemente des von ihnen hoch geschätzten römischen Rechts. Es half ihnen, die auf den Trümmern des alten Römischen Reiches neu zu schaffenden Staatsgebilde zu formen. Dann, zu Beginn des 12. Jahrhunderts, entdeckten Gelehrte der Universität in Bologna die von Justinian in Auftrag gegebene Gesetzessammlung und bearbeiteten sie. Dem Kaisertum, das sich in römischer Tradition sah, kam das Werk sehr gelegen. Denn in jener Zeit wirtschaftlichen Aufschwungs waren einheitliche und umfassende Rechtsvorschriften vonnöten. Man gab dem wiedergefundenen Text den Status geltenden Rechts und nannte ihn eine Sammlung des Bürgerlichen Rechts: *Corpus iuris civilis*. Unter diesem Namen floss römisches Recht in zahlreiche europäische Rechtssysteme ein. Frankreich übernahm es, England, das zwar eine ganz eigene Rechtstradition entwickelte, wurde gleichwohl von ihm beeinflusst. Auch in Deutschland wirkte das *Corpus iuris civilis*. Vieles von seinem Geist ist im Bürgerlichen Gesetzbuch (BGB), das am 1. Januar 1900 in Kraft trat, wiederzufinden.

20 Bete und arbeite!

Benedikt von Nursia (480 – 547)

Die ersten Mönche, deren Bruderschaft er leitete, waren von seiner Strenge so entsetzt, dass einige von ihnen versuchten ihn zu vergiften. Und so hätte es den von ihm gegründeten und nach ihm benannten Benediktinerorden um ein Haar nicht gegeben.

Die Zeit, in die Benedikt von Nursia geboren wurde, war eine Zeit gewaltiger Umbrüche und Veränderungen. Ganze Völker verließen ihren Siedlungsraum oder wurden vertrieben. Diese so genannte Völkerwanderung pflügte im Laufe mehrerer Generationen die alten Ordnungen Europas um. Die römische Antike schwand dahin, während sich mit Macht eine neue Kultur erhob. Diese speiste ihre Kraft aus dem Glauben einer noch immer jungen Religion, dem Christentum. Vital und drängend beseelte es im wahrsten Sinne des Wortes seine Anhänger, ermutigte sie, alle Bereiche des Lebens in Hinsicht auf den Willen ihres Gottes zu prüfen, machte ihnen Hoffnungen, in einer Zeit großer Unsicherheit und Gefahren Halt und Sinn zu finden.

Für manche Christen war das Ideal der Entsagung ein Weg, den sie nicht extrem genug beschreiten konnten. Vor allem der östliche Mittelmeerraum brachte die außergewöhnlichsten Protagonisten christlicher Askese hervor. Dort ließen sich manche Mönche Ketten und Gewichte anlegen, andere nahmen nur soviel Nahrung und Wasser zu sich, um gerade überleben zu können, wiederum andere betrachteten es als Sünde, sich zu waschen. Ein gewisser Symeon, später Symeon der Ältere genannt, wurde deswegen berühmt, weil er im 5. Jahrhundert in Syrien 36 Jahre lang bei Aleppo auf einer Säule lebte und von dort oben den Menschen predigte. Er soll aufgrund seiner Lebensweise nicht besonders gut gerochen haben. Wer auf einer Leiter Essen zu ihm hinauf auf die Säule brachte, musste sich mit einem Tuch die Nase bedecken. Symeon wurde zum Stammvater der so genannten Säulenheiligen, die sich in Bezug auf die Zeit, die sie auf ihren Säulen verbrachten, gegenseitig übertrafen. Ein anderer Symeon, Symeon der Jüngere, blieb 45 Jahre, Alypios im 7. Jahrhundert sogar über 67 Jahre auf einer Säule. Eine weitere Variante der Askese lebten die so genannten Dendriten. Sie stiegen auf Bäume und ernährten sich dort nur noch von deren Früchten und Blättern. Die Enklusen dagegen ließen sich einmauern und nur noch durch eine kleine Öffnung Nahrung reichen.

Aus dem Willen zur Askese, dem Rückzug aus der Welt und dem reinen Zwiegespräch mit Gott entwickelte sich auch das christliche Mönchtum. Als Gründervater gilt der heilige Antonius. In der Mitte des 3. Jahrhunderts zog er für Jahrzehnte als Einsiedler in die ägyptische Wüste. Dort schlug er sich Nacht für Nacht mit allerlei Versuchungen herum, die ihm der Teufel schickte. Vor allem mit Erscheinungen nackter Frauen setzte der Beelzebub dem frommen Mann zu. Doch Antonius widerstand. Seine Eremitage verließ er erst in hohem Alter und das nur, weil ihn sein Freund Athanasios gebeten hatte, gegen den im Glauben »fehl«geleiteten Arius zu predigen. Der behauptete, Vater, Sohn und Heiliger Geist seien zwar wesensähnlich, aber nicht wesensgleich, wie Athanasios meinte. Der Streit versetzte die Christenheit in solchen Aufruhr, dass Kaiser Konstantin schließlich 325 das Konzil von Nicäa einberief. Dort entschied man zugunsten von Athanasios' Auffassung von der Dreieinigkeit.

Trotz Wüste: Antonius' fromme Askese schlug Wellen. Von ihm inspiriert, zogen Bewunderer seiner Taten die sandige Einöde anderen Wohnorten vor. Schließlich fanden sich seine Schüler zu Gemeinschaften zusammen. Das christliche Mönchtum war geboren.

Bevor Benedikt von Nursia zum Ordensgründer wurde, hatte auch er Jahre der Askese auf sich genommen. Als Spross einer wohlhabenden Familie in Umbrien hatte er als Knabe in Rom sein Studium begonnen. Doch entsetzt von den Sitten und vom Gebaren vieler Männer der Kirche verließ er bald die Stadt. Er zog sich in eine Höhle zurück, in der er drei Jahre verbrachte. Ein Mönch ließ ihm jeden Tag an einem Seil Brot herab. Benedikts Askese sprach sich bald herum. Hirten kamen vorbei, man erzählte, er sei ein heiliger Mann. Schließlich baten ihn die Mönche eines nahe gelegenen Klosters, ihr Abt zu werden. Er nahm an, verließ die Höhle und führte seine Brüder so streng, dass es zum bereits erwähnten Giftanschlag auf ihn kam. Doch Benedikt überlebte. Für seine wachsende Anhängerschar gründete er bald eigene Klöster, so auch in Monte Cassino auf einem Berg zwischen Rom und Neapel, wo er sich niederließ. Benedikts Zwillingsschwester Scholastica gründete in unmittelbarer Nachbarschaft ein Kloster für Frauen.

Monte Cassino wurde nicht nur zum ersten Kloster des Benediktinerordens, sondern auch des abendländischen Mönchtums überhaupt. Für manche markiert 529, das Jahr seiner Gründung, eine Zeitenwende. Denn zur gleichen Zeit ließ der byzantinische christliche Kaiser Justinian I. in Athen Platons Akademie nach über 900-jährigem Bestehen schließen. Während also der bedeutendste Hort griechischer Philosophie aufhörte zu existieren, begann mit Monte Cassino die Zeit der Ordensgründungen und die Epoche der Klöster. Die Klöster begleiteten nicht nur entscheidend die Missionierung Europas, sondern halfen, ganze Landstriche urbar zu machen. Auch wurden sie, wenngleich unter völlig anderen – und zwar religiösen – Vorzeichen zur neuen Heimat der Bildung, der Wissenschaft und des Denkens jener Epoche, die wir heute Mittelalter nennen.

Die strengen Regeln, die Benedikt seinem Orden auferlegte, waren entscheidend für seinen Erfolg. Denn die *Regula Benedicti* hob seine Bruderschaft von anderen Mönchsgemeinschaften ab. Sie spiegelte eine neue Haltung wider, wie der Tag zu nutzen sei, und ordnete das Leben der Mönche gemäß eines klaren Auftrags. Als hätte Benedikt Horaz' Forderung des »Carpe diem!« mit dem Christentum und einem strengen Arbeitsethos verbunden, formulierte er die Maxime: »Ora et labora!« (Bete und arbeite), zuweilen auch erweitert wiedergegeben als »Ora et labora et lege« (und lese). Die Maxime ist nicht wortwörtlich in Benedikts Regeln zu finden, wird aber als Wahlspruch des Ordens immer mit dessen Gründer in Verbindung gebracht.

Was forderten Benedikts Regeln von den Mönchen? Sie mussten im Kloster sesshaft werden, allem weltlichen, auch persönlichem Eigentum entsagen und Keuschheit und Demut üben. Sie sollten sich als Brüder verstehen und dem gewählten Abt als Vater uneingeschränkt gehorchen. Den streng geregelten Tagesablauf teilte Benedikt in »kanonische Stunden« beziehungsweise Gebetsstunden ein. Die Mönche standen um drei Uhr morgens auf, beteten, hielten Messen und geistliche Übungen ab. Dazwischen arbeiteten sie. Das Essen nahmen sie gemeinsam ein, Gespräche beschränkten sich nur auf das Nötigste.

Die Arbeit regelte Benedikt im Kapitel 48 der *Regula Benedicti.* Benedikt wies darauf hin, dass Müßiggang »der Seele Feind« sei. Auch wenn das Gewicht von Benedikts Anweisungen eindeutig auf dem Beten und Lesen in der Bibel lag, sagte er den Mönchen auch: »Wenn es die Ortsverhältnisse oder die Armut fordern, dass sie die Ernte selber einbringen, sollen sie nicht traurig sein.«

Benedikts Regeln ließen seinen Orden auch zum Vorbild in der Welt außerhalb der Klostermauern werden. Körperliche Arbeit, die in der Antike unter freien Menschen verpönt gewesen war und die man daher möglichst Sklaven zugeteilt hatte, gewann nun den Ruf der frommen Tat. Indem die Mönche den Tag und ihre Arbeit streng einteilten, erhoben sie darüber hinaus die Zeit zu einem bestimmenden und ordnenden Faktor des Alltags. »Ora et labora!« war für die Menschen, die in Europa in immer größeren Scharen dem christlichen Glauben zuliefen, eine leicht verständliche Aufforderung, ihren eigenen Tag planvoll einzuteilen: Diene Gott und arbeite! Sei fromm und tue deine Pflicht! Der besondere Beitrag der Benediktiner zu einer neuen Arbeitsethik, die viele Jahrhunderte später die industrielle Revolution mit bedingte, ist nicht zu leugnen.

Ora et labora. Benedikt starb am Gründonnerstag des Jahres 547 während eines Gebets am Altar der Kirche in Monte Cassino. Angeblich wurden einige seiner Brüder Zeugen, wie Engel ihn auf einer lichterfüllten Straße in den Himmel trugen.

21 Die Zeiten ändern sich, und wir ändern uns mit ihnen

Lothar I. (795 – 855)

Im Herbst des Jahres 855 traf im Kloster Prüm in der Eifel ein Mann von 60 Jahren ein. Er war zwar noch Kaiser, hatte aber seinen ältesten Sohn Ludwig II. vom Papst ebenfalls zum Kaiser krönen lassen und sein Reich unter seinen Söhnen aufgeteilt. Nun wollte er Mönch werden. »Die Zeiten ändern sich, und wir ändern uns mit ihnen«, soll er gesagt haben. Er war schwach und spürte wohl sein Ende nahen. Bereits sechs Tage nach seiner Ankunft war er tot.

Die Zeiten seiner Herrschaft als römisch-fränkischer Kaiser Lothar I. waren turbulent gewesen. Während sein Großvater Karl der Große (742 – 814) das Frankenreich und die Macht der Karolinger festigte und erweiterte, markiert Lothars Regentschaft bereits den Niedergang. Doch das Unheil hatte bereits bei Karl seinen Anfang genommen. Die Größe und Überdehnung des von ihm geschaffenen Reiches, die veränderten Machtstrukturen, die aus der Kaiserkrone erwachsen waren, und nicht zuletzt die Unfähigkeit von Karls Nachfolgern, ihre Erbfolge im Sinne der Reichseinheit zu regeln, führten schließlich zur Teilung des Frankenreichs.

Karl erhielt 800 in Rom die Kaiserkrone von Papst Leo III. Es war der Dank dafür, dass sich Leo mit Karls Hilfe gegen die römische Adelsopposition im längst noch nicht gefestigten jungen Kirchenstaat hatte behaupten können. Karl, nunmehr »König der Franken, Langobarden, Kaiser und Schutzherr Roms«, regierte sein riesiges Reich, indem er von Pfalz zu Pfalz reiste. Sein Herrschaftsgebiet umfasste gegen Ende seines Lebens das heutige Frankreich, Deutschland, Schweiz, Österreich, den Norden Italiens und griff an seinen Grenzen bereits in die Nachbarländer hinein.

Schon zu Karls Lebzeiten war zu ahnen, dass sein Reich in dieser Form nicht lange überdauern konnte. Die Kulturunterschiede der darin lebenden Völker waren zu groß. Karl erkannte das und versuchte, eine Harmonie herbeizuführen. Er setzte bedeutende Akzente, indem er byzantinische Elemente in die fränkische Kultur einbrachte. Dadurch beförderte er wesentlich das Entstehen der karolingischen Kunst. Das, was man heute das christliche Abendland nennt, baut in wichtigen Teilen darauf auf. Doch die Alltagskulturen der zahlreichen Völker und Stämme des Reiches vermochte Karl nicht zusammenzubringen.

Dem Kraftmenschen Karl folgte 814 sein Sohn Ludwig. In der wuchtigen Gestalt seinem Vater nicht unähnlich, war er im Wesen völlig anders. Während Karl zeit seines Lebens Analphabet blieb, hatte Ludwig I. eine umfassende Bildung genossen, zudem neigte er zu christlicher Spiritualität. Gebete waren ihm wichtiger als das Regieren. Ludwig I. wurde bald Ludwig der Mönch genannt und nach seinem Tod gab man ihm schließlich den Namen Ludwig der Fromme.

Noch während seiner Regentschaft begann das Frankenreich zu zerbröckeln. Hauptgrund waren früh ausbrechende Erbstreitigkeiten und die Unfähigkeit Ludwigs, die Regelung seiner Nachfolge den veränderten Bedingungen anzupassen, die aus dem Besitz einer Kaiserkrone entstanden waren. Diesen Fehler sollte sein Sohn Lothar wiederholen. Wie einst die fränkischen Stammesfürsten und Gutsherren wollte Ludwig der Fromme sein Reich – seinen Besitz – unter seinen Söhnen aufteilen. Seinen ältesten Sohn Lothar I. machte er zum Mitkaiser und Erben, seinen Söhnen Pippin und Ludwig dem Deutschen übertrug er kleine Teilkönigreiche. Doch dann bekam Judith, die zweite Frau Ludwigs des Frommen, einen weiteren Sohn, der auch Ansprüche erheben konnte. Er erhielt den Namen Karl und da er zunächst keinerlei Macht besaß, nannte man ihn Karl der Kahle. Die energische Judith drängte nun auf Berücksichtigung ihres Jungen. Schließlich gab Ludwig der Fromme nach. Er nahm seinem ältesten Sohn und Thronfolger Lothar I. Alamannien ab und wies es Karl zu. Die ausbrechenden Streitigkeiten mündeten in zahlreiche Waffengänge, in denen die Brüder gegen den Vater kämpften und schließlich die Brüder gegeneinander.

Nach dem Tod seines Vaters war Lothar I. schließlich kriegsmüde und stimmte 843 im Vertrag von Verdun der Teilung des Reiches zu. Karl der Kahle erhielt den Westteil. Pippin wurde übergangen und starb später in Haft. Den Ostteil erhielt der dritte Bruder Ludwig der Deutsche. Lothar I. selbst behielt ein Reich in der Mitte. Es erstreckte sich vom Norden Italiens bis zur holländischen Küste.

Während aus den Reichen Karls des Kahlen und Ludwigs des Deutschen das West- und Ostfränkische Reich entstanden und Sprache und Kultur sich endgültig auseinander entwickelten, teilte Lothar I. sein fragiles Mittelreich schließlich noch einmal auf. Wie zuvor sein Vater versuchte er, sein Erbe nun auf seine Söhne aufzuteilen, so, wie es in alten Zeiten üblich gewesen war. Hier zeigte er endgültig und mit dramatischen Folgen, dass er seine Entscheidungen den Veränderungen der Zeit nicht anzupassen vermochte.

Die Teilung von Prüm im Jahr 855 legte schließlich fest, dass von Lothars Mittelreich, dem so genannten Lotharii Regnum (Reich des Lothar), Lothars Sohn Ludwig II. den Norden Italiens und den Königstitel zugewiesen bekam (König war er schon seit 844, Kaiser seit 850, seit Lothars I. Tod alleiniger Kaiser, hatte aber keinen Einfluss auf das West- und Ostfrankenreich). Der jüngste Sohn Lothars I. mit Namen Karl wurde mit dem Teilreich Burgund und mit der Königswürde über die Provence bedacht. Der mittlere Bruder Lothar II. erhielt einen Königstitel und das Mittelstück des Reiches, gelegen zwischen West- und Ostfrankenreich. Als dieser im Jahr 869 starb, teilten seine Onkel Ludwig der Deutsche und Karl der Kahle dieses kleinere Lotharii Regnum im Vertrag von Meersen 870 ohne Rücksicht auf andere Ansprüche unter sich auf. Die später aus West- und Ostfrankenreich entstandenen Nationen Frankreich und Deutschland stritten um Lothringen, das aus dem Gebiet Lothars II. hervorging, bis ins 20. Jahrhundert.

Die Worte »Die Zeiten ändern sich, und wir ändern uns mit ihnen« entsprangen sicher nicht der Einsicht über begangene Fehler. Eher sind sie als Lothars Kommentar zu seiner Entscheidung zu verstehen, dass er der Last der Königswürde müde war und nun Mönch werden wollte. Lothar war erschöpft und für damalige Verhältnisse alt.

Der Prager Arzt Matthias Borbonius (1566 – 1629) überlieferte Lothars berühmt gewordenen Satz laut Jan Gruters (1560 – 1627) 1612 erschienenen Anthologie *Delitiae poetarum Germanorum* in der Form »Omnia mutantur, nos et mutamur in illis« (Alles ändert sich, und wir ändern uns auch). Die sprachlich elegantere Version »Tempora mutantur, nos et mutamur in illis« (Die Zeiten ändern sich, und wir ändern uns mit ihnen) findet man bereits 1575 in Andreas Gartners *Proverbialia dicteria.* Sie ist auch die geläufigere. Die Worte sind im Bewusstsein der Menschen geblieben, weil sie Umbrüche und Veränderungen beschreiben. So wird das Zitat als Kommentar zu einer persönlichen Situation, etwa als Ausdruck der Veränderungen des eigenen Lebens, ebenso genutzt wie als Beschreibung politischer und gesellschaftlicher Veränderungen, die zwangsläufig auch die Menschen verändern.

22 Ich glaube, um zu erkennen

Anselm von Canterbury (1033 – 1109)

Von einem, der als Anselm von Canterbury in den Geschichtsbüchern steht, mag man meinen, er sei ein waschechter Engländer gewesen. Doch weit gefehlt. Geboren wurde Anselm im italienischen Piemont als Sohn des wohlhabenden und einflussreichen Grafen Gandolfo, des Gouverneurs von Aosta. Da dort seine Wiege stand, wird Anselm von den Italienern bis heute Anselmo d'Aosta genannt.

Anselm, dessen Mutter früh starb, hegte bereits als 15-Jähriger den Wunsch, in ein Kloster eintreten zu dürfen. Doch sein Vater, der für ihn eine politische Karriere vorgesehen hatte, war strikt dagegen. Verzweifelt betete Anselm zu Gott und bat ihn um eine Krankheit. Tatsächlich erkrankte Anselm so schwer, dass man um sein Leben fürchtete. Aber der Vater ließ sich nicht erweichen. Er setzte sogar den örtlichen Abt so stark unter Druck, dass auch er dem Jungen die Erfüllung seines Wunsches verwehrte. Anselm wurde wieder gesund und wartete ab, bis er erwachsen war. Nun verließ er, natürlich im Streit mit dem Vater, Elternhaus und Heimatland. Im Alter von 26 Jahren – womit er damals schon zu den Älteren gehörte – trat er in der Normandie als Novize in das Benediktinerkloster Bec ein. Dort vertiefte Anselm seine wissenschaftlichen Kenntnisse und entwickelte sich zu einem herausragenden Autor der lateinischen Sprache.

Der Glaube allein war ihm nicht genug. Anselm wollte mehr. Gott sollte Anfang, Mittelpunkt und Ende allen Denkens sein. Erreichen wollte er dies mit den Mitteln der Vernunft. In der Zeit, in der er zum Abt von Bec aufstieg, entstand seine Schrift *Proslogion*. Der Titel, das griechische Wort für Anrede, weist auf den Inhalt hin. Denn Anselm formulierte den Text als Gebet an Gott. An einer Stelle heißt es: »Aber ein wenig möchte ich Deine Wahrheit verstehen, die mein Herz glaubt und liebt. Auch will ich nicht verstehen, um zu glauben, sondern ich glaube, um zu erkennen. Und ich glaube auch dies: Nie könnte ich erkennen, wenn ich nicht glaube.«

Mit seinem »Ich glaube, um zu erkennen«, das er in lateinischer Sprache als »Credo, ut intelligam« aufschrieb, erscheint Anselms Aussage weniger streng als die der Bibel. Dort steht bei Jesaja 7, 9 »nisi credideritis, non intelligetis« (Wenn ihr nicht glaubt, werdet ihr nicht erkennen). Ein Christ, der meint im Recht zu sein, kann dies auch auslegen als »Wenn du nicht meiner Meinung bist, glaubst du nicht richtig«. Eine solche Aussage macht eine Diskussion im Grunde unmöglich.

Doch begann nicht auch Anselm eine Diskussion, deren Ergebnis bereits feststand? Denn indem er sagte, er glaube, um zu erkennen, gab er dem Glauben den Vorzug vor dem Verstand. Anselm stellte sich keineswegs die Frage, ob es Gott gibt. Für ihn stand fest: »Gott gibt es.« Und da er glaubte, um zu erkennen, ging es für ihn in der Frage nach Gott nur noch darum, dessen Existenz mit dem Verstand zu beweisen. Dafür ließ er sich einen kniffligen Gedankengang einfallen: Anselm sagte im *Proslogion*: Gott sei »… dasjenige, über das hinaus nichts Größeres gedacht werden kann« (»aliquid quo nihil maius cogitari possit«). Gott sei also das höchste Denkbare, das Vollkommene. Soweit mag jeder noch zustimmen, ob man nun an Gottes Existenz glaubt oder nicht. Jetzt kommt Anselms Trick. Denn nun folgerte er: Wenn etwas vollkommen ist, gehört zu seiner Vollkommenheit auch, dass es existiert. Sonst wäre es ja nicht vollkommen. Da wir zuvor gesagt haben, dass Gott das Vollkommenste ist, existiert er also. Damit war für Anselm der Beweis erbracht.

Anselms Gedankenkette wurde in der Geschichte der Philosophie berühmt als der ontologische Gottesbeweis, ein Begriff, den allerdings erst im 18. Jahrhundert Immanuel Kant und Christian Wolff verwendeten. Auf Deutsch heißt das nichts anderes als der »Seinsbeweis Gottes«. Kant kommentierte Anselms Gedanken, indem er das ebenfalls berühmt gewordene Beispiel von den hundert Talern brachte: Hundert gedachte Taler, so argumentierte er, seien nichts anderes als hundert tatsächliche Taler, nur trete bei Letzteren noch das Sein hinzu. Doch dies, so Kant mit leiser Ironie, mache sie auch nicht vollkommen. Er kam zu dem Schluss, dass Anselms Gedankengang etwas sei, das sich auf sich selbst beziehe und sich selbst beweisen wolle und daher logisch nicht stimme. In ähnlicher Weise hatte sich bereits zu Anselms Lebzeiten ein Benediktinermönch namens Gaunilo von Marmoutier geäußert. In seiner Schrift *Liber pro insipiente* (Buch für den Toren) stellte er Anselms »Beweis« infrage, indem er wie Kant argumentierte, er könne sich eine vollkommene Insel vorstellen, doch allein aus der Vorstellung existiere sie noch nicht. Für seine »Anmaßung« den Erkenntnissen Anselms zu widersprechen, verordnete die Kirche Gaunilo Klosterhaft.

Im 19. Jahrhundert versuchte Hegel diese Kritik an Anselm zu relativieren. Er meinte, man dürfe ihn nicht nur nach logischen Gesichtspunkten betrachten. Denn Anselm habe seinen »Gottesbeweis« gar nicht als Beweis gemeint, sondern sich nur über das Denken Gott nähern wollen. Anselm bleibe mehr oder minder bewusst im Glauben, wenn auch in einem denkenden, grübelnden. Andere Autoren führten später ins Feld, man müsse Anselm in seiner Zeit sehen und seine Äußerungen meditativ begreifen. In der Tat war Anselm auch ein bedeutender Mystiker.

Dennoch, Anselm hatte sich auf das Feld der Logik begeben und daher muss sich sein Gedankengang auch mit deren Gesetzen messen. Zudem waren die Folgen seiner Vorgehensweise weit reichend. Denn seine »Beweisführung« kam der Kirche in Rom gerade recht, um die Einheit von Wissen, Vernunft und Glauben mit der Kirchenlehre »wissenschaftlich« und »logisch« zu rechtfertigen. Anselm half mit seinem Denkansatz jene Position aufzubauen, die Basis der beginnenden Scholastik wurde. Diese erhielt ihren Namen von dem lateinischen Wort für die Lehrer der Kirchenschulen (scholastici), die eine besondere Methode der Vermittlung des Wissens und des Glaubens entwickelten, indem sie in Vorlesungen das Für und Wider von Texten so abhandelten, dass sie letztlich immer die Lehre der Kirche »bewiesen«. Sie nahmen damit die gleiche Haltung ein, wie Anselm, als er sein »Ich glaube, um zu erkennen« niederschrieb. Die Scholastik sollte erst Jahrhunderte später in der Aufklärung ihren Gegenentwurf finden, der die Scholastik auf den Kopf stellte. Denn während diese die Vernunft nutzte, um das zu erkennen, was sie erkennen wollte – die Existenz Gottes und die Richtigkeit seiner Lehre –, nutzte die Aufklärung die Vernunft für das Erkennen an sich, mit offenem Ausgang. Damit stellte sie, anders als die Scholastik, die Erkenntnis höher als den Glauben.

Anselm blieb zeit seines Lebens ein treu ergebener Diener seiner Kirche und mischte – obwohl er dazu gezwungen werden musste – wie in einer späten Erfüllung der Wünsche seines Vaters kräftig in der Politik mit. 1066 hatte Wilhelm der Eroberer bei der Schlacht von Hastings England unter die Herrschaft der Normannen gezwungen. Lanfranc, Anselms Lehrer in Bec, war mit dem neuen Herrscher über England eng befreundet und wurde 1070 Erzbischof von Canterbury. Später sollte Anselm ihm gegen seinen eigenen Willen folgen und so Oberhaupt der Kirche in England werden. Es heißt, man habe Anselm gewaltsam den Bischofsstab in die Hand gedrückt, ihn in die Kirche geschleppt und sofort in Amt und Würden berufen.

Anselms Amtszeit war konfliktreich. Der deutsche König Heinrich IV. und Papst Gregor VII. waren im Streit darüber, wer von ihnen die Bischöfe und Äbte ernennen dürfe, die bis dahin in weiten Teilen des Reiches von den Landesherren, aber nicht von der Kirche eingesetzt wurden. Vordergründig ging es in diesem als Investiturstreit berühmt gewordenen Konflikt (Investitur: lateinisch für »Einkleidung«, bezeichnet die Einführung in ein Kirchenamt) um die Frage, wer die Macht über die Kirche und die Kirchengüter ausübte: der Papst oder der König. Eigentlich aber galt es, das Machtverhältnis von weltlicher und geistlicher Gewalt zu klären. Es kam zu Kriegen. Papst Gregor VII. ließ 1076 Heinrich IV. per Brief für abgesetzt erklären, der wiederum erklärte das Papsttum seines Gegners für unrechtmäßig. Der berühmte Bußgang nach Canossa, den Heinrich IV. im Jahr 1077 antrat, bedeutete keineswegs das Ende. In England wurden im Jahr 1095 auch Wilhelms Sohn Wilhelm II. und Anselm in den Konflikt hineingezogen. Anselm, der treu zu der Sache des Papstes stand – inzwischen regierte Papst Urban II. –, wurde von Wilhelm II. verbannt und verbrachte sechs Jahre im Exil. Erst als Wilhelm II. im Jahr 1107 einen von Königtum und Papsttum geschlossenen Kompromiss zur Beilegung des Investiturstreits akzeptierte, kehrte Anselm nach England zurück, wo er am 21. April 1109 starb. Er wurde in der Kathedrale von Canterbury beigesetzt.

23 Wer zuerst kommt, mahlt zuerst

Eike von Repgow (um 1180 – um 1233)

Über Eike von Repgow, einen der Ersten, der in Deutschland Recht aufschrieb, weiß man nur wenig. Er stammte aus dem kleinen Ort Reppichau bei Dessau. Doch ob er ein Dienstmann war, ein Edelfreier oder Ritter, ist nicht mehr zu klären. Vermutlich arbeitete er in seiner Heimatgegend jahrelang als Schöffe oder Gerichtsdiener. 1209 fand er erstmals in einer heute noch erhaltenen Urkunde Erwähnung als Zeuge.

So war ihm die Rechtsprechung zumindest nicht fremd, als er um 1220 begann, das Recht seines Landes, das mündlich überlieferte Gewohnheitsrecht des östlichen Harzvorlandes, schriftlich niederzulegen. Ob er es selbst aufschrieb, weiß man nicht. Es ist anzunehmen, dass Eike sein Werk einem Schreiber diktierte. Denn dass einer gleichzeitig Lesen und Schreiben konnte, gehörte in jenen Tagen zur Ausnahme.

Anlass für Eikes Gesetzessammlung waren die Umstände in seiner Heimat. Im östlichen Harzvorland und im Raum von Elbe und Saale siedelten seit Jahrhunderten Franken, Thüringer, Sachsen, Friesen und Slawen. Sie alle saßen nach ihrem jeweils unterschiedlichen Recht zu Gericht. Doch was war zu tun, wenn Angehörige verschiedener Volksgruppen in Streit gerieten? Wessen Recht galt dann? Einheitliche Bestimmungen mussten her.

Zunächst wurde Eikes Sammlung, wie seinerzeit üblich, in lateinischer Schrift verfasst. Als der Graf Hoyer von Falkenstein, Stiftsvogt von Quedlinburg und vermutlich Eikes Lehnsherr, von der Arbeit erfuhr, war er so angetan, dass er Eike bat, die Schrift auch in die deutsche Sprache zu übersetzen. Eike machte sich ans Werk, was keine leichte Aufgabe war, denn ein einheitliches Deutsch begann sich damals erst allmählich aus den Dialekten der verschiedenen Regionen herauszubilden und zu einer den Gebildeten verständlichen Schriftsprache zu formen. Dieses Mittelhochdeutsch verdrängte nach und nach das Althochdeutsch und zeigte die typischen sprachlichen Veränderungen, wie zum Beispiel das Abschwächen der Vokale bei Nebensilben zu einem unbetonten »e« (aus »situ« wurde »Sitte«) und das Entstehen des Umlauts (aus »Huiser« wurde »Häuser«).

Vor dem Hintergrund dieser Sprachentwicklung ist es wohl kein Zufall, dass Eike ein Zeitgenosse der ersten großen Dichter deutscher Sprache war, wie Wolfram von Eschenbach, Hartmann von Aue und Walther von der Vogelweide. Vor allem die beiden Letztgenannten gelten als Meister der Minnelyrik, einer besonderen Form der Dichtung, die aus der Huldigung des Ritters für die Burgherrin entsprang.

Eike bediente sich in seiner Übersetzung hoch-, mittel- und niederdeutscher Sprachelemente und erreichte mit dieser allgemein verständlichen Sprache, dass seine Gesetzessammlung bald berühmt und zahlreich vervielfältigt wurde. Er gab ihr den Titel *Sachsenspiegel*, weil sie das Recht der Sachsen, wie er in seiner Vorrede sagt, so wiedergebe wie ein Spiegel das Antlitz der Frauen.

Der Inhalt des *Sachsenspiegel* ist nach den beiden zu jener Zeit wichtigsten Rechtsbeziehungen in das Lehnrecht und das Landrecht unterteilt. Das Lehnrecht regelte die Verhältnisse zwischen den Ständen – Adel, Klerus und Bauern –, wie beispielsweise die Wahl von Kaisern und Königen, oder die Lehnspflichten. Man kann es vielleicht mit dem heutigen Verfassungsrecht vergleichen. Das Landrecht war das Recht der freien Leute einschließlich der Bauern. Es behandelte Grundstücks- und Güterangelegenheiten, den Ehestand, Erbschaftsfragen und Streitigkeiten unter Nachbarn. Somit ist es dem heutigen Zivilrecht ähnlich.

Vor allem durch die Ausführungen zum Landrecht liefert der *Sachsenspiegel* auch eine kleine Gesellschafts- und Sittengeschichte seiner Zeit. Wem gehört der Hopfen, der über den Zaun in des Nachbars Garten wächst? Welches Fuhrwerk darf zuerst eine enge Straße passieren? Wer hat wie für den Schaden aufzukommen, den er einem anderen aus Unachtsamkeit zugefügt hat?

Der *Sachsenspiegel* nahm sich der Konflikte auf Märkten, in Dörfern, auf Höfen an. Er regelte Streitigkeiten um Äcker oder Mühlen. Auch wer den Vorrang beim Mahlen hat, wenn mehrere Fuhrwerke an einer Mühle eingetroffen sind, legte er fest. In Buch 2, Artikel 59 des Landrechts steht: »Wer ouch erst zu der mulen kumt, der sal erst malen.« (Wer zuerst zur Mühle kommt, der soll zuerst mahlen.) Daraus entwickelte sich die noch immer gebräuchliche Redewendung »Wer zuerst kommt, mahlt zuerst«. Als Maxime wirkt sie noch heute in der deutschen Rechtsprechung im so genannten Prioritätsgrundsatz weiter.

Auch andere Begriffe aus dem *Sachsenspiegel* gingen in die deutsche Sprache ein und blieben lebendig, wie etwa das »Fersengeld«, das eine Frau oder ein Mann zahlte, wenn man sich aus einer Ehe lösen wollte. »Ferse« hatte aber nichts mit dem Fuß zu tun, sondern stammte von dem Wort »Färse« für eine junge Kuh. Auch die Worte »Jahr und Tag«, mit denen man einen längeren Zeitraum beschreibt, stehen im Zusammenhang mit dem *Sachsenspiegel*. Nach der Frist von einem Jahr, sechs Wochen und drei Tagen – auch Sachsenjahr genannt – konnte man vor Gericht nicht mehr Einspruch erheben. Ebenfalls nach »Jahr und Tag« war ein Leibeigener frei, wenn er sich in eine Stadt geflüchtet hatte und dort über diese Zeit blieb, ohne dass sein Leibherr ihn zurückforderte. »Stadtluft macht frei« war ein weiteres geflügeltes Wort, das sich daraus ableitete. So beeinflusste der *Sachsenspiegel* also nicht nur das deutsche Recht, sondern auch die deutsche Sprache.

Die deutsche Urfassung des *Sachsenspiegel* ist verschollen. Doch in über 400 Handschriften ist die Schrift, wenn auch in verschiedenen abgeänderten Textversionen, erhalten geblieben. Populär wurden auch die »Extraausgaben« des Werkes, die mit Bildern versehen waren. Diese so genannten Bilderhandschriften wurden nicht etwa aus ästhetischen, sondern aus praktischen Gründen angefertigt. Denn in Anbetracht des weit verbreiteten Analphabetentums dienten sie als eine bebilderte Gebrauchsanleitung der Rechtsprechung.

Der *Sachsenspiegel* ist das berühmteste und einflussreichste deutsche Rechtsbuch des Mittelalters und wurde Vorbild für andere Zusammenstellungen wie den *Augsburger Sachsenspiegel*, den *Deutschenspiegel* und den *Schwabenspiegel*. Der *Sachsenspiegel* war aber »nur« eine Zusammenstellung und kein Gesetzbuch. Er wurde nie öffentlich »in Kraft gesetzt«. Dennoch bestimmte vor allem er die Entwicklung der Rechtsprechung in Mittel-, Ost- und Norddeutschland und wirkte bis in die Niederlande und nach Osteuropa. Im 14. Jahrhundert erreichte der *Sachsenspiegel* in Norddeutschland den Status geltenden Rechts. In Preußen war er bis 1794 gültig. In Anhalt und Thüringen löste ihn erst 1900 das Bürgerliche Gesetzbuch ab. Das letzte Mal wurde der *Sachsenspiegel* 1932 vom deutschen Reichsgericht zitiert. Dann kamen die Nationalsozialisten und vereinnahmten das Werk und seinen Autor für ihre Weltanschauung. Desgleichen geschah nach dem Krieg in der DDR. Erst gegen Ende des

20. Jahrhunderts befreite man den *Sachsenspiegel* von ideologischem Ballast und erkannte in Eike von Repgow einen bedeutenden Pionier des deutschen Rechts und der deutschen Sprache.

24 **Tabula rasa**

Albertus Magnus (1193 – 1280)

Will man die Entstehungsgeschichte des lateinischen Begriffs »tabula rasa« erzählen, dann kommt man um eine kleine Geschichte des Denkens nicht herum.

Sinngemäß übersetzt bedeutet »tabula rasa« »glatt geschabte Tafel«. Gemeint ist damit das schon im antiken Griechenland für Notizen gebrauchte kleine Wachstäfelchen. Meistens waren das zusammengebundene Holzbrettchen mit einer Wachsschicht auf der Innenseite, in die man mit einem dünnen Holzgriffel seine Bemerkungen einritzen konnte. Brauchte man die Notiz nicht mehr, erhitzte man das Wachs und glättete es wieder. Manchmal nahm man als Notbehelf auch einen Schaber.

Das Bild des unbehandelten Wachses wurde zu einer beliebten Metapher in der philosophischen Auseinandersetzung darüber, ob der Mensch als »unbeschriebenes Blatt« auf die Welt kommt oder ob er doch erste Prägungen in sich trägt. Platon lässt Sokrates bereits im 4. Jahrhundert v. Chr. in seinem Dialog *Theaitetos* das Bild eines Wachsklumpens für das menschliche Gedächtnis gebrauchen, in den sich das Wahrgenommene einprägt. Platons Schüler Aristoteles griff dies auf. In seiner Schrift *Über die Seele* beschrieb er den ursprünglichen Zustand des Menschen so: »Man muss sich das vorstellen wie bei einer Tafel, auf der noch nichts wirklich geschrieben steht.« Auch die Stoiker bedienten sich dieses Bildes. Bei Plutarch wurde dann aus der glatten Wachstafel im 1. Jahrhundert n. Chr. das sprichwörtliche »unbeschriebene Blatt«.

Ursprünglich ging es also bei jenem Bild, das später mit dem Begriff »tabula rasa« beschrieben wurde, in Bezug auf den Menschen um die Beschaffenheit der Seele und die sich daraus ergebenden philosophischen Fragen: Ist die Seele zu Beginn des Lebens leer? Was ist die Seele überhaupt? Vor dem Hintergrund dieser Fragen hat der Ausspruch »tabula rasa« eine andere Bedeutung, als ihm meist zugewiesen wird. Denn wenn einer ankündigt, »tabula rasa machen zu wollen«, dann beabsichtigt er, »reinen Tisch« zu machen. Er will strittige Fragen ausräumen und klare Verhältnisse schaffen. Vergessen ist dann das stille und poetische Bild für die unbeschriebene menschliche Seele.

Doch wie entstand schließlich der Begriff »tabula rasa«? Um den Vergleich mit einem Fußballspiel zu gebrauchen: Nachdem die Griechen den Ball mit der Aufschrift »unbeschriebene Tafel« als Bild für die Seele auf das Spielfeld der Philosophie geworfen hatten, nahm Plutarch diesen auf. Unter dem Motto »unbeschriebenes Blatt« machte er zwar ein Dribbling in die richtige Richtung, doch letztlich eher für die Galerie. Dann wurde das Spiel plötzlich unterbrochen, und das recht lang. Es war die Zeit nach dem Zusammenbruch der Antike. Einige nicht im Zaum zu haltende Spieler spielten weiter mit dem Ball herum, wie etwa Augustinus und Boethius, und es gab auch Applaus für ihre Spielkunst. Anselm von Canterbury beförderte das Leder schließlich in eine Spielfeldecke, die man inzwischen Scholastik nennt. »Glauben, um zu erkennen!«, rief er dem Ball nach. Dieser rollte zu Albert von Bollstädt, von seinen Fans Albertus Magnus (Albert der Große) genannt. Albertus hatte Anselms Ruf zwar gehört, doch begann er auf seine Art mit dem Ball zu jonglieren. Dann, mit einem Mal, balancierte er ihn auf der Stirn und alle, alle konnten die Worte sehen, die darauf geschrieben waren. Sie standen da, als hätte Albertus sie gerade erst darauf geschrieben: »Tabula rasa«. Diese lateinische Version des Bildes der »unbeschriebenen Tafel« wurde zur populärsten von allen. Und tatsächlich: Obwohl der Gedanke dahinter schon Jahrhunderte alt war, ist das lateinische Wortpaar »tabula rasa« erstmals in Albertus Magnus' Schrift *Über die Seele* zu finden.

Von Platon über Aristoteles und Augustinus zu Albertus. Wie war es zu dem Umweg über die »unbeschriebene Tafel« gekommen? Nach dem Ende der Antike geriet in Europa das Denken der griechischen Philosophie in Vergessenheit. Arabischen Gelehrten ist es zu verdanken, dass die Schriften aus jener Zeit nicht verloren gingen. Denn sie bewahrten sie, indem sie weite Teile davon ins Arabische übersetzten. Es waren schließlich arabische und jüdische Denker, die Aristoteles' Werk wieder in den Mittelpunkt philosophischer Überlegungen rückten – besonders hervorzuheben sind die Araber Alfarabi (gest. 950), Avicenna (arabisch: Ibn Sina, gest. 1037) und Averroes (arabisch: Ibn Ruschd, um 1126 – 1198) sowie der jüdische Philosoph Maimonides (gest. 1204). In Europa erinnerten sich erst die wissensdurstigen Mönche des Mittelalters wieder an die griechischen Denker, vor allem an Aristoteles. Nun gelangten dessen Schriften in arabischer Sprache in die Klöster Europas und wurden dort ins Lateinische übersetzt und vervielfältigt, um sie den Dom- und Klosterschulen sowie den neu gegründeten Universitäten zugänglich zu machen. Aristoteles wurde zum geistigen Dreh- und Angelpunkt der sich in diesem Rahmen entwickelnden Denkschule der Scholastik.

Einer ihrer bedeutendsten Vertreter war jener Albertus Magnus, der als Graf Albert von Bollstädt im schwäbischen Lauingen geboren worden war und sich dem noch jungen Dominikanerorden angeschlossen hatte. Diese, von dem Spanier Dominikus gegründete Gemeinschaft war nach den Franziskanern der zweite Bettelorden der römischen Kirche. Schon bald gerieten die Dominikaner in Verruf. Denn sie wurden zu den wichtigsten Gehilfen der ab 1232 einsetzenden Verfolgungen, Folterungen und Morde durch die kirchliche Inquisition. Ihr Name wurde im Volksmund zu »Domini canes«, die »Hunde des Herrn«.

Dass Albertus von dem Pariser Bischof Stephane Tempier später selbst der Ketzerei beschuldigt wurde, zeigt seine Ausnahmestellung auch in seinem eigenen Orden. Ab 1244 lehrte Albertus als Professor an der einflussreichen Universität von Paris. Durch seine feingliedrige, schmächtige Erscheinung wirkte er elegant. Albertus war freundlich im Umgang und wenn er redete, vermochte er seine Zuhörer zu fesseln. Als Hochschullehrer entfaltete er eine faszinierende Ausstrahlung. Zu seinen Vorlesungen in Paris strömten so viele Studenten, dass er im Freien lesen musste.

Mit seinem Denken gehört Albertus zur Hochscholastik. Sie markiert im 12. und 13. Jahrhundert jenen Abschnitt der Philosophiegeschichte, in dem Glaube und Wissen wieder auseinander driften. Schuld daran war ausgerechnet das umfangreiche Werk des Aristoteles, das sich die Scholastiker wie ein Kuckucksei selbst ins Nest gelegt hatten. Denn aus dem Studium seiner Schriften schlossen einige von ihnen allmählich, dass Verstehen nicht durch Glauben zu erlangen sei, wie der Vater der Scholastik Anselm von Canterbury gesagt hatte, sondern durch Erfahrung. Diese revolutionäre Erkenntnis hatte weit reichende Folgen. Denn durch Erfahrung, durch Beobachten und Forschen verstehen zu lernen bedeutete, dass man sich auch mit dem Diesseits beschäftigen musste und sich nicht auf das Spekulieren über das Jenseits beschränken konnte.

Einer, der diesen Schluss zog, war Albertus. Seine große Leistung bestand nicht nur darin, nahezu das gesamte Werk des Aristoteles zu erschließen und somit das Fundament zu legen, auf dem später sein Schüler Thomas von Aquin das bedeutendste Ideensystem der Scholastik bauen sollte. Albertus gelangte bereits selbst zu weit reichenden Erkenntnissen aus den aristotelischen Lehren. So kam er zu der Auffassung, dass jedes Ding von zwei Standpunkten aus gesehen werden kann. Einmal vom Glauben und einmal von der Sache her. Wie kein anderer seiner Zeit studierte Albertus die Natur. Alle seine Reisen unternahm er gemäß den Regeln seines Ordens zu Fuß. Er sammelte Pflanzen, beobachtete Tiere und so, wie er in seinen Sandalen die Welt durchschritt, versuchte er von jeder Erkenntnis Schritt für Schritt zu einer weiteren zu gelangen. Albertus verfasste neben seinen theologischen und philosophischen Arbeiten zahlreiche naturwissenschaftliche Schriften: *Über die Pflanzen*, *Über die Tiere*, *Über die Steine und Mineralien*. Viele seiner dort aufgeführten Ergebnisse hatte er aufgrund von Experimenten gewonnen. Man kann ihn deshalb mit Fug und Recht einen der Gründerväter der Naturwissenschaften nennen.

Und was bedeutete »tabula rasa« nun? Auch für Albertus war es die Bezeichnung für die noch unbeschriebene Seele zu Beginn eines Menschenlebens. In der Philosophie ging das Bild, ob als »unbeschriebenes Blatt« oder als »tabula rasa«, auch in den nachfolgenden Jahrhunderten nicht verloren. Thomas Hobbes erinnerte sich daran, auch John Locke griff es im 17. Jahrhundert wieder auf und machte es zum Ausgangspunkt seiner Theorie, dass die menschliche Seele erst nach der Geburt durch Sinneseindrücke »beschrieben« wird. Er benutzte das Bild des »weißen Papiers« (white paper). So blieb auch er im Wesentlichen bei der Auffassung der »tabula rasa« zu Beginn des Lebens. Er betrachtete sie nur von einem anderen Blickwinkel, dem der Aufklärung. Erst mit Charles Darwins Evolutionstheorie im 19. Jahrhundert und den Erkenntnissen zur Entwicklung der menschlichen Wahrnehmung durch die Hirn- und Genforschung des

20. Jahrhunderts wurde die Vorstellung, dass ein Mensch zu Beginn seines Lebens »unbeschrieben«, also ohne Vorprägungen sei, grundsätzlich infrage gestellt.

25 Teile und herrsche!

Ludwig XI. (1423 – 1483)

Seit Menschen Macht über andere Menschen ausüben, war »Teile und herrsche!« eine Idee, die zu verlockend war, um nicht angewandt zu werden. Daher war Ludwig XI. keineswegs der Erfinder dieser Maxime. Aber er hat sich die zweifelhafte Ehre verdient, ein glaubhafter Urheber dieser Worte zu sein.

Bereits in der Antike war »Teilen und Herrschen« ein Prinzip, dessen man sich in der Machtpolitik gerne bediente. Philipp II. von Makedonien, Vater Alexanders des Großen, soll es im 4. Jahrhundert v. Chr. zu seinem Motto gemacht haben. Bei dem griechischen Geschichtsschreiber Polybios findet man den Gedanken etwa 200 Jahre später. Auch die Römer verfolgten die Teile-und-herrsche-Taktik in vielen Kriegen: Sie entzweiten ihre Gegner, um sie dann – sofern sie nicht auf die römische Seite wechselten – nacheinander zu zerschlagen. Dennoch ist es der im 15. Jahrhundert regierende französische König Ludwig XI., genannt »der Grausame«, dem man die Urheberschaft von »Teile und herrsche!« zuspricht. Er war ein unansehnlicher Kerl mit kurzem dickem Hals, großer Nase, fliehendem Kinn und missmutigem Blick, der die Worte auf lateinisch als »Divide et impera!« gesagt haben soll.

Als Ludwig das Licht der Welt erblickte, tobte seit Jahrzehnten der Krieg Frankreichs gegen England, der als Hundertjähriger Krieg in die Geschichtsbücher eingehen sollte. Die Engländer beherrschten weite Teile Frankreichs, den französischen Hof von Karl VII. beherrschte die Intrige. Karl erhob nach dem Tod seines Vaters Karl VI. im Jahr 1422 Anspruch auf den französischen Thron, obwohl sein Vater diesen 1420 im Vertrag von Troyes offiziell zugunsten des englischen Königs Heinrich V. abgetreten hatte. Auch das mächtige Burgund und das Parlament in Paris verweigerten Karl die Königswürde.

Er musste sich in das Gebiet südlich der Loire zurückziehen. Dort herrschte er über ein Teilkönigreich, das Spötter dazu veranlasste, ihn »König von Bourges« zu nennen. Schließlich residierte Karl in Chinon und gab sich – zumindest vorübergehend – den schönen Seiten des Lebens hin, statt um den Thron und das Reich zu kämpfen.

Weil Karl um die Sicherheit seines Sohnes und Thronfolgers fürchtete, ließ er den zweijährigen Ludwig auf die Burg von Loches, südöstlich von Tours bringen. Fern von seinen Eltern und allem höfischen Zeremoniell verbrachte er dort seine ersten Jahre. Die Natur in der ländlichen Abgeschiedenheit beeindruckte den in sich gekehrten Jungen tief, die inbrünstige Religiosität der einfachen Leute auf dem Land prägte ihn. Ab seinem zehnten Lebensjahr lebte Ludwig mit Mutter und Schwester im Schloss von Amboise an der Loire. Dort begann man ihn sorgfältig in politischen und militärischen Dingen auszubilden und in seiner Rolle als Thronfolger, als Dauphin zu unterweisen.

Der Kampf um die Thronfolge kam unterdessen erneut in Bewegung. Eine junge Bauerntochter brachte die Wende. Jeanne d'Arc erschien am 1. März 1429 am Hof von Chinon und überzeugte Karl davon, dass Gott sie beauftragt habe, Frankreich zu befreien. Sie prophezeite Karl, dass er in Reims zum König gekrönt werden würde. Tatsächlich gelang es ihr, die von Engländern belagerte Stadt Orléans zu retten und den Weg in die traditionelle Krönungsstadt Reims freizumachen, wo man Karl am 17. Juli 1429 schließlich feierlich die Krone verlieh. Der Kampf gegen die englischen Besatzer wurde nun mit neuer Kraft geführt, Karl konnte in den nächsten Jahren weite Teile Frankreichs zurückerobern und den Hundertjährigen Krieg 1453 beenden.

Ludwig war erst 16 Jahre alt, als ihn Karl zum Statthalter im Languedoc ernannte. Dem halbwüchsigen Thronfolger gelang es mit viel Geschick, die Provinz zu befrieden, obwohl er weder über Truppen noch über Geld verfügte. Als sein Vater von den Erfolgen seines Sohnes hörte, beorderte er ihn zurück. Doch Ludwig hatte sein Talent und seinen Willen zur Macht entdeckt. Das Verhältnis zwischen dem aufbrausenden und wankelmütigen Karl und seinem verschlossenen, doch tatkräftigen Sohn war latent spannungsgeladen. Der frühreife und ehrgeizige Ludwig verachtete den ausschweifenden Lebensstil seines Vaters. Schließlich ließ er sich 1440 dazu hinreißen, an einem Fürstenaufstand gegen Karl teilzunehmen, die so genannte Praguerie. Der Aufstand scheiterte, Karl vergab seinem Sohn und dieser gelobte Loyalität.

Drei Jahre später wurde Ludwig von seinem Vater beauftragt, der von den Engländern belagerten Stadt Dieppe zu Hilfe zu eilen. Der nun 20-jährige Ludwig siegte, auch weil er es verstand, fähige Männer um sich zu scharen. An den Erfolg von Dieppe schloss sich eine Mission gegen das eidgenössische Heer an, die Ludwig ebenfalls bravourös erfüllte. Schließlich erhielt er von seinem Vater, der ihn endlich fern vom Hof halten wollte, die Dauphiné als Fürstentum. Dort nahm Ludwig seinen späteren Regierungsstil als König von Frankreich vorweg. Seine Feinde spielte er gegeneinander aus und bekämpfte autoritär jeden adeligen und kirchlichen Widerstand. Auf der anderen Seite bemühte er sich erfolgreich um die Verbesserung der Verwaltung und die Förderung der wirtschaftlichen Entwicklung. 1451 heiratete er gegen den Willen seines Vaters die Tochter des Herzogs von Savoyen, was Karl dazu veranlasste, Truppen gegen seinen Sohn in Marsch zu setzen. Der flüchtete, um sein Leben fürchtend, an den Hof Philipp des Guten, des Herzogs von Burgund, der ein weiterer Gegenspieler Karls war. An Philipps Hof kam Ludwig mit den Ideen der italienischen Renaissance in Berührung. Ihm wurde bald bewusst, wie stark das Gedeihen der Wirtschaft von wissenschaftlicher, humanistischer und kultureller Entwicklung abhing, und welchen Einfluss dies auf die Stabilität eines Staates ausübte. Der Staat selbst war durch die »Staatskunst« zu führen, die, so schien es die Erkenntnis aus den italienischen Stadtstaaten zu sein, oft allzu wenig mit Moral zu tun hatte. Ludwig hatte die Grundzüge seines künftigen Regierungsstils bereits im Kopf, als er sich unter Philipps Schutz auf das Schloss Genappe in Brabant zurückzog, um dort den Tod seines Vaters abzuwarten.

Als Karl VII. 1461 starb – über Spione hatte sich Ludwig ständig über den allmählich dahinsiechenden Vater unterrichten lassen – verbot Ludwig seinem Hof zu trauern und ging erst einmal auf die Jagd. Dann reiste er nach Reims und Philipp der Gute, der Herzog von Burgund, setzte ihm die Krone auf.

Ludwigs Regentschaft konnte zunächst von dem wirtschaftlichen Aufschwung profitieren, der nach dem Ende des Hundertjährigen Krieges einsetzte. Doch andere Schwierigkeiten lauerten. Seine Verbündeten, die ihm gegen seinen Vater beigestanden hatten, wurden nun zu seinen Gegnern. Noch immer war Frankreich kein geeinter Staat, vor allem die mächtigsten Fürstentümer Frankreichs wie Burgund und die Bretagne schickten sich an, Ludwigs Macht zu bedrohen. Ludwig wusste sich allerdings zu behaupten, obwohl er keineswegs beliebt war. Seine körperliche Erscheinung hatte nichts Gewinnendes. Schmächtig, mit hochgezogenen Schultern, stand er auf dünnen krummen Beinen in der Welt. Seinen aufmerksamen, ernsten Blick werteten seine Mitmenschen als abschätzend, taxierend, nicht als teilnehmend oder gar mitteilsam. Nichtsdestotrotz war Ludwig von rascher Auffassungsgabe, interessiert und immer gut informiert. Eine bedeutende Hilfe war ihm dabei sein weit verzweigtes Spitzelsystem.

Im Laufe seiner über zwei Jahrzehnte dauernden Herrschaft perfektionierte er vor allem seine Fähigkeit, gegnerische Koalitionen zu spalten. Teile und herrsche: Er spielte die Menschen gegeneinander aus und wusste Feinde auf seine Seite zu ziehen. Trotz seiner Verschlossenheit und seiner Ungeduld konnte er zuweilen einen gewissen Charme entwickeln. Der Weg zur Heuchelei war allerdings nie weit bei ihm. »Wer nicht heucheln kann, kann nicht herrschen«, stellte er fest.

Grausamkeit und Terror waren wichtige Instrumente seiner Politik, seine Gegner sollten immer wissen, wozu er fähig war. So ließ er einen Kardinal, immerhin ein ehemaliger Vertrauter, den er selbst in diesen Rang versetzt hatte, elf Jahre lang in einen eisernen Käfig sperren.

Ludwig stärkte die Verwaltung, besetzte Ämter nicht nach Herkunft, sondern nach Können und schwächte nicht nur so den Pfründe gewohnten hohen Adel. Die Städte, den niederen Adel und das aufkommende Bürgertum zog er auf seine Seite. Sie alle versprachen sich Vorteile von einem geeinten Staat. Auch hier funktionierte seine Maxime »Teile und herrsche!«. Die Macht der Krone wuchs.

Doch Ludwigs Feinde hatten bald genug. Bedeutende Lehnsfürsten schlossen sich 1465 in der »ligue du bien public« (Liga für das öffentliche Wohl) gegen ihn zusammen. An der Spitze dieser Adelskoalition standen Karl von Berry – Ludwigs Bruder – und Karl der Kühne, der spätere Herzog von Burgund. Es kam zu mehreren Waffengängen. Ludwig errang zunächst einige Siege, musste dann aber

Niederlagen einstecken. Es gelang ihm jedoch bald, die Liga durch Intrigen und Schmiergelder auseinander zu dividieren.

Nicht nur in Frankreich hatte Ludwig Feinde. Auch außenpolitisch erlebte er schwere Rückschläge, von denen er sich aber immer wieder erholen konnte. Seine Ausdauer und seine Fähigkeit, politische Finten zu schlagen, machten ihn seinen Gegnern überlegen. Während er mit seinem Heer meist geschickt größere Schlachten mied, zersetzte er hartnäckig durch Geheimdiplomatie und Intrigen die Einheit seiner Gegner. Auch sein Erzfeind, der burgundische Herzog Karl der Kühne, Sohn des mittlerweile verstorbenen Philipps des Guten, bekam Ludwigs Winkelzüge zu spüren. Karls Ambitionen, zum König gekrönt zu werden, hintertrieb Ludwig, indem er den Kaiser des Heiligen Römischen Reiches Friedrich III. davor warnte, Karls Krönung zu unterstützen. Denn der würde sofort, so ließ ihn Ludwig wissen, nach Friedrichs Kaiserkrone greifen.

Als Karl, der zu Recht »der Kühne« genannt wurde, 1477 bei Nancy auf dem Schlachtfeld fiel, zögerte Ludwig nicht, Anspruch auf Burgund zu erheben. Er forderte es als Lehen für Frankreich und bekam es. Danach sicherte er sich noch die Provence, Anjou und Maine. Besonders tückisch war der Schachzug, den er sich einfallen ließ, um auch die Macht über das Haus Orléans zu erlangen. Er zwang dem jungen Herzog seine verkrüppelte Tochter Johanna als Frau auf. Da er wusste, dass die Ehe keine Kinder hervorbringen würde, schien ihm das Herzogtum ein sicheres Erbe für die Krone zu sein. Doch Ironie der Geschichte: Nicht die Krone erbte das Herzogtum, sondern Ludwigs Schwiegersohn, der Herzog von Orléans, erbte später das Königreich. Er folgte 1498 – als Ludwig XII. von Orléans – Ludwigs Sohn Karl VIII. auf dem französischen Thron nach. Kaum auf dem Thron, ließ er sich von Johanna scheiden.

In den letzten Jahren seines Lebens wurde Ludwig XI. zunehmend wunderlicher. Er zog sich in die karge Festung Plessis les Tours zurück und umgab sich, um sein Leben zu verlängern, mit unzähligen Reliquien. Sein Leibarzt wurde reich. Ludwig gab immense Summen für exotische Tiere aus, kaufte plötzlich prunkvolle Kleidung und kümmerte sich immer weniger um die Staatsgeschäfte. Seine Angst vor Verschwörungen wuchs indessen ins Unermessliche. Erst als er einen weiteren schweren Schlaganfall erlitt, leitete Ludwig die Machtübergabe an seinen Sohn Karl ein. Er übergab ihm ein geeintes, größeres Frankreich, in dem die Macht des Königs erheblich gestärkt war. Damit war Ludwig ein bedeutender Wegbereiter des Nationalstaats, aber auch des Absolutismus. Denn nicht nur den Adel, sondern auch die Kirche hatte er gebändigt. Deren Besitzungen waren nun quasi nur noch Lehen, die sie huldvoll vom König erhielten.

Im Jahr 1524 erschienen die Memoiren eines gewissen Philippe de Commynes, der 13 Jahre zuvor gestorben war. Sie gelten als erste Autobiografie in der französischen Literatur. Commynes erzählt von seinem Leben als Berater Karls des Kühnen und seinem späteren Wechsel zu dessen Erzfeind Ludwig und dessen Sohn Karl VIII. Commynes beschreibt eingehend die Politik und Geheimdiplomatie der drei Männer und liefert so einen frühen Leitfaden für staatsmännisches Handeln. Wenige Jahre später erschien, ebenfalls posthum, das Werk eines italienischen Kollegen Commynes', das ungleich bekannter wurde. Sein Titel: *Der Fürst*. Der Autor: Niccolò Machiavelli.

26 Der Zweck heiligt die Mittel

Niccolò Machiavelli (1469 – 1527)

»Jeder sieht, was du scheinst. Nur wenige fühlen, wie du bist.« Was ist das für ein Mensch, der solche Worte formuliert? Weiß er, wie schnell sich Menschen blenden lassen? Hat er erfahren, welch einfacher Tricks und Kniffe es bedarf, ein Bild zu erschaffen, das nur Erscheinung, doch wenig Wahrheit ist? Vielleicht hat Niccolò Machiavelli auch gewusst, dass eine Botschaft allzu oft mit ihrem Übermittler gleichgesetzt wird und geahnt, dass es ihm ebenso ergehen würde. Denn immer wieder wurden von den schockierenden Aussagen seines Werkes Parallelen zu seinem Charakter gezogen. Hartnäckig hält sich das Bild eines zynischen, rücksichtslosen, machtgierigen Menschen.

Ein Porträt Machiavellis, das zu seinen Lebzeiten von ihm gefertigt wurde, zeigt einen bleichen Mann, gehüllt in ein feines Gewand aus dickem, wertvollem Stoff, das einen hageren Körper zu verbergen, fast zu erdrücken scheint. Der Porträtierte war, als er seinem

Maler Modell stand, noch jung. Die wachen, dunklen Augen vermitteln Neugier und eine rasche Auffassungsgabe. Der dünnlippige, zusammengekniffene Mund in dem schmalen Gesicht scheint zu lächeln. Ist es das Lächeln eines verschlagenen Machtmenschen? Oder zeigt es nur die Melancholie eines Mannes, der in die Abgründe des Menschen gesehen hat? Und die Haltung? Der leicht vorgeneigte Kopf, mit dem kurz geschorenen, nur im Nacken leicht längeren dunklen Haar, duckt er sich zum tückischen Angriff oder ist Machiavellis Geste die eines Mannes, der noch eben desillusioniert geseufzt hat (Nur wenige fühlen, wie du bist)?

Wer weiß, wie Machiavellis berühmtestes Werk *Il Principe* (*Der Fürst*) allgemein gedeutet wird, glaubt in dem beschriebenen Porträt rasch den zynischen, jeglicher Moral fernen Machtmenschen zu erkennen. Denn in dem Buch legt Machiavelli einer Gebrauchsanleitung gleich dar, auf welche Weise ein Herrscher Macht erringt und wie er sie anschließend sichert. Noch immer erstaunt die nüchterne, analytische und klare Sprache, in der Machiavelli die zuweilen ungeheuerlichen Methoden beschreibt, die erfolgreiches Regieren ermöglichen, ja sogar zu bedingen scheinen. Für ihn gab es keinen Zweifel: Wer politisch erfolgreich sein will, darf nicht vor Lüge, Verrat und Intrige zurückschrecken. Auch ein Mord sei bisweilen nicht zu umgehen. Entscheidend sei allein das Erreichen des politischen Ziels. Die Maxime »Der Zweck heiligt die Mittel« ist in Machiavellis Werk nicht wortwörtlich ausgeführt. Doch weil sie sich wie ein roter Faden durch das Buch *Der Fürst* zieht und dort erstmals in der Geschichte Aufsehen erregend erörtert wird, verbindet man sie im Allgemeinen mit Machiavelli und seiner bekanntesten Schrift.

War Machiavelli ein gefühlloser Machtmensch? Als er 1469 bei Florenz als Sohn eines Rechtsgelehrten aus niederem Adel geboren wurde, war sein Weg vorgezeichnet. Wie andere Männer aus seiner Familie trat er 1498 in die Dienste der Stadt Florenz. Vier Jahre zuvor, an Machiavellis 25. Geburtstag, war die mächtige Familie Medici, die die Stadt wie eine Herrscherfamilie regiert hatte, von den Truppen des französischen Königs Karl VIII. vertrieben worden. Machiavelli stieg dank seiner Fähigkeiten zu einem wichtigen Beamten der florentinischen Republik auf. Vor allem sein rednerisches Talent und seine analytische Begabung fielen auf. Er reformierte das Heer und reiste häufig in diplomatischer Mission.

In jenen Tagen glich das politische Italien einem Flickenteppich. Zahlreiche Stadtstaaten konkurrierten miteinander. Französische, habsburgisch-spanische und päpstliche Machtgelüste überzogen das Land unablässig mit Soldaten, Söldnern, Schlachten, Verheerungen, Plünderungen.

Die Ereignisse jener Zeit gingen mit einem außergewöhnlichen geistigen Klima einher. Verweht war der Geist des Mittelalters, der das Heil des Menschen nur im Jenseits gesucht hatte. Nun entdeckten die Menschen den Sinn und das Ziel des Lebens auch im Hier und Jetzt. Lange nach der Antike richtete sich der Blick wieder auf das Besondere, das Einmalige des Individuums. Diese lebhafte und neugierige Sicht auf die Welt ergriff die Malerei, die Dichtung, die Baukunst und die Wissenschaften. Michelangelo meißelte seinen dem Körperkult verpflichteten David. Tizian, Giorgione und Andrea Mantegna malten Meisterwerke, die die Jahrhunderte überdauern. Das Universalgenie Leonardo da Vinci leistete Pionierarbeit nicht nur in der Malerei, sondern auch in der Anatomie und der Technik. Wenig später fand Giorgio Vasari in seiner Lebensbeschreibung großer Künstler den Namen, unter dem diese Epoche berühmt wurde: Renaissance.

In diesem geistigen Klima blieb es nicht aus, dass plötzlich Fragen zur Gesellschaft neu gestellt wurden. Der Blick auf das Individuum machte auch aufmerksam auf die gemeinsame Identität, das gemeinsame kulturelle Erbe eines Volkes. Erste Gedanken an Nationen entstanden. Was war das Beste für das italienische Volk? Wie sollte ein guter Staat beschaffen sein? Viele der Stadtstaaten Italiens, häufig als Republiken konstituiert, waren in den Händen von Tyrannen oder mächtigen Familienclans. In Frankreich dagegen, dessen Heere immer wieder in Italien einfielen, zeichnete sich aus dem untergehenden Feudalsystem eine neue Herrschaftsvariante ab, der Absolutismus.

Machiavellis politische Karriere endete abrupt im Jahr 1512. Nach der verlorenen Schlacht von Prato brach die florentinische Republik zusammen. Die von Machiavelli vorangetriebene Heeresreform war gescheitert. Er hatte ein Bürgerheer aus Wehrpflichtigen zusammengestellt, anstatt, wie damals üblich, ein Söldnerheer zu kaufen. Die Medici kehrten in die Stadt und an die Macht zurück. Machiavelli geriet in den Verdacht, sich an einer Verschwörung gegen die neuen Machthaber beteiligt zu haben. Er wurde eingekerkert und gefoltert. Schließlich ließ man ihn wieder frei, doch er wurde verbannt. Er zog sich auf den kleinen Landsitz seiner Familie vor den Toren der Stadt zurück, widmete sich notgedrungen dem Landleben, begann einen regen Briefwechsel und fing an, sich schriftstellerisch zu betätigen. Neben historischen und staatsphilosophischen Texten verfasste er Gedichte und sogar dramatische Werke. Bekannt wurde seine Komödie *La Mandragola*.

Aus einem seiner Briefe an einen Freund erfahren wir, wie der Alltag Machiavellis aussah. Der 44-jährige Frühpensionär stand mit den ersten Sonnenstrahlen auf, ging dann in ein Wäldchen und gesellte sich zu den Waldarbeitern. Später am Vormittag widmete er sich der Lektüre von Dante und Petrarca und ergötzte sich, wie er formulierte, an deren »Liebeshändeln«. Anschließend suchte er ein Gasthaus auf und befragte Durchreisende nach den neuesten Nachrichten. Zu Hause aß er zu Mittag, um danach erneut zum Gasthaus zu gehen. Nun spielte er mit dem Wirt, dem Metzger und dem Müller Tric Trac, ein Kartenspiel, bei dem sie meist heftig und laut in Streit gerieten. Aber, so Machiavelli: »Ich habe solche Verkommenheit gebraucht, damit mein Herz nicht ganz verschimmle.« Am Abend entledigte er sich dann der verschmutzten und einfachen Kluft des Tages und legte prächtige Hofgewänder an, um »passend gekleidet« sein Arbeitszimmer zu betreten und dort seine Schriften zu verfassen. Im gleichen Brief kam Machiavelli auf ein »Werkchen« zu sprechen, das *Der Fürst* hieß. »Wenn Euch je eine meiner Grillen gefiel, dürfte Euch diese nicht missfallen.«

Machiavelli wünschte sich die Einheit seines zerrissenen Heimatlandes. *Der Fürst* war seine Vision davon, wie diese Einheit in einem sicheren Staatsgefüge erreicht werden konnte. Herbeigeführt werden sollte sie durch einen »starken Mann« und *Der Fürst* sollte die Gebrauchsanleitung für ihn sein. Auf seinen Reisen hatte Machiavelli die Bekanntschaft des machthungrigen Cesare Borgia (1475 – 1507) gemacht, der einen tiefen Eindruck bei ihm hinterließ. Borgias Wahlspruch war: »Aut Caesar aut nihil« (Entweder Caesar oder nichts). War Borgia Vorbild für den *Fürsten*? Beispielhaft scheint, vergleicht man Machiavellis Darstellung von Machtgewinn und Machterhalt, immer wieder Borgias seinerzeit tatsächliches Handeln. Borgia gelang es zeitweise durch die Gewalt seiner Söldnerheere weite Teile

Italiens unter seine Kontrolle zu bringen und sowohl die Macht des Kirchenstaates als auch zahlreicher Provinzfürsten zu brechen oder zurückzudrängen. Sogar ganz Italien schien er unterwerfen zu können. Weder vor Grausamkeit noch vor Gewalt schreckte Cesare Borgia zurück. Nicht nur als Herrscher über die von ihm eroberten Landstriche war er ein Tyrann, er ermordete zahlreiche Gegner durch Handlanger oder tat es selbst. Dies erinnert an Machiavellis Rat in *Der Fürst*. Der Herrscher solle versuchen milde zu sein, im Zweifel aber dürfe er vor Grausamkeit und Gewalt nicht zurückschrecken.

Zweifellos sollte *Der Fürst* auch ein Empfehlungsschreiben für Machiavelli selbst sein. Denn er sehnte sich danach, wieder in die Staatsdienste von Florenz aufgenommen zu werden. Nicht von ungefähr widmete er sein Werk dem mächtigen Lorenzo de'Medici, der ihn aus dem Exil hätte zurückholen können. So ist *Der Fürst* auch die berühmt gewordene Bewerbung eines Politikberaters. Doch Machiavelli wurde von der politischen Bühne bis zu seinem Tod fern gehalten. Man gab ihm lediglich noch den Auftrag, eine Geschichte der Stadt Florenz zu verfassen.

Der Fürst erschien erst 1532, fünf Jahre nach Machiavellis Tod. Die herausgelesene Botschaft, dass der Zweck die Mittel heilige, also ein Fürst Verbrechen zum Wohle des Staates begehen müsse und könne, brachte Werk und Autor rasch in Verruf. Ein Grund war auch, dass bei Machiavelli nicht die Durchsetzung des Glaubens, sondern der geordnete Staat das Ziel war. Nicht wie der Mensch laut religiöser Ethik sein sollte, sondern wie er tatsächlich ist, bildete für Machiavelli die Basis politischen Handelns. Machiavellis Rat zur Gewalt als Mittel zum Zweck verfolgte das Ziel, in unsicherer Zeit einen sicheren Staat zu schaffen. Und bei aller Gewalt: Der Herrscher, der ihm vorschwebte, achtete den Besitz seiner Untertanen.

Hochkonjunktur hat Machiavelli immer dann, wenn irgendwo auf der Welt nach dem starken und sicheren Staat gerufen wird. Doch letztlich läuft es immer auf die Frage hinaus: Wenn der Zweck die Mittel heiligt, wie heilig ist dann noch der Zweck? Wenn man das Böse mit dem Bösen bekämpft, an welchem Punkt kann es dann der Moral gelingen, wieder zurückzukehren? Machiavelli, desillusioniert wie er war, meinte jegliche Moral im Handeln wegkürzen zu können, ja zu müssen, um somit den Zweck über die Mittel zu erheben.

Wie trostlos empfindet ein Mensch, der ohne Moral handelt? Was hätte Machiavelli geantwortet, wenn man ihn im Gasthaus beim Kartenspiel getroffen und zur Rede gestellt hätte? »Niccolò«, hätte man womöglich gesagt, »du bekämpfst das Böse mit dem Bösen. Sollten wir nicht, so lange es nur geht, mit dem Guten das Böse bekämpfen?« Machiavelli würde von den Karten aufblicken und versonnen aus dem Fenster sehen.

»Versuch es. Aber ich fürchte, manches Unrecht muss nun mal begangen werden.« Und nach einem Augenblick würde er vielleicht hinzufügen: »Leider.«

27 Hier stehe ich, ich kann nicht anders

Martin Luther (1483 – 1546)

Widerrufen kam nicht infrage. Keine Sekunde dachte Luther auf dem Reichstag in Worms daran. Doch nichts anderes erwarteten die Vertreter der Kirche und der junge Kaiser Karl V. am Abend jenes 18. April im Jahr 1521 von dem abtrünnigen Kirchenmann. Um vier Uhr am Nachmittag war er bestellt worden. Nun sollte er sich erklären. Luther sah bleich und angegriffen aus. Von einer Krankheit hatte er sich kaum erholt, eine Kraft raubende zweiwöchige Reise lag hinter ihm und in den zwei Nächten seit seiner Ankunft hatte er nur wenig Schlaf gefunden. Von der hohen Versammlung ein wenig eingeschüchtert und die Bedeutung und Tragweite seiner erwarteten Rede ahnend, betrat er den Sitzungssaal. Entschlossenen Schrittes und mit festem Blick bahnte er sich den Weg durch die dicht stehende Menge der Würdenträger, von denen mancher sich schon in den frühen Morgenstunden angestellt hatte, um einen Platz zu ergattern.

Das rege Interesse der Anwesenden entsprang nicht nur reiner Sensationsgier. Gerade unter den versammelten Fürsten sahen einige dem Ereignis mit besonderer Aufmerksamkeit entgegen. Mancher ahnte, dass die bisherige Allmacht und Einheit von Kirche und Krone, egal wie die Anhörung ausgehen würde, allein durch die Vorladung Luthers vor die höchste Versammlung des Reiches erschüttert worden war.

Luther kam im Getümmel in der Mitte der Fürsten zum Stehen. Nicht nur durch seine schlichte, dunkle Mönchskutte hob er sich von den zumeist prunkvoll gekleideten Adeligen, Kirchenfürsten und Reichsrittern in der Versammlung ab. Um das Bild des bescheidenen und frommen Mönches zu vervollkommnen, hatte Luther sich zwei Tage zuvor sein dunkles, dichtes Lockenhaar zu einer Tonsur scheren lassen. Nun zierte nur noch ein schmaler Haarkranz seinen Kopf und Luther wirkte in seiner ganzen Gestalt keineswegs wie der Ketzer, als den die Kirche ihn verdammt sehen wollte. So stand er entschlossen im Stimmengewirr, in Hitze und schlechter Luft, und wartete mit allen anderen auf den jungen Kaiser. Mit zwei Stunden Verspätung wurde Karl V. schließlich auf seinem Thron durch die Menge getragen. Die Entscheidung in einem jahrelangen Streit schien nahe.

Ihren Anfang hatte die Auseinandersetzung Luthers mit Kirche und Krone am 31. Oktober 1517 genommen. An jenem Tag veröffentlichte er 95 Thesen, mit denen er gegen die Bußpraxis der Kirche, besonders gegen den Ablasshandel protestierte.

Seinerzeit zogen in Deutschland Mönche im Auftrag der römischen Kirche durchs Land. Sie verkauften Ablasszettel an die Gläubigen und versprachen ihnen, so der Strafe für ihre Sünden entgehen zu können. Die Einnahmen gingen an Papst Leo X., der damit unter anderem den Bau des Petersdoms bezahlte. An der sächsisch-thüringischen Grenze war ein besonders eifriger Ablassverkäufer unterwegs: der Dominikanermönch Tetzel, dessen Werbespruch »Sobald das Geld im Kasten klingt, die Seele in den Himmel springt« berühmt wurde. In einem kleinen Kloster der damaligen sächsischen Residenzstadt Wittenberg (heute in Sachsen-Anhalt) sah sich der Seelsorger Martin Luther mit den Folgen des Ablasshandels konfrontiert. Er war überzeugt, dass das Seelenheil, wie Tetzel es versprach, nicht erkauft werden könne und Buße und Reue nicht in den Hintergrund treten dürften. Dank der neuen Technik des Buchdrucks verbreiteten sich Luthers Thesen gegen den Ablasshandel wie ein Lauffeuer in ganz Deutschland. Weil sich der Widerwille im Volk und bei weiten Teilen des Adels gegen die verweltlichte Kirche schon seit Jahrzehnten bis hin zur Abneigung vertieft hatte, traf Luther rasch auf breite Zustimmung. Vielen Fürsten war Luthers Kritik willkommen, da sie das Geld ihrer Untertanen nicht mehr in die Kassen des Papstes fließen sehen wollten. Luther schien ihnen obendrein ein gutes Instrument, sich mehr und mehr von der Machtkoalition aus Kaisertum und Kirche zu emanzipieren.

So wurde er für die etablierten Mächte zur Gefahr. Papst Leo X. bestellte ihn 1518 nach Rom. Doch Luther erhielt Schutz von seinem mächtigen Landesherrn. Der sächsische Kurfürst Friedrich der Weise erreichte durch geschicktes Taktieren, dass Luther nicht nach Rom reisen musste und stattdessen auf dem Augsburger Reichstag gehört wurde. Dort stritt er mit dem päpstlichen Gesandten Cajetan, weigerte sich, seine Thesen zu widerrufen und musste schließlich fliehen. Im Jahr darauf kam es in Leipzig zu dem berühmten Streitgespräch mit dem päpstlichen Abgesandten Johannes Eck, in dessen Verlauf sich Luther dazu hinreißen ließ, die Autorität des Papstes und der Kirche in Zweifel zu ziehen. Nun stand er endgültig außerhalb der katholischen Dogmen. Papst Leo X. drohte Luther mit dem Kirchenbann, doch der ließ die Frist für einen Widerruf verstreichen und verbrannte am 10. Dezember 1520 in Wittenberg mehrere päpstliche Schriften und zuletzt auch die Bannandrohungsbulle.

Inzwischen war der Habsburger Karl V., der sich als Wahrer der Einheit von Glauben und Kirche verstand, zum deutschen Kaiser gewählt worden. Doch Karl, gerade erst 21 Jahre alt, verfügte nicht über die Macht seiner Vorgänger. Um überhaupt zum Kaiser gewählt zu werden, hatte er die so genannte Wahlkapitulation unterzeichnen müssen, ein Abkommen mit Kirche und Fürsten, das unter anderem vorschrieb, dass Angehörige des Reiches vor ihrer Ächtung angehört werden müssten. Würde der junge Kaiser sich darüber hinwegsetzen und ohne Anhörung dem Kirchenbann die Reichsacht folgen lassen, Luther somit für vogelfrei und rechtlos erklären, dann drohten schwer wiegende politische Folgen. Luthers Fürsprecher standen schon bereit. Nachdrücklich forderte Friedrich der Weise für seinen Schützling das Recht auf Anhörung. Viele Fürsten, die hofften, die vereinte Macht von Kaiser und Kirche beschneiden zu können, stimmten ihm zu. Stimmen der Kirche bedrängten Kaiser Karl hingegen, mit Luther ohne weitere Befragung kurzen Prozess zu machen. Einige von Karls Beratern wiederum verwiesen auf die Gelegenheit, im Streit zwischen Luther und der Kirche Schiedsrichter spielen zu können und so den eigenen Machtumfang gegenüber dem Papst zu demonstrieren. Der hatte Karl immerhin noch öffentlich zu krönen.

Karl entschied sich dafür, den abtrünnigen Mönch mit der Garantie sicheren Geleits zum Reichstag nach Worms zu zitieren.

Luthers Freunde waren skeptisch. Auch dem Kirchenkritiker Jan Hus hatte ein Jahrhundert zuvor der deutsch-römische König Sigismund freies Geleit zum Konzil von Konstanz zugesagt. Trotzdem endete Hus, als er den Widerruf seiner Lehren verweigerte, auf dem Scheiterhaufen. Doch Luther wollte zum Reichstag und vor den Kaiser, die Fürsten und die Kirchenmänner treten. Denn die Vorladung schien die Bedeutung seiner Sache zu bestätigen. So machte er sich am 2. April mit zwei Begleitern auf einem kleinen Rollwagen und mit drei Pferden auf die beschwerliche und weite Reise von Wittenberg nach Worms. Die wurde zeitweilig zum Triumphzug. In Erfurt schlug Luther große Begeisterung entgegen, man drängte ihn, zu predigen. Die kaiserlichen Begleiter gestatteten es, obwohl es Luther, dem Ketzer, nicht mehr erlaubt war. Auch in Gotha und Eisenach predigte er. Am späten Vormittag des 16. April traf Luther in Worms ein, Fanfaren kündigten ihn an, eine große Menschenmenge begrüßte ihn. In der Nacht suchten ihn Bürger, Priester, Ritter und Edelleute in seiner Unterkunft auf und machten es ihm unmöglich, nach der beschwerlichen Reise ausreichende Nachtruhe zu finden.

Am folgenden Tag, dem 17. April, wurde Luther nachmittags zum Bischofshof geführt. Dort musste er zunächst zwei Stunden warten, dann bahnte man ihm den Weg in die niedrige Hofstube, wo sich der Reichstag versammelt hatte. Auf einem Tisch war eine Sammlung seiner Schriften ausgebreitet worden. Man fragte ihn, ob die Bücher alle von ihm stammten und ob er seine darin geäußerten Ansichten widerrufen wolle. Auf Luthers Wunsch wurde die Liste der Titel verlesen, woraufhin er bestätigte, der Verfasser zu sein. Doch was die Frage des Widerrufs angehe, bat er um Bedenkzeit bis zum nächsten Tag, denn er wolle dem Wort Gottes und seiner eigenen Seele gerecht bleiben. Der Wunsch wurde ihm gewährt.

Luthers Bitte überraschte, ja verstörte manchen. Widerrief er am Ende doch? Aber Luther scheint sich nur für eine effektvolle dramaturgische Finte entschieden zu haben. In der Nacht arbeitete er an seiner Rechtfertigungsrede. Er prüfte Bibelstellen und eigene Schriften und legte die Ergebenheitsadressen und Anreden nieder.

Widerrufen kam nicht in Frage. Luther begann seine Rede mit der Bitte, ihn in Gnaden anzuhören und Nachsicht zu üben, wenn er den ein oder anderen der Anwesenden unwissentlich nicht standesgemäß anrede. Er verteidigte seine Schriften, zunächst in deutscher Sprache und wiederholte seine Worte auf Ersuchen in lateinischer Sprache. Als er geendet hatte, mahnte der Versammlungsredner, Luther habe nicht zur Sache gesprochen. Er solle klar und schlicht erklären, ob er widerrufe oder ob nicht. Luther antwortete nun in lateinischer Sprache (der deutsche Wortlaut schwankt je nach Übersetzung): »Weil denn Eure Majestät und die Herrschaften eine einfache Antwort begehren, so will ich eine geben, die weder Hörner noch Zähne hat: Wenn ich nicht durch Zeugnisse der Schrift und klare Vernunft überwunden werde – denn weder dem Papst noch den Konzilien allein glaube ich, da es feststeht, dass sie des öfteren geirrt und sich selbst widersprochen haben –, so bin ich überwunden durch die von mir angeführten Stellen der heiligen Schrift und mein Gewissen ist gefangen in dem Worte Gottes. Widerrufen kann und will ich daher nichts, denn etwas gegen das Gewissen zu tun ist beschwerlich, unsicher und nicht lauter.« Und in Deutsch fügte er hinzu: »Gott helfe mir, Amen!«

Den berühmten Satz »Hier stehe ich, ich kann nicht anders« hat Luther nicht gesagt. Er wurde ihm erst zehn Jahre nach seinem Tod zugeschrieben und in den Darstellungen seiner Worte auf dem Reichstag zu Worms dem »Gott helfe mir, Amen!« vorangestellt. Die Nichtbelegbarkeit dieses Zitats ist nur eines von vielen Beispielen, wie sich gerade in Bezug auf Luther Geschichte und Legende vermischen. Auch andere berühmte Begebenheiten aus Luthers Leben sind umstritten. So ist nicht belegt, ob der so einprägsame Anschlag der 95 Thesen an der Kirche in Wittenberg tatsächlich stattgefunden hat. Vermutlich hat Luther die Thesen nur verschickt. Ebenso ins Reich der Legende gehört mit großer Wahrscheinlichkeit Luthers Tintenfasswurf nach dem Teufel. Nichtsdestotrotz trifft das berühmte Zitat »Hier stehe ich, ich kann nicht anders« den Kern von Luthers Rechtfertigung auf dem Reichstag zu Worms. Ganz so, als hätte eine Werbeagentur diesen Slogan für ihn entworfen, liefern die Worte eine passende Verdichtung seiner Haltung und Botschaft. Da Luther immer für das Bildliche und das Prägnante war (»Mach's Maul auf! Tritt fest auf! Hör' bald auf!«), hätte er vielleicht nichts dagegen gehabt, dass dieser Satz ihm nachträglich in den Mund gelegt wurde.

Doch warum wirken die Worte »Hier stehe ich, ich kann nicht anders« so kräftig nach? Warum wird das Zitat so oft herangezogen?

Weil es die Haltung eines Menschen dokumentiert, der sich vor allem seiner Überzeugung verpflichtet fühlt. Luther machte – nicht nur in Glaubensfragen – die eigene Erkenntnis unverhandelbar. Nichts anderes sagen die Worte »Hier stehe ich, ich kann nicht anders« aus. Indem Luther das Verhältnis des einzelnen Gläubigen zu Gott über alle Dogmen und irdische Instanzen stellte, markierte er auch den Beginn der Emanzipation der Vernunft vom Glauben.

Was geschah danach? Als Luther die Versammlung verlassen durfte und in seiner Unterkunft eintraf, rief er erleichtert: »Ich bin hindurch! Ich bin hindurch!« Doch ausgestanden war die Sache noch nicht. Am nächsten Tag teilte der Kaiser den wichtigsten deutschen Fürsten sein »Wormser Credo« mit. In französischer Sprache abgefasst, ist es die älteste erhaltene Willenserklärung Karls V. Darin erklärte er, den wahren Glauben zu schützen und einen Ketzer wie Luther nicht zu dulden. Die Vertreter der Kirche waren zufrieden, doch auch erste Aufrufe zum Schutze Luthers drangen durch. Viele Fürsten, vor allem Friedrich der Weise, blieben gegenüber der kaiserlichen Entscheidung zurückhaltend. Eine Kommission aus Kirchenvertretern und Fürsten wurde einberufen. Sie sollte Luther die von ihm geforderten Beweise liefern. Am 24. April lud man ihn erneut, die angekündigten Beweise blieben aus und Luther widerrief wieder nicht, auch das Angebot eines Kompromisses, ihn für künftiges Schweigen straffrei davonkommen zu lassen, schlug er aus. Schließlich ließ Karl verlautbaren, dass Luther noch für 21 Tage freies Geleit habe. So trat dieser tags darauf die lange Reise nach Hause an. Zuvor hatte ihn Friedrich der Weise von seinem Plan wissen lassen, Luther im Laufe der Reise zum Schutz vor kirchlichen und kaiserlichen Nachstellungen zum Schein entführen zu lassen und an einen sicheren Ort zu bringen.

Am 8. Mai waren in Worms die meisten Teilnehmer des Reichstages abgereist. Doch der Kaiser war noch in der Stadt. Nun verhängte er die Reichsacht über Luther, der nun vogelfrei war. Jeder, der ihm begegnete, durfte und sollte ihn töten. Als Karl abreiste, war er im Glauben, die deutschen Angelegenheiten geregelt zu haben. Die Sache mit Luther würde bald, so war er sicher, erledigt sein. Dieser wurde, wie von Friedrich dem Weisen angekündigt, am 4. Mai bei der Burg Altenstein »entführt«. Noch am Abend traf er auf der Wartburg ein. Dort übersetzte er in den nächsten Jahren als »Junker Jörg« getarnt die Bibel ins Deutsche und lieferte damit einen entscheidenden Beitrag zur Entwicklung der deutschen Hochsprache.

All diese Ereignisse waren aber erst der Anfang bedeutender Veränderungen in den nächsten Jahrzehnten. Denn Luther hatte unbeabsichtigt, nur aufgrund seiner Standfestigkeit, die Reformation ausgelöst, die mit Fug und Recht als eines der umwälzendsten Ereignisse der Menschheitsgeschichte gilt.

28 In meinem Reich geht die Sonne nie unter

Karl V. (1500 – 1558)

Keinem Menschen ist so viel Besitz und Macht in den Schoß gefallen wie Karl V. Sich damit herumzuplagen, wurde die große Aufgabe und Bürde seines Lebens.

Karl verdankte sein Reich der machtbewussten Heiratsstrategie seiner Sippe. Die Habsburger gingen vorzugsweise Ehen ein, die der Familie neues Land und weitere Titel eintrugen. Weil Karl zahlreiche verwandte Könige und Königinnen beerbte – er war der Sohn von König Philipp I. von Kastilien, dem man den Beinamen »der Schöne« gegeben hatte –, wurde er nach und nach nicht nur zum Herrscher über Spanien, die Niederlande, Flandern, Österreich, Böhmen und weite Teile Italiens, sondern auch über die Gebiete jener neuen Welt, die 1492 ein gewisser Christoph Kolumbus entdeckt hatte.

»In meinem Reich geht die Sonne nie unter«, soll Karl gesagt haben, und mit diesen Worten wird er bis heute in Verbindung gebracht. Historisch belegt ist die Aussage nicht. Doch mit kaum einem anderen Satz lässt sich der Segen und Fluch von Karls Leben besser beschreiben. Auf dem Papier war er zwar der mächtigste Mann der damaligen Welt, doch in der Realität lagen die Dinge anders. Über ein Reich zu gebieten, in dem die Sonne nie untergeht, heißt über ein Reich zu herrschen, das niemals schläft, in dem immer etwas geschieht. Karl war ehrgeizig, wie sein Wahlspruch »Plus ultra« (Immer weiter) belegt, und er war zum Herrschen erzogen worden. Wer weiß, was man dem Knaben alles eingeflüstert hatte? Dass er ausersehen sei, dass er die Menschheit im Christentum zu einen habe? Sein

Großkanzler Mercurino de Gattinara brachte Karls Herrschaftsanspruch auf den Punkt: »Da Euch Gott diese unermessliche Gnade verliehen hat, Euch über alle Könige und Fürsten der Christenheit zu erhöhen zu einer Macht, die bisher nur Karl der Große besessen hat, so seid Ihr auf dem Wege zur Weltmonarchie, zur Sammlung der Christenheit unter einem Hirten.« Eben dieser Ehrgeiz, unter der einheitlichen christlichen Kirche alle Menschen zu vereinen, prägte Karls Politik und Lebensaufgabe.

Nach dem Tod von Karls Großvater Kaiser Maximilian I. im Jahr 1519 musste ein neuer deutscher König und Kaiser des Heiligen Römischen Reiches gewählt werden. Das Recht dazu hatten die deutschen Fürsten mehr als 150 Jahre zuvor durch die Goldene Bulle verbrieft bekommen. Karl war nicht konkurrenzlos, denn Franz I., König von Frankreich, trat gegen ihn an. Der, wohl von seinem Sieg überzeugt, sandte seinem erst 19-jährigen Konkurrenten den launigen Satz: »Sire, wir werben um die selbe Dame!«

Doch der Außenseiter Karl gewann, weil die deutschen Fürsten hofften, dass der junge Spund sich angesichts seines weltumspannenden Herrschaftsgebietes wenig um die deutschen Angelegenheiten kümmern würde und weil der mächtige Augsburger Kaufmann Jakob Fugger den Fürsten stattliche Schmiergelder zukommen ließ. Durch die so genannte Wahlkapitulation, ein Abkommen, in dem er den Fürsten erhebliche Zugeständnisse machte, sicherte Karl seine Wahl, schränkte damit aber seine Macht in Deutschland stark ein. Ausgerechnet dort aber rief seinerzeit Karls mächtiger Verbündeter, die Kirche, durch ihr Gebaren nicht nur unter ihren Schäfchen, sondern auch unter den Fürsten, wachsenden Unmut hervor. In unübersehbare Schwierigkeiten geriet die Kirche schließlich, als ein Mönch namens Martin Luther auftrat, ein Umdenken forderte und damit auf allgemeinen Zuspruch stieß. Auf dem Reichstag von Worms trafen Karl und Luther 1521 aufeinander und fanden keine Einigung. Karl wählte die harte Linie und ächtete Luther. Die Reformation und die Spaltung der römisch-christlichen Kirche konnte Karl dadurch nicht abwenden. Wie Luther in Worms den jungen Kaiser sah? »Er saß wie ein unschuldiges Lämmlein zwischen Säuen und Hunden«, zitiert ihn der Historiker Alexander Demandt.

Karls Wesen wird als selbstbewusst, streng, nachtragend und stur beschrieben. Porträts von ihm zeigen einen schlanken Mann mit festem Blick, doch die Augen verraten auch Anstrengung und die Last der Verantwortung. Der eckige Vollbart umrahmt das ohnehin starke Kinn mit dem vortretenden Unterkiefer, eine Besonderheit der habsburgischen Familie. Karl war keine Schönheit, auch wenn er auf den Bildnissen, vor allem auf den von seinem Hofmaler Tizian gemalten, recht passabel aussieht. Karl litt stark unter seinem notorisch herunterhängenden Unterkiefer, welcher sogar die Unterlippe herunterzog, sodass er Mühe hatte, seinen Mund geschlossen zu halten.

Die von Luther ausgehende Gefahr sah Karl in diesen Tagen nicht. Er hatte näher liegende Sorgen und diese hielten ihn wohl davon ab, Szenarien für die Zukunft zu erstellen. In vier dynastischen Kriegen musste er sich gegen seinen Rivalen Franz I. behaupten. Außerdem war er gezwungen, sich 1529 den bis nach Wien vordringenden Türken entgegenzustellen. Er konnte sie stoppen, doch besiegen konnte er sie nicht. Karl wurde von einem Brandherd zum nächsten gescheucht, was er aber stoisch hinnahm. Als Karl sich endlich der drohenden Spaltung der Kirche in Deutschland annahm, war aus dem Windhauch des Protests ein mächtiger Sturm geworden.

1521 hatte Karl kurz nach seiner Kaiserwahl seinem jüngeren Bruder Ferdinand die Herrschaft über die österreichischen Erblande überlassen. Dem fiel Ende 1526 durch Erbanspruch aus seiner Heirat auch die ungarische Krone zu. Ferdinand war wie sein Bruder für die Sache der Kirche in Rom, was Luther zu den Worten hinriss: »Wenn du werest in deiner tauff ersoffen!« Da die Türken das Reich der Habsburger von außen bedrohten, konnten sich weder Karl noch Ferdinand religiöse Streitereien leisten. So gewährte Karl 1526 in einem Beschluss des Speyerer Reichstags den Anhängern Luthers weitgehende Toleranz und überließ es jedem Landesfürsten, welcher Religion seine Untertanen folgten. Mancherorts packten die Herrscher die Gelegenheit beim Schopfe, traten zum neuen Glauben über und konfiszierten die Kirchengüter, wie etwa in Hessen und in Preußen. Doch drei Jahre später auf dem zweiten Reichstag zu Speyer ruderte Karl zurück. Nun sollten die Fürsten wieder alle Unterstützung und Verbreitung der Ideen Luthers unterbinden. Die lutheranischen Fürsten waren empört und setzten eine Protestnote auf, die »Protestation«, jenes Papier, das ihnen die Bezeichnung Protestanten einbrachte, als welche sie fortan in den Akten der katholischen Kirche geführt wurden.

Die Verfassung des Reiches war bedroht. Das bis dahin praktizierte Prinzip, dass sich bei Abstimmungen die Minderheit der Mehrheit beugt, bröckelte. Vom Papst im italienischen Bologna mittlerweile auch zeremoniell zum Kaiser gekrönt, reiste Karl 1530 endlich, nach fast zehn Jahren Abwesenheit, zur Klärung der Religionsstreitigkeiten nach Augsburg, wo er einen Reichstag einberufen hatte. Karl fühlte sich zu jener Zeit als Sieger. Die Türken waren von Wien abgerückt, die Grenzen weitgehend befriedet. Wie immer, wenn er obenauf war, brach sein Hochmut durch.

In Augsburg konfrontierten ihn die protestantischen Fürsten mit der *Confessio Augustana*, dem Augsburger Glaubensbekenntnis. Ihre Haltung hatte sich nicht geändert. Verfasser des Werkes war der Humanist und Theologe Philipp Melanchthon, ein gesuchter Vermittler auf protestantischer Seite und ein enger Freund Luthers, mit dem er sich auch bei dem Glaubensbekenntnis eng abgestimmt hatte. Wieder kommt es zu keiner Einigung. Karl, der sich so mächtig glaubende Kaiser, war verärgert und nahm wieder die harte Linie des Wormser Edikts von 1521 ein. Im Jahr darauf schlossen sich die protestantischen Fürsten zum so genannten Schmalkaldischen Bund zusammen und erklärten, ihren Glauben notfalls mit Waffengewalt verteidigen zu wollen. Doch zum Kampf kam es nicht. Vorerst! Denn Karl und auch seine Gegner im Innern sahen sich an den Grenzen von Karls Reich mit einer neuen Bedrohung konfrontiert. Sultan Suleiman II., genannt der Prächtige, rückte 1532 mit einer türkischen Armee von 250 000 Mann gegen Wien vor. Die Christenheit war in Angst und Schrecken. Luther dichtete den Choral »Eine feste Burg ist unser Gott«. Karl brauchte nun jede Unterstützung, auch die der Protestanten. So gewährte er ihnen im Nürnberger Religionsfrieden vom 23. Juli 1532 freie Religionsausübung und gemeinsam mit den Katholiken zogen sie gegen Suleiman, der die offene Schlacht nicht wagte und zurückwich.

Kam Karl nun zur Ruhe? Nein. Er kämpfte gegen die Piraten im Mittelmeer und danach erneut gegen Franz I. von Frankreich. Erst durch den Frieden von Crépy hatte er 1544 endlich wieder den Rücken frei und als Luther, die wortgewaltige und einigende Stimme der Protestanten, im Februar 1546 starb, schien für einen Moment die Gelegenheit günstig, alle deutschen Probleme zu lösen. Karl suchte die Entscheidung durch Waffen, zog gegen den Schmalkaldischen

Bund der Fürsten zu Felde und errang am 24. April 1547 in der Schlacht bei Mühlberg in Sachsen den Sieg im so genannten Schmalkaldischen Krieg. Im »geharnischten« Reichstag von Augsburg – der so heißt, weil Karls Truppen in ihren Harnischen zu weiterem Kampf bereitstanden – versuchte Karl 1548 seine Vorstellungen von der einheitlichen katholischen Religion in seinem Reich endgültig durchzudrücken. Zwar wurde das auf diese Weise herbeigeführte »Augsburger Interim« dort, wo Karl mit Waffengewalt die Macht hatte, zähneknirschend akzeptiert, doch in weiten Teilen des Reiches blieb es so gut wie wirkungslos. Zumal nun auch unter den katholischen Fürsten der Widerstand gegen Karls Macht wuchs. Der wiederum beging aufgrund seines Selbstverständnisses gerade in der Stunde seines Sieges mehrere fatale politische Fehler: Er versuchte nicht nur, seinen Anspruch auf absolute Macht durchzusetzen, sondern auch noch die Nachfolge auf den Kaiserthron ganz in seinem Sinne zu regeln, indem er seinen eigenen Sohn Philipp seinem designierten Nachfolger Ferdinand vorziehen wollte. So machte er sich nicht nur die meisten – auch katholischen – Fürsten, sondern ebenso seinen Bruder zum Gegner.

1552 überraschte ein Fürstenbündnis den ahnungslosen Karl. Angeführt von Moritz von Sachsen, der, obwohl protestantisch, im Schmalkaldischen Krieg aus Machtgier noch auf Karls Seite zu finden gewesen war, marschierten die Aufständischen zur Wahrung der »teutschen Libertät« in Tirol ein. Dort hielt sich Karl, mittlerweile krank und von der Gicht geplagt, völlig schutzlos auf. Er musste fliehen. 1555 einigte man sich auf dem Reichstag in Augsburg auf den so genannten Augsburger Religionsfrieden. Die Einheit der Religion im Reich wurde endgültig aufgegeben, der Protestantismus hatte sich behauptet. Karl hatte längst resigniert und war verbittert. Ein Jahr später legte er seine Kaiserkrone nieder und übergab sie seinem Bruder Ferdinand. Karl zog sich in ein spanisches Landhaus zurück, das er sich neben dem Kloster San Jéronimo de Yuste hatte erbauen lassen. Dort starb er zwei Jahre später.

Nach seinem Tod teilten sich Ferdinand und Karls Sohn Philipp das Reich. Aus diesen Teilreichen gingen Österreich-Ungarn und das spanische Reich hervor, woraus die deutsche und die spanische Linie des Hauses Habsburg entstanden.

Karls Vision vom großen katholischen Kaiserreich unter seiner

Führung war gescheitert. Die Vertreibung der »Ungläubigen« durch eine geeinte abendländische Christenheit hatte er ebenso wenig erreicht wie die Wahrung der Einheit des Christentums. Das »Reich, in dem die Sonne nie untergeht«, begann zu zerfallen. Es war zu groß und zu vielfältig gewesen für einen Mann, der nur den absoluten Anspruch kannte und der am Ende doch sagte: »Ich habe immer meine Unfähigkeit erkannt; heute aber fühle ich mich ganz nutzlos, und dieses mein Leben, das Gott mir mit solcher Trübsal erfüllt, dient mehr zur Buße meiner Sünden als zum Leben.«

In Karls Reich hatte die Sonne für ihn selbst nur sehr selten geschienen.

29 Wissen ist Macht

Francis Bacon (1561 – 1626)

Wer war Francis Bacon? War er gar der illegitime Sohn der englischen Königin? Hartnäckig halten sich Vermutungen, er sei der Spross einer Liebschaft zwischen Königin Elisabeth I. und dem späteren Earl of Leicester und lediglich in die Obhut der Familie Bacon gegeben worden. Immerhin hatte er bereits als kleines Kind Zugang zur Königin und manche Inschrift in zeitgenössischen Porträts scheint den ein oder anderen Hinweis zu liefern.

War er ein Wissenschaftler, ein politischer Karrierist, korrupt obendrein, und außerdem der größte englische Dichter aller Zeiten? Tatsächlich kam Mitte des 19. Jahrhunderts die Vermutung auf, William Shakespeare sei das Pseudonym von Francis Bacon gewesen. Diese Annahme wurde von einer Delia Bacon verbreitet – die nicht mit ihm verwandt war – und gewann zahlreiche Anhänger, unter ihnen Otto von Bismarck. Die These schien ihnen vor allem deshalb plausibel, da Bacon, ein erwiesen großartiger Stilist der englischen Sprache, mit den Gepflogenheiten in höfischen Kreisen vertraut gewesen war und über ein unermessliches Allgemeinwissen verfügte. Wer war dagegen schon dieser Schauspieler aus der Provinz, von dessen Leben man so enttäuschend wenig weiß? Wo soll dieser Mann niederer Abstammung denn all sein Wissen hergenommen haben?

Die Wahrheit ist mit sehr großer Wahrscheinlichkeit, dass Francis Bacon weder der illegitime Sohn Elisabeths war noch der Verfasser der großartigen Werke, die unter dem Namen Shakespeare veröffentlicht wurden.

Dass all diese Vermutungen aufkamen und immer wieder genährt wurden, liegt nicht nur an der menschlichen Faszination für Ungereimtheiten, sondern auch an der schillernden, Geheimnisse und Mythen gebärenden Epoche, in der Bacon lebte. Fest steht: Der Mann, der mit dem Satz »Wissen ist Macht« verbunden ist, hatte sich schon mit jungen Jahren dem Wissen und der Wissenschaft verschrieben. Doch das Leben hatte andere Pläne mit ihm.

Seit drei Jahren lagen die Geschicke Englands in den Händen der jungen Königin Elisabeth I. (1533 – 1603), da wurde dem Inhaber des höchsten juristischen Staatsamts, dem Großsiegelbewahrer Sir Nicholas Bacon, und dessen Frau Lady Ann der zweite Sohn geboren. Sie nannten ihn Francis. Vom Vater erbte er die Leidenschaft für Politik, von der Mutter den strengen Protestantismus. Königin Elisabeth nannte den Knaben, der viel Zeit an ihrem Hof verbrachte, ihren »jungen Großsiegelbewahrer«, und tatsächlich wünschten die Eltern, dass Francis Jurist und Politiker werde. Mit zwölf Jahren begann er im Trinity College in Cambridge den scholastischen Fächerkanon der Sieben Freien Künste – Grammatik, Rhetorik, Dialektik, Arithmetik, Geometrie, Musik, Astronomie – zu studieren. Schnell entdeckte Bacon seine wissenschaftlichen Neigungen. Doch zugleich war er abgestoßen von der Denkweise der alle Wissenschaften beherrschenden scholastischen Methode. Später schrieb er dazu in seinem Werk *Novum Organum (Neues Organon)*, die scholastische Lehre sei so eingerichtet, »dass Gedanken außerhalb des Gewohnten keinem leicht in den Sinn kommen«. Wer es dann doch wage, auf andere Art und Weise zu denken, stellte er fest »wird als Aufrührer und als auf Neuigkeiten Versessener verachtet werden«.

Als Bacon erst 18 Jahre alt war, starb sein Vater. Nun musste er rasch in Amt und Würden kommen, denn finanziell war er keineswegs unabhängig. In London studierte er die Rechte und 1584 – andere Quellen sagen 1581 – erhielt er dank der Beziehungen seines Onkels, des Schatzkanzlers Lord Burghley, einen Parlamentssitz. Doch darüber hinaus erwies sich Burghley nicht als der erhoffte Fürsprecher am Hof. Für Elisabeth, der es bereits unmittelbar nach ihrer

Thronbesteigung im Jahr 1558 gelungen war, die protestantische Kirche in England endgültig zu verankern, verfasste Bacon einige Expertisen zur Religionsfrage. Denn mittlerweile sah sich Elisabeth nicht nur durch die Thronansprüche der katholischen schottischen Königin Maria Stuart bedroht, sondern auch durch die wachsenden Aktivitäten der Puritaner, die das Konzept der Staatskirche ablehnten und einen sehr viel radikaleren Protestantismus vertraten als Elisabeth.

Dann lernte Bacon den jungen Earl of Essex kennen. Bacon war nun 31 Jahre alt, Essex sechs Jahre jünger. Doch Essex war gebildet und weltgewandt. Trotz seiner Jugend genoss er bereits einen nicht unbeträchtlichen Einfluss am Hof, wo Bacon nach wie vor mehr oder minder erfolglos mit Denkschriften und Theaterstücken auf sich aufmerksam zu machen versuchte. Schließlich zog Bacon die Aufmerksamkeit der Krone auf ganz andere Weise auf sich, als er es gewünscht hatte. 1593 wollte Elisabeth die Steuern erneut und drastisch erhöhen. Sie brauchte Geld für das Militär. Fünf Jahre zuvor war die spanische Armada vor der Küste des Königreichs vernichtet worden. Dadurch hatte sich das sowohl wirtschaftlich als auch zur See aufstrebende England nicht nur behauptet, sondern konnte außerdem weiter seine Rolle als Schutzmacht der französischen und holländischen Protestanten wahrnehmen. Für die jederzeit drohenden neuen kriegerischen Auseinandersetzungen wollte Elisabeth gerüstet sein. Bacon wandte sich im Parlament gegen ihre Pläne und fiel in Ungnade. Nur noch über Essex blieb ihm der Kontakt zum Hof erhalten. Nun fügte Bacon seinem schillernden Lebenslauf ein weiteres Mosaiksteinchen hinzu: Er begann als eine Art Verfassungsschutzagent zu arbeiten. Gemeinsam mit seinem Bruder Anthony baute er Agentennetze auf, entschlüsselte geheime Botschaften und beobachtete die Aktivitäten der katholischen Liga. In jene Zeit fallen auch seine ersten literarischen Erfolge. Von ihm verfasste religiöse Schriften und Essays trafen auf große Resonanz. 1601 versuchte Bacons Freund Essex mit mehreren hundert bewaffneten Männern Elisabeths Palast zu stürmen. Es kam zum Hochverratsprozess gegen Essex. Ausgerechnet Bacon sollte gegen ihn ermitteln. Essex wiederum belastete Bacon und Bacon daraufhin Essex. Das undurchsichtige Spiel endete schließlich mit Essex' Hinrichtung. Bis heute wird über Bacons Rolle in diesem Prozess gestritten. War Bacon ein Opportunist? Ein Verräter? Oder hatte er sich nur gewehrt?

1603 starb Elisabeth. James, der Sohn Maria Stuarts, wurde als Jakob I. neuer König. Obwohl Bacon sich von dem neuen Regenten zunächst wenig erhoffte, begann für ihn bald eine glänzende politische Karriere. 1607 stieg Bacon zum Obersten Kronanwalt und Großsiegelbewahrer auf. Der König erhob ihn in den Adelsstand und 1618 ernannte ihn Jakob zum Lordkanzler und somit zum höchsten politischen Amtsträger nach ihm. Doch plötzlich, 1621, wurde Bacon der Korruption bezichtigt. Seine Karriere endete abrupt, er fand sich kurzzeitig im Tower eingekerkert und verlor alle seine Ämter und Würden.

War Bacon korrupt gewesen? Nach heutigen Maßstäben ja. Doch seinerzeit war das Annehmen von Geldgeschenken üblich, zuweilen sogar wichtiger Bestandteil des Einkommens von Amtsträgern. Bacon aber war in den Machtkampf zwischen König und Parlament geraten und wurde dessen Opfer.

Zwar entließ Jakob seinen ehemaligen Lordkanzler rasch aus dem Tower, doch politisch war Bacon erledigt. Er zog sich auf seinen Landsitz zurück und widmete sich ganz der Schriftstellerei. Neben weiteren Essays nahm er nun seinen Lebenstraum in Angriff, die Wissenschaften umfassend zu erneuern. »Wissen ist Macht« fasst Bacons Absichten einprägsam zusammen. Denn nach seinem Willen sollte das Wissen, vor allem die Wissenschaft selbst, dem Menschen zu Macht verhelfen. Doch der Satz ist wie Bacon selbst mehrdeutig und schillernd. Wortwörtlich findet sich »Wissen ist Macht« nicht in Bacons erhaltenen Schriften. In *Meditationes sacrae*, einer frühen Arbeit Bacons aus dem Jahr 1597, liest man die Worte »Nam et ipsa scientia potestas est«, was übersetzt heißt: »Denn die Wissenschaft selbst ist Macht.« Bemerkenswert ist hier, dass Bacon von Wissenschaft – nicht von Wissen – spricht, die Macht bedeutet. In einer zweiten Auflage, erschienen in englischer Sprache, wurde daraus »For knowledge itself is power«, was »Denn Wissen selbst ist Macht« heißt. In Bacons 1620 erschienenem Werk *Neues Organon* steht schließlich der Satz: »Menschliches Wissen und menschliche Macht treffen in einem zusammen.«

»Wissen ist Macht« beschreibt treffend die Idee, die Bacon von einer erneuerten Wissenschaft hatte. Allerdings ist die Bedeutung eine andere als die, die wir dem Satz im Alltag meistens zuschreiben. Denn danach wird das Wissen als ein Wissen interpretiert, das Mittel ist, um Konkurrenten auszustechen und Gegner zu beherrschen. Bacon hatte etwas anderes im Sinn. Die Wissenschaft, so seine Ansicht, habe bisher nur um der Erkenntnis willen geforscht. Die antiken Naturphilosophen und ihre Nachfolger, die Scholastiker, hätten sich in Einzelheiten verloren und sich zu sehr der Beobachtung gewidmet, anstatt aktiv zu experimentieren und in die Abläufe der Natur einzugreifen. Künftig, so Bacon, solle die Wissenschaft forschen und das Gewinnen von Wissen durch Experimente in den Mittelpunkt stellen. Ziel der Wissenschaft sei darüber hinaus nicht nur die Erkenntnis, sondern vor allem der Nutzen für die Menschheit. Mit der Auffassung, dass die Wissenschaft und deren Anwendung im Alltag in Wechselwirkung stehen, erinnerte Bacon an die Vorgehensweise des Archimedes fast zweitausend Jahre zuvor. Bacon führte Beispiele dafür an, wie bedeutende Erfindungen aus dem Verstehen von Naturgesetzen entstanden seien. Er nannte Buchdruck, Schießpulver und Kompass, die den weiteren Verlauf der Geschichte und der menschlichen Gesellschaften prägten. Durch den Buchdruck konnten Wissen und Meinung schneller und umfangreicher ausgetauscht und verbreitet werden. Das Schießpulver veränderte die Kriegsführung, das Rittertum verging, die feudale Gesellschaft begann aufzubrechen. Der Kompass machte die Reise über die Weltmeere möglich, die so gemachten Entdeckungen veränderten auch Europa.

Für Bacon war die Voraussetzung für eine neue Wissenschaft die Befreiung von Vorurteilen, die er Trugbilder (»Idole«) nannte. Nur der vorurteilslose Blick, so Bacon, führe zur Erkenntnis, deren Quelle allein die Erfahrung sein dürfe. Manche sehen in ihm daher einen der Vorläufer der Aufklärung. Der bedeutende französische Enzyklopädist d'Alembert nannte ihn sogar den ersten Aufklärungsphilosophen.

Mit seiner Auffassung, dass das Ziel der Wissenschaft die Beherrschung der Natur zum Nutzen der Gesellschaft sei, war Bacon einer der ersten Vertreter des modernen Wissenschaftsbegriffs und Vater der experimentellen Naturwissenschaft.

30 **Und sie bewegt sich doch!**

Galileo Galilei (1564 – 1642)

Auf den ersten Blick mag es erstaunen, dass die Fragen, ob die Erde eine Scheibe oder eine Kugel ist, ob sie im Mittelpunkt des Universums steht oder ob sie um die Sonne kreist, im 16. und 17. Jahrhundert so viel böses Blut hervorgerufen haben. Doch sie berührten die Fundamente von Weltanschauung, Religion und Wissenschaft. Spätestens jetzt merkt man, die Sache war ernst.

Um das Jahr 130 n. Chr. verfasste der Astronom und Geograph Claudius Ptolemäus in Alexandria sein vielbändiges wissenschaftliches Hauptwerk. Unter dem arabischen Titel *Almagest* gelangte die Schrift später nach Europa. Ptolemäus beschrieb darin, wie er die Erde und ihren Platz im Universum begriff. Dieses ptolemäische Weltbild sollte dann Jahrhunderte nach seinem Tod zum Streitfall werden.

Ptolemäus hatte angenommen, die Erde sei der Mittelpunkt des Alls, alle anderen Planeten, auch die Sonne, kreisten um sie. Die scholastische Lehre in Klöstern, Domschulen und später in den mittelalterlichen Universitäten übernahm, wie die Kirche in Rom, diese Auffassung. Da Kirche und Scholastik gerne danach verfuhren, dass einmal Beschlossenes unumstößlich sei, wurde das ptolemäische Weltbild zur allgemein anerkannten »Wahrheit«.

Erste Probleme traten auf, als sich herausstellte, dass die Erde keine Scheibe, sondern eine Kugel ist. Kirche und Scholastik konnten das gerade noch hinnehmen. Man erinnerte sich an die alten Griechen, die das zum Teil auch schon vermutet hatten. Das Bild der Welt mit dem Himmel oben und der Hölle unten, musste nicht aufgegeben werden, doch das Wissen, auf einer Kugel zu leben, veränderte den Blickwinkel. Trösten konnte man sich noch immer mit dem Gedanken, dass die Weltkugel fest verankert den Mittelpunkt des Alls darstellte. Doch dann erschien 1543 das Buch *De revolutionibus orbium coelestium*, verfasst von einem gewissen Nikolaus Kopernikus. Der deutsch-polnische Astronom hatte es über Jahrzehnte nicht gewagt, seine gewonnenen Erkenntnisse zu veröffentlichen. Warum? Dazu kursieren verschiedene Meinungen. Die einen führen an, Kopernikus habe Angst vor der Kirche gehabt, die anderen glauben eher, er habe die wissenschaftliche Auseinandersetzung gefürchtet. Vielleicht war der Grund für Kopernikus' Zögern tatsächlich weniger die Furcht, der Ketzerei beschuldigt zu werden. Seinerzeit galt ein heliozentrisches Weltbild mit der Sonne im Mittelpunkt kaum als Ketzerei, vielmehr als zu vernachlässigende Spinnerei. Allerdings hatte bisher auch noch niemand einen wissenschaftlichen Beweis dafür geliefert, wozu Kopernikus sich nun anschicken sollte.

Erst kurz vor seinem Tod rang sich Kopernikus zur Veröffentlichung seiner Ergebnisse durch. Auf seinem Sterbebett konnte er 1543 das erste gedruckte Buch in seinen Händen halten. Kopernikus war durch Beobachtung des Sternenhimmels zu der Ansicht gelangt, dass die Erde keineswegs der Mittelpunkt des Alls sei, sondern sich wie alle anderen Planeten des Sonnensystems um die Sonne drehe. Über viele Jahrzehnte sickerte Kopernikus' revolutionäres »heliozentrisches Weltbild« durch. Doch es verblieb zunächst im Kreise der Gelehrten, und so im Grunde unter der Decke. Es kam im Übrigen erst 1616, zu der Zeit, als Galilei erste Auseinandersetzungen mit der Kirche hatte, auf den päpstlichen Index verbotener Bücher.

Die Saat für künftigen Streit hatte also bereits Kopernikus gelegt, als 1564 im italienischen Pisa Galileo Galilei als Spross einer florentinischen Patrizierfamilie das Licht der Welt erblickte. Von seinem Vater, einem Mann, der nicht nur in kaufmännischen Dingen bewandert war, sondern auch in der Musiktheorie Bedeutendes leistete, erbte er das streitlustige Wesen. Schon als Student der Medizin in Pisa – er wählte dieses Fach auf Wunsch seines Vaters – gab man Galilei den Beinamen »der Zänker«. Galilei erwarb sein Wissen im Rahmen der noch immer herrschenden scholastischen Lehre. Seine Lehrer unterrichteten das Weltbild des Ptolemäus, das des Kopernikus blieb tabu. Durch Vorlesungen eines Mathematikers, der in den Diensten des Großherzogs der Toskana stand und der seine Lehrstunden außerhalb der Universität abhielt, wurde Galilei auf die mathematischen Arbeiten des Euklid aufmerksam. Ohne einen Abschluss in Medizin erlangt zu haben, begann er nun Mathematik und Philosophie zu studieren und erhielt schließlich sein Diplom. Er gab Privatunterricht, entwickelte eine hydrostatische Waage, mit der Dichte und Volumen von Körpern nach den Gesetzen des Archimedes gemessen werden konnten, und verfasste eine Arbeit zur Schwerpunktbestimmung fester Körper. Galileis Fähigkeiten sprachen sich herum und er erhielt eine Professur für Mathematik in Pisa. Doch da er Traktate gegen die Lehre des Aristoteles verfasste, wurde sein Lehrauftrag nicht verlängert.

Inzwischen war sein Vater verstorben und Galilei musste eine große Familie versorgen. Eine Professur in Padua kam ihm da gerade recht. Er blieb dort 18 Jahre. In Padua, das seinerzeit zur toleranten Republik Venedig gehörte, gewährte man akademische Freiheit, die heilige Inquisition Roms musste hier nicht gefürchtet werden. In Venedig lernte Galilei das Fernrohr kennen, eine Erfindung aus Holland. In den nächsten Jahren verbesserte er es und machte damit sensationelle astronomische Entdeckungen. Er beobachtete die Krater, Berge und Verkarstungen des Mondes und stellte fest, dass die Venus wie der Mond Phasen durchläuft. Er erkannte, dass der Saturn von einem Ring umgeben ist, und dass der Jupiter von vier Trabanten umkreist wird. Man nennt sie heute die Galileimonde. Außerdem sah Galilei, dass die Milchstraße aus tausenden von Einzelsternen besteht und er entdeckte die Flecken auf der Sonnenoberfläche, deren Bewegungen ihn erkennen ließen, dass sich die Sonne um ihre eigene Achse dreht.

Der dänische Astronom Tycho Brahe hatte noch im 16. Jahrhundert versucht, das heliozentrische Weltbild des Kopernikus zurückzuweisen. Auch wenn die Planeten sich um die Sonne drehten, stand doch die Erde noch immer im Mittelpunkt. Aber dann bestätigte Brahes zeitweiliger Gehilfe, der Deutsche Johannes Kepler, das heliozentrische System des Kopernikus und perfektionierte es, indem er den Planeten elliptische Bahnen zuwies (Kopernikus war noch von kreisförmigen Planetenbahnen ausgegangen). Dieses erste Keplersche Gesetz war wie das zweite, wonach die Planeten sich nicht mit gleichförmiger Geschwindigkeit bewegen, in Keplers 1609 veröffentlichter Schrift *Astronomia Nova* enthalten.

Galilei veröffentlichte 1610 ein Buch namens *Sidereus nuncius* (*Nachricht von neuen Sternen*) und zwar nicht in Latein, wie seinerzeit noch immer üblich, sondern in Italienisch. Seine Darlegungen machten ihn in ganz Europa bekannt, riefen aber auch harschen Widerspruch hervor. Über seine Erfahrungen schrieb Galilei an Kepler: »Die meisten glauben, in der Natur sei keine Wahrheit zu sehen, sondern nur in der Vergleichung alter Texte. Es gibt keinen größeren Hass als in der Unwissenheit gegen das Wissen!«

Es war eine seltsame Zeit: Obwohl das kopernikanische Weltbild von der offiziellen Kirche abgelehnt wurde, beschäftigten sich viele Gelehrte der Kirche sehr interessiert und wohlwollend damit. So wurde im französischen La Flèche 1611 im dortigen Jesuitenkolleg Galileis Entdeckung der Jupitermonde, die ein weiteres Mosaiksteinchen in der Beweiskette für die Richtigkeit der Erkenntnisse des Kopernikus waren, mit einer Feier gewürdigt. Unter den Schülern des Jesuitenkollegs befand sich der junge René Descartes. Er sollte später auf seine Weise zur Revolution der Wissenschaften beitragen.

Galilei, der mittlerweile seine heliozentrischen Ansichten auch in Briefen vertrat, rief schließlich im Jahr 1616 das Heilige Offizium in Rom auf den Plan und mit ihm den Kardinal Robert Bellarmin. Denn inzwischen hatte die Kirche das heliozentrische Weltbild in trotzigem Beharren durch ein päpstliches Dekret öffentlich verworfen. Was sollte man nun mit Galilei tun? Noch 16 Jahre zuvor hatte man den Naturphilosophen Giordano Bruno für seine Ideen, die der aristotelischen Naturlehre und den christlichen Dogmen zuwiderliefen, als Ketzer verbrannt. Bellarmin, ein Jesuit, der nicht unbedingt ein Gegner Galileis war, bestellte ihn nach Rom. Galilei verpflichtete sich, die kopernikanische Lehre in keiner Weise zu lehren und zu verteidigen. Dokumentiert wurde dies in einem schriftlichen Protokoll, das Galilei ausgehändigt bekam. Eine Gesprächsnotiz Bellarmins verblieb in Rom. Diese sollte Galilei noch Scherereien machen, das Protokoll ihn schließlich retten.

1632 veröffentlichte Galilei seine berühmte Schrift *Dialogo sopra i due massimi sistemi del mondo tolemaico e copernicano* (*Dialog über die beiden hauptsächlichen Weltsysteme. Das ptolemäische und das kopernikanische*). In diesem Werk, das ihn auch als Literat bekannt machte, ließ er drei Wissenschaftler über die beiden kontroversen Weltbilder diskutieren. Auch wenn Galilei in dem Dialog die neuen Erkenntnisse Keplers zur Ellipsenform der Planetenbahnen vernachlässigte und auch das System des Kopernikus sehr vereinfacht darstellte, sorgte es für Aufruhr in der kirchlichen und wissenschaftlichen Welt. Stand die Erde unbeweglich im Universum oder drehte sie sich um die Sonne? Die von Galilei gewählte Dialogform war ein probater Kunstgriff, die eigene Meinung zu tarnen, indem man sie einer Person im Text in den Mund legte. Wenn er aber geglaubt hatte, damit auf der sicheren Seite zu sein, dann wurde er bald eines anderen belehrt.

Hätte er die Ereignisse, die er mit seinem Buch auslöste, vorausgeahnt, hätte er manches sicher anders formuliert. Vielleicht war sich Galilei seiner Position zu sicher gewesen. Denn in den Tagen des Erscheinens seines Dialoges war er alles andere als ein Feind der Kirche. Er erfreute sich eines hohen Ansehens und pflegte einen freundschaftlichen wissenschaftlichen Austausch mit Jesuiten. Auch Papst Urban VIII. war Galilei äußerst gewogen, er hatte ihm sogar früher einmal eine Ode gewidmet.

Als Galileis Buch im März 1632 in Florenz erschien, wo Galilei mittlerweile auch wohnte, hatte es zuvor die Zensur passiert. Doch plötzlich kam im August der Befehl der römischen Inquisition, den Verkauf des Buches zu stoppen und Galilei erhielt Order, sich unverzüglich in Rom vor Gericht einzufinden. Der inzwischen fast 70-jährige war allerdings krank. Die Ärzte der florentinischen Inquisition untersuchten ihn und bestätigten, dass eine Reise sein Leben gefährde. Doch Papst Urban war nicht zu erweichen. Er drohte, Galilei in Ketten herbeiholen zu lassen, käme er nicht sofort von selbst.

Einer der beiden Auslöser für die Wut Urbans war die in Rom verbliebene Gesprächsnotiz Kardinal Bellarmins aus dem Jahr 1616. Diese hatte man ihm angesichts der Themen in Galileis neuem Buch vorgelegt. Vermutlich wurde sie dem Papst von einem Gegner Galileis in der Kurie zugespielt. Nach der Lektüre des Schriftstücks stand für Urban fest, dass Galilei eine päpstliche Anordnung missachtet hatte. Urban, eitel und egozentrisch – berühmt ist seine Aussage, er »wisse es besser als alle seine Kardinäle zusammen« –, beschloss zu handeln. Es gab noch einen anderen Grund für seine Wut: Derjenige der drei in dem Buch zu Wort kommenden Wissenschaftler, der das ptolemäische Weltbild vertrat, hatte von Galilei den vielsagenden Namen Simplicius bekommen und fiel im Dialog seinem Namen entsprechend durch einfältige Argumente auf. Ausgerechnet diesem Tölpel legte Galilei Worte in den Mund, die Urban als seine eigenen erkannte. Einflüsterungen taten ihr Übriges, sodass Urban schließlich überzeugt war, Simplicius sei eine Karikatur seiner selbst.

Angesichts des auf ihn ausgeübten Drucks trat Galilei die Reise nach Rom an und traf dort im Februar 1633 ein. Quartier gab ihm der neue, ihm wohl gesonnene toskanische Botschafter. Galilei wurde nicht, wie lange kolportiert, eingekerkert, erst recht nicht gefoltert. Allerdings lastete diese Drohung permanent als Druckmittel auf ihm. So vergaß man nicht, ihm die Marterinstrumente zumindest zu zeigen.

Am 12. April begann der Prozess. Er fand im selben Raum statt, in dem Giordano Bruno zum Tode verurteilt worden war. Galilei erschien im weißen Büßergewand. Man stellte ihm zunächst Fragen zu seinem Buch, unter anderem zur Lizenzierung und zum Druck. Schließlich kam die Sprache auf das Treffen Galileis mit Kardinal Bellarmin im Jahr 1616. Galilei erklärte, dass Bellarmin ihm damals verboten habe, die Lehren des Kopernikus zu vertreten. Doch habe er ihm erlaubt, sie als Hypothesen zu benutzen. Nichts anderes habe er im Dialog getan. Der Richter beharrte nun darauf, Bellarmin habe seinerzeit Galilei ausdrücklich angewiesen, die Lehren des Kopernikus in keiner Weise zu vertreten. Galilei erwiderte, er könne sich an eine solche Übereinkunft nicht erinnern. Dies stünde auch nicht in dem ihm überlassenen Protokoll, an das er sich all die Jahre gehalten habe. Nun forderte man Galilei auf, das Protokoll Bellarmins vorzulegen, was er tat. Anders als die Notiz, auf die sich die Inquisition berief, war das von Galilei vorgelegte Protokoll von Bellarmin unterzeichnet, Galilei war also entlastet. Doch die Ankläger der Inquisition drohten nun ihr Gesicht zu verlieren. Unbehelligt konnten sie ihn nicht ziehen lassen. Irgendetwas musste Galilei gestehen. Schließlich räumte er ein, an einigen Stellen des Dialogs zu weit gegangen zu sein, betonte aber, dass er dafür eine milde Bestrafung erhoffe. Das anschließende Urteil traf ihn hart. Denn der Richter verfügte unbegrenzte Haft.

Manche Überlieferung des Prozesses macht glauben, Galilei habe, nachdem er unter Druck vor den Richtern die kopernikanische Lehre verwerfen musste, im Fortgehen trotzig den Satz »Und sie bewegt sich doch!« (Eppur si muove!) gemurmelt. War es so? Oder ist die Wahrheit in einem kranken, greisen, verängstigten Mann zu finden, der zwar seiner Überzeugung treu blieb, doch um die latente Gefahr um Leib und Leben nur allzu sehr wusste und sich daher ruhig verhielt? 1981 kam aus den geheimen Archiven des Vatikans ein vergilbtes Papier an die Öffentlichkeit, auf dem Galilei mit zittriger Schrift an die Richter geschrieben hatte: »Ich bin in euren Händen, tut mit mir, was euch beliebt.« Das ist weit entfernt von dem widerborstigen Wissenschaftler, der gegen alle Gefahren ein

»Und sie bewegt sich doch!« in die Geschichtsbücher diktiert. Der angebliche Ausspruch Galileis wurde im Übrigen erst im 18. Jahrhundert schriftlich niedergelegt, vermutlich vom einem französischen Abbé namens Augustin Simon Trailh, der sie dem Wissenschaftler in den Mund legte.

Nach dem Urteil setzte sich der toskanische Botschafter erfolgreich dafür ein, dass Galileis Haftstrafe in lebenslange Sicherungsverwahrung umgewandelt wurde. Diese trat Galilei zunächst bei dem Erzbischof von Siena an, der ihm den Arrest so angenehm wie möglich machte. Der Kirchenmann erlaubte dem von dem Urteil nach wie vor tief getroffenen Galilei nicht nur, seine wissenschaftliche Arbeit wieder aufzunehmen, sondern ermutigte ihn ausdrücklich dazu. Fünf Jahre später durfte Galilei 1638 in sein Haus in Arcetri bei Florenz ziehen, blieb aber in Arrest. Im Jahr zuvor war sein für die Physik bahnbrechendes Werk über die Dynamik und die Fallgesetze, das er ebenfalls in Dialogform angelegt hatte, mit Unterstützung seiner Schüler im holländischen Leiden zum Druck gelangt.

Galilei starb 1642 erblindet in seinem Domizil in Arcetri. Bis zuletzt hatte er unter Hausarrest und so unter der Bewachung der Inquisition gestanden.

Galileis umstrittener »Dialog« blieb bis 1835 auf der päpstlichen Liste der verbotenen Schriften. Erst 1893 übernahm Papst Leo XIII. Galileis Überlegungen über die Wahrheit von Wissen und Glauben. Schließlich kam 1979 Papst Johannes Paul II. auf den Fall Galilei zu sprechen und machte darauf aufmerksam, was der Wissenschaftler durch die Kirche hatte erleiden müssen. 1992, also 350 Jahre nach seinem Tod, rehabilitierte Johannes Paul II. Galileo Galilei und erklärte die gegen ihn geführten Inquisitionsprozesse als gegenstandslos.

31 | Ich denke, also bin ich

René Descartes (1596 – 1650)

Als der Säugling das Licht der Welt erblickte, schien kaum jemand daran zu glauben, dass er die ersten Tage seines Lebens überstehen würde. Die Ärzte gaben ihn auf. Doch die resolute Amme strafte durch intensive Pflege alle Prognosen Lügen. Allerdings blieb René Descartes sein ganzes Leben lang immer ein wenig schwächlich. Als Schüler gestattete man ihm, erst sehr spät am Vormittag das Bett zu verlassen, eine Gewohnheit, die er als Erwachsener beibehielt und die, als er gezwungen war, sie aufzugeben, zu seinem Tod beigetragen haben soll.

René Descartes wurde in der Torraine im Nordwesten Frankreichs als Spross einer wohlhabenden Familie des niederen Adels geboren. Zeit seines Lebens hatte er genügend Geld, um frei von Sorgen um sein tägliches Auskommen ganz seinen wissenschaftlichen Studien nachgehen zu können. Mit etwa zehn Jahren besuchte er das Jesuitenkolleg La Flèche in Anjou, wo er acht Jahre lang die Mathematik und Physik seiner Zeit kennen lernte. Wie zuvor sein um 35 Jahre älterer Zeitgenosse Galileo Galilei, lehnte Descartes bald die scholastische Lehre ab. Als junger Mann ging Descartes nach Paris und nahm zunächst an dem für seine Kreise üblichen gesellschaftlichen Leben teil. Dessen bald überdrüssig, zog er sich in eine Wohnung zurück, deren Lage selbst die engsten Freunde nicht kannten. Zwei Jahre lang tauchte er dort unter und widmete sich intensiven mathematischen und juristischen Studien.

Als 1618 der Dreißigjährige Krieg ausbrach, nahm Descartes, der ein Jahr zuvor in die holländische Armee eingetreten war, an Feldzügen in Böhmen und Deutschland teil. Der Katholik Descartes verdingte sich sowohl in protestantischen als auch in katholischen Heeren. Er wird gewusst haben, dass es in Wahrheit nicht um den rechten Glauben, sondern um die Vorherrschaft in Deutschland ging, und um die stritten alle großen europäischen Mächte. An Kampfhandlungen nahm Descartes vermutlich nicht teil. Er blieb eher ein Offizier hinter der Front, in der so genannten Etappe, was ihm recht war. Denn er wollte vor allem die Welt und die Menschen beobachten. Im Winterquartier 1619, in der Nähe von Ulm, soll er in der stickigen Luft eines ofenbeheizten Zimmers jene Vision gehabt haben, die er als sein Lebensziel erkannte: die Vereinigung der Wissenschaft unter völlig neuen Voraussetzungen, vor allem ohne die durch die Scholastik vorgegebenen Rahmenbedingungen der christlichen Lehre.

In den darauf folgenden Jahren befand sich Descartes häufig auf Reisen, unterbrochen von längeren Aufenthalten in Paris. Dort wurde der Paulaner-Mönch und Philosoph Marin Mersenne zu seinem engen Freund. Nur über ihn konnte man ab 1628 in Kontakt zu Descartes treten, der sich nun wieder ganz zurückgezogen hatte, um in Holland seiner wissenschaftlichen Arbeit nachzugehen. Nachdem Descartes dort bis 1633 ein erstes Werk verfasst hatte, erfuhr er von der Verurteilung Galileo Galileis durch die römische Inquisition. Für Descartes war die Nachricht ein Schock. In seiner bereits zum Druck vorgesehenen Schrift hatte er sich Galileis Theorie von der Erdrotation angeschlossen. Nun wagte er nicht, seine Gedanken zu veröffentlichen, vernichtete sogar große Teile davon. Erst vier Jahre später erschienen Auszüge in der Schrift *Discours de la méthode* (*Abhandlung über die Methode*), die er vorsichtshalber zunächst anonym veröffentlichte. Heute ist das dünne Buch eines der berühmtesten Werke der philosophischen Literatur, das mit dem darin enthaltenen Satz »Ich denke, also bin ich« die Welt erschütterte. Im ursprünglichen, französischen Text hieß es »Je pense, donc je soi«. Erst in der lateinischen Übersetzung wurde daraus 1644 das sehr viel berühmtere »Cogito ergo sum«.

Was war so Besonderes an diesem Satz? Für den modernen Menschen scheint er fast banal. Doch er hat dazu beigetragen, das Bild des Menschen von der Welt und vom Leben zu verändern. Die Worte »Ich denke, also bin ich« stehen für das, was Descartes zur Methode seiner Wissenschaft und zur Voraussetzung aller Erkenntnis machte: den Zweifel. Der Zweifel war für Descartes nichts, das für einen Moment auftreten mochte und dann einfach und rasch – wie es bisher die Scholastiker gelehrt hatten – mit einem Blick in die Bibel oder in die Werke des Aristoteles geklärt werden konnte. Spätestens die Beobachtungen und Erkenntnisse von Nikolaus Kopernikus und Galileo Galilei hatten Zweifel an vormals unerschütterlich geglaubten Ansichten aufkommen lassen. Sie hatten Dinge offen gelegt, die in der Bibel so nicht standen und in denen sich sogar Aristoteles geirrt hatte.

Descartes, der nach einer Regel suchte, die für alle Wissenschaften gelten sollte, folgerte daraus, dass nunmehr an allem gezweifelt werden musste. Aber diese Erkenntnis allein führte ihn noch nicht auf neues Terrain. Bereits die Skeptiker des späten 16. Jahrhunderts hatten darauf hingewiesen, dass die Wahrnehmung nicht eindeutig zu bestimmen war: Der Eine sehe die Farbe des Meeres als ein Blau, während der Andere sie für Grau, ein Dritter sie womöglich für Türkis halte. Die Skeptiker schlossen daraus, dass exakte Wissenschaften unmöglich seien und waren somit wieder bei Aristoteles, der den menschlichen Sinnen nicht traute. Doch genau an diesem Punkt, dem Augenblick der Erkenntnis, dass alles, was er sah oder dachte, falsch sein könnte und nichts gewiss sei, gelang Descartes eine kühne, eine revolutionäre Wendung. Wenn nichts, was wir wahrnehmen, sicher sei, sondern Einbildung sein könne, müsse dies für die ganze Welt, für alles um uns herum gelten. Gab es also gar nichts, was Descartes' radikalem Zweifel, seinem Alles-infrage-stellen, standhielt? Doch. Descartes fand wieder Boden unter den Füßen. Er landete sogar weich. Denn plötzlich kam ihm der Gedanke, dass bei aller Unsicherheit eines feststehe: dass er zweifle, dass er denke. Und weil er denke, stehe fest, dass zumindest er selbst existiere: Ich denke, also bin ich. Diese Gewissheit, so Descartes, müsse die Basis und der Ausgangspunkt aller Philosophie sein.

Nachdem er also wieder auf festem Grund stand, sah sich Descartes um und die Welt war eine andere. Nicht mehr die Erscheinungen, die Objekte, standen im Mittelpunkt, sondern das eigene Bewusstsein. Und Descartes war sicher, nur was ebenso gewiss sei wie dieses denkende Ich, könne Anspruch auf Wahrheit erheben. Deshalb schloss er, dass man sich in der Welt der Objekte und Wahrnehmung nur auf das verlassen dürfe, was eindeutig zu messen sei. Da Farben, Geschmack, Gerüche nicht messbar seien, stellte er sie hinten an. Die Welt der Körper dagegen sei zuverlässig. Denn Ausdehnung und Bewegung ließen sich messen.

Nun schien also die Vision von einer vereinigten Wissenschaft, die Descartes einst in dem überhitzten Ulmer Zimmer erschienen war, Realität zu werden. Descartes war überzeugt, dass sich alles durch die Mathematik und die Physik erklären ließe. Allerdings trat nun ein neues »Denkproblem« auf: Die Wissenschaft schien vereint, aber Geist und Materie waren getrennt worden. Das bislang allgemein gültige Weltbild des Aristoteles, das von der Einheit von Geist und Materie ausgegangen war, schien passé. Nunmehr gab es eine geistige und eine materielle Welt, die jede für sich existierten. Für Descartes war der Geist in seiner Welt frei und betrachtete alles unabhängig von jedweder Körperlichkeit. Die Welt des Geistes war reines Denken. Die Welt der Körper hingegen stand mit der Welt des Geistes in keinerlei Kontakt. Sie unterlag den Naturgesetzen und funktionierte nach rein mechanischen Abläufen. Die Welt der Körper war für Descartes reine Mechanik.

Das so entstandene zweigleisige Weltbild von reiner Geistes- und reiner Körperwelt nannte man Dualismus und Descartes daher einen Dualisten. Weil er zudem in der Welt des Denkens der »ratio«, der Vernunft, das Wort redete, bezeichnete man ihn obendrein auch noch als einen Rationalisten.

Descartes ging in seinem Dualismus sogar so weit zu behaupten, dass nur im Menschen die beiden Welten gemeinsam vorkämen, im Prinzip der Mensch ein Körper (eine Maschine) sei, in dem der Geist (das Denken) existiere. Tiere hingegen waren für Descartes nur Materie und funktionierten demnach rein mechanisch.

Die Wirkung von Descartes' Gedankengängen war immens, und Descartes selbst gilt als einer der entscheidenden Wegbereiter der modernen Philosophie. Hegel ortete fast zwei Jahrhunderte später bei Descartes den Beginn des neuzeitlichen Denkens. Ähnliche Wertschätzung erfuhr Descartes auch von Nietzsche, Heidegger und Bertrand Russell. Descartes' Methodik, vom kleinsten gesicherten Einzelpunkt auf das Komplizierteste zu kommen, fand Eingang in die Wissenschaft und wurde zur Selbstverständlichkeit.

Die Kirche hingegen sah in Descartes einen Gotteslästerer und Häretiker. Wenn man Geist und Materie trenne, wie stehe es dann um das Verhältnis der somit gewonnenen, sich verselbständigenden Vernunft zum Glauben? Diese Frage hatte Descartes vermutlich befürchtet. Er, der gläubige Katholik, war nicht nur ein vorsichtiger Mensch, sondern wusste noch sehr gut um das Schicksal Giordano Brunos und Galileo Galileis. So versuchte er denn auch im *Discours* prompt nach der Erkenntnis des »Ich denke, also bin ich« einen Gottesbeweis zu führen. Doch der fiel im Vergleich zu der Brillanz der vorangegangenen Gedanken eher dürftig aus. Descartes führte aus, er wisse nicht nur zweifelsfrei, dass er denke, also existiere, sondern auch, dass er die Vorstellung eines vollkommenen Wesens in sich trage. Da jedoch diese Vorstellung nicht aus ihm selbst entstanden sein könne, müsse ihm diese von dem vollkommenen Wesen selbst eingegeben worden sein. Das erinnert stark an Anselm von Canterburys »Weil ich mir das vollkommenste Wesen denken kann, gibt es das auch«. Denn, so noch einmal Descartes, das vollkommenste Wesen ist deshalb vollkommen, weil es existiert. Wenn es nicht wäre,

wäre es ja nicht vollkommen. Ob das nun genial rationalistisch oder reine Spitzfindigkeit ist, bleibt letztlich jedem selbst und vor allem seinem Glauben überlassen.

Aller Gottesbeweise zum Trotz: 13 Jahre nach Descartes' Tod setzte man in Rom sein Werk auf den Index. Vor allem die Jesuiten hatten darauf gedrängt. Bis ins 18. Jahrhundert blieb es in Frankreich äußerst gefährlich, Descartes' Namen auch nur zu erwähnen.

Descartes, der nahezu 20 sichere und verborgene Jahre in Frankreich verbracht hatte, ging 1649 nach Stockholm. Warum? Pierre Chanut, einer seiner Freunde, war 1645 französischer Botschafter in Stockholm geworden. Er machte die schwedische Königin Christine mit der nach Descartes benannten »cartesianischen Lehre« vertraut. Zwischen Christine und Descartes entspann sich ein reger Briefwechsel. Schließlich lud sie ihn an ihren Hof. Descartes zögerte. Als Katholik hatte er Bedenken wegen des reformierten Glaubens in Schweden. Doch als Christine die Einladung eindringlich wiederholte, folgte er ihr. Descartes gewann rasch das Vertrauen Christines. Allerdings wünschte sie, bereits morgens um fünf mit ihm zu philosophieren. Ob er im winterlichen Stockholm an den Folgen seines durch frühes Aufstehen geschwächten Körpers starb oder an Arsen, das ihm eifersüchtige Hofschranzen ins Essen gegeben hatten, ist nie geklärt worden.

32 Der Mensch ist dem Menschen ein Wolf

Thomas Hobbes (1588 – 1679)

Thomas Hobbes, den manche wegen seiner Ideen das »Monster von Malmesbury« nannten, soll ein seltsamer, aber auch ein liebenswürdiger Mann gewesen sein. Die Unsicherheit seiner Zeit schlug sich in seinem Denken, in seiner Person und in seinem Lebensweg nieder. Er selbst erklärte, nicht ohne Augenzwinkern, dass er und die Angst »als Zwillinge geboren wurden«. Denn kurz bevor er zur Welt kam, waren erste Gerüchte nach England gedrungen, eine spanische Flotte, die Armada, nähere sich, um die Britischen Inseln zu unterwerfen. Hobbes' hochschwangere Mutter soll, als sie Kunde von der nahenden Gefahr erhielt, quasi vor Schreck mit Thomas niedergekommen sein.

Es war eine wilde Zeit des Denkens: kühn, verstörend, gefährlich! In der ersten Hälfte des 17. Jahrhunderts zerbrach endgültig die über Jahrhunderte ertrotzte und mühsam bewahrte Einheit von Denken und Glauben. Während in den Klöstern und Hochschulen die Männer der Spätscholastik mit Argumenten versuchten, die sich immer offenkundiger von den Vorgaben der Religion abwendenden Wissenschaften dem Christentum zu erhalten, griff die Kirche in Rom in ihrer Not noch immer zu den Mitteln der Inquisition: Kerker, Folter, Scheiterhaufen.

Dass Denken und Glauben sich entzweiten, dazu haben Männer wie Francis Bacon, Galileo Galilei, René Descartes und Thomas Hobbes beigetragen. Francis Bacon hat die Wissenschaft aus dem Griff der Kirche und der Scholastik befreit. Galileo Galilei gelang das mit der Natur. Nun erwies sich, dass das Werk des Aristoteles, für die Scholastiker immer Quelle der Antwort auf alle Fragen, nicht mehr ausreichte. René Descartes schließlich trennte die Vernunft vom Glauben. Und Thomas Hobbes? Er befreite den Staat von der Idee des Gottesgnadentums und stellte ihn auf die Basis eines Vertrags, den Menschen mit ihrem Souverän, dem Staat, schlossen.

Hobbes' Jugend war nicht einfach gewesen. Sein Vater, ein verarmter Landgeistlicher und dem Alkohol sehr zugetan, verließ die Familie, als Thomas 16 Jahre alt war, und starb bald in der Nähe von London. Ein wohlhabender Onkel nahm sich des hochbegabten Jungen an und ermöglichte ihm später, in Oxford Sprachen, Logik und Philosophie zu studieren. So gerüstet trat Hobbes in die Dienste von William I. Lord Cavendish und wurde, wie damals oft üblich, Hofgelehrter und Erzieher. Den Cavendishs blieb Hobbes sein Leben lang verbunden und diente ihnen über vier Generationen. Als Lord Cavendish seinen Sohn auf die so genannte »Grand Tour«, die damals für junge englische Adlige übliche Bildungsreise durch Europa schickte, war es Hobbes' Aufgabe, ihn zu begleiten. Später sollte Hobbes die »Grand Tour« noch zweimal wiederholen. Alle diese Reisen gaben ihm Gelegenheit, sich mit bedeutenden Gelehrten auszutauschen. Er trat sogar in direkten Kontakt zu dem zurückgezogen arbeitenden René Descartes und nahm einen regen Briefwechsel mit ihm auf. Hobbes traf auch Galileo Galilei, der seine kühnen Ideen über die Stellung der Erde und der Sonne im Universum mit lebenslangem kirchlichem Arrest bezahlte.

Europa war zu jener Zeit ein Schlachtfeld. In Deutschland tobte seit 1618 der Dreißigjährige Krieg. Entzündet hatte er sich an den Spannungen zwischen Katholizismus und Protestantismus, doch es ging auch um die politische Machtstellung von Böhmen, Dänemark, Schweden, Frankreich und Spanien in der Mitte Europas. Vor allem Deutschland wurde durch Plünderung, Raub, Mord und Brandschatzung marodierender Landsknechtheere verwüstet, ganze Landstriche entvölkert. Holland kämpfte seit Ende des 16. Jahrhunderts, zeitweise mit militärischer Hilfe aus England, gegen die Machtansprüche der Habsburger um seine Unabhängigkeit. In England erreichte 1640 ein lange schwelender Konflikt zwischen König und Opposition seinen Höhepunkt. Nach Aufständen der Schotten war König Karl I., der seit 1629 das Parlament weitgehend ausgeschaltet hatte, gezwungen, ebendieses einzuberufen. Er musste sich Finanzmittel für das weitere militärische Vorgehen im Norden seines Reiches bewilligen lassen.

In dieser Situation verfasste Hobbes in aller Eile sein erstes staatsphilosophisches Werk: *Elements of Law, Natural and Politic (Naturrecht und allgemeines Staatsrecht in den Anfangsgründen)*. Es sollte seinem Dienstherrn Cavendish, einem Anhänger des Königs, als Argumentationshilfe in der politischen Auseinandersetzung dienen. Doch das Parlament trotzte Karl I. zahlreiche Zugeständnisse ab (Zuständigkeit für Steuergesetzgebung, Beseitigung von Sondergerichten). Als sich die Ereignisse zuspitzten, floh Hobbes Hals über Kopf vor den Königsgegnern nach Frankreich. In England brach 1642 der Bürgerkrieg aus. Auf der einen Seite kämpften die anglikanischen, meist dem Hochadel angehörigen Anhänger des Königs, auch die katholischen Bevölkerungsschichten unterstützten die Krone. Auf der anderen Seite griff die puritanisch durchsetzte Mittelschicht für das von ihren Anhängern beeinflusste Parlament zu den Waffen. Der Puritanismus war die radikalere Strömung des englischen Protestantismus. An der Spitze des Parlamentsheeres, das schließlich siegte, stand Oliver Cromwell. König Karl I. wurde zum Tode verurteilt und 1649 hingerichtet. England nannte sich nun Republik und Cromwell war ihr Lordprotektor oder genauer gesagt: Diktator.

Hobbes fristete derweil in Frankreich mit zahlreichen anderen Anhängern der Krone ein karges Exilantendasein. 1646 zwang ihn seine Armut, wieder als Lehrer tätig zu werden. Der Schüler, der ihm anvertraut wurde, war kein geringerer als der Prince of Wales, der spätere König Karl II. Er sollte einmal über Hobbes sagen, er sei der merkwürdigste Mensch gewesen, den er je getroffen habe. Inzwischen wurde dessen bereits 1642 erschienene Schrift *De cive (Vom Bürger)* zu einem Erfolg, Hobbes über die Grenzen Englands und Frankreichs hinaus bekannt.

In jener Zeit erkrankte Hobbes plötzlich so schwer, dass man ihm sogar schon die Sterbesakramente abnahm. Monatelang musste er das Bett hüten. Obwohl er sich schließlich erholte und noch über 30 Jahre leben sollte, blieb Hobbes von nun an kränklich. Die Symptome der nächsten Jahre lassen eine Parkinsonerkrankung vermuten. Geschwächt und zunehmend auf einen Sekretär angewiesen, gab er sein Ziel, ein großes philosophisches Gesamtsystem zu schaffen, nach und nach auf. Dafür gelang ihm ein anderer Coup. Trotz seiner eingeschränkten Gesundheit fand er die Kraft für die Arbeit am *Leviathan*, seinem schließlich berühmtesten Werk, das 1651 in London erschien. Das Buch löste sofort einen Skandal aus. Es wurde verboten. Alle, aber auch alle lehnten es ab. Was hatte Hobbes Schreckliches geschrieben?

Ein Hobbes-Zitat hallt bis heute nach und scheint wie das Extrakt des darin entfalteten Denkens: »Homo homini lupus.« (Der Mensch ist dem Menschen ein Wolf.) Immer wieder heißt es, es stamme aus dem *Leviathan.* Tatsächlich aber findet man es im zuvor erschienenen Werk *De cive.*

Dort steht im Widmungsschreiben, gerichtet an seinen Mentor, den Lord Cavendish: »Nun sind aber beide Sätze wahr: Der Mensch ist ein Gott für den Menschen und der Mensch ist ein Wolf für den Menschen; jener, wenn man die Bürger untereinander, dieser, wenn man die Staaten untereinander vergleicht. Ergo, der Mensch ist ein Gott für den Menschen, wenn man die Bürger untereinander vergleicht.«

Entlehnt hatte Hobbes das Zitat vom »Homo homini lupus« aus der Komödie *Asinaria* des römischen Dichters Plautus (um 250 – um 184 v. Chr.). Hobbes meinte im *Leviathan*, der Mensch habe zwar, anders als andere Lebewesen, eine gewisse Entscheidungsfreiheit über sein Tun, sei aber Sklave seines Selbsterhaltungswillens. Immer bestrebt, besser und erfolgreicher als seine Artgenossen zu sein, agiere der Mensch wie ein Raubtier. Daher seien es letztlich nicht der Glauben oder die Kirche, die den Menschen in seinen Handlungen leiteten, sondern purer Eigennutz, ja sogar Gier, was letztlich dazu führe, dass Menschen immer wieder gegeneinander kämpften und dies im Krieg aller gegen alle münde. Gier als Antrieb des Menschen – das war ein ungeheuerlicher Gedankengang für jene Zeit!

Hobbes fragte sich, wie der Teufelskreis zu durchbrechen sei. Er fand die Lösung in der Schaffung eines allmächtigen Staates, und da Gott sowieso außen vor war, weil nur der Mensch den Menschen trieb, spielte Gott in Hobbes' Überlegungen auch keine bedeutende Rolle. Nur die Menschen schaffen den Staat. Dies tun sie, indem sie einen Gesellschaftsvertrag untereinander schließen. Darin verpflichten sie sich, alle ihre Rechte, die sie im Naturzustand haben, bedingungslos dem Souverän zu überlassen und seinem Willen keinen Widerstand zu leisten. So wird Hobbes' Staat das, was der – provozierende – Titel des Buches bereits verriet: zum Leviathan.

Leviathan ist der Name eines Ungeheuers im Alten Testament, das im Buch Hiob beschrieben wird und ironischerweise nur von Gott selbst besiegt werden konnte. Was ist nun das Gute an diesem erschreckend allmächtigen Leviathan-Staat? Nur dieser war nach Hobbes' Überzeugung in der Lage, den ersehnten Frieden unter die Menschen zu bringen und das Wohl der Gemeinschaft und des Individuums sicherzustellen. Im Grunde aber konnte man den von Hobbes derart herbeigeführten und bewahrten Frieden nur als Abwesenheit von Krieg bezeichnen. Doch für ihn, den Zeitzeugen der Schrecken des Dreißigjährigen Krieges, des Unabhängigkeitskrieges Hollands, des englischen Bürgerkrieges, war das sicher nicht wenig.

Verständlich aber, dass Hobbes' Ideen nahezu überall auf heftige Ablehnung stießen: Die nach Tugend strebenden Puritaner verurteilten Hobbes' Ansicht, dass nichts gefährlicher sei als die Moral. Moral und Glauben hatten für Hobbes in einem Staat, der nur zweckdienlich im Sinne des allgemeinen Friedens und der Sicherheit zu handeln habe, lediglich eine private, aber keine öffentliche Angelegenheit zu sein. Auch die anglikanische Kirche wies Hobbes' Ansinnen zurück, weil er sie damit endgültig an den Rand des politischen Geschehens zu drängen schien. Außerdem widersprachen Hobbes' Verständnis vom Menschen und die Rolle, die er Gott zugewiesen hatte, vollkommen den Grundannahmen der anglikanischen Kirche. Auch die Anhänger des Königtums verachteten Hobbes' Staatslehre, die die seit Jahrhunderten übliche »natürliche« Gottgesandtheit nicht mehr kannte. Das Parlament schließlich nahm Hobbes übel, dass er den Staat über alle Parteien stellte, ihn also absolutistisch werden ließ.

Der auch aus heutiger Sicht entscheidende Punkt einer Kritik an Hobbes' Staatsmodell ist die Einseitigkeit des von ihm vertretenen Gesellschaftsvertrages: Wo ist die Verpflichtung des Staates? Was bringt dieser in den Vertrag ein? Denn der Staat beziehungsweise der Souverän – auch ein König kann ein solcher Souverän sein – ist in Hobbes' Gesellschaftsentwurf nur Nutznießer. Er kann seine Rechte nicht verwirken, auch nicht durch Vernachlässigung seiner Pflichten. Die Bürger dagegen haben alle ihre Rechte unumkehrbar abgetreten. Sollten sie ihren Pflichten entkommen wollen, könnte der Staat sie mit Sanktionen jederzeit gefügig machen. Doch genauso wollte es Hobbes. Für ihn war entscheidend: Der Krieg durfte nicht zurückkehren.

Hobbes wird immer wieder vorgeworfen, er habe mit seinen Ideen die Rechtfertigung für den Absolutismus geliefert, jener Regierungsform, in der der König alle Macht in den Händen hält und Einschränkungen weder von einem Parlament noch den Ständen, wie Adel und Klerus, hinnehmen muss. Der Absolutismus war seinerzeit in Europa schon lange als Herrschaftsform etabliert. In Frankreich beispielsweise hatte Ludwig XI. in der zweiten Hälfte des 15. Jahrhunderts die Fundamente dafür gelegt.

Tatsächlich aber darf man Hobbes' Bedeutung für den Absolutismus nicht überbewerten. Denn dessen Befürworter radikalisierten nicht nur seine, sondern auch die Gedanken des Franzosen Jean Bodin (1529 – 1596), der schon vor Hobbes nachzuweisen versucht hatte, dass die beste Staatsform in den absolutistischen Herrschaftssystemen Europas verwirklicht war.

Die Anhänger des Absolutismus beriefen sich auf das dem Monarchen durch Gott gegebene Recht. Doch genau das lag der Auffassung von Hobbes besonders fern. Hobbes' Ansicht war näher an der seines Zeitgenossen, dem Holländer Hugo Grotius (1583 – 1645), der die Basis für das Zusammenleben und das Rechtswesen allein im Einräumen eines Daseinsrechts des Menschen und der Staaten sah, also in einem Naturrecht. Dennoch, Hobbes' einseitige Sicht auf das Verhältnis von Staat und Bürger lieferte später Revolutionären und totalitären Regierungen die philosophische Rechtfertigung für ihr Tun. Sie gaben vor, für die Mehrheit im Land zu stehen, und beriefen sich auf den starken Staat.

Bei all diesen berechtigen Einwänden darf unter dem Strich die Vielschichtigkeit und das Revolutionäre und auch die Mehrdeutigkeit in Hobbes' Denken nicht übersehen werden. Manchen gilt er als einer der ersten mitteleuropäischen Philosophen, der den Menschen als Individuum erkannte. Andere meinen, dass er der Existenzberechtigung des Staates neuen Sinn gab, indem er das Primat des Friedens vor das des Königtums stellte. Und indem er den Selbsterhaltungstrieb des Menschen und nicht Gott zu dem erklärte, was die Welt antrieb, trennte Hobbes Staat und Kirche.

Hobbes starb im hohen Alter von 91 Jahren auf einem der Güter der Cavendishs. Laut Überlieferung ließ er keinen Geistlichen kommen. Er soll für seinen schlichten und von christlichen Symbolen freien Grabstein kurzzeitig die augenzwinkernde Inschrift erwogen haben: »Dies ist der wahre Stein der Weisen.« Letztlich aber war er, wie er sagte, nur froh »ein Loch zu finden, um herauszukriechen aus dieser Welt«.

33 Der Staat bin ich

Ludwig XIV. (1638 – 1715)

Wenn Ludwig XIV. am Morgen erwachte, sanft geweckt von den Strahlen der Sonne, die zu seinem Herrschaftssymbol geworden war, versammelte sich im königlichen Schlafgemach der erlauchte Kreis jener Glücklichen, die dem Zeremoniell seiner Ankleidung beiwohnen durften.

Das »Lever«, das Aufstehen des Sonnenkönigs, war ein Staatsakt. Wer hoch genug in Ludwigs Gunst stand, wurde nicht nur Zeuge, wie er sich von seinem prächtigen Nachtlager erhob, sondern wohnte allen Verrichtungen bei, die der Mensch am Morgen zu tun nicht umhin kommt. Dabei waren die im Raum Anwesenden das eigentlich Beobachtenswerte. Aufmerksam, eifersüchtig, jeden taxierend, verfolgten alle Höflinge Tag für Tag, wem am Lever teilzunehmen erlaubt war, wem die Ehre zuteil wurde, dem König den Spiegel zu reichen, oder wer der Glückliche war, der ein benutztes Tuch des Souveräns entgegennehmen durfte. Kurzum, es war wichtig zu verfolgen, wer wo stand oder saß und wem was zuteil wurde. So konnte man erkennen, wer gerade welche Bedeutung im Kosmos von Versailles innehatte und wie nah er in seiner Umlaufbahn um die Sonne, den König, kreiste.

Als Geistesgröße oder Menschenfreund hat sich Ludwig XIV. nicht hervorgetan. Seine Mängel auf diesen Gebieten hätten bei anderen Herrschern dazu gereicht, von der Geschichte nur noch als Randnotiz wahrgenommen zu werden. Dass es nicht so kam, lag an Ludwigs anderen Charaktereigenschaften. Die Wesenszüge, von denen Ludwig im Übermaß besaß und die man gemeinhin auf der Negativseite von Führungskräften jeglicher Couleur verbucht, waren Geltungssucht, Egozentrik und der unbeirrbare Glaube, von Gott auserwählt zu sein.

Ludwig war einer jener Menschen, bei dessen Geburt und bei dessen Tod viele Menschen »Endlich!« seufzten. Zu Beginn seines Lebens entsprang das »Endlich!« noch der Erleichterung, dass dem König Ludwig XIII. und seiner Gemahlin Anna von Österreich nach 22 Jahren Ehe doch noch der ersehnte Thronfolger geboren worden war. Dem 14. Ludwig in spe redete man schon als Kleinkind ein, Le Dieudonné, der Gottgegebene zu sein. Als Ludwig noch nicht einmal fünf Jahre alt war, starb sein Vater. Ludwigs Mutter wurde Regentin. Die Regierungsgeschäfte übernahm ihr Liebhaber, Jules Mazarin, ein Kardinal, der nie die Priesterweihe empfangen hatte. Unter seiner Führung stieg Frankreich endgültig zu einer europäischen Militärmacht auf, doch es brodelte im Innern. Der Adel revoltierte. Der Knabe Ludwig wurde durch den adeligen Aufstand, die so genannte Fronde, in Paris zum Gefangenen im eigenen Schloss und fürchtete im Louvre zeitweise um sein Leben. Paris sollte er fortan hassen und aus dem Aufstand des Adels seine Lehren ziehen. Auch der Bau des Schlosses von Versailles sollte zu den Folgen jener Tage gehören.

Es ist nicht sicher, ob Ludwig die Worte »L'état c'est moi« (Der Staat bin ich) je gesagt hat. Kolportiert wird, dass sie am 13. April

1655 vor dem Parlament in Paris fielen. Die Fronde war seit zwei Jahren überwunden. Ludwig, 17-jährig, seit einem Jahr gekrönter König, doch nicht Regent, hatte für den schon seit 20 Jahren dauernden Krieg gegen Spanien mehrere Edikte erlassen. Wieder sollte Geld aus der Staatskasse entnommen werden. Doch einige Parlamentarier wollten diesen Vorgang noch einmal prüfen lassen. Ludwig düpierte das hohe Haus schon bei seinem Erscheinen. Er betrat das Parlament nicht in ordnungsgemäßer hochoffizieller Kleidung, sondern in vergleichsweise lässiger Jagdkluft. Als der Parlamentsvorsitzende von dem Interesse des Staats in Bezug auf die Kriegsfinanzierung sprach, rief Ludwig angeblich die berühmten Worte aus: »Der Staat bin ich!« Heute wird der Ausspruch ironisch genutzt, wenn auf Selbstherrlichkeit und auf das Streben nach uneingeschränkter Macht hingewiesen wird.

Steinerner Beweis für das Selbstverständnis Ludwigs wurde das Schloss in Versailles. Es diente ihm nicht nur zur Befriedigung seines Geltungsdrangs, sondern auch als wichtiges, wenn nicht sogar entscheidendes Instrument zur Durchsetzung seiner Machtansprüche. Zwei Jahre nach Mazarins Tod begann Ludwig 1663 an der Stelle eines kleinen Jagdschlösschens den riesigen Schlosskomplex errichten zu lassen. Fast 20 Jahre gingen ins Land, bis er mit seinem Hofstaat in das Schloss einzog und dieses zu einem Staat im Staate machte. Über 4000 Höflinge lebten dort, über 15000 Bedienstete sorgten für deren Wohl.

In Versailles war man zwar geografisch nah an der Hauptstadt Paris, doch weit entfernt von den Ränkespielen und Intrigen der undurchschaubaren politischen Kreise in der Hauptstadt. In Versailles schuf Ludwig sich seine Kreise selbst und er sorgte dafür, dass er sie beherrschte. Wer etwas im Staat werden wollte, der musste sich bei Hofe aufhalten, hatte schließlich in Versailles zu wohnen, sich dem Hofdienst zu unterwerfen und um die Gunst des Königs zu kämpfen. Der Adel, bisher unkontrollierbar über das weite Reich verstreut, verkam zum Hofadel. Ludwig machte ihn durch das höfische Zeremoniell endgültig von sich abhängig. Allein die kostbaren Kleider, die ein Adliger in Versailles gezwungen war zu tragen, verschlangen manches Vermögen. Um das Leben bei Hofe finanzieren zu können, war jeder lukrative Posten, jede vom König gnädig gewährte Pension willkommen. Ludwig lenkte seinen Hof meisterhaft. Alle

Geschicke Frankreichs waren abhängig von dem Tun und der Macht des »Roi du soleil«, des »Sonnenkönigs« Ludwig.

Das zeremonielle Lever stand nur am Anfang des streng geregelten Tages. Danach fand die Morgenandacht statt, in deren Verlauf nur Ludwig zum Altar schaute. Alle anderen hatten zu ihm zu blicken. Anschließend durchschritten Ludwig und sein Gefolge den Spiegelsaal. Es war die Zeit der hohen Absätze, auch bei den Männern. Man wirkte größer, ging stolzer und würdevoller. Im Spiegelsaal warteten demütig Bittsteller und Höflinge. Huldvoll blieb Ludwig hier und da stehen. Doch schon rief die Arbeit mit dem Kabinett. Obwohl von Natur aus ungeduldig – »Fast habe ich warten müssen«, presste er einmal zähneknirschend hervor, als eine Kutsche gerade noch rechtzeitig eintraf –, wusste Ludwig fähige Minister um sich zu scharen. Vor allem Jean-Baptiste Colbert füllte als einfallsreicher Finanzminister immer wieder die Staatskasse, während Michel Le Tellier und sein Sohn François Michel, der Marquis de Louvois, es verstanden, die französische Kriegsmaschinerie zu organisieren und zu steuern. Diese Männer ermöglichten es Ludwig, sein Ziel der territorialen Ausdehnung des Staates zu verfolgen. Tatsächlich führte Frankreich unter Ludwig nahezu permanent Krieg. 1667 fielen seine Truppen im so genannten Devolutionskrieg in die Spanischen Niederlande – das heutige Belgien – ein. 1672 versuchte Ludwig, Holland zu unterwerfen. Die Holländer stoppten den Eroberungszug, indem sie ihre Deiche öffneten und das Land fluteten. Ludwigs Heer kämpfte 1681 im deutschen Grenzgebiet um Straßburg, 1688 bis 1697 gegen die Kurpfalz und zog schließlich in den langwierigen Spanischen Erbfolgekrieg, der von 1702 bis 1714 wütete. Doch trotz aller Expansionsgelüste konnte Ludwig keinen durchschlagenden Erfolg verbuchen. Im Gegenteil: Die Staatskasse leerte sich trotz der Finesse und der Fähigkeiten Colberts immer wieder.

Ludwigs Kabinett tagte gewöhnlich vormittags von neun bis zwölf Uhr. Danach begab sich Ludwig zur nächsten Andacht, auf die das Mittagsmahl folgte. Vorkoster überwachten die königlichen Gaumenfreuden. Alles, was Ludwig tat, wurde von Mundschenken und Zeremonienmeistern begleitet und mit entzückten Ausrufen wie »Der König trinkt!« oder »Der König isst!« kommentiert. Den Nachmittag verbrachte der König mit allerlei Zerstreuungen: der Jagd, einer Ausfahrt, vielleicht traf er seine Mätresse, die Madame de

Montespan. Nicht selten fand am Abend ein Feuerwerk, ein Hofball, oder eine Ballettaufführung statt. Bei Letzterem trat der König zuweilen gerne selbst als Tänzer auf. Passend übernahm er etwa die Rolle des antiken Sonnengottes Apoll. Auch das Zubettgehen des Königs, das »Coucher«, wurde zelebriert. So durfte der Höfling des Tages dem König den Weg zum Bett leuchten.

Das Leben in Versailles galt in ganz Europa nicht nur als Maßstab vorbildlicher Hofhaltung, sondern schien wie der Hort höchster Kultur. Alles an Versailles wollte man kopieren: die Architektur, die Geometrie der Parks, die gebändigte und beherrschte Natur, die verschwenderischen Kleider, die allabendlichen Vergnügen. Je näher ein Fürst in Europa dem Ideal von Versailles kam, desto ferner durfte er sich von der schnöden Welt fühlen. Doch genau das wurde dem Adel zum Verhängnis. Prunk, Etikette und die Beschäftigung mit sich selbst verstellten den Blick auf die Welt draußen. In Frankreich hungerten auf dem Land immer mehr Menschen, was bei Hofe keiner wahrnahm. Als Ludwig 1715 starb, waren die Staatsfinanzen zerrüttet. Colbert war schon lange tot. Es heißt, er sei aus Gram über seinen nachlassenden Einfluss auf den immer kriegerischer und verschwendungssüchtiger werdenden König gestorben. Nun fanden sich pfiffige Finanzjongleure wie der Schotte John Law, die neue Ideen zur Auffrischung der Staatsfinanzen entwickelten: Papiergeld, Anleihen. Trotz der Finanzkräche, in die Frankreich schließlich durch Laws Wirken geriet, war der von Ludwig perfektionierte Absolutismus so verfestigt, dass der Hof noch Jahrzehnte unbehelligt in seiner Scheinwelt weiterleben konnte. Erst mit der Revolution Ende des 18. Jahrhunderts hallte durch Frankreich die Antwort auf die Ludwig zugeschriebenen Worte »Der Staat bin ich«. Diese lautete als Stimme des Volkes: »Der Staat sind wir!«

34 Laissez faire!

Pierre de Boisguilbert (1646 – 1714)

Jean-Baptiste Colbert, der Oberintendant fast der gesamten Staatsverwaltung unter dem Sonnenkönig Ludwig XIV., wusste die Kasse seines Souveräns zu füllen. Die Mittel, die ihm dafür einfielen, waren nicht nur die üblichen Methoden wie hohe Steuern und stetig neue Abgaben, sondern Colbert setzte mit großem Erfolg auf das Wirtschaftskonzept des Merkantilismus. Diese Lehre, deren Name sich von dem französischen »mercantile« (kaufmännisch) ableitet, betrachtete ein zu regierendes Land mit rein kaufmännischen Augen. Frankreich war für Colbert wie eine große Manufaktur, die viel Geld zu erwirtschaften hatte.

Ziel der Merkantilisten war eine positive Handelsbilanz. Sie wollten weniger für Importe ausgeben als sie durch Exporte einnahmen und damit einen Geldüberschuss in der Staatskasse erzielen. Waren sollten möglichst teuer im Ausland verkauft und möglichst wenige und dann nur billige Güter eingeführt werden. Der Staat sollte Gewinn machen, der aber nicht etwa für die Allgemeinheit vorgesehen war, sondern für den Staat selbst: für das Militär, vor allem für den König und seinen Hof. Kein Wunder also, dass der Merkantilismus eine Erfindung aus der Zeit des Absolutismus ist, in der ein König uneingeschränkt herrschte.

Jean-Baptiste Colbert lenkte die staatliche Wirtschaftspolitik zwischen 1661 und 1683. Er prägte sie so stark, dass man seine Form des Merkantilismus schließlich sogar Colbertismus nannte. Colbert versuchte den Transport im Land zu verbilligen, schaffte Wege- und Brückenzölle ab, ließ Kanäle bauen, wie den berühmten Canal du Midi, über den Waren vom Mittelmeer zum Atlantik verschifft wurden. Vor allem förderte Colbert die Herstellung von hochwertigen Gütern, die im Ausland teuer verkauft wurden. Erlesene Stoffe, edle Möbel, Wein, Käse und Schmiedeerzeugnisse waren regelrechte Exportschlager. Colbert lockte Fachkräfte aus allen europäischen Ländern nach Frankreich. Was dann noch an Wissen aus anderen Ländern fehlte, wussten die vielen Spione Frankreichs in ganz Europa auszukundschaften. Colbert unterstützte nicht nur großzügig alle französischen Manufakturen, die Exportgüter herstellten, sondern wer eine »fabrique« gründete, erhielt umfangreiche Geldmittel. Gleichzeitig beschränkte Colbert die Einfuhr durch hohe Zölle.

Die Reglementierung der französischen Wirtschaft zeigte trotz des wachsenden Reichtums des Königs und des Aufstiegs zahlreicher Manufakturen bald ihre Schattenseiten. Die Zölle behinderten den Handel mit anderen Ländern, Kaufleute mussten sich immer wieder danach richten, für welche Güter der Staat den Handel erleichterte oder erschwerte. Für die Entwicklung des Wirtschaftslebens im Inneren Frankreichs tat Colbert vergleichsweise wenig. Auch das strenge inländische Zollsystem ließ er unangetastet. Die breite Bevölkerung litt unter immer höheren Steuern und Abgaben, während Adel und Kirche ihre Steuervorteile behielten. Die Bauern blieben abhängig von ihren Herren, das Handwerk und die Kaufleute waren weiterhin an die Zünfte und Gilden gebunden.

Überliefert ist die Geschichte, dass Jean-Baptiste Colbert eines Tages, vermutlich um 1680, mehrere Kaufleute um sich versammelte. Als er an sie die Frage richtete, was er denn tun könne, damit ihre Geschäfte besser liefen, antwortete einer von ihnen mit Namen Legendre: »Laissez nous faire!« (Lassen Sie uns einfach ungestört unsere Arbeit machen.)

Ob diese Begebenheit tatsächlich stattfand, ist nicht zu belegen. Doch wenn es so war, dann kann man diesen Augenblick als die Geburtsstunde des Laissez-faire-Begriffs bezeichnen, der von da an in jeder Diskussion, in der es darum geht, wie Wirtschaft zu betreiben sei, mitschwingen sollte. Die Worte werden bis heute in ihrer französischen Version zitiert. »Laissez faire« beschreibt eine Haltung, nach der sich der Staat weitgehend aus dem freien Spiel der im Wirtschaftsleben waltenden Kräfte heraushält.

Unter den Männern, die sich seinerzeit mit ökonomischen Gedanken hervortaten, gab es nicht nur Anhänger, sondern auch Gegner der merkantilistischen Idee. Auch in Frankreich. Einer von ihnen war ein gewisser Pierre de Boisguilbert, ein hoch gebildeter Mann, der 1689 in seiner Heimatstadt Rouen oberster Richter, Polizeibeamter und Bürgermeister wurde. Diese Ämter, die er bis zu seinem Lebensende bekleidete, machten ihn reich.

Irgendwann begann sich Boisguilbert mit ökonomischen Fragen zu beschäftigen und 1695 veröffentlichte er anonym das Buch *Le détail de la France*. Darin erörterte er die prekäre wirtschaftliche Lage

Frankreichs: Der Hof des Königs erhielt zwar sein benötigtes Geld, die exportierende Wirtschaft entwickelte sich, doch das Land selbst litt Not. Den Grund für den Niedergang der Landwirtschaft, immer noch Herzstück der französischen Wirtschaft, sah Boisguilbert vor allem im Verbot der Kornausfuhr. Er forderte, die extrem hohen Steuern zu senken und vor allem die merkantilistische Politik der staatlichen Eingriffe in das Wirtschaftsgeschehen zu beenden. In seinem 1707 erschienen Buch *Factum de la France* findet man schließlich den Satz: »Il n'y avait qu'à laisser faire la nature et la liberté.« (Es gibt nichts anderes als die Natur und die Freiheit gewähren zu lassen.) Dies ist in der ökonomischen Literatur der früheste aufzufindende Beleg für Idee und Begriff des Laissez-faire.

Laissez-faire wurde schließlich der Slogan derjenigen, die einen Gegenentwurf zum Merkantilismus entwickelten. Diese Männer nannten sich Physiokraten. »Physiokratie« bedeutet so viel wie »Herrschaft der Natur«. Ihr bedeutendster Kopf, François Quesnay, der Leibarzt der Madame de Pompadour und des französischen Königs Ludwig XV., stellte heraus, dass Wirtschaft nicht isoliert zu betrachten sei, sondern einen Kreislauf bilde, wie die Blutzirkulation im menschlichen Körper. Wenn man also dem Handel, dem Geld und den Waren freien Lauf ließe, meinte Quesnay, würde sich alles wie in der Natur von selbst regeln. So ist es nur folgerichtig, dass die Physiokraten den Satz »Laissez faire, laissez passer!« (Lasst sie tun, lasst sie gewähren!) zur Maxime ihrer Lehre machten. Diese berühmte Variante des Werbens für den Laissez-faire-Begriff wird dem Marquis Vincent de Gournay zugeschrieben. Der war zu der Zeit, da Boisguilbert seine Worte niederschrieb, jedoch noch nicht geboren, und als Boisguilbert 1714 starb, zwei Jahre alt.

Die Physiokraten glaubten daran, dass eine Wirtschaft sich am besten entwickle, wenn man ihren Kräften freien Lauf lasse. Sie waren davon überzeugt, dass selbst eine von den besten und klügsten Köpfen gelenkte Wirtschaft dagegen abfiele. Mit dieser Haltung waren sie Vorläufer der klassischen liberalen ökonomischen Lehre, die der Schotte Adam Smith schließlich 1776 mit seinem epochalen Werk *An Inquiry into the Nature and Causes of the Wealth of Nations (Untersuchung über Wesen und Ursachen des Reichtums der Völker)* begründete. Smith prägte den verwandten Begriff der »unsichtbaren Hand«, die alles immer wieder ins Gleichgewicht bringe, wenn man nur der Freiheit ihren Lauf lasse. Im gleichen Jahr, da Smiths Buch erschien, das wohl eines der einflussreichsten der europäischen Geistesgeschichte ist, führten Hofintrigen zur Entlassung des französischen Finanzministers Jacques Turgot, eines Physiokraten und Anhängers der Formel »Laissez faire, laissez passer«. Dieser hatte mehr als hundert Jahre nach Colbert, als Oberinspekteur der Finanzen, das System Colberts zu reformieren versucht. Doch Turgots Reformen kamen zu spät und zu halbherzig. Die Spannungen, die aus dem unter Colbert verfestigten System des Merkantilismus erwachsen waren, mündeten schließlich 1789 in die umwälzenden Ereignisse der Französischen Revolution.

35 Nach uns die Sintflut!

Marquise de Pompadour (1721 – 1764)

Die bittere Nachricht ließ Madame de Pompadour ihre in Fleisch und Blut übergegangene höfische Beherrschung kurzzeitig verlieren. Sie begann zu weinen. Die Tränen liefen über das kräftige Rouge ihrer Wangen, die aufwändige Toilette ihres im Stil der Zeit weiß gepuderten Gesichts war ruiniert. Doch schön war diese Frau mit ihrer hellen seidigen Haut, der fein geschnittenen Nase, dem hübschen tiefrot geschminkten Mund und den großen dunklen Augen noch immer. Nicht nur den König nahm sie schon seit Jahren für sich ein. Gebildet, elegant und vor allem machtbewusst beherrschte sie den Hof Ludwigs XV. Günstlinge, von denen sie sich zahlreiche hielt, festigten ihren Einfluss. Doch nun war es zur Katastrophe gekommen. Im fernen Thüringen nahe der Stadt Roßbach waren die französischen Truppen und ihre Verbündeten am 5. November des Jahres 1757 vernichtend geschlagen worden. Der Feind, der preußische König Friedrich II., hatte mit seiner Kavallerie nur wenige Stunden gebraucht, um seinen an Truppenstärke um das Doppelte überlegenen, aber schlecht ausgerüsteten und völlig ungeordnet agierenden Gegner vom Schlachtfeld zu fegen. »Ein Spaziergang« kommentierte der Preußenkönig seinen Sieg.

Der Schlag sollte Madame de Pompadour schlaflose Nächte bereiten. Als sie sich allmählich fasste, sagte sie: »Après nous le déluge!« (Nach uns die Sintflut!) Der Ausspruch brannte sich in das Gedächtnis der Geschichte ein. An was mag sie gedacht haben? Erkannte sie die weltpolitische Bedeutung der Niederlage? Nicht nur in Europa, sondern auch in Übersee tobte im zweiten Jahr die später als Siebenjähriger Krieg bezeichnete Auseinandersetzung zwischen England und Frankreich. Auf dem Schauplatz in Deutschland kämpften die von England unterstützten Preußen gegen das mit Frankreich verbündete Österreich um die Vorherrschaft.

Wie groß der Einfluss der Madame de Pompadour auf die französische Politik tatsächlich war, ist umstritten, ebenso, ob sie überhaupt politisches Talent hatte. Vermutlich war es ihr nur wichtig gewesen, überall ihre Günstlinge zu positionieren. Doch die Allianz mit der österreichischen Kaiserin Maria Theresia hatte die Pompadour gegen den Widerstand mancher am französischen Hof schmieden geholfen. Dachte sie nun an die nächsten Intrigen, die ihre Stellung angreifen würden? Wusste oder ahnte sie, dass der Niedergang des französischen Absolutismus längst schon seinen Anfang genommen hatte?

»Nach uns die Sintflut.« Wer heute diesen Satz sagt, will damit ausdrücken, wie egal ihm alles Kommende ist. Daher könne man ohne Rücksicht auf die Zukunft oder die nächste Generation handeln. Doch man kann die Worte auch anders interpretieren. Vieles spricht dafür, dass die Pompadour sie nicht zynisch, sondern resignierend meinte: Es wird schlimmer kommen. So stark ihr Einfluss war, ihre Macht war zerbrechlich. Das wusste im Augenblick der Nachricht von der Niederlage bei Roßbach sicher niemand besser als sie selbst. Die Gründe lagen auf der Hand: Sie war eine Bürgerliche, und sie war eine Mätresse. Allerdings war sie zu dieser Zeit Letzteres schon seit Jahren nicht mehr.

Während die Königin die »Frau zum Regieren« war, war die Mätresse die »Frau für das Herz« des Königs. Die Königin, oft nicht durch Liebesheirat zu ihrem Titel gekommen, sondern aufgrund dynastischer und außenpolitischer Erwägungen, behielt ihren Rang auf Lebenszeit. Sie gebar im besten Fall den Thronfolger und war in ihrer Stellung im Grunde unangreifbar. Eine Beschränkung erfuhr sie durch die Mätresse, die für das Wohl und die Zerstreuung des Königs zuständig war. Vor allem am französischen Hof wurden die Mätressen zu einflussreichen Personen, konnten unter Umständen sogar die gesamte Kultur des Hofstaats bestimmen.

Eine Meisterin dieses Metiers war die Marquise de Pompadour. Sie verkörperte zu ihrer Zeit in Vollkommenheit die höfische Kultur Frankreichs. Geboren als Jeanne-Antoinette Poisson und Tochter eines Heereslieferanten, war sie 18-jährig mit einem adeligen General verheiratet worden und hatte den Nachnamen Le Normand d'Étoiles erhalten. Zielstrebig verschaffte sie sich Zugang zu den Salons der höheren Schichten in Paris und begegnete schließlich auf einer Jagd zum ersten Mal Ludwig XV. Sie wurde seine Geliebte, ließ sich scheiden und wurde zur Marquise de Pompadour erhoben. Ihren Aufstieg am Hof verdankte sie nicht nur ihrer Schönheit, sondern ihrem Machtinstinkt, ihrer Fähigkeit, Verbindungen zu knüpfen und Ränke zu schmieden. Der König war froh, dass sie ihm gesellschaftliche Verpflichtungen abnahm und für ihn den Kontakt mit den Höflingen hielt. Bald war die Pompadour diejenige, die darüber entschied, wem die Gunst des Königs zufiel. Durch ihr Netz von Günstlingen konnte sie an vielen wichtigen Entscheidungen teilhaben. Zuweilen besprachen Minister ihre Angelegenheiten erst mit ihr, bevor sie damit zum König gingen. Der wiederum entschied nicht selten aufgrund ihres Rats.

Als die Nachricht des Desasters von Roßbach eintraf, war die Marquise de Pompadour fast 36. Seit sechs Jahren war sie nicht mehr die Geliebte des Königs. Sie wusste, auf ihre Schönheit konnte sie immer weniger bauen. Doch noch immer zog sie die Fäden in nahezu allen Belangen des Hofes, in der Kunst, der Mode, dem Theater, der Politik. Sie unterstützte Aufklärer wie Voltaire und Helvétius und setzte sich leidenschaftlich für die Enzyklopädisten um Diderot und d'Alembert ein. Im Jahr zuvor war sie zur außerordentlichen Hofdame der Gemahlin Ludwigs, Königin Maria Leszczynska (1703–1768) ernannt worden. Die Königin war die Tochter des polnischen Königs Stanislaus Leszczynski und 1725 mit dem damals erst 15-jährigen Ludwig verheiratet worden. Zehn Kinder hatte sie ihm geboren. Doch Liebe war es nie. Seit Jahren hatte sich Maria Leszczynska in ihren eigenen Freundeskreis bei Hofe zurückgezogen. Die Pompadour erreichte in jenen Tagen den Gipfel ihres Lebenswegs. Sie war die erste ehemalige Mätresse, noch dazu eine bürgerliche, der ein solch bedeutendes Amt zufiel. Mit Rücksicht auf die Frömmigkeit der Königin nahm sich die Pompadour einen Beichtvater und empfing ihre Gäste nicht mehr am Toilettentisch, sondern während der Beschäftigung mit züchtiger Stickerei. Sie wusste, die eigene Person ins rechte Licht zu rücken, war am Hof lebenswichtig. Und dann Roßbach. Wie lang noch würde sie ihre Position halten können? Einer ihrer Favoriten, der Prinz von Soubise, hatte die geschlagenen französischen Truppen angeführt. Sie selbst war im Hintergrund die treibende Kraft für die Koalition mit Österreich gewesen. Nun stärkte die Niederlage von Roßbach diejenigen am Hof, die ein solches Bündnis abgelehnt hatten. Was würde werden? Würde es tatsächlich schlimmer kommen?

Es kam schlimmer. Als der Siebenjährige Krieg im Jahr 1763 endete, hatte Frankreich den größten Teil seines Weltreichs verloren. Zu viele Truppen hatte man wegen des Bündnisses mit Österreich in Europa halten müssen. Sie fehlten in Übersee, und so ging Kanada ebenso an die siegreichen Engländer wie die Besitzungen in Indien. Der Herzog von Choiseul, mächtigster Minister ab 1758, eitel, selbstsüchtig – und ein Favorit der Pompadour –, besaß schließlich die Kaltschnäuzigkeit, den katastrophalen Frieden mit England, der Frankreich lediglich ein paar Inseln der Antillen und vor Kanada beließ, als Sieg zu deklarieren.

Ein Jahr nach Ende des Krieges starb die Pompadour an einer Lungenkrankheit. Sie war nur 42 Jahre alt geworden. Das selbstverliebte und intrigante Leben am Hofe zu Versailles ging ohne sie weiter. Was immer sie selbst bei ihrem berühmten Ausspruch gedacht haben mag, der Satz nistete sich allmählich im Bewusstsein einer verfallenden Gesellschaft ein. Zwar erkannten viele die Probleme Frankreichs, seiner Wirtschaft, seiner Gesellschaft. Doch zu wenige handelten, vor allem die herrschenden Schichten blieben nahezu tatenlos.

Die Geschichte hat gezeigt, dass Gesellschaften, die nicht zu Reformen fähig sind, rascher vergehen als andere. So auch diese. Das absolutistische Frankreich verschlief den Wandel und meinte noch lange so weitermachen zu können wie bisher. Es blieben noch drei Jahrzehnte bis zur Französischen Revolution.

36 Jeder muss nach seiner Fasson selig werden

Friedrich II., der Große (1712 – 1786)

Oft vom Sohn herbeigesehnt, war es nun eingetreten. Der übermächtige Vater, der gefürchtete »Soldatenkönig« Friedrich Wilhelm I., war tot und sein Erbe folgte ihm als Friedrich II. 1740 auf den preußischen Thron. Immer, wenn ein Neuer an die Macht kommt, werden viele Fragen noch mal gestellt und mancher versucht sein Glück mit einem zuvor abgewiesenen Anliegen erneut. Unter den zahlreichen Bittschriften und Eingaben, die dem 28-jährigen Friedrich an jenem 22. Juni 1740 vorgelegt wurden, war auch eine Anfrage des Staatsministers von Brand und des Konsistorialpräsidenten von Reichenbach. Den Herren ging es um die Katholiken. Sie fragten, ob im protestantischen Preußen die römisch-katholischen Schulen wieder geschlossen werden sollten, denn sie seien dem Staate abträglich. Der junge König tat nun das, was zum Arbeitsstil seiner jahrzehntelangen Regierung werden sollte: Er notierte seine Entscheidung an den Rand der Anfrage. »Die Religionen müssen alle Tollerieret werden und muss der fiscal auch das auge darauf haben dass keine der anderen abbruch Tuhe, da hieraus ein jeder nach seiner Fasson selig werde.«

Bemerkenswert an dem authentischen Wortlaut des Zitats ist der Zusatz, dass der Staat nicht nur Toleranz gegenüber allen Religionen zeigen solle, sondern dass keine Religion die andere unterdrücken oder beeinträchtigen dürfe. Friedrichs Anweisung lebt in dem Satz »Jeder muss nach seiner Fasson selig werden« bis heute im Sprachgebrauch weiter. Die Worte gaben den Geist jenes jungen Königs wieder, mit dessen Thronbesteigung Hoffnungen in ganz Europa verbunden waren. Voltaire, der große französische Vertreter der Aufklärung, hatte vier Jahre zuvor an Friedrich geschrieben: »Nun habe ich gesehen, dass es auf der Welt einen Fürsten gibt, der als Mensch denkt, einen fürstlichen Philosophen, der die Menschen glücklich machen wird.«

Von Natur aus von fragiler Statur, war Friedrich das Gegenteil seines derben Vaters. Der frönte seiner militärischen Leidenschaft und hatte für die philosophischen, musischen und modischen Neigungen seines Sohnes keinerlei Verständnis. Friedrich Wilhelms »Kunstförderung« beschränkte sich im Wesentlichen darauf, die groß gewachsenen Soldaten seiner Garde, »die langen Kerls«, in Ölgemälden festhalten zu lassen. Seinen Sohn wollte er zu einem Soldaten und Verwaltungsfachmann heranziehen. Er züchtigte ihn, würgte ihn sogar mit einem Vorhangseil, als er Friedrich beim Lesen von Gedichten ertappte. Doch im Verborgenen ging Friedrich unerschütterlich seinen Leidenschaften nach, übte Flöte, las die Schriften der Aufklärer, war angetan von der Anmut und der Lebensfreude des Rokoko. Sein Lebensstil war bald so aufwändig, dass er sich verschuldete. Als sein Vater davon erfuhr, schlug er ihn in Gegenwart von Offizieren und Bediensteten mit dem Stock.

Friedrich beschloss zu fliehen. Mit seinem Freund Hans Hermann von Katte versuchte er, sich nach England abzusetzen. Doch die beiden wurden rasch gestellt. Friedrich Wilhelm, wutentbrannt, forderte die Todesstrafe für seinen Sohn, er sei desertiert. Das Kriegsgericht lehnte jedoch die Exekution eines Thronfolgers ab. Aber Katte, davon ließ sich Friedrich Wilhelm nicht abbringen, musste sterben. Man enthauptete ihn und Friedrich wurde gezwungen, den Tod seines Freundes mit anzusehen. Friedrich wurde in der Festung Küstrin eingekerkert, wo die Haftbedingungen streng und demütigend waren. Schließlich fand eine Versöhnung nach außen statt und Friedrich gelobte seinem Vater öffentlich Gehorsam. Er ließ sich von ihm in die Verwaltung des Staates einführen und begann zumindest die Regierungsleistung seines Vaters anzuerkennen. Der schenkte ihm Schloss Rheinsberg, wo Friedrich von 1736 bis 1740 seine glücklichsten Jahre verbringen sollte. Er versammelte einen Freundeskreis um sich, unter ihnen Voltaire, philosophierte, dichtete, musizierte, arbeitete wissenschaftlich und frönte unbeschwerter Geselligkeit. Beseelt vom Geist der Aufklärung und abgestoßen von den Ideen Niccolò Machiavellis, der einem Regenten jeden Rechtsbruch nachsah, sofern der dem Zweck des Machterhalts und der Machterweiterung diente, verfasste Friedrich eine Schrift gegen Machiavellis Thesen, den *Anti-Machiavell.*

Die auf dem jungen König Friedrich II. ruhenden Hoffnungen nach mehr Freiheit schienen sich zunächst zu bewahrheiten. Obwohl er sein Königtum von Gottes Gnaden nicht in Zweifel zog, auch nicht den Absolutismus infrage stellte, war die Bedeutung, die er seinem Amt beimaß und damit der Aufgabe, der er sich stellte, doch neu. Friedrich sah sich als »erster Diener des Staates«. Er ließ sofort die Folter abschaffen, gewährte sogar eine gewisse Pressefreiheit und milderte zahlreiche Gesetzesstrafen. In jener ersten Zeit seiner Regierung schien er im besten Sinne die Verkörperung jenes Souverän zu sein, den Thomas Hobbes in seinem Buch *Leviathan* als Ideal eines gut geführten Staates beschrieben hatte: Der Inhaber der Macht sorgt für Wohl und Sicherheit der Bürger, wofür diese sich ihm freiwillig unterwerfen.

Dem »Soldatenkönig« schien also der »Philosophenkönig« gefolgt zu sein. Daher beunruhigte es kaum jemanden, als Friedrich rasch und mit beträchtlichen Kosten das preußische Heer, bis dato mit 80 000 Mann schon das viertgrößte Europas (nach Einwohnern kam Preußen erst an zwölfter Stelle), um weitere 17 600 Mann verstärken ließ. Die Truppe der »langen Kerls« löste er auf; Zweifler beruhigten sich mit der Erinnerung an Friedrichs Vater. Der hatte sein riesiges Heer eher als Steckenpferd denn als Mittel zur Machtpolitik betrachtet. Für Friedrich Wilhelm war der Anblick seiner schnurgerade in Reih und Glied marschierenden Männer das Wichtigste gewesen. Im Krieg eingesetzt hatte er sie wenig und wenn, dann widerwillig, weil Bündnisse es erforderten. Dem Militaristen Friedrich Wilhelm war der Frieden heilig gewesen. Seinem Sohn, dem »lieben Successor«, hatte er sogar noch schriftlich auf den Weg gegeben, dass die Verantwortung vor Gott »die ungerechten Kriege verbohten«. Die Ironie der Geschichte will, dass es dann gerade der »Philosophenkönig« war, der Preußen viele Jahre in erbarmungslose und grausame Kriege stürzte. Das Tor zum Krieg stieß Friedrich bereits wenige Monate nach der Thronbesteigung auf. Als am 21. Oktober 1740 in Wien Karl VI., römischer Kaiser Deutscher Nation, starb, sah Friedrich darin die Gelegenheit, Schlesien den Österreichern zu entreißen. Sein Heer marschierte in das begehrte Land ein. Der *Anti-Machiavell* und Friedrichs vormaliges Bekenntnis, dass der Zweck keinesfalls alle Mittel heilige, waren vergessen.

Friedrich siegte. Doch das war erst der Auftakt zu weiteren Kriegen um Schlesien. Der zweite folgte rasch. Auch diesen konnte Friedrich bis Ende 1745 für sich entscheiden. Man nannte ihn nun »den Großen« und er wurde wieder ganz der politische Parteigänger der Aufklärung. Er reformierte das bis dahin vom König abhängige Justizwesen und gab ihm mehr Unabhängigkeit. Die religiöse Toleranz machte er zum Instrument, um den preußischen Staat auszubauen. Es gelang ihm mühelos, die katholischen Teile Schlesiens zu integrieren. Türkischen Einwanderern, sollten sie denn kommen, stellte Friedrich den Bau von Moscheen in Aussicht. Die ausgerufene religiöse Toleranz galt im Übrigen auch in Friedrichs Heer. Seine bosnischen Lanzenreiter bekamen einen islamischen Geistlichen zur Seite. Die Jesuiten durften, obwohl 1773 vom Papst aufgelöst, in Friedrichs Reich weiter wirken und Preußen profitierte von deren hervorragenden Schulen. Bei aller Toleranz: Die Juden hatten es in Preußen nach wie vor schwer. Sie wurden zwar nicht verfolgt, doch das »Generaljudenreglement« von 1750 wies ihnen die unterste Stufe in der Gesellschaft zu.

Dann brach 1756 der Siebenjährige Krieg aus, ein weltweiter Krieg zwischen England und Frankreich um die Vorherrschaft auf dem Globus. In Deutschland verschärfte sich die Frage, ob Österreich oder Preußen das Sagen hatte. Friedrich suchte die Antwort erneut in einem Angriffskrieg und kämpfte bald gegen nahezu alle bedeutenden Mächte auf dem europäischen Festland. In seinem Kampf gegen Österreich, Frankreich und Russland stand er nahezu allein. Nur zeitweise erhielt er Unterstützung von England. Als Friedrich 1763 aus diesem Waffengang zurückkehrte, hatte ihn nach anfänglich glorreichen Siegen und nachfolgend verheerenden Niederlagen zwischenzeitlich nur ein Wunder davor bewahren können, sein Reich zu verlieren. Das, was die Geschichtsschreibung das »Wunder des Hauses Brandenburg« nennt, geschah, als der Krieg zu Beginn des Jahres 1762 verloren schien. Ganz plötzlich starb am 5. Januar Friedrichs große Feindin Zarin Elisabeth I. Ihr Nachfolger Zar Peter III. war ein Verehrer Friedrichs und ließ, sobald er an der Macht war, sämtliche Kampfhandlungen einstellen. Gleichzeitige Siege Englands in Übersee gegen Frankreich führten dazu, dass die Franzosen zu Friedensverhandlungen bereit waren. Der Frieden von Hubertusburg sicherte Friedrich am 15. Februar 1763 seine Besitzungen einschließlich Schlesiens.

Friedrich der Große war in diesem letzten Krieg vorzeitig gealtert. Mit 51 Jahren war er von der Gicht gebeugt und verbittert, aber er baute Preußen wieder auf. Seine Inspektionsreisen in die Provinzen waren bald gefürchtet. Doch das Volk begann den knorrigen »Alten Fritz« in seinem blauen abgeschabten Uniformrock zu lieben. Sie erzählten sich Anekdoten, auch von seiner Toleranz und seiner Fähigkeit, sich selbst – zumindest in der Öffentlichkeit – als Person und Regent zurückzunehmen. In Wahrheit jedoch wähnte Friedrich sich allwissend, traute nur noch sich selbst, duldete keinen Widerspruch und verfestigte so das gesellschaftliche Klima eines Pflichtbewusstseins bis hin zum Kadavergehorsam. Wusste er einmal nicht weiter, beklagte er die mangelnde Eigenverantwortlichkeit der Regierten: »Ich bin es müde, über Sklaven zu herrschen«, notierte er auf eine Anweisung an sein Kabinett.

Er starb 74-jährig einsam in seinem Schloss Sanssouci in Potsdam. Innenpolitisch war er vor allem aufgrund der weitgehenden religiösen Toleranz der bedeutendste Vertreter eines aufgeklärten Absolutismus. Außenpolitisch, so kann man mit Fug und Recht sagen, war er der wahre »Soldatenkönig« gewesen.

37 Der Mensch ist frei geboren, und liegt doch überall in Ketten

Jean-Jacques Rousseau (1712 – 1788)

Alle Welt kennt Jean-Jacques Rousseau als den neben Voltaire bedeutendsten und einflussreichsten Philosophen der französischen Aufklärung. Man könnte daher auf die Idee kommen, ihn einen Prediger der Vernunft zu nennen. Nichts wäre weniger richtig, denn im Grunde war Rousseau ihr Überwinder. Die reine Vernunft war nichts für ihn, dazu war er zu sehr Sinnenmensch. In Rousseaus Werk spiegeln sich wie bei keinem anderen Philosophen die überbordenden Gefühle und das unstete Leben seines Verfassers, des womöglich emotionalsten aller großen Denker wider.

Bevor er mit 37 Jahren auf einen Schlag berühmt wurde, hatte er schon ein turbulentes Leben hinter sich. Im schweizerischen Genf geboren, war er nach dem frühen Tod der Mutter zunächst in der Obhut des Vaters aufgewachsen, der dem Beruf eines Uhrmachers nachging. Der Vater führte den jungen Rousseau früh an die Literatur heran und vertraute seinen Sohn später einem calvinistischen Pfarrer an. Schließlich gab man Rousseau in die Lehre bei einem Kupferstecher. Von dort nahm der 16-jährige Reißaus. Er begegnete einer wohlhabenden Frau, die einige Jahre älter war als er. Sie wurde ihm Muttterersatz und Geliebte. Unter ihrem Einfluss konvertierte er vom calvinistischen zum katholischen Glauben. Doch nach 13 Jahren verließ er sie, ging 1741 nach Paris und fand dort rasch Kontakt zu intellektuellen Kreisen. Er verfasste erste musiktheoretische Schriften und arbeitete als Sekretär des französischen Botschafters in Venedig. Zurück in Paris lernte er eine Wäscherin kennen, die er erst nach 20-jährigem Zusammenleben heiratete. Fünf Kinder waren inzwischen aus der Beziehung hervorgegangen, die Rousseau alle ins Waisenhaus gegeben hatte. Kaum zu glauben, dass sich ausgerechnet Rousseau später in seinen Schriften ausführlich über seine unglückliche Kindheit ausließ und mit *Émile* sogar eines der einflussreichsten Werke der pädagogischen Literatur veröffentlichte.

Berühmt wurde er schließlich über Nacht mit einer Schrift, die er als Antwort auf eine Preisfrage der Akademie von Dijon einreichte. Sie wurde 1750 gedruckt. Die Akademie hatte um Ausarbeitungen zu der Frage gebeten, »inwiefern die Kunst und die Wissenschaft zur Verbesserung der Sitten beigetragen hätten«. Rousseau gab die überraschende Antwort, Künste und Wissenschaften hätten überhaupt nichts zur Verbesserung der Sitten – beziehungsweise der Gesellschaft – beigetragen und erklärte sie sogar für Zeichen gesellschaftlichen Verfalls. Künste und Wissenschaften seien nur dazu da, Ungerechtigkeit in der Gesellschaft zu kaschieren. Würde der Mensch frei sein, wie er es von Natur aus ist, dann wären alle Menschen gleich und niemand bräuchte Künste und Wissenschaften. Rousseau kam zu dem Schluss, »Einfalt, Unschuld und Armut« seien die einzigen Güter, »welche unser Glück befördern«. Er erhielt den ersten Preis.

Schon hier klang das Motto an, das Rousseaus Werk durchzieht und das immer wieder mit seiner Philosophie in Verbindung gebracht wird: zurück zum Zustand des ursprünglichen und einfachen Zusammenlebens in Freiheit: »Zurück zur Natur!«

Rousseaus Schrift wurde landauf, landab diskutiert. Schließlich stellten die Herren der Dijoner Akademie eine zweite Preisfrage. Sie fragten, wie denn die Ungleichheit entstanden sei. War sie etwa schon in der Natur angelegt? Rousseau antwortete mit einer weiteren Abhandlung. Darin unterschied er physisch-natürliche Ungleichheit von politisch-moralischer. Während erstgenannte von der Natur gegeben sei, etwa Gesundheit, Körperkräfte, Psyche, Alter, sei letztere das Werk von Menschen. Rousseau sprach von einem Naturzustand, den der Mensch längst verlassen habe. Dieser sei ein Stadium der Harmonie und des Einklangs mit den Kräften der Natur gewesen. Damals im Naturzustand, so Rousseau, habe es keine Sprache gegeben, nur (animalische) Liebe, keine Unterdrückung. Wie ging dieser Urzustand verloren? Rousseau antwortete mit dem oft zitierten Satz: »Der erste, dem es in den Sinn kam, ein Grundstück einzuhegen und zu behaupten: das gehört mir, und der Menschen fand, einfältig genug, ihm zu glauben, war der eigentliche Gründer der bürgerlichen Gesellschaft.« Eigentum an Boden war also nach Rousseau der Beginn der Unterdrückung. Von da sei es nur ein logischer Schritt zur Entwicklung von Gesetzen und einer Obrigkeit gewesen, die Arm und Reich gesellschaftlich zementierten. Wie konnte das gesellschaftliche Elend überwunden werden?

Die Antwort gab Rousseau mit seinem 1762 veröffentlichten Buch *Du contract social* (*Vom Gesellschaftsvertrag*). Dieses Werk beginnt mit dem berühmten Satz »Der Mensch ist frei geboren und liegt doch überall in Ketten« (L'homme est né libre, et partout il est dans les fers). Das war für Rousseau nicht nur eine Feststellung, sondern Auftrag, die Unfreiheit zu beseitigen. Rousseau räumte ein, dass für den modernen Menschen eine gewisse staatliche Gewalt unvermeidbar sei, doch diese müsse mit der natürlichen Freiheit des Menschen in Einklang gebracht werden. Daraus schloss er, dass ein Staat nur aufgrund der Übereinkunft, also der Zustimmung aller gebildet werden könne. Diese Übereinkunft sei der Gesellschaftsvertrag, welcher als Wille des Volkes durch Abstimmung ermittelt werde. Das, was die Mehrheit beschließe, sei der Gemeinwille, dem sich alle zu beugen hätten, dieser führe zum »Gesellschaftsvertrag« und durch ihn entstehe der Staat. Mit dem Einverständnis in den Gesellschaftsvertrag gebe der Mensch als Bürger auch seine Zustimmung zu späteren Entscheidungen des Staates, die seinen Interessen womöglich zuwiderliefen. Dieser letzte Gedanke lieferte den Hauptansatzpunkt der Kritik an Rousseaus Staatstheorie. Denn es fehlte jegliche Absicherung vor Machtmissbrauch durch die Mehrheitsherrschaft. Diktatorische beziehungsweise totalitäre Zielsetzungen konnten später den so genannten »gemeinschaftlichen Willen« als Argument für Repressionen gegen Minderheiten heranziehen. Gerade in der Französischen Revolution, die später zur Terrorherrschaft eskalierte, war der Verweis auf Rousseau gang und gäbe. Dennoch, Rousseau brachte einen völlig neuen Blick auf die Rolle des Individuums in der Gesellschaft. Der einzelne Mensch trat seine Rechte nicht mehr an einen Herrscher ab, sondern an ein gemeinsames Gesetz. Damit hatte Rousseau gedanklich die Willkür aus dem Staatsverständnis verbannt.

Im gleichen Jahr wie der *Contract social* erschien auch Rousseaus Buch *Émile ou de l'éducation (Émile oder über die Erziehung)*, halb Entwicklungsroman, halb pädagogisches Lehrbuch. Auch *Émile* wurde ein sensationeller Erfolg. Ganz im Sinne seines bisher entfalteten Denkens forderte Rousseau darin eine Erziehung, die Heranwachsende so lange wie möglich frei von der verbildeten Welt der Erwachsenen hält. Das Parlament in Paris ließ das Buch von einem Henker öffentlich verbrennen, Rousseau musste fliehen. Sein Freund David Hume nahm ihn in England auf. Doch nun entwickelte sich Rousseau zur tragischen Figur. Er überwarf sich nach und nach mit allen Freunden. Mit dem Rivalen Voltaire war es längst zum Bruch gekommen: »Ich hasse Sie!« Nun zerstritt er sich auch mit dem gutmütigen Hume. Rousseau witterte eine Verschwörung gegen sich. Zuvor schon exzentrisch, wurde er nun wunderlich. Er trug ein armenisches Wams und eine Pelzmütze. Zahlreiche Abbildungen zeigen ihn mit dieser Kopfbedeckung. Schließlich starb er krank, verarmt und verbittert. Nach seinem Tod erschienen Rousseaus *Confessiones (Bekenntnisse)*, worin er in schonungsloser Offenheit Zeugnis über sein Leben und Lieben, sein Streiten, Stehlen, Lügen, Streben und Tun abgab. Ein letzter Tusch, ein letztes Bekenntnis zur Individualität.

Immanuel Kant, der Denker der reinen Vernunft, hatte in seinem Haus nur ein einziges Bild hängen: ein Porträt von Rousseau. Warum? Vielleicht weil er wusste, dass nicht nur der Kopf, sondern auch das Herz den Menschen ausmachen. »Ich bin aus Neigung Forscher«, ließ Kant wissen, »und fühle den ganzen Durst nach Erkenntnis. Es war eine Zeit, dass ich glaubte, das allein könnte die Ehre der Menschheit machen. Rousseau hat mich zurechtgebracht. Dieser eingebildete Vorzug verschwindet. Ich lerne den Menschen ehren.«

Heute gilt Rousseau als einer der Wegbereiter der Romantik, die anders als die Aufklärung nicht nur den Verstand, sondern auch das Gefühl und Individuum in den Mittelpunkt stellte.

38 Aufklärung ist der Ausgang des Menschen aus seiner selbst verschuldeten Unmündigkeit

Immanuel Kant (1724 – 1804)

Wollten die Menschen in der ostpreußischen Stadt Königsberg wissen, welche Stunde und Minute es geschlagen hatte, dann mussten sie nur nach dem schmalbrüstigen Philosophen mit dem gebeugten Rücken Ausschau halten, der täglich zur exakt selben Zeit seinen Spaziergang antrat.

Immanuel Kant führte ein ordentliches, ja sogar ein pedantisch geregeltes Leben. Nahezu immer, wenn von ihm erzählt wird, kommt sein Bedürfnis zur Sprache, seinen Alltag minutiös und unverrückbar einzuteilen. Berühmt ist die Geschichte, dass sich eines Tages zahlreiche Königsberger bei ihren Verabredungen verspätet haben sollen, weil Kant einmal die Zeit vergaß. Zu sehr hatte ihn die Lektüre des *Émile* gefesselt, verfasst von einem seelischen Antipoden Kants, dem von unsteter Leidenschaft gesteuerten Philosophenkollegen Rousseau.

Kant reihte sich mit seinem Lebenslauf ein in die Zunft der Gelehrten, die sich oft als Hauslehrer oder Privatsekretäre bei Adeligen verdingten. Zumeist verdienten sie mit dieser Profession sogar ihr Leben lang ein Gutteil ihres Brotes. Doch aus diesem unauffälligen Dasein heraus formulierten sie welterschütternde Gedanken: Thomas Hobbes, John Locke oder Adam Smith waren solche Männer. Doch anders als Kant sahen sie zumindest etwas von der Welt. Sie alle reisten, atmeten den sich in Europa verbreitenden neuen Geist der Aufklärung vor Ort ein. Kant hingegen verließ seine Heimatstadt Königsberg sein ganzes Leben lang so gut wie nie, das Land Ostpreußen überhaupt nicht. Sicher lag ein Grund für seine Reiseunlust in seiner von Geburt an schwachen Gesundheit. Kant war von kleiner und schmächtiger Gestalt und leicht verwachsen. Dass er sich ein geregeltes Leben auferlegte, trug wahrscheinlich dazu bei, dennoch fast 80 Jahre alt zu werden. Kant reiste lieber im Kopf. Er begab sich in Gedanken auf Entdeckungsreise durch die körperliche Welt, ließ sich von Fahrten über den Globus berichten und las, was er zu fassen bekam. Er konnte fremde Länder so detailliert und farbig schildern, dass mancher meinte, Kant sei selbst dort gewesen. In seiner Arbeit schließlich sollte Kant – folgenreich – auf eine ganz besondere Reise gehen: die Reise durch die Welt des menschlichen Geistes.

Getauft worden war er, das vierte von elf Kindern eines Handwerkers, als Emanuel Kandt. Seine Mutter erkannte früh den überdurchschnittlich wachen Geist ihres Sohnes und förderte ihn mit aller Kraft. In einer pietistischen Schule erhielt Kant eine fundierte Ausbildung und nahm dann das Studium an der Universität von Königsberg auf. Im Alter von 22 Jahren veröffentlichte er sein erstes wissenschaftliches Buch, eine Studie zur Physik. Nun nannte er sich Immanuel. Sein künftiges Leben hatte er schon vorgezeichnet: »Ich werde meinen Lauf antreten und nichts soll mich hindern, ihn fortzusetzen«, schrieb er. Doch im gleichen Jahr starb der Vater, Kant verlor die finanzielle Unterstützung und war gezwungen, als Dorf- und Hauslehrer zu arbeiten. Nebenbei widmete er sich weiter seinem wissenschaftlichen Werk. Die Jahre zogen ins Land, bis 1755 seine *Allgemeine Naturgeschichte und Theorie des Himmels* erschien. Wie 150 Jahre später Albert Einstein, war es Kant gelungen, zu seinen Erkenntnissen – etwa, dass die Spiralnebel am Himmel ferne Galaxien sind – durch reines Denken zu kommen. Für die Naturwissenschaft war die Schrift ein bahnbrechendes Werk. Jedoch, die ersehnte Berufung zum Universitätsprofessor blieb aus. Kant wurde zunächst Magister und dann Dozent. Wie seinerzeit üblich, lehrte er ein ganzes Sammelsurium an Fächern, unter anderem Mathematik, Ethik, Logik und Pädagogik. Als Dozent musste er von dem leben, was die Studenten ihm zahlten. Glücklicherweise kam sein Unterrichtsstil an. Der stets leise und etwas nuschelnde kleine Mann war beliebt. Er verstand interessant zu reden und strahlte eine gewisse Jungenhaftigkeit aus. Als er endlich mit 46 Jahren Professor wurde, gab ihm das nun geregelte Einkommen die Möglichkeit, sich unbesorgt der Ausarbeitung seines großen Werkes zuzuwenden.

Kant betonte in seinen Vorlesungen immer wieder, dass es in der Philosophie im Grunde um drei Fragen gehe: Was können wir wissen? Was sollen wir tun? Was dürfen wir hoffen? Diese drei Fragen liefen für ihn auf eine vierte hinaus: Was ist der Mensch? Während die Antwort auf die erste Frage für Kant zu den Aufgaben der Metaphysik gehört, müsse die zweite Frage von der Moral beantwortet werden. Die Antwort auf die dritte Frage könne nur die Religion, der Glauben geben. Die vierte Frage schließlich beantworte die Anthropologie.

Der Suche nach der Antwort auf die erste Frage – was wir wissen können – widmete sich Kant über zehn Jahre, in denen man außerhalb seiner Heimatstadt kaum etwas von ihm hörte. Da Kant davon überzeugt war, dass die Lösung nur in der Metaphysik zu finden sei, »in welche«, wie er bekannte, »ich das Schicksal habe, verliebt zu sein«, stürzte er sich auf dieses Feld. Die Metaphysik ist von der Aufklärung nicht zu trennen. Was ist Metaphysik? Sie beschäftigt sich mit dem, was jenseits des Sicht- und Messbaren ist. Das, was den menschlichen Geist, seine Seele, sein Herz angeht und sein Dasein über die rein sachliche Physik hinaus ausmacht. »Nach (meta) der Physik«, so hießen die Schriften des Aristoteles, die sich der Lehre vom Sein, seinen Ursachen und seinem Wesen widmeten.

1781 erschien schließlich das Ergebnis von Kants metaphysischer Schufterei: das voluminöse Buch *Kritik der reinen Vernunft,* dem 1787 eine veränderte und erweiterte Auflage folgte. Das Werk gilt heute als eines der wichtigsten Schriften des abendländischen Denkens und wird oft als die »kopernikanische Wende« der Philosophie bezeichnet. Warum? Kant leistete in der *Kritik der reinen Vernunft* nichts Geringeres, als den Rahmen und die Gesetzmäßigkeiten menschlicher Erkenntnis neu zu definieren.

Ausgangspunkt für Kants Erkenntnisforschung war sein Zweifel daran gewesen, dass alle Gewissheit in der Vernunft des Menschen zu finden sei, wie René Descartes gemeint hatte. Angeregt von Isaac Newtons induktiver Methode, die von den einzelnen Beobachtungen ausgehend auf die allgemein gültigen Naturgesetze schloss, kam Kant zu dem Schluss, dass die deduktive Methode Descartes', wonach Erkenntnisse aus der Analyse des Allgemeinen abzuleiten waren, nicht ausreiche. Sie könne nichts über die Erfahrungswelt des Menschen aussagen, auf welche Kant durch die Lektüre der Werke Jean-Jacques Rousseaus aufmerksam gemacht worden war. Rousseau, so Kant, habe gezeigt, dass die menschliche Erfahrung aus mehr bestehe als nur aus Vernunft. Den endgültigen Anstoß gab ihm jedoch der Schotte David Hume. Für diesen gab es keine Erkenntnis ohne Erfahrung, Erkenntnisse müssten empirisch (durch Erfahrung) nachweisbar sein. Während also der Rationalismus Descartes' die Sinne beziehungsweise die Wahrnehmung beim Erkenntnisgewinn gering schätzte und dem Verstand die größte Bedeutung beimaß, setzte der skeptische Empirismus Humes die Sinne und somit die Wahrnehmung über den Verstand.

In der *Kritik der reinen Vernunft* gelang es Kant, die Ideen Newtons, Humes und Rousseaus kongenial zu verbinden und nebenbei Descartes' Dualismus (die Trennung von Geist und Körper) zu überwinden. Dies tat er, indem er den menschlichen Erkenntnisprozess strukturierte. Kant unterschied zwischen drei Einflussgrößen auf die menschliche Erkenntnis: Wahrnehmung, Verstand, Vernunft. Diese, so Kant, verhielten sich im Erkenntnisprozess so zueinander: Wahrnehmung und Verstand stünden in Wechselwirkung, sie tauschten sich aus und würden auf diese Weise Erkenntnis produzieren. Die Vernunft hingegen versuche, die durch Wahrnehmung und Verstand gewonnene Erkenntnis noch zu erweitern, treibe den Menschen immer wieder dazu, die Grenzen seiner aus dem Zusammenspiel von Verstand und Wahrnehmung gewonnenen Erkenntnis sprengen zu wollen. Die Vernunft lässt uns laut Kant immer wieder aufs Neue spekulieren. Sie stellt Fragen: Wie steht es mit den Zusammenhängen von Ursache und Wirkung? Haben sie eine Gemeinsamkeit? Ist diese Gemeinsamkeit Gott? Gibt es etwas, das außerhalb von Ursache und Wirkung existiert? Und wenn ja, was ist es? Ist es die Freiheit? Und wenn ja, wie hat der Mensch damit umzugehen?

Um seiner Erkenntnistheorie die richtige Richtung zu geben, stellte Kant die Begriffe »transzendent« und »transzendental« gegeneinander. Transzendent nannte er alles, was der Mensch nicht sicher erkennen könne. Transzendental waren für ihn hingegen notwendige Bedingungen wie Raum und Zeit, über die der Mensch verfügen müsse, um überhaupt Erkenntnis haben zu können. Seine in der *Kritik der reinen Vernunft* dargelegte Erkenntnistheorie nennt Kant daher nicht von ungefähr »Transzendentalphilosophie«. Diese unterteilt er in eine Ästhetik, eine Analytik und eine Dialektik.

Die menschliche Wahrnehmung ist Gegenstand der »transzendentalen Ästhetik«. Sie ist für Kant geprägt von der Vorstellung von Raum und Zeit, die wir benötigen, um die Welt erkennen und erklären zu können. Alles, was wir wahrnehmen, ist immer schon im Raum und in der Zeit, diese Vorstellungen müssen also schon vor dem eigentlichen Erkenntnisprozess in uns vorhanden sein. Mit Hilfe von Raum und Zeit betreiben wir Geometrie und Mathematik und kommen zu Ergebnissen, die nicht aus der Erfahrung (a posteriori), sondern aus logischen Folgerungen reinen Nachdenkens (a priori) stammen.

Mit dem Verstand beschäftigt sich Kant in der »transzendentalen Analytik«. In dieser benennt er die Grundbegriffe, über die der Mensch – neben den Anschauungsformen Raum und Zeit – verfügen muss, um Erkenntnis erst möglich zu machen, die so genannten »Kategorien«. Die Kategorien sind das Rüstzeug des Menschen, um seine Wahrnehmung zu ordnen, sie zu analysieren und zu Schlüssen zu gelangen. Zu ihnen gehören »Ursache« und »Wirkung« aber auch »Substanz« und »Akzidenz«. Die Substanz beschreibt den Kern von Dingen, die Akzidenz deren wechselnde Eigenschaften.

Die großen Fragen, die die Vernunft stellt, sind schließlich Gegenstand von Kants »transzendentaler Dialektik«. Hier behandelt er das Für und Wider, ob es Gott, Freiheit, Unendlichkeit gibt. Kant war überzeugt, die von der Vernunft gestellten Fragen könnten von der menschlichen Erkenntnis nicht beantwortet werden. Denn alles, was wir wissen können, liege im Rahmen unserer Erfahrungswelt aus Wahrnehmung und Verstand. Die Fragen der Vernunft aber reichten darüber hinaus und ließen die Antworten offen. So gäbe es etwa ebenso gute Argumente für die Behauptung, der Mensch sei frei, wie für das Gegenteil. Das Gleiche gelte für die Frage, ob der Raum endlich oder unendlich sei. Auch auf die Frage nach der Existenz Gottes gäbe es keine endgültige Antwort. Gott, so Kant, sei ein Ideal und seine Existenz sei mit der Vernunft weder zu beweisen, wie es Anselm von Canterbury und René Descartes versucht hatten, noch zu widerlegen.

Kant steckte den Rahmen für das, was der Mensch erkennen könne, sehr viel enger als alle Philosophen vor ihm. Was aber können wir erkennen? Kants Antwort war die besagte »kopernikanische Wende« der Philosophie: Indem der Mensch im Erkenntnisprozess die Wirklichkeit strukturiert, wobei er immer wieder von seiner Vernunft angetrieben wird, trägt er selbst entscheidend zu der Welt bei, die er erkennt. Zugespitzt gesagt: Wir erkennen nicht die Dinge, wie sie wirklich sind, sondern die Dinge entstehen durch unsere Erkenntnis – also quasi in uns selbst, indem Eindrücke auf den ordnenden Verstand treffen. Wir erkennen – wie Kant es formulierte – eine »Erscheinungswelt«, wie die Welt aber tatsächlich ist, werden wir nie wissen. Somit hält Kant für den, der absolute Gewissheit sucht, keinen Trost bereit. Im Gegenteil: Er brachte gerade diejenigen auf den Boden der Tatsachen zurück, die allzu sehr auf die Aufklärung gesetzt und darauf vertraut hatten, dass die Vernunft die großen Fragen klären könne. Kant hatte die Vernunft der kritischen Prüfung ausgesetzt und sie war durchgefallen. Als Trost verwies Kant auf den Verstand. Er helfe uns, die ewige Restungewissheit zu ertragen.

Obwohl Kant eine Antwort auf die Fragen nach Gott, Freiheit und Unendlichkeit als unerfüllbaren Wunsch deklarierte, verwies er darauf, dass sie den unverzichtbaren Ausgangspunkt für unsere Ethik und Moral bildeten. So sei etwa Freiheit auch die Voraussetzung für unsere Entscheidung, moralisch zu handeln. Das schlug sich im berühmten Kategorischen Imperativ nieder, der in Kants 1788 veröffentlichter *Kritik der praktischen Vernunft* nachzulesen ist, dem Buch, in dem Kant wesentliche Elemente seiner praktischen Philosophie ausbreitete. Der Kategorische Imperativ fordert: »Handle nur nach derjenigen Maxime, durch die du zugleich wollen kannst, dass sie ein allgemeines Gesetz werde!« Die immer wieder bemüht umgangssprachliche »Übersetzung« dieser Handlungsanweisung »Was du nicht willst, das man dir tu, das füg auch keinem andern zu« ist im Übrigen gegenüber dem, was Kant im Sinn hatte, nicht nur eine grobe Verkürzung, sie deutet Kant falsch. Denn bei ihm liegen die Gründe dafür, dass man anderen kein Leid zufügen soll, nicht in dem Wunsch begründet, selbst kein Leid zu erfahren, sondern in der Überzeugung, andernfalls Unrecht zu tun.

Drei Jahre nach der *Kritik der reinen Vernunft* erschien in der *Berlinischen Monatsschrift* Kants Aufsatz »Beantwortung der Frage: Was ist Aufklärung?« Auslöser des Aufsatzes war ein anonymer Beitrag in der Monatsschrift gewesen, in dem die Frage aufgeworfen wurde, ob sich die religiöse Hochzeitszeremonie noch mit dem Geist der Aufklärung vertrage. Das hatte einen Pastor dazu veranlasst zu fragen, was denn Aufklärung sei. Kants Antwort beginnt mit den berühmt gewordenen Worten: »Aufklärung ist der Ausgang des Menschen aus seiner selbst verschuldeten Unmündigkeit. Unmündigkeit ist das Unvermögen sich seines Verstandes ohne Leitung eines anderen zu bedienen.« Der Artikel mündete in dem Appell: »Sapere aude! (Wage es, weise zu sein.) Habe Mut, dich deines eigenen Verstandes zu bedienen!«

Warum bleibt Kants Denken über die Jahrhunderte hinweg immer aktuell? Weil er, nachdem er den unsicheren Weg der Aufklärung zu beschreiten begonnen hatte, in diesen »Ausgang des Menschen aus seiner selbst verschuldeten Unmündigkeit« auch die Moral einband. Kants Denken, seine kritische Prüfung der Vernunft durch Verstand und Wahrnehmung, der Gedanke, dass der Mensch sich seine Welt selbst konstruiert, durchdringen bis heute Wissenschaftstheorie und Philosophie und seine moralisch-ethischen Überlegungen sind fester Bestandteil der Sozialwissenschaften.

39 Zeit ist Geld

Benjamin Franklin (1706 – 1790)

Auch wer kein Franklin-Kenner ist, weiß meistens dennoch zwei Dinge über ihn: Er war einer der Gründerväter der Vereinigten Staaten von Amerika und er erfand den Blitzableiter. Oft beschrieben ist die Szene, wie Franklin mit Dreispitz auf dem Kopf in einem Gewitter stand und seine Idee testete, indem er einen präparierten Drachen in den tosenden dunklen Himmel steigen ließ.

Wer nach diesen beiden Auskünften schon glaubt, Benjamin Franklin sei ein vielseitiger Mann gewesen, der liegt richtig und kennt dennoch nicht den Reichtum seiner Gedankenwelt und seines Schaffens. Weder die Politik noch das Erfinden standen am Anfang seiner Aktivitäten. Geboren als zehnter Sohn von 17 Kindern eines Seifen- und Kerzenmachers in Boston, begann er mit zwölf Jahren bei seinem Bruder eine Druckerlehre, ging dann nach Philadelphia und eröffnete dort mit 22 Jahren eine eigene Druckerei. Bald schon tummelte sich Franklin in der Lokalpolitik und hatte einen regen Austausch mit anderen wissenschaftlich Interessierten in den nordamerikanischen Kolonien Englands aufgenommen. Bereits ein Jahr nach Gründung seiner Druckerei übernahm er auch die Leitung einer Zeitung und entwickelte sich zu einem erfolgreichen Verleger. Besonders bekannt wurden *The Pennsylvania Gazette* und das weit verbreitete Jahrbuch *Poor Richard's Almanack*, durch die sich Franklin auch als Autor einen Namen machte.

Franklins Erfolg als Geschäftsmann verschaffte ihm die Freiheit, sich schon früh seinem politischen Ziel der Unabhängigkeit Nordamerikas zu widmen. Er vertrat mehrere Kolonien in London und gehörte zu den Männern, die Thomas Jeffersons Entwurf der Unabhängigkeitserklärung redigierten, ergänzten und die fertige Erklärung schließlich unterzeichneten. Ende 1776 reiste Franklin nach Paris und beteiligte sich dort maßgeblich an den Bemühungen um ein amerikanisch-französisches Bündnis gegen Großbritannien, das mit der 1778 abgeschlossenen franko-amerikanischen Allianz den jungen USA dringend benötigte wirtschaftliche und militärische Hilfe im Unabhängigkeitskrieg brachte. Nach seiner Beteiligung am Abschluss des Friedens von Paris, der im Jahr 1783 den amerikanischen Unabhängigkeitskrieg beendete und die Souveränität der USA bestätigte, wurde Franklin 1785 Gouverneur seines Heimatstaates Pennsylvania.

Weniger bekannt ist, wie eingehend Franklin sich mit wirtschaftlichen Fragen auseinander gesetzt hat. Ganz Puritaner, vertrat er die Ansicht, dass sich wirtschaftlicher Erfolg nur durch harte Arbeit einstelle. Ganz praktischer Amerikaner, verband er Tatkraft und Gottvertrauen zu der optimistischen Formel: »Hilf dir selbst, dann hilft dir Gott!«

Für Franklin war die in ein Gut investierte Arbeit der Maßstab für dessen Wertbestimmung. So war er überzeugt, dass anstelle von Münzen genauso gut Papiergeld ausgegeben werden könne, da dieses ebenfalls einen Gegenwert für Arbeit darstelle. Bereits 1729 hatte Franklin eine dementsprechende Abhandlung veröffentlicht.

1748 erschien Franklins kurze Schrift *Advice to a Young Tradesman (Rat an einen jungen Kaufmann)*. Nach zwei Sätzen der Vorrede gab er gleich seinen ersten Ratschlag: »Remember, that Time is Money!« (Denk daran, dass Zeit Geld ist!) Franklin erklärte, jedwede ungenutzte Zeit, in der Geld verdient werden könnte, sei verlorenes Geld. Denn wer in der Lage sei, zehn Schilling am Tag zu verdienen, doch nur die Hälfte des Tages arbeite, habe im Grunde fünf Schilling vertan.

In jenen Tagen war Franklin erst 42 Jahre alt. Doch damals bedeutete das bereits ein fortgeschrittenes Alter. Daher ist der Zusatz im Titel seiner Schrift »Written by an Old One« (geschrieben von einem Alten) weniger Koketterie als man annehmen mag.

Der Gedanke, dass Zeit ein wertvolles Gut sei und mit Bedacht genutzt werden solle, war auch damals nicht neu. Bereits in der Antike war er bekannt, wie das »Carpe diem« (Nutze den Tag) von

Horaz zeigt. Doch der sprichwörtlich englische Ausdruck mit seiner ökonomischen Ausrichtung ist zuallererst in jener Schrift von Benjamin Franklin belegt.

Franklins *Advice to a Young Tradesman* erschien in einer Zeit des Aufbruchs und des verstärkten Nachdenkens über wirtschaftliche Fragen. In Frankreich stellten Denker um François Quesnay das Wirtschaftssystem des Merkantilismus infrage, in dem der Staat den Handel und die Manufakturen nicht nur zentral lenkte, sondern vor allem den Außenhandel mit Zöllen oder Exportförderung nach seinen Wünschen gestaltete. Sie forderten mit dem Motto »Laissez faire! Laissez passer!« das freie Spiel der Kräfte im Wirtschaftskreislauf. Gleichzeitig meldeten sich die Vorboten der ersten industriellen Revolution.

In England hatte um 1710 ein gewisser Thomas Newcomen eine atmosphärische Dampfmaschine erfunden. Sie wurde bereits in großer Zahl eingesetzt, doch den Aufbruch in eine neue Zeit bescherte erst die verbesserte Version von James Watt, für die er 1769 ein Patent erhielt. Nun konnten bestimmte Arbeiten sehr viel schneller und sehr viel kostengünstiger verrichtet werden. Vor allem die englische Textilindustrie wurde durch die Dampfmaschine revolutioniert. Unzählige Webstühle konnten mit ihr angetrieben werden und erste Fabriken entstanden. Da die Arbeit dort auch wegen der Laufzeit der Maschinen organisiert werden musste, begann man, die Zeit einzuteilen. Auch das Arbeitsleben der abhängig Beschäftigten veränderte sich dadurch entscheidend. Gab es vorher vor allem Land- und Saisonarbeiter, so entstand nun die neue Schicht der Fabrikarbeiter. Sie arbeiteten fest angestellt an einem Ort und lebten mit ihren Familien direkt neben der Fabrik. Die Zeit war zum Maßstab der Planung von Arbeit und auch des Alltags geworden – und ein Produktionsfaktor.

Dass Franklins Konterfei heute den US-amerikanischen Hundert-Dollar-Schein ziert, ist nicht nur aufgrund seiner vielfältigen Leistungen angemessen. Wer könnte besser passen als jemand, der sich für Papiergeld als Währung eingesetzt und ein so wichtiges Gut wie Zeit mit Geld verglichen hat?

40 Es steht in unserer Macht, die Welt aufs Neue zu beginnen

Thomas Paine (1737 – 1809)

Als Thomas Paine 37 Jahre alt war, stand er vor den Trümmern eines bis dahin ganz und gar erfolglosen Lebens. In seiner Heimat England schien für ihn alles verloren. Immer wieder hatte er Neues begonnen, doch nichts davon durchzuhalten vermocht. Ein Schulabschluss war ihm nicht gelungen. Als ihm daraufhin sein Vater das Handwerk des Korsettmachers beigebracht hatte, nahm Paine den erlernten Beruf nicht auf, sondern heuerte auf Kaperschiffen an. Erst danach startete er den glücklosen Versuch, doch noch als Korsettmacher sein Leben zu bestreiten. Durch Fürsprache erhielt er schließlich einen Posten als Zollfahnder. Aber auch den verlor er wieder. Seine Arbeitseinstellung sei zu lax, hieß es. Nun widmete sich Paine für einige Jahre seinen naturwissenschaftlichen Interessen. Sein Geld verdiente er als Hilfslehrer. Schließlich stellte ihn die Zollbehörde erneut ein. Doch dann scheiterte seine zweite Ehe. Und er wurde wieder entlassen. Er hatte sich für höhere Löhne und bessere Arbeitsbedingungen eingesetzt. Paine war endgültig ruiniert.

Als würde ihn das Leben, das ihn gerade beutelte, auf einen neuen Weg führen wollen, traf er 1774 in London den damals bereits berühmten Benjamin Franklin. Der war beeindruckt von dem lebhaften und viel interessierten Mann und ermunterte ihn, nach Amerika zu gehen. Ein Empfehlungsschreiben gab er ihm gleich mit. Paine schiffte sich ein, die Überfahrt wurde zum Alptraum. Zu schwerer Seekrankheit kam bald hohes Fieber, Folge einer Epidemie, die aufgrund der schlechten hygienischen Bedingungen an Bord ausbrach. Als Paine in Philadelphia eintraf, musste man ihn auf einer Bahre vom Schiff tragen. Erst als er genesen war, wendete sich endlich sein Geschick. Nun wirkte das Empfehlungsschreiben Franklins wahre Wunder, Türen öffneten sich. Paine erhielt Arbeit als Redakteur einer Zeitung.

In den englischen Kronkolonien Nordamerikas hatte sich in jenen Tagen eine weit entwickelte Gesellschaft herausgebildet. Gleichzeitig schien das britische Weltreich auf dem Gipfel seiner Macht zu stehen. Elf Jahre zuvor war Frankreich im Siebenjährigen

Krieg endgültig als Rivale um die Dominanz auf dem Globus ausgeschaltet worden. Vor allem in Nordamerika hatte man den Kampf gefochten. Nach dem Sieg über Frankreich war für die 13 englischen Kolonien die Bedrohung von außen entfallen und die Entfremdung vom Mutterland setzte sich fort. Abgaben, Steuern und Reglementierungen, die England den amerikanischen Siedlern auferlegte, um die durch Kriege geplünderte Staatskasse aufzufüllen, belasteten zunehmend das Verhältnis. Ein Jahr vor Paines Ankunft in Amerika hatten Demonstranten im Bostoner Hafen neu eingetroffene Teeladungen ins Meer geworfen. Dann kam es im April 1775 zu bewaffneten Auseinandersetzungen. In Lexington und Concord fanden schließlich die ersten Gefechte des Amerikanischen Unabhängigkeitskrieges statt.

Der sich zunehmend für Politik interessierende Paine nahm an den Ereignissen regen Anteil. Nach einer ersten Schrift, in der er sich gegen die Sklaverei ausgesprochen hatte, veröffentlichte er im Januar 1776 die Flugschrift *Common Sense*. Darin griff er das englische Mutterland vehement an und redete der Freiheit und der Unabhängigkeit Amerikas das Wort. Paine gelang es, den Geist und die Anliegen seiner Zeit in für jeden verständliche Worte zu fassen. *Common Sense* wurde ein überwältigender Erfolg, rasch waren nahezu eine halbe Million Exemplare verkauft. Paine nannte darin das, was für eine Unabhängigkeit von Großbritannien spreche, »nothing more than simple facts, plain arguments and common sense« (nicht mehr als einfache Fakten, klare Gründe und gesunden Menschenverstand). Schließlich erschien der Satz: »We have it in our power to begin the world over again.« (Es steht in unserer Macht, die Welt aufs Neue zu beginnen.) Diese Worte wurden zu einer Art Parole für den Aufbruch in die Unabhängigkeit und die Erschaffung eines Staates auf demokratischer Basis. Nicht nur für die amerikanische Revolution, die wiederum Vorbild für die umwälzende Französische Revolution war, wurden sie zur Handlungsanweisung, sondern sie wurden zu einer Art Slogan des »Amerikanischen Traums«. Alle konnten sich mit den Worten von der Welt, die man selbst neu beginnt, identifizieren: der alt eingesessene Siedler ebenso wie der Einwanderer. Der Satz ist nicht nur eine zeitlose gesellschaftliche und politische Aufforderung, sondern vor dem Hintergrund des Inhalts von *Common Sense* auch ein Appell, an der individuellen Freiheit festzuhalten. Denn Paine unterstrich in seiner Schrift ausdrücklich die Bedeutung des Individuums und sprach vom Staat als einem unvermeidlichen Übel, das möglichst selten in das Leben des Einzelnen eingreifen dürfe.

Der Einfluss von Paines Schriften auf die nur wenige Monate später verfasste Unabhängigkeitserklärung war groß. Doch als Person bewirkte er weit weniger als sein Werk, die politische Gestaltung übernahmen andere. Ein Grund lag in seinem Talent, sich immer wieder mit anderen zu überwerfen. Während des Unabhängigkeitskrieges diente Paine in der Armee George Washingtons. Er veröffentlichte seine ebenfalls einflussreiche Flugschrift *American Crisis* und wirkte in der damals schwierigen Kriegslage noch einmal sinnstiftend für das Tun der demokratischen Kräfte. 1777 machte ihn der Kongress zum Sekretär des Komitees für Auswärtige Angelegenheiten. 1779 verlor er den Posten, weil er sich in einer Kontroverse mit einem politischen Gegner, die in Zeitschriften ausgefochten wurde, zur Offenlegung von Staatsgeheimnissen hatte hinreißen lassen. Paine wurde zum Gegenstand heftiger öffentlicher Auseinandersetzungen. Er arbeitete als Angestellter der Botschaft Pennsylvanias in Washington und später für das Außenministerium, mit einem, wie er sagte, »ansehnlichen Gehalt«. George Washington setzte sich dafür ein, dass Paine aufgrund seiner Verdienste ein Landgut und verschiedene weitere finanzielle Zuwendungen erhielt, sodass er ab 1785 materiell unabhängig war. Doch lange hielt es Paine in seiner komfortablen Lage nicht aus. Er kehrte nach Europa zurück, zunächst nach England. Dort wollte er Geld für eine neuartige Brückenkonstruktion auftreiben, die er entwickelt hatte. Doch dann brach in Frankreich die Revolution aus. Paine nahm regen Anteil und begann zwischen Frankreich und England zu pendeln.

1791 veröffentlichte er sein Werk *The Rights of Man (Die Rechte des Menschen)*, das die Vision einer einheitlichen europäischen Republik enthielt, in der alle Menschen frei leben. Paine wurde französischer Staatsbürger und Abgeordneter in der Nationalversammlung. Doch der Mann, der Schwierigkeiten anzog wie der Speck die Mäuse, geriet erneut in Kalamitäten. 1793 stimmte er gegen die Hinrichtung Ludwigs XVI. und wurde verhaftet. Während seiner Haft erschien der erste Teil seines Werks *The Age of Reason* (*Das Zeitalter der Vernunft*), ein vehementer Angriff auf Glauben und Religion. Alle verstanden das Werk als das eines Atheisten. Dabei glaubte Paine an ein höheres Wesen, doch leitete er aus dem Glauben daran keinerlei politische oder theologische Folgerungen ab. Vielmehr redete er einer klaren Trennung von Glauben und Denken das Wort.

Fast elf Monate – bis November 1794 – saß Paine in Paris im Kerker. Es war eine Zeit der Todesangst und des Leids. Hunderte seiner Mithäftlinge wurden an seiner Zelle vorbei zur Guillotine gezerrt. Tag und Nacht Schreie, Schluchzen, Schläge. Paine erkrankte schwer. Wochenlang lag er fiebergeschüttelt auf seiner Schlafstatt, aufopferungsvoll gepflegt von seinen drei Zellengenossen. Doch sein Gesundheitszustand verschlechterte sich von Tag zu Tag. Schließlich war er kaum noch ansprechbar, war versunken in fiebrigem Dämmerzustand. Paines ohnehin schmächtige Gestalt magerte ab. Über der großen Hakennase spannte sich die Haut, die zudem am ganzen Körper fleckig wurde. Die lebhaften schwarzen Augen schienen zu brechen. Schließlich erlaubten die Wärter, die Zellentür geöffnet zu lassen, damit bessere Luft in die Zelle komme. Das sollte Paine auf ungeahnte Weise das Leben retten.

Jeden Morgen ging ein Schließer mit der Liste der nächsten Delinquenten durch die Gänge und eines Tages markierte er die Zelle Paines. In der Nacht sollte die Hinrichtung stattfinden. Der Todesbote hinterließ das Zeichen auf der Innenseite der seit Tagen bis zum Anschlag geöffneten Tür. Doch an diesem Abend, Zufall oder Milde eines Wächters, wurde die Tür zur Nacht geschlossen. Als gegen Mitternacht die Hinzurichtenden aus den Zellen mit den markierten Türen geholt wurden, blieb Paine verschont. Die Markierung, die seinen und den Tod seiner Zellengenossen bedeutet hätte, war für die Schergen nicht zu sehen, nur Paine und seinen Kameraden stand sie an der Innenseite der Tür wie das ironische Lachen des Schicksals vor Augen. Einige Tage später wurde Robespierre gestürzt und ging den gleichen Weg wie zuvor viele seiner Opfer: zur Guillotine. Paine wurde freigelassen.

Er blieb noch einige Jahre in Frankreich und kehrte erst 1802 nach Amerika zurück. Dort vermochte er es nicht mehr, seine eigene Welt »neu zu beginnen«. Zwar hatten seine Freunde sein Vermögen gut verwaltet, sodass er sich finanziell gut versorgt sah, doch sein Ansehen in der Öffentlichkeit war nicht mehr das des Verfassers von *Common Sense*. Das Bild des Helden der Freiheit war verblasst. Nun war er nur noch der Verfasser von *The Age of Reason* und somit ein gewissenloser Atheist und Gotteslästerer. Amerika zeigte ein anderes seiner vielen Gesichter: das bigotte. Verbittert, nahezu verwahrlost und in der öffentlichen Meinung bis zu seinem Tod angefeindet, starb Paine im Alter von 72 Jahren. In einer Zeitung war zu lesen: »Er lebte lang, tat einiges Gutes und sehr viel Schlechtes.«

41 Das größte Glück der größten Zahl

Jeremy Bentham (1748 – 1832)

Es heißt, Studenten hätten eines Tages mit seinem Kopf Fußball gespielt. Doch wer nun über diese Nachricht erschrocken ist, dem sei gesagt, dass Bentham selbst diesem befremdlichen Vorgang Vorschub geleistet hat. Der Exzentriker hatte nämlich verfügt, dass sein Körper nach seinem Tod der wissenschaftlichen Forschung überlassen werde. Der Sezierung seiner Leiche wohnten, wie ebenfalls testamentarisch festgelegt, seine Freunde bei. Später wurde dann der Körper, gemäß Benthams Wunsch, gut gekleidet in Sitzhaltung auf einem Stuhl in einem Flur des University College of London postiert. Doch damit nicht genug. Bentham hatte außerdem bestimmt, dass seine somit dezent hergerichteten Gebeine in den Ratssitzungen der Universität anwesend zu sein hätten. Man entsprach dem Willen des berühmten Mannes, zumal er die Hochschule, sollte seinen Verfügungen entsprochen werden, mit dem Erbe seines Vermögens bedachte.

Noch heute wird Benthams Körper in die Sitzungen des Universitätsrats gebracht. An allen anderen Tagen sitzt der konservierte Leichnam auf einem Stuhl in einer Glasvitrine im Londoner University College, der von einem Wachskopf geziert wird. Ob der Kopf auf dem Torso von Anfang an aus Wachs war, ist nicht mehr zu klären. Die einen meinen, das bereits erwähnte Fußballspiel habe erst den Austausch des Kopfes provoziert, andere führen an, die Studenten hätten die nicht hinzunehmende Gewohnheit entwickelt, Benthams abgetrennten Kopf auf Partys mitzunehmen. Der echte Kopf liegt heute sicher in einem Safe.

Exzentrik und Genie treffen nicht selten in einer Person aufeinander. So auch bei Bentham. Bereits mit vier Jahren soll er eifrig gelesen und sich selbst Latein beigebracht haben. Als er dann in London und Oxford Rechtswissenschaften studierte und schließlich als Advokat zugelassen wurde, hegte sein Vater, ein vermögender Anwalt, die nicht unberechtigte Hoffnung, dass sein hoch begabter Sohn einst in höchste politische Ämter aufsteigen würde. Doch der hatte Derartiges nicht im Sinn. Notorisch schüchtern, zog er das Leben im Verborgenen vor. Nur kurz und halbherzig arbeitete er als Anwalt, dann wandte er sich wieder seinen Studien zu. Sein Vater war enttäuscht, gewährte seinem Sohn aber dennoch eine finanzielle Unterstützung, die es ihm erlaubte, Publizist zu werden. Bentham war am Ziel. Fortan lebte er komfortabel in London, widmete sich seinen politischen, juristischen und philosophischen Neigungen und konnte sich den Luxus leisten, einzig und allein über seine Schriften an die Öffentlichkeit zu treten.

Benthams ursprüngliches Anliegen war ein verbessertes Strafrecht, doch rasch stieß er darüber auf die fundamentalen Fragen, was Recht und was Gerechtigkeit an sich seien. Als er 1789 seine berühmt gewordene Schrift *An Introduction to the Principles of Morals and Legislation* veröffentlichte, gab er dem Rechtsdenken einen neuen Ansatz. Er legte dar, dass alles Handeln der Menschen von dem Antrieb gelenkt werde, Freude zu erlangen beziehungsweise Schmerz und Leid zu vermeiden. Daher versuche der Mensch gegenüber Opfern oder Schmerz einen möglichst großen »Überschuss« an Glück zu erreichen. Auf diesen Antrieb seien alle menschlichen Handlungen zurückzuführen, auch Wohltätigkeit, Altruismus, Pflichtgefühl, Liebe und Freiheitsstreben. Nach Bentham erreicht der Mensch am ehesten das Ziel des größten Glücksüberschusses, wenn er mit dem Glücksstreben anderer übereinstimmt. Daher meinte Bentham, eine Handlung sei dann gesellschaftlich gut zu heißen, wenn sie zum größten Glück für die größte Zahl der betroffenen Personen beitrage. Diese Ansicht fasste er in seinem Buch in dem Satz zusammen: »The greatest happiness for the greatest number.« (Das größte Glück der größten Zahl.)

Der Satz war keine Erfindung Benthams. Er selbst verwies darauf, dass er ihn aus Joseph Priestleys Schrift *An essay on the first principles of government* aus dem Jahr 1768 sowie dem 1762 erschienenen Buch *Dei delitti e delle penne* (*Von Verbrechen und Strafen*) des italienischen Rechtsphilosophen Cesare Beccaria entlehnt hatte.

Noch früher stehen die Worte bei dem schottischen Moralphilosophen Francis Hutcheson, dem Lehrer von Adam Smith, in dessen *Inquiry into the Original of our Ideas of Beauty and Virtue* (1725). Dort heißt es: »That action is best which procures the greatest happiness for the greatest numbers.«

Trotz all dieser früheren Belege für den Satz, werden die Worte immer wieder vor allem mit Bentham in Verbindung gebracht. Vielleicht, weil er es war, der die utilitaristische Philosophie mit dem Kernsatz »Das größte Glück der größten Zahl« am einflussreichsten vertrat. Das Wort »utilitaristisch« leitet sich aus dem Lateinischen ab und bedeutet »am Nutzen ausgerichtet«. Bentham beurteilte eine Tat nicht mehr danach, ob sie ethisch oder moralisch vertretbar ist, sondern danach, wie sehr sie möglichst vielen in der Gesellschaft nutzt. Damit legte er das Fundament des Utilitarismus. Später sollte in John Stuart Mill (1806 – 1873), dem Sohn seines Freundes James Mill, ein utilitaristischer Denker von gleicher Bedeutung wie Bentham erwachsen.

Was bedeutete die Annahme eines nutzengetriebenen Menschen für die Rolle des Staates? Für Bentham war klar: Der Staat muss ein Werkzeug des Individuums sein. Denn der einzig und allein zu rechtfertigende Zweck des Staates sei, das größte Glück für die größte Zahl seiner Bürger zu erreichen. Praktisch bedeute das, die Menschen wie auch ihr Eigentum seien vom Staat vor Gewalt der Mitbürger und anderer Staaten zu schützen. Beim Bestreben des Staates, das Ziel des »größten Glücks der größten Zahl« zu erreichen, dürfe man sich von staatlicher Seite nicht von moralisch-gesellschaftlichen Maßstäben wie »sozial« oder »gerecht« leiten lassen. Denn der Staat könne nicht beurteilen, was für den Einzelnen sozial und gerecht sei. Das, was das Beste für den Einzelnen sei, könne nur das Individuum selbst erkennen. Daher zähle in Bezug auf das Handeln des Staates einzig und allein das Ergebnis eines möglichst großen Nutzens für die Gemeinschaft. Bentham verwandte eine immense Energie darauf auszurechnen, wie Nutzen und Glück zu messen und zu bestimmen seien.

Für Bentham gab es letztlich keinen Widerspruch zwischen dem persönlichen und dem allgemeinen Wohl. Lediglich ein Verstoß gegen die individuelle Freiheit anderer müsse unterbunden werden. Dies sei am besten durch die Androhung von Strafe zu gewährleisten. Auch hier galt der utilitaristische Ansatz, dass der Mensch davon geleitet werde, Freude zu suchen und Schmerz zu meiden. Bentham warb später bei der englischen Regierung für das von ihm selbst entworfene Modellgefängnis »Panopticon«, das er bis in alle architektonischen Einzelheiten ausgearbeitet hatte. Das Prinzip des »Panopticons« besteht darin, die Gefangenen so zu überwachen, dass sie zwar ihren Alltag in ihren Zellen leben, doch nie wissen können, ob sie gerade beobachtet werden oder nicht. Daher, so Benthams Schluss, würden sie unerlaubte Aktivitäten meiden und sich der Gefängnisautorität unterwerfen. Auch wenn Bentham mit seinem Modellgefängnis in der Praxis keinen Erfolg hatte, hielt es der französische Philosoph Michel Foucault (1926 – 1984) für bedeutend und richtungweisend für die moderne Gesellschaft. Denn wie die Architektur von Benthams »Panopticon« basiere auch die Architektur der modernen Gesellschaft auf einer Kontrolle durch Vereinzelung und das, so Foucault, auf eine Art und Weise, in der Macht nicht permanent ausgeübt werden müsse.

In Deutschland stieß Benthams Utilitarismus nur auf geringe Resonanz. Doch in der angelsächsischen Welt, die sich anschickte, über das britische Weltreich und die gerade unabhängig gewordenen Vereinigten Staaten von Amerika die weitere gesellschaftliche Entwicklung des Westens zu prägen, wurde Bentham für seine Ideen gefeiert. Vor allem das angelsächsische Rechtsdenken beeinflusste Bentham nachhaltig. Seine Arbeiten strahlten auch auf William Stanley Jevons aus, der zu jenen gehörte, die im letzten Drittel des 19. Jahrhunderts die Grenznutzenlehre entwickelten und damit die Wirtschaftswissenschaften revolutionierten. Auch die Revolutionäre in Frankreich ließen sich von Bentham beraten. Sie machten ihn sogar zum Ehrenbürger. Deren Credo »Alle Menschen sind gleich« war auch das Benthams.

Gegen Lebensende mochte Bentham den Satz vom »größten Glück der größten Zahl« nicht mehr. 1829 meinte er in einem Beitrag, den er für eine Artikelsammlung seines Freundes James Mill verfasste, es bestünde die Gefahr, dass dieser Satz für die Mehrheit in einer Gesellschaft als Rechtfertigung dienen könne, die Minderheit zu unterdrücken, etwas, das er nie im Sinn gehabt hatte. Mit der Gruppe der »Radicals«, die er 1808 mit James Mill gegründet hatte, kämpfte Bentham damals schon viele Jahre für ein erweitertes, geheimes Wahlrecht und um eine Reform des Strafrechts, das sich rein an Wirksamkeit, also seinem Nutzen für die Sicherheit, und nicht an Vergeltung orientieren sollte. Zwei Jahre bevor er im hohen Alter von 84 Jahren starb, entwarf Bentham in seinem Buch *Constitutional Code* die Idee eines Staates mit allgemeinen, freien und gleichen Wahlen inklusive eines vollen Wahlrechts für Frauen. Das Königtum wollte er abschaffen und den Einfluss der Kirche auf den Staat ausschalten.

Außer seinem Körper und seinem Vermögen hinterließ Bentham dem University College of London noch zehntausende Seiten unveröffentlichter Schriften. Der unermüdliche Arbeiter hatte pro Tag zwischen zehn und 20 Seiten geschrieben. Die Sichtung durch Studenten und Wissenschaftler dauert an. In seinem unermesslichen Werk hatte er wohl sein persönliches größtes Glück der größten Zahl gefunden.

42 **Wenn sie kein Brot haben, dann sollen sie doch Kuchen essen**

Marie Antoinette (1755 – 1793)

Vieles, was man über sie erzählte, entsprach den Tatsachen. Sie war kein Engel und hatte keinen besonders guten Charakter. Doch letztlich waren es dreiste Lügen, die zu ihrem tragischen Ende beitrugen. Aber in ihrer Not, in ihren bittersten Stunden beeindruckte Marie Antoinette dann selbst ihre Feinde durch Würde und Haltung.

Die jüngste Tochter der Kaiserin Maria Theresia besaß weder Herzenswärme noch erfuhr sie eine Erziehung, die diese womöglich gebildet hätte. Nach dem Motto »Krieg führen lasse die anderen, du, glückliches Österreich, heirate!« war auch der kleinen Maria Antonia Josepha Johanna, die alle nur Antoinette nannten, kein anderer Weg vorgezeichnet, als der eines dem Hause Habsburg gemäßen Lebens voller Macht und Prunk. Der passende Gemahl fand sich, als Frankreich sein noch junges Bündnis mit Österreich festigen wollte und der mächtige französische Minister Choiseul – einst Günstling der Madame de Pompadour – anregte, den jungen Dauphin und späteren

Ludwig XVI. mit einer Tochter des österreichischen Herrscherhauses zu vermählen.

Als die erst 14-jährige Antoinette ausgewählt wurde, erkannte man am österreichischen Hof bestürzt, dass man die Erziehung der späteren Königin von Frankreich und künftigen Hausherrin von Versailles bis dahin grob vernachlässigt hatte. Ein Intensivkurs versuchte die offenkundigsten Mängel zu beheben, immerhin war Versailles das Vorbild des Zeremoniells und der Etikette an den Höfen Europas. Doch Lücken blieben. Antoinette, von hübschem und kapriziösem Wesen, war launenhaft, oberflächlich und unkonzentriert. Lediglich die Musik vermochte zeitweise ihre Aufmerksamkeit zu fesseln. Einmal musizierte sie mit dem jungen Mozart.

Im Mai 1770 traf die verwöhnte Halbwüchsige in Frankreich ein und wurde mit dem gutherzigen, doch trägen und dicklichen 15-jährigen Dauphin vermählt. Rasch verfing sich die kokette Prinzessin im engmaschigen Intrigennetz des französischen Hofes. Da längeres Nachdenken und diplomatische Finesse nicht zu ihren Wesenszügen gehörten, machte sie sich weder beliebt noch konnte sie Anerkennung gewinnen. Alles, was sie tat, schien sich nur um ihre eigene enge Welt zu drehen, wirkte oberflächlich, war verschwenderisch. Marie Antoinette frönte dem Glücksspiel und zeigte keinerlei Interesse für das Volk.

Als Ludwig XVI. 1774 schließlich den französischen Thron bestieg, Marie Antoinette endlich Königin wurde, stand die Bevölkerung dem jungen Paar zunächst wohlwollend gegenüber. Marie Antoinettes Versuch, Einfluss auf die Besetzung politischer Ämter auszuüben, etwa den zuvor entlassenen Choiseul wieder in Amt und Würden zu bringen, machte sie indessen am Hof immer unbeliebter, und weil sie ihre Stellung hemmungslos ausspielte, schaffte sie sich weitere Feinde. Die Begegnung mit ihr konnte erniedrigend sein. Wen sie nicht zuvor selbst angesprochen hatte, der durfte nicht das Wort an sie richten. Die Tanten des Königs nannten sie bald geringschätzig »l'Autrichienne«. Auch die Stimmung im Volk begann zu kippen. Man wartete ungeduldig auf einen Thronfolger. Die Ehe zu vollziehen, gelang dem Paar jedoch erst nach sieben Ehejahren. Denn eine Verengung der Vorhaut machte für den jungen König den Geschlechtsakt zur Qual. Inzwischen hielt sich Marie Antoinette schadlos in amourösen Verbindungen mit Höflingen und Favoriten. Ihre

Kleidung war extravagant, Vergnügungen wie Maskenbälle ohne die Begleitung des Königs, Glücksspiele oder das Leben in ihrem Lustschlösschen Petit Trianon waren kostspielig. Ihre Feinde wussten davon ausführlich zu berichten.

Nach acht Jahren Ehe brachte Marie Antoinette endlich ein Kind zur Welt. Doch es war eine Tochter. Erst 1781 gebar sie den Dauphin Louis-Joseph-Alexander. Entspannung trat ein. Anstatt die Gunst der Stunde zu nutzen und ihre Stellung auch in der Öffentlichkeit zu stärken, zog sich Marie Antoinette nun ins Private zurück, widmete sich ihren Kindern, war ihnen eine liebevolle Mutter und gab sich ansonsten ihren Zerstreuungen hin. Dann erschütterte die Halsbandaffäre Marie Antoinettes Ruf und den der Monarchie nicht minder. Es wurde der Verdacht kolportiert, die Königin sei bereit gewesen, einem Kardinal auf amouröse Weise zu Diensten zu sein, um in den Besitz eines wertvollen Colliers zu kommen. Inwieweit Marie Antoinette in dieses Intrigenspiel verwickelt war, konnte nie geklärt werden.

Währenddessen steuerten das Land und der Staat an den Abgrund. Ludwig, der ein aufrichtiges Wesen und keinen schlechten Charakter hatte, besaß weder die Willensstärke noch die Fähigkeiten, um nötige Reformen durchzusetzen. Gut gemeinte Taten, wie die Wiedereinsetzung des Parlaments, führten zum Gegenteil des Gewollten. Die Etablierten aus Adel und Klerus, die im Parlament das Sagen hatten, stellten sich gegen jede Einschränkung ihrer Vorteile. Fähigen Ministern wie Finanzminister Turgot und später dem Bankier Necker versagte Ludwig im entscheidenden Moment die Unterstützung.

Ratlos, was zu tun sei, ließ er schließlich am 5. Mai 1789 die Generalstände, die Versammlung von Adel, Kirche und Bürgern, einberufen. Sie hatten seit 1614 nicht mehr getagt. Es war Ludwigs vorweggenommene Kapitulation als absoluter Herrscher. Doch welche Gefahren mittlerweile drohten, erkannten weder er noch seine Berater. Eine neue Macht stand bereit, das Heft des Handelns zu übernehmen. Der dritte Stand, das Bürgertum, hatte längst ein solches Gewicht in Wirtschaft und Gesellschaft, dass er an der politischen Willensbildung beteiligt werden wollte. Als dann die Versammlung der Generalstände anhob, war schnell zu erkennen, dass Adel und Kirche sich weigerten, Privilegien aufzugeben, geschweige denn politische Macht zu teilen. In einem erneuten Moment des Stillstands – Verfahrensfragen behinderten ein Weiterkommen, der König konnte sich zu keiner Entscheidung durchringen – erklärte sich der dritte Stand am 17. Juni zur Nationalversammlung. Liberale Adelige schlossen sich ebenso an wie zwei Tage später die Mehrheit der geistlichen Abgeordneten. Am 20. Juni leisteten diese Männer im Ballhaus zu Versailles den Schwur, nicht wieder auseinander zu gehen, bis sie Frankreich eine Verfassung gegeben hätten. Ludwig war zwar zu Zugeständnissen bereit, doch die Gleichheit aller und die Abschaffung der Aristokratie lehnte er ab. Als dann die Nachricht die Runde machte, Necker sei entlassen worden, gleichzeitig königliche Truppen in Paris einmarschierten, wo die Versorgungslage katastrophal war, explodierte am 14. Juli 1789 das Pulverfass. Eine aufgebrachte Menge stürmte Waffen- und Munitionslager, eigentlich um Vorratshäuser in ihre Hand zu bringen. Doch dann wandte man sich zur Bastille, dem verhassten Gefängnis der französischen Monarchie. Nach mehrstündigem Gefecht kapitulierte die kleine Garnison. Die Soldaten wurden massakriert und der auf einer Lanze aufgespießte Kopf des Kommandanten durch Paris getragen. Die Französische Revolution hatte begonnen.

Inzwischen versuchte Marie Antoinette ihren Mann zu überzeugen, mit der Familie nach Metz zu flüchten. Dort standen königstreue Truppen. Doch der lehnte ab. Weil sich der König in den nächsten Wochen weiterhin weigerte, Feudalrechte öffentlich abzugeben, vermutete man hinter Ludwigs Standfestigkeit seine Frau. »L'Autrichienne« wurde nun zur Hauptzielscheibe des Hasses.

Als Gipfel ihrer zynischen und herzlosen Abgehobenheit verbreitete sich nachfolgende Anekdote wie ein Lauffeuer. Marie Antoinette, so hieß es, habe, als sie mit ihrer Kutsche einmal spazieren fuhr, gefragt, warum die Menschen alle so unglücklich aussähen. »Majestät, sie haben kein Brot mehr«, soll man ihr entgegnet haben. Tatsächlich hatte die Missernte des Jahres 1789 die Brotpreise explodieren lassen. Hunger drohte. Aber Marie Antoinette habe auf die ihr gegebene Auskunft nur geantwortet: »Wenn sie kein Brot haben, dann sollen sie doch Kuchen essen.« (S'ils n'ont pas de pain, qu'ils mangent de la brioche.)

Vermutlich hat sie diese Worte nie gesagt. Wahrscheinlicher ist, dass irgendjemand sie den *Confessions* (*Bekenntnisse*) des Philosophen Jean-Jacques Rousseau entnommen hat, des zur Zeit der Revolution meistgefeierten Schriftstellers. Der erwähnt in seiner zwischen 1766 und 1770 verfassten Schrift, eine Prinzessin – einen Namen nannte er nicht – habe angesichts Hungernder diese Worte von sich gegeben. Manche vertreten die These, dass die Worte fast hundert Jahre zuvor von Maria Theresia von Spanien (1638 – 1683), der Gattin Ludwig XIV., gesagt worden seien. Marie Antoinette war zu jener Zeit, da Rousseau die Begebenheit niederschrieb, noch ein Kind und lebte in Österreich. Dennoch, im Frankreich von 1789 glaubte jeder, dass nur Marie Antoinette die Urheberin dieser zynischen Antwort gewesen sein konnte. Pamphlete und Theaterstücke verunglimpften sie landauf, landab. Es hieß sogar, sie betreibe Inzest mit ihrem Sohn.

Im Juni 1791 versuchte die Familie zu flüchten. Bei Varennes wurden sie erkannt, verhaftet und zurück nach Paris gebracht. Marie Antoinette soll über Nacht ergraut sein. Dann fand man in den königlichen Gemächern der Pariser Tuilerien Papiere, in denen die Planung der Konterrevolution zu erkennen war. Am 10. August 1792 wurden die Tuilerien gestürmt, die königliche Familie noch am selben Tag im Temple, dem ehemaligen Pariser Sitz der Tempelritter, inhaftiert und Ludwig als König abgesetzt. Nun war er nur noch der »Bürger Louis Capet«.

Die Revolutionäre befanden sich seit Juli im später so benannten 1. Koalitionskrieg gegen Österreich, auf dessen Seite sich weitere europäische Staaten schlugen – unter anderen Piemont, Preußen, Großbritannien und Spanien. Die dortigen Herrscherhäuser wollten die Beseitigung der Monarchie durch eine neue Regierungsform im Allgemeinen und die Abschaffung der französischen Monarchie im Besonderen nicht hinnehmen. Zunächst sah es nicht gut aus für die schlecht organisierten Revolutionäre. Doch dann brachte die Kanonade von Valmy am 20. September 1792 die Wende des Krieges. Die Revolutionstruppen hatten erstmals einem massiven feindlichen Angriff standgehalten. Goethe, der im Tross des Herzogs von Sachsen-Weimar-Eisenach Zeuge des Artilleriegefechts wurde, sagte am Abend im Kreise von Stabsoffizieren die berühmten Worte: »Von hier und heute geht eine neue Epoche der Weltgeschichte aus, und ihr könnt sagen, ihr seid dabei gewesen.«

Doch Ludwig blieb für die Revolutionäre eine Gefahr. Er hatte noch immer viele Anhänger. Man fürchtete die Konterrevolution.

Auf den Straßen von Paris tobte der Mob, der Ludwigs Kopf forderte. Vor allem der Führer der radikalen Jakobiner Robespierre wollte den abgesetzten König vollkommen beseitigt sehen. Der Nationalkonvent verurteilte Ludwig schließlich mit der knappen Mehrheit von 361 zu 360 Stimmen zum Tode. Am 21. Januar 1793 enthauptete man ihn auf der Place de la Révolution (der heutigen Place de la Concorde). Der abgeschlagene Kopf wurde der Menge gezeigt.

Eingekerkert im Gefängnis Conciergerie, eine von über 2500 weiteren Gefangenen, beeindruckte Marie Antoinette, nunmehr die »Witwe Capet«, durch Frömmigkeit, Mut und Würde. Man mauerte das Fenster ihres Kerkers zu, hielt sie unter ständiger Beobachtung. Keine Bewegung konnte sie tun, ohne dass ein Wächter ihr mit seinen Augen folgte. Ihren zweiten Sohn, der nach dem Tod seines älteren Bruders im Juni 1789 zum Thronfolger avanciert war, hatte man ihr bereits weggenommen. Er starb 1795, erst 10-jährig im Pariser Temple-Gefängnis. Schließlich entzog man ihr auch die Tochter, die als einziges Familienmitglied die Revolution überlebte.

Am 14. Oktober 1793 eröffnete der Ankläger Fouquier-Tinville auch gegen Marie Antoinette den Prozess wegen konterrevolutionärer Aktivitäten. In dem dunklen, holzgetäfelten Gerichtssaal konfrontierte man sie in einer etwa 15-stündigen Verhandlung mit einer Vielzahl belastender Aussagen. Auch der radikale Publizist Jacques-René Hébert trat in den Zeugenstand. Er erneuerte die Beschuldigung, Marie Antoinette habe ein inzestuöses Verhältnis zu ihrem jüngsten Sohn gehabt. Heute weiß man, dass Marie Antoinette Angriffspläne der Franzosen an Österreich verraten hat. Doch das konnte damals nicht bewiesen werden.

Die Haltung der sich würdevoll verteidigenden ehemaligen Monarchin führte unvermutet sogar zu Sympathiebezeugungen aus dem Publikum. Dennoch stand das Todesurteil längst fest. An ihre Schwägerin Elisabeth, die sie lange in ihrer Gefangenschaft begleitet hatte und die selbst im Kerker saß, schrieb Marie Antoinette: »Ich wurde soeben verurteilt, nicht zu einem schmachvollen Tod, der nur für Verbrecher gilt, sondern dazu, Deinen Bruder wiederzufinden (...) Ich bitte alle, die ich kenne, (...) um Verzeihung für jedes Leid, das ich ihnen etwa unwissentlich zugefügt habe (...). Adieu, gute zärtliche Schwester! (...) Ich umarme Dich von ganzem Herzen sowie die armen lieben Kinder!« Elisabeth sollte den Brief nie erhalten und im Jahr darauf ebenfalls ihr Leben durch die Guillotine beschließen.

Zwei Tage nach dem Urteil bestieg Marie Antoinette am 16. Oktober 1793 um 10 Uhr einen schlichten Karren, vor den ein schwarzes Pferd gespannt war. Ihre Hände hatte man auf ihrem Rücken gefesselt. Sie trug ein weißes Kleid. Die grau gewordenen Haare waren gestutzt. Eine schlichte Haube, wie sie eine Frau in jenen Tagen morgens nach dem Aufstehen trug, krönte Marie Antoinettes Haupt. Ihr Blick schien teilnahmslos. Fügten sich Geist und Herz in das Schicksal?

Ganz Paris war auf den Beinen, als der Karren dem Schafott entgegenrollte. Eine Stunde lang bewegte sich die schaurige Prozession über das grobe Pflaster der Place de la Révolution entgegen, wo auch ihr Mann durch die Guillotine den Tod gefunden hatte. Die Stimmung der Menge war schwankend. Sensationsgier mischte sich mit Rachegelüsten. Waren auch Anhänger der Monarchie unter den Gaffern? Der junge Staat war auf der Hut. In den Straßen standen zigtausend Gendarmen. Als der Karren sich dem Schafott näherte, drängten sich die Menschen so dicht, dass er nicht weiterkam. Das Zugpferd bäumte sich erschrocken auf. Der Henker und sein Sohn stellten sich schützend vor Marie Antoinette. Diese schien von allen Geschehnissen unberührt. Nicht einmal die Augen schlug sie nieder. Sie stieg die Treppen des Holzgerüsts hinauf und trat vor das Fallbeil. Vier quälende Minuten lang dauerten die Vorbereitungen, bis die Klinge hinuntersauste. An den Haaren emporgehoben wird der abgeschlagene Kopf der Menge präsentiert. Die schreit »Es lebe die Revolution!«

Hébert kommentierte in seinem Kampfblatt *Père Duchesne*: »Endlich ist dieser vermaledeite Kopf von dem Hurenweib getrennt! Aber ich muss zugeben: Das Aas war bis zum Schluss kühn und frech!« Ein halbes Jahr später muss er selber auf das Schafott. Er soll vergeblich um das gefleht haben, was er Marie Antoinette verweigert hatte: Gnade.

43 Die Revolution frisst ihre Kinder

Pierre Victurnien Vergniaud (1753 – 1793)

Auf dem Weg zum Richtplatz sangen sie die Marseillaise, die Hymne der Französischen Revolution. Denn wie ihre Richter und Henker waren die 21 Verurteilten noch immer Revolutionäre. Nacheinander führte man sie über eine Treppe hinauf zur Guillotine. Pierre Victurnien Vergniaud wurde als Vorletzter hingerichtet. Seit Tagen hatte er ein Fläschchen mit Gift bei sich getragen. Doch auch kurz vor seiner Enthauptung machte er keinen Gebrauch davon. Dufriche de Valazé, einer der Mitverurteilten, hatte es anders gehalten und seinem Leben vor der Hinrichtung selbst ein Ende gesetzt. Seine Leiche wurde mit zum Richtplatz gefahren. Man legte Vergniauds Hals frei. Er sagte seinen letzten Satz: »Die Revolution, gleich Saturn, frisst ihre eigenen Kinder.« Dann hob man seinen Körper auf den Holztisch. Das Fallbeil sauste hinab.

Pierre Victurnien Vergniaud: Sein Name ist nur wenigen bekannt. Außerhalb Frankreichs vermutlich nur denen, die sich intensiv mit der Französischen Revolution und ihren Akteuren beschäftigen. Selbst in Büchern darüber ist er meist nur eine Randbemerkung und womöglich wäre er ganz vergessen, hätte er nicht kurz vor seiner Hinrichtung jene Worte gesagt, die immer wieder ins Gedächtnis gerufen werden, wenn die neuen Machthaber nach einem Umsturz ihre ehemaligen Mitstreiter aussortieren. Dabei ist Vergniaud ein außergewöhnlicher Mensch gewesen. Dass es für ihn kaum zur Notiz in einem Lexikon gereicht hat, liegt wohl an ihm selbst. Denn Vergniaud, in Limoges geboren, war hoch begabt. Aber es fehlte ihm an Ehrgeiz und mehr noch an Ausdauer. Kaum hatte er eine Höchstleistung vollbracht, gab er sich wieder dem Nichtstun hin.

Gefördert vom späteren Finanzminister Jacques Turgot, der auf das Talent des Knaben bei einer Gedichtrezitation aufmerksam geworden war und ihm ein Stipendium für ein Jesuitenkolleg in Paris verschafft hatte, fühlte sich Vergniaud nicht für eine geistliche Karriere berufen. Er verließ das Priesterseminar, ohne jegliche Weihen empfangen zu haben. Ein Schwager, der später in der Revolutionszeit Bürgermeister von Limoges wurde, ermöglichte ihm in Bordeaux das Studium der Rechte. Vergniaud wurde als Anwalt zugelassen, dann

Sekretär des Parlamentspräsidenten von Bordeaux und schließlich Advokat des Parlaments. Seinen ersten Prozess gewann er souverän und sein Vortragstalent, mit dem er bereits vor Jahren Turgot beeindruckt hatte, machte aus dem gut aussehenden jungen Mann bald einen Redner mit außergewöhnlichen Auftritten.

Als 1789 in Paris die Französische Revolution ausbrach und auf ganz Frankreich übergriff, schlug für ihn wie für viele begabte, brillante junge Männer die Stunde des politischen Aufstiegs. Vergniaud wurde in die Generalversammlung des neu geschaffenen Départements Gironde gewählt. Im Jahr darauf, dem wohl hoffnungsfrohesten der Französischen Revolution, gehörte er zu den Begründern des Jakobinerklubs von Bordeaux. Aufsehen erregte Vergniaud, als er für einen Nationalgardisten eintrat, der sich geweigert hatte, gegen aufständische Bauern einzuschreiten, die eine Kirche angezündet hatten. Vergniauds Ansprache, in der er die Leiden der Bauern eindringlich, pathetisch und anschaulich schilderte, mehrten seinen Ruhm als glänzender Redner. Man übertrug ihm das Amt des Verwalters des Départements Gironde und schließlich wählte man ihn im August 1791 in die gesetzgebende Versammlung in Paris.

Mit seinen Freunden aus der Gironde saß Vergniaud ab dem 1. Oktober 1791 auf der linken Seite der Abgeordnetenbänke, sie hießen bald die »Girondisten«. Diese gehörten anfangs zu den Jakobinern und damit zu den demokratischen Kräften der gesetzgebenden Versammlung. Ihren Namen leiteten die Jakobiner von einem ehemaligen Jakobinerkloster ab, in dem sie den Sitz ihres Revolutionsclubs angesiedelt hatten. Nach und nach spalteten sich die radikalen Jakobiner, die vor allem die Interessen des Kleinbürgertums vertraten, von den eher gemäßigten Girondisten ab, die dem mittleren Bürgertum und den Kaufleuten verbunden waren.

Als Vergniaud im Oktober 1791 in der gesetzgebenden Versammlung zum ersten Mal das Wort ergriff, hinterließ er einen solch tiefen Eindruck, dass man ihn bald schon zum Vorsitzenden der Versammlung wählte. Trotz seines Charismas und seines überragenden Talents, sollte Vergniaud nie den Einfluss erlangen, den man ihm gemeinhin zutraute. Zu seinem Mangel an Ehrgeiz und Ausdauer kamen Affären und Geldschwierigkeiten. Phasen der Lethargie wechselten mit Momenten energischer Aktivität, begleitet von beeindruckenden Reden, in denen seine umfassende Bildung, vor allem seine tiefgreifende Kenntnis der Philosophie und der Geschichte, immer wieder durchdrangen. Während die Revolutionäre noch stritten, ob die Monarchie in eine konstitutionelle Monarchie umgewandelt werden sollte oder ob das Königtum ganz zu beseitigen sei, war Vergniauds Haltung oft unklar. Erst als sich der König widersetzte, erneut Minister aus den Reihen der Girondisten zu ernennen, forderte Vergniaud seine Abdankung.

Am 10. August 1792 stürmte das Volk die Pariser Tuilerien, wo inzwischen die bedrängte Königsfamilie lebte. König Ludwig XVI. und sein Anhang suchten Schutz bei der Nationalversammlung, die zu jenem Zeitpunkt von Vergniaud geleitet wurde. Nach mehreren Absprachen zwischen den Revolutionären erklärte Vergniaud Ludwig für abgesetzt und einen Monat später rief er das Ende der Monarchie aus. Frankreich wurde zur Republik erklärt, gleichzeitig begann die Radikalisierung der Revolution. Der Druck der Straße wuchs, und verschiedene radikale Strömungen kämpften in der Nationalversammlung um politische Einflussnahme. Die Gemäßigten, die im Parlament rechts gesessen und eine konstitutionelle Monarchie befürwortet hatten, waren ausgeschieden. Aus dieser Sitzverteilung entsprang später die Einteilung in »linke« und »rechte« Politik.

Die nunmehr in der Nationalversammlung ab dem 20. September 1792 verbliebene »Linke« der Jakobiner spaltete sich endgültig. Die Girondisten verließen im Oktober die Jakobiner. Sie saßen nun in den unteren Rängen, die radikalen Jakobiner in den oberen und wurden fortan Bergpartei (Montagnards) genannt.

Vergniaud, obwohl entschieden gegen die Aktivitäten der radikalen Jakobiner, die unter dem Einfluss der Ideen Jean-Jacques Rousseaus auch die Abschaffung des Privateigentums forderten, beteiligte sich wenig an den Ereignissen. Eine Liebschaft mit einer Schauspielerin nahm seine Aufmerksamkeit stärker in Anspruch. Er verfasste für sie sogar mehrere Szenen für ein Theaterstück mit dem Namen »Die schöne Bäuerin«.

Als dann der Prozess gegen den König begann, schwankte Vergniauds Haltung erneut. Erst verwies er auf die Unverletzlichkeit des Monarchen und unterstützte einen Antrag, das Urteil vom Volk bestätigen zu lassen, plädierte dann aber doch mit der Mehrheit dafür, die beschlossene Todesstrafe nicht aufzuschieben.

Anfang 1793 sprach Vergniaud sich gegen die Einrichtung des nunmehr von vielen Revolutionären – unter anderen von George Danton – geforderten Revolutionstribunals aus. Vergniaud hielt derlei Ansinnen für bloße Anarchie. Auch dem Ruf nach einem Krieg gegen England stand er, der den daraus drohenden wirtschaftlichen Schaden für seine Heimat Gironde ahnte, kritisch gegenüber. Derweil kam es in der Vendée zu Aufständen, an deren Spitze Adelige versuchten, die Monarchie wiederherstellen zu können. Die Revolutionäre in Paris und somit vor allem die herrschenden Girondisten gerieten unter Druck. In der zunehmenden Hysterie dieser Tage setzte sich Vergniaud mit seinem Reden und Handeln dem Verdacht aus, nicht mehr nur der Revolution das Wort zu reden. Am 10. April 1793 beschuldigte ihn Maximilien de Robespierre, der Führer der Bergpartei, der Konspiration mit dem König. Doch Vergniaud konnte dank seiner Redegewandtheit die Vorwürfe zunächst entkräften und Gefahr von sich abwenden.

Aber der Machtkampf zwischen Girondisten und radikalen Jakobinern unter Robespierre spitzte sich zu. Es begann die Herrschaft des Terrors und damit der Guillotine, jener neuen Einrichtung, die nach dem Arzt benannt worden war, der ihre Entwicklung zur Humanisierung von Hinrichtungen angeregt hatte. Die Guillotine wurde zu einem Instrument des Kampfes für die verschiedenen Parteien der Revolutionäre. Mehr als 30 000 Menschen fielen ihr zum Opfer. Vergniaud erkannte die Gefahr. Am 4. Mai 1793 rief er die Einwohner von Bordeaux, der bedeutendsten Stadt der Gironde, auf, Truppen zum Schutz der girondistischen Abgeordneten zu senden. Doch es war zu spät. Am 2. Juni 1793 wurden die Girondisten gestürzt. Der Nationalkonvent ächtete in einer Sitzung, an der Vergniaud nicht teilnahm, 22 der girondistischen Abgeordneten. Robespierre und der Wohlfahrtsausschuss ergriffen die Macht. Der Wohlfahrtsausschuss (Comité de salut public) war kurz zuvor zur Verteidigung der Revolution ins Leben gerufen worden. Erster Vorsitzender war George Danton, den Robespierre Ende Juli ablöste. Der organisierte Terror der Jakobiner begann schließlich mit dem »Gesetz über die Verdächtigen« im September.

Vergniaud wurde zwei Tage nach dem Sturz der Girondisten verhaftet und unter Hausarrest gestellt. Die Möglichkeit zur Flucht ließ er ungenutzt verstreichen. Am 2. Oktober fand die Anklageerhebung gegen ihn und andere Girondisten statt. Auch jetzt vor dem Revolutionstribunal verteidigte er sich souverän. Doch das Todesurteil, das am 30. Oktober 1793 verkündet wurde, hatte bereits vorher festgestanden. Danton, der ein Jahr später selbst unter der Guillotine sterben sollte, versuchte noch zu helfen, doch am Tag darauf wurde das Urteil vollstreckt.

»Die Revolution, gleich Saturn, frisst ihre eigenen Kinder.« In der Sage verschlingt der Gott Saturn alle seine Kinder, aus Furcht, sie könnten sich später gegen ihn wenden. Angesichts der Verhältnisse im Frankreich jener Tage, sind Vergniauds Worte auf dem Schafott nachvollziehbar. Wie die Geschichte gezeigt hat, gilt das aber nicht nur für diese »Mutter aller Revolutionen«. Das Muster wiederholte sich in anderen Revolutionen. Die Gewalt, die für den Umsturz nötig war, machte auch vor den eigenen Reihen nicht Halt. Wie der gemeinsame Feind wurde der ehemalige Freund mit den gleichen Mitteln gerichtet. Prominentes späteres Beispiel: Stalins Todesbefehle gegen viele seiner ehemaligen Mitstreiter während der russischen Revolution.

44 Vierzig Jahrhunderte blicken auf euch herab!

Napoleon Bonaparte (1769 – 1821)

Die Soldaten hatten einen drei Wochen langen Marsch durch die Wüste Ägyptens hinter sich. In Uniformen aus viel zu dickem Stoff waren sie der drückenden Hitze einer erbarmungslosen Sonne ausgeliefert. Mancher erblindete durch das gleißende Licht, einige waren vor Durst wahnsinnig geworden. Nur kurz war es den Truppen vergönnt gewesen, sich in den Wassern des Nils abzukühlen. Dann mussten sie wieder ihr schweres Gepäck schultern und den Marsch aufnehmen. Eine Schlacht stand ihnen bevor, die ihr General, Napoleon Bonaparte, schnell zu schlagen wünschte. Weit fort von Frankreich führte er seine Soldaten ungeduldig und unnachgiebig nach Kairo.

Es war noch nicht lange her, da hatte der junge, ehrgeizige Heerführer den Italienfeldzug für das revolutionäre Frankreich erfolgreich beendet. Auf Korsika geboren, entstammte Napoleon, der mit Nachnamen eigentlich Buonaparte hieß, einer alteingesessenen, vornehmen Familie der Insel. Obwohl von Adel, hatten seine Eltern nur wenig Geld, acht Kinder waren zu ernähren und sollten eine gute Ausbildung erfahren. Zum Glück fanden sich adelige Förderer. Napoleon verließ schon mit neun Jahren die Familie, musste französisch lernen, da seine Muttersprache korsisch war – zeit seines Lebens behielt er einen starken korsischen Akzent – und kam mit 15 Jahren in Frankreich auf eine Militärschule. Er erwies sich als begabt und wurde schon ein Jahr später Offizier. Während der Französischen Revolution und den ausbrechenden Koalitionskriegen machte sich der junge Artilleriekommandeur schnell einen Namen. 1796 ernannte man ihn zum Oberbefehlshaber der französischen Italienarmee. Gegen einen an Stärke mehrfach überlegenen Gegner – vor allem österreichische und piemontesische Truppen – erfocht er mehrere glänzende Siege und rang im Frieden von Campo Formio am 17. Oktober 1797 Österreich zahlreiche schmerzliche Zugeständnisse ab. Der 1. Koalitionskrieg, der 1792 begonnen hatte, war beendet.

Jetzt dürstete Napoleon nach neuen Heldentaten. Gleich Alexander dem Großen, der ihm als Einziger ebenbürtig schien, war er entschlossen, gen Asien zu ziehen. Zwar hatte das seit 1795 regierende fünfköpfige Direktorium in Paris geplant, ein französisches Invasionsheer unter Napoleons Befehl in England landen zu lassen, doch der hatte dem Unternehmen keine Erfolgschancen gegeben. Da aber das Direktorium den im Volk beliebten Feldherrn möglichst fern der Heimat wissen wollte, hatte es schließlich dessen aberwitzig erscheinenden Plan gebilligt, Ägypten zu erobern und England so den Landweg nach Indien, seiner damals bedeutendsten Kolonie, abzuschneiden.

Am 19. Mai des Jahres 1798 stach Napoleons Expeditionscorps von Toulon aus in See. Mit weiteren Truppen aus Italien, die im Laufe der Seereise in zusätzlichen Flottenverbänden hinzustießen, gebot Napoleon schließlich über eine Streitmacht von über 40 000 Mann. Auf 400 Schiffen segelten sie gen Nordafrika. Im Mittelmeer warteten die Kriegsschiffe des englischen Admirals Nelson auf sie. Doch Napoleons Flotte gelang es, unbemerkt an ihnen vorbei zu manövrieren und sogar Malta für Frankreich in Besitz zu nehmen. An der nordafrikanischen Küste gelandet, folgte auf die rasche Einnahme Alexandrias der entbehrungsreiche Marsch nach Kairo. Nach zwei qualvollen Monaten lag die Stadt nur noch einen Tagesmarsch entfernt.

Erste Scharmützel waren der großen Schlacht vorausgegangen. Nun, am 21. Juli hob der entscheidende Waffengang an. Napoleon ordnete seine Truppen in Kampfkarrees. Die Niederlage des ägyptischen Heers unter Murad Bey war verheerend. Selbst die Elitereiterei der Mamelucken wurde aufgerieben. Während Murad Bey Verluste von über 20000 verletzten oder toten Kämpfern hinnehmen musste, hatte Napoleon nur etwa 400 Mann verloren. Der Weg nach Kairo war frei.

Die Silhouette der Metropole zeichnete sich am nächsten Tag in der Dämmerung am Horizont ab. Die schlanken Türme der Minarette ragten wie stolze Lanzen über die Dächer der Stadt. Doch in dem Bild, das sich den Männern aus der Normandie, der Provence, der Aquitaine, aus Lothringen und aus vielen anderen Teilen Frankreichs an diesem Abend in der Wüste bot, war noch etwas Gewaltigeres zu sehen. Sie hatten davon gehört, viel war davon erzählt worden, doch nun sahen sie es selbst: Riesige Steinwände erhoben sich über der Ebene. Ehrfurcht gebietend in ihrer Größe und vollkommen in ihrer schlichten Geometrie. Majestätisch ragten die zulaufenden Spitzen der Pyramiden über alles hinaus. Sie schienen erhaben über alle Dimensionen des Raums und der Zeit. »Vierzig Jahrhunderte blicken auf euch herab«, soll Napoleon seinen Männern zugerufen haben.

Napoleon zog in Kairo ein, eroberte auch noch Gaza und Jaffa. Für die Islamwissenschaftlerin Sonja Hegasy ist der Feldzug Napoleons der Beginn der Demütigungen der arabischen Welt durch den Westen. Während Napoleon das Land militärisch eroberte, griffen seine Soldaten nach den Schätzen, die vielen mitgereisten Wissenschaftler nach den Zeugnissen der jahrtausendealten Kultur des Landes. Sie taten es gründlich.

Im Mittelmeer wurde Admiral Nelsons Jagd auf die französische Flotte Anfang August 1798 doch noch von Erfolg gekrönt. Vor Abukir unweit Alexandrias vernichtete er sie. Nur drei französische Schiffe entkamen, Napoleon war mit seiner Expedition vom Nachschub aus Frankreich abgeschnitten. Das Blatt hatte sich gewendet, doch es sollten noch Monate des Kampfes und des Leids vor Napoleons Männern liegen. Pest und Cholera suchten die Truppen heim. Von dem Ägyptenfeldzug herausgefordert, erklärte das Osmanische Reich Frankreich den Krieg. In einer erneuten Schlacht bei Abukir errang Napoleon am 24. Juli 1799 gegen das osmanische Heer einen Sieg. Dann ließ er seine Soldaten in Ägypten zurück und bestieg ein Schiff nach Frankreich. So zweifelhaft der Erfolg des Ägyptenfeldzugs war, Napoleon verstand es, ihn als Triumph darzustellen. Bei seiner Rückkehr begrüßten ihn die Franzosen mit stürmischem Jubel. Seine nächste folgenreiche Tat war am 9. November 1799 ein Putsch gegen das Direktorium, der ihm die Alleinherrschaft über Frankreich verschaffte.

Die Truppen in Ägypten kämpften zunächst unter dem Oberbefehlshaber General Jean-Baptiste Kléber weiter. Kléber, der anfangs gewisse Erfolge verbuchte und die osmanische Armee bei Heliopolis schlug, fiel in Kairo einem Attentat zum Opfer. 1801, nach Niederlagen gegen britische Truppen, verließ das französische Expeditionsheer Ägypten gegen freies Geleit.

So unbefriedigend die Expedition militärisch für Napoleon geendet hatte, so weit reichend waren ihre Folgen auf einem völlig anderen Gebiet: dem der Kultur. Auf seinem Feldzug hatte Napoleon auch knapp 200 Zivilisten mitgenommen, Gelehrte, Maler, Dichter, Geografen und Archäologen. Sie notierten, sammelten, zeichneten und vermaßen und rückten mit ihrer Arbeit die jahrtausendealte Kultur Ägyptens in das europäische Bewusstsein. Schon vor Napoleons Feldzug war das alte Ägypten in Frankreich en vogue gewesen, nun aber kam kein Kulturschaffender mehr an ägyptischer Kunst und Architektur vorbei. Als epochaler Fund erwies sich der während des Feldzugs gefundene Stein von Rosette, ein schwarzer Granit, in den ägyptische Priester im 2. Jahrhundert v. Chr. einen Erlass in drei Schriften eingemeißelt hatten. Das Nebeneinander von Hieroglyphen, griechischer und demotischer (spätägyptischer) Schrift half dem französischen Sprachwissenschaftler Jean-François Champollion 1822, die Hieroglyphen zu entziffern.

Napoleons Soldaten hatten sich über die mitgereisten Intellektuellen lustig gemacht. Ihr Feldherr aber hielt schützend die Hand über die Männer, von deren Arbeit er sich glänzende Werbung für seine Sache versprach. Berühmt wurde Napoleons Befehl vor dem Waffengang, der als »Schlacht bei den Pyramiden« in die Geschichte einging. Als die Soldaten Kampfkarrees bilden sollten, rief er: »Esel und Gelehrte in die Mitte!«

Jene besagte »Schlacht bei den Pyramiden« blieb letztlich Napoleons ruhmreichste Stunde während des Ägyptenfeldzuges. Den Namen gab Napoleon ihr selbst. Als ein Meister nicht nur der Kriegsführung, sondern auch der Selbstdarstellung wusste er um den glanzvollen Effekt, den das Bild von einem Sieg im Schatten der Pyramiden mit sich brachte. Tatsächlich aber waren, so erklärt Johannes Willms in seiner Napoleon-Biografie, die Pyramiden vom Schlachtfeld aus überhaupt nicht zu sehen. Kairo war, wie gesagt, noch einen Tagesmarsch entfernt. So ist auch der berühmte Ausruf »Vierzig Jahrhunderte schauen auf euch herab!«, den Napoleon mit Blick auf die Pyramiden an seine Soldaten gerichtet haben soll, womöglich eine von Napoleon nachträglich vorgenommene Heroisierung der tatsächlichen Vorgänge. Willms verweist darauf, dass Napoleon erst im Exil auf St. Helena, viele Jahre nach der »Schlacht bei den Pyramiden«, seinen berühmten Ausruf diktierte: »Quarante siècles vous regardent!« So und in zahlreichen anderen Versionen hat man ihn gern aufgegriffen und zum Ruhm Napoleons durch zwei Jahrhunderte weiter getragen.

45 Ich wollte, es wäre Nacht oder die Preußen kämen

Arthur Wellesley Herzog von Wellington (1769 – 1852)

Die ganze Nacht hindurch war strömender Regen gefallen und hatte die Erde aufgeweicht. Erst jetzt, an diesem frühen Morgen des 18. Juni 1815 brach die Sonne durch den Regendunst und begann, den Boden zu trocknen. Dennoch kamen die Soldaten und Kanonen nur schleppend im Morast voran. Auf einem Höhenzug, den die Landstraße von Charleroi nach Brüssel durchschneidet, hatte der Herzog von Wellington, Oberbefehlshaber der gegen Napoleon Bonaparte verbündeten Streitkräfte, seine Stellungen aufbauen lassen. Nur wenige Stunden Zeit hatte er dafür gehabt. In Sichtweite von Wellingtons Stellungen sammelten sich trotz aller Widrigkeiten des Wetters Napoleons Truppen. Über zwei Jahrzehnte hatte der französische Kaiser die Welt in Atem gehalten. War er an diesem Tag endlich und für immer zu stoppen? Oder würde er nach der nun bevorstehenden

Schlacht erneut von Sieg zu Sieg eilen? Konnte in der sanften grünen Talsenke drei Kilometer südlich eines kleinen Ortes in Belgien eine Entscheidung herbeigeführt werden? Nach diesem Ort, in dem Wellington die Nacht verbracht hatte, sollte der Waffengang später benannt werden: Waterloo.

Dass es zu dieser Schlacht überhaupt noch kommen würde, hätte wenige Monate zuvor keiner geglaubt. Doch Napoleon war das Kunststück gelungen, seinem eigenen Nachfolger nachzufolgen. Eineinhalb Jahre war es her, dass er nach der verlorenen Völkerschlacht bei Leipzig nach Elba ins Exil gegangen war. Das Kaiserreich Napoleons I. war zerbrochen. In Frankreich kehrten die Bourbonen auf den Thron zurück, jene Adelsfamilie, die diesen nach Ausbruch der Französischen Revolution verloren hatte. Doch Ludwig XVIII. regierte so ungeschickt und glücklos, dass Napoleon bald die Gelegenheit sah, erneut nach der Macht zu greifen. Am 26. Februar 1815 verließ er Elba. Einige hundert, ihm treue Soldaten begleiteten ihn. Wenige Tage später landete er in Fréjus bei Cannes, sein Weg nach Paris wurde zu einem Triumphzug. Die Menschen feierten den Helden vergangener glorreicher Tage, den Schöpfer des mächtigen französischen Kaiserreichs. Truppen, die Ludwig gegen ihn sandte, liefen zu Napoleon über, und als er am 20. März in Paris eintraf, fiel kein Schuss. Napoleon war wieder an der Macht. »Vive l'empereur!« hallte es durch die Pariser Straßen. Doch diesmal standen die europäischen Gegner bereit.

In Wien verhandelten die Vertreter der europäischen Mächte seit 1814 über die Neuordnung des Kontinents. Die Nachricht von Napoleons Rückkehr einte mit einem Mal die längst im Streit liegenden Parteien. Bei allem Zwist wollten sie die Geißel Napoleon nicht mehr hinnehmen. Sämtliche Verhandlungsangebote des alten und neuen Kaisers der Franzosen lehnten sie ab. Ein neuer Krieg stand Europa ins Haus.

Napoleon geriet unter Druck. In Belgien manövrierten zwei Armeen der Alliierten und waren kurz davor sich zu vereinen. Eine Armee rekrutierte sich aus etwa 130 000 Mann englischer, holländischer und hannoveranischer Kräfte unter dem Befehl des britischen Marschalls Arthur Wellesley Herzog von Wellington. Wenige Monate zuvor noch Vertreter Großbritanniens auf dem Wiener Kongress, war er seit dem 25. März Oberbefehlshaber über die alliierten

Truppen. Die zweite Armee, die preußische mit einer Stärke von etwa 110 000 Mann, stand unter dem Kommando des Marschalls Gebhard Leberecht von Blücher und seinen Generälen Gneisenau und Bülow.

Seine einzige Chance in der Offensive sehend, zog Napoleon im Juni mit einem Heer von etwa 150 000 Mann dem Feind entgegen. Noch waren die beiden feindlichen Armeen Dutzende von Kilometern getrennt. Napoleon, nach wie vor überzeugt, dass kein anderer Feldherr ihm das Wasser reichen könne, vertraute darauf, dass ihm seine bewährte Taktik, die feindlichen Kräfte nacheinander anzugreifen und zu schlagen, auch diesmal zum Erfolg verhelfen würde. Oft genug hatte er auf seinen Feldzügen von der mangelnden Koordination seiner alliierten Gegnern profitiert. Der Schauplatz der Kämpfe, so zeigte sich bald, würde irgendwo in der hügeligen Landschaft südlich von Brüssel liegen. Denn die Gegner würden mit aller Macht versuchen, ihm den Weg in diese Stadt abzuschneiden.

Am 14. Juni überschritt die französische Armee im Eilmarsch die Grenze zu Belgien. Ins nahe Charleroi vorgerückte Verbände der preußischen Armee unter dem Befehl des Generals Gneisenau räumten den Ort und sammelten sich bei Ligny. Dort griff sie Napoleon am 16. Juni an und siegte. Vergeblich hatte Gneisenau, der fern von Blüchers Truppen, aber nah an Wellingtons Armee operiert hatte, auf dessen Unterstützung gewartet. Bewährte sich Napoleons alte Taktik erneut? Doch der geschlagene Gneisenau tat nun etwas Unerwartetes. Anstatt sich, wie zu jener Zeit militärisch üblich, auf die Ausgangsstellungen zurückzuziehen, die im Osten am Rhein lagen, befahl er in Abstimmung mit seinem Oberbefehlshaber Marschall Blücher seinen übrig gebliebenen Truppen, nordwärts, also in Richtung von Wellingtons Truppen zu marschieren und sich dort zu sammeln.

Nachdem Wellington von der Niederlage der Preußen bei Ligny erfahren hatte, zog er seine Truppen nach Norden zurück. Napoleon rückte nach. Am 17. Juni wurde bei Quatre-Bras eine weitere Schlacht zwischen napoleonischen Truppen und Preußen geschlagen, der Sieg ging erneut an die Franzosen. Wellington versammelte seine Truppen auf den Höhen vor dem Dorf Mont-Saint Jean knapp 20 Kilometer vor Brüssel.

Ein gewaltiges Gewitter mit anschließendem lang anhaltenden strömenden Regen hemmte Napoleons Nachsetzen. So gewann Wellington Zeit, um bis zum nächsten Tag auf einer Hügelkette eine Verteidigungsstellung zu beziehen. Gleichzeitig ließ er Farmen und Gehöfte in der Talsenke, die Napoleons Truppen auf dem Weg zu Wellingtons Linien durchqueren musste, zu kleinen Festungen ausbauen. Blücher gab er Nachricht, wo er den Kampf mit Napoleon erwartete, begleitet von der Bitte, mit zwei oder drei Armeekorps zu Hilfe zu kommen. Blücher, aufgrund seines Wagemuts schon lange »Marschall Vorwärts« genannt, machte seinem Beinamen auch in diesen Tagen alle Ehre. In der Schlacht tags zuvor war dem bereits 72-jährigen das Pferd erschossen und er selbst darunter begraben worden. Das hielt ihn nicht davon ab, Wellington zu antworten, er komme mit allen seinen Truppen, und für den Fall, dass Napoleon nicht angreifen sollte, schlug Blücher den gemeinsamen Angriff auf die Franzosen vor.

Napoleon hatte indessen seinen Marschall Grouchy mit einem Armeekorps hinter den Preußen hergeschickt. Doch Grouchy verlor den Kontakt zu den Verfolgten und irrte mit seinen Männern durch das Gelände. Die Preußen hingegen sammelten sich und waren auf dem Weg zu Wellington.

Schließlich traf Napoleon oberhalb der Talsenke ein, an deren gegenüberliegenden Hügeln Wellingtons Hauptmacht wartete. Napoleon ließ seine Armee etwa 2 000 Meter vor den Stellungen Wellingtons Halt machen und reihte sie in Schlachtordnung auf. Der Aufmarsch war beeindruckend. Über 72 000 Mann bedeckten die Hügelkette, 246 Geschütze bezogen Stellung. Der Boden war noch immer weich vom Regen und so wartete Napoleon bis zum späten Vormittag, um ihn halbwegs passierbar werden zu lassen. Nach 9 Uhr ritt der Kaiser die Reihen seiner Truppen ab. Die Fahnen senkten sich, als er vorbeiritt, Trommeln wirbelten, der Ruf »Vive l'Empereur!« erschallte. Erst spät, gegen 11.30 Uhr ließ Napoleon das Zeichen zum Angriff geben. Zu spät? Später soll Napoleon gesagt haben, er habe in diesen Augenblicken plötzlich ein Zögern bei sich bemerkt, das er nie zuvor gekannt hatte.

Mit gewaltigem Artilleriefeuer begann die Schlacht bei Waterloo. Es wurde ein stundenlanges Gemetzel. Wieder und wieder rannten die französischen Truppen durch den tiefen Morast gegen Wellingtons Stellungen an. Fußtruppen wechselten mit Attacken der Reiter. Besonders erbittert wurde um die Gehöfte gekämpft. Trotz schwerer

Verluste hofften die Franzosen auf den entscheidenden Durchbruch. Und tatsächlich stand der Kampf auf Messers Schneide. Das rechtzeitige Eintreffen der Truppen Blüchers auf dem Schlachtfeld, so sah Wellington immer deutlicher, würde über Sieg oder Niederlage entscheiden. Doch die ließen auf sich warten. Würden sie zu spät kommen?

Am späten Nachmittag war schließlich nur noch die Hälfte von Wellingtons Heer kampffähig. In diesen Stunden, da das Schicksal des gegen Napoleon vereinten Europa am seidenen Faden hing, soll Wellington die Worte ausgesprochen haben: »Ich wollte, es wäre Nacht oder die Preußen kämen.« Dieser Satz wurde im Englischen oft zitiert mit: »Give me the night or give me Blücher!« (Sinngemäß: »Schenk mir die Nacht oder bring mir Blücher!«) Es ist umstritten, ob Wellington die Worte tatsächlich gesagt hat. Angesichts der Lage, in der er sich befand, wirken sie jedoch plausibel.

Tatsächlich erschienen endlich die Preußen. Sie kamen, als Wellington gerade eine Attacke schwerer Kavallerie abgewehrt hatte. Napoleon schickte den Preußen sofort Truppen entgegen und unternahm gleichzeitig mit seiner Garde einen letzten verzweifelten Versuch, Wellingtons Widerstand zu brechen. Doch der Angriff scheiterte. Die Franzosen wichen vor der nun zum Gegenangriff übergehenden britischen Kavallerie und dem Druck der Preußen. Napoleon befahl den Rückzug, der jedoch in ungeordnete Flucht überging. Die Schlacht war entschieden.

Wellington rief aus, dies sei »der knappste Sieg, den ich je gesehen habe« und ließ noch auf dem Schlachtfeld von der Militärkapelle »God save the King« anstimmen. In der einbrechenden Nacht trafen sich Wellington und Blücher, die beiden siegreichen Feldherrn, zufällig in dem Gutshof Belle Alliance, der in der Mitte des Schlachtfeldes lag. Blücher schlug vor, der gewonnenen Schlacht den Namen dieses Ortes zu geben. Der Name, der »Schönes Bündnis« bedeutet, wäre in der Tat passend gewesen. Doch Wellington favorisierte Waterloo und da er der Oberbefehlshaber über die alliierten Truppen war, setzte sich diese Bezeichnung durch. So steht der Name eines kleinen belgischen Ortes für die letzte Niederlage Napoleons und wurde zum Inbegriff entscheidender Niederlagen überhaupt. Die Schlacht bei Waterloo, der letzte große Waffengang der Befreiungskriege, hatte 53 000 Tote und Verwundete gefordert.

Nach dem Sieg bemühte sich Wellington rasch darum, sich die entscheidende Rolle zuzuschreiben. In seinem Bericht von der Schlacht lobte er Blücher und Bülow für ihre Hilfe, erklärte aber schließlich sich selbst zum eigentlichen Vater des Triumphs. Aus heutiger Sicht kann man sagen, dass der Sieg sowohl dem mutigen Widerstand Wellingtons als auch dem taktischen und operativen Geschick Blüchers zuzuschreiben ist. Denn Letzterem war es gelungen, nach zwei unmittelbar zuvor geschlagenen verlustreichen Schlachten immer wieder seine Truppen zu sammeln, richtig zu manövrieren und sie im entscheidenden Moment mit Wellington zu vereinen.

Napoleon hatte, als er die Niederlage erkannte, das Schlachtfeld verlassen und war nach Paris geeilt. Am 22. Juni 1815 dankte er notgedrungen ab und wurde auf die kleine abgelegene Insel St. Helena im Südatlantik verbannt. Dort starb er sechs Jahre später. In Europa richteten sich die alten Machtstrukturen wieder ein. Nach dem auch unter Napoleon noch nicht ganz verwehten Geist der Französischen Revolution und den davon beeinflussten europäischen Nationalbewegungen, die politische Freiheit und demokratische Verfassungen wollten, setzte nun die Restauration der Fürstenherrschaft ein. Sie gipfelte 1819 in den Karlsbader Beschlüssen, die mit Willkür und polizeistaatlichen Mitteln den liberalen Geist des aufkommenden Bürgertums in weiten Teilen Europas brutal unterdrückten. Dies mündete schließlich in den Revolutionen von 1830 und 1848 sowie späteren Aufständen des 19. Jahrhunderts.

46 Der Krieg ist eine bloße Fortsetzung der Politik mit anderen Mitteln

Carl von Clausewitz (1780 – 1831)

Zeugnisse der Liebe begegnen einem zuweilen in den merkwürdigsten Zusammenhängen. Schlägt man das dicke Buch *Vom Kriege* auf, die wohl berühmteste Abhandlung zu diesem grausamen Handwerk, und liest die Vorrede zur ersten Auflage, ist man zuerst überrascht und nach wenigen Zeilen gerührt. Dem Leser wird mit schöner, klarer Sprache eröffnet, dass es befremden mag, wenn »eine weibliche

Hand es wagt, ein Werk von solchem Inhalt (...) mit einer Vorrede zu begleiten«. Liest man weiter, erfährt man, dass das vorliegende Buch »meinen unaussprechlich geliebten, mir und dem Vaterlande leider viel zu früh entrissenen Mann während der letzten zwölf Jahre seines Lebens fast ausschließlich beschäftigt« hat. Immer, wenn sie ihn zur Veröffentlichung gedrängt habe, habe er geantwortet: »Du sollst es herausgeben.« Unterzeichnet ist die Vorrede mit »Marie von Clausewitz, geborene Gräfin Brühl, Oberhofmeisterin Ihrer Königlichen Hoheit der Prinzessin Wilhelm«. Die Bezeichnung »Prinzessin Wilhelm« bedeutet dabei nichts anderes, als dass Marie von Clausewitz in Diensten der Gattin des preußischen Prinzen Wilhelm (des späteren deutschen Kaisers Wilhelm I.) stand.

Marie von Clausewitz ließ 1832 das einzige Buch ihres Mannes unter dem Titel *Vom Kriege* drucken. Er hatte daran von 1816 bis 1830 gearbeitet. Nach der Veröffentlichung wurde es zuerst wenig beachtet. Erst vier Jahrzehnte später, nach den Siegen des Clausewitz-Bewunderers Helmuth Graf von Moltke in den Schlachten von Königgrätz (1866 im preußisch-österreichischen Krieg) und Sedan (1870 im deutsch-französischen Krieg), wurde es bekannt und fand besonders im Ausland Beachtung. Clausewitz' Ausführungen beeindruckten nicht nur Militärs, sondern auch Politiker und Philosophen. Im 20. Jahrhundert wirkte es sogar auf die Soziologie, die Psychologie bis hin zur Managementlehre. Selbst Lenin und Mao ließen sich von Clausewitz beeinflussen. *Vom Kriege* ist eines der über die Weltkulturen am weitesten verbreiteten Bücher.

Die Überlieferung schildert Carl von Clausewitz als einen ruhigen und besonnenen Mann mit empfindsamen und selbstkritischen Zügen. Im menschlichen Umgang war er von einer gewissen Zurückhaltung, mitunter verschlossen und abweisend. Schon im zarten Alter von zwölf Jahren – damals nicht unüblich für Jungen, die Berufssoldat werden wollten – trat er 1792 in die preußische Armee ein und nahm bereits ein Jahr später an einem Feldzug gegen in das Rheinland eingedrungene französische Revolutionstruppen teil. Der Heeresreformer Gerhard von Scharnhorst begann den Begabten zu fördern. Nachdem Clausewitz die Kriegsschule als Klassenbester abgeschlossen hatte, wurde er Adjutant des Prinzen August von Preußen und geriet in den Kriegen gegen Napoleon in der Doppelschlacht bei Jena und Auerstedt 1806 in Gefangenschaft. Nach seiner Freilassung schloss sich Clausewitz dem Kreis der Reformer um Scharnhorst, Gneisenau und Boyen an. Im preußischen Generalstab arbeitete er an der Heeresreform mit. Als der preußische König Friedrich Wilhelm III. eine Allianz mit Napoleon einging, nahm Clausewitz 1812 seinen Abschied und trat in russische Dienste. Noch im selben Jahr fiel Napoleon in Russland ein und Clausewitz kämpfte in den Schlachten bei Smolensk sowie Borodino gegen ihn. Sein Ziel, dass sich Deutschland zu einem Befreiungskrieg gegen Napoleon aufraffte, erreichte Clausewitz, als er für die russische Seite Verhandlungen mit dem preußischen Generalleutnant Johann Graf Yorck von Wartenburg führte. Sie mündeten am 30. Dezember 1812 in der Unterzeichnung der Konvention von Tauroggen. Darin schloss Yorck von Wartenburg ohne die Billigung seines Königs einen Waffenstillstand zwischen den bis dahin auf französischer Seite kämpfenden preußischen Truppen und der russischen Armee. Dies markierte den Beginn des preußischen Widerstands gegen die französische Besatzung.

Nachdem Clausewitz wieder in die preußische Armee eingetreten war, fungierte er als Generalstabschef im Generalkommando in Koblenz und wurde später Verwaltungsdirektor der Allgemeinen Kriegsschule in Berlin. Im März 1831 begleitete er als Chef des Generalstabes den Feldmarschall Gneisenau nach Polen, wo ein preußisches Truppenkontingent Unruhen bekämpfen sollte. Als Clausewitz am 7. November nach Breslau zurückkehrte, hoffte er die Arbeit an seinem Buch, das er im Jahr zuvor vorläufig beendet hatte, wieder aufnehmen, es sogar über den Winter abschließen zu können. Doch er erkrankte an Cholera und starb nur wenige Tage nach seiner Rückkehr. Erst nach seinem Tod wurden die versiegelten Manuskripte wieder geöffnet.

Dass viele Leser mit der Zeit die Vielschichtigkeit seiner Gedanken erkannten, hätte Clausewitz sicher gefreut. Denn er selbst hatte *Vom Kriege* geschrieben, um damit nicht nur Militärs, sondern auch Politiker zu erreichen. Gleichwohl ist Clausewitz' Buch nicht als ein Werk zu verstehen, in dem die Rolle des Krieges im Zusammenleben der Menschheit erschöpfend erörtert wird. Es ist und bleibt letztlich ein Militärlehrbuch. Doch wie alle Bücher, die über ihr Genre hinaus wirken, liefert *Vom Kriege* auch Anregungen für andere Themengebiete. Dass es heute beispielsweise auch von Managementschulen herangezogen wird, liegt daran, dass Clausewitz einen bedeutenden Akzent auf Führung legte. Er betont, dass nicht nur die Stärke eines Heeres, sondern auch das Können des Oberbefehlshabers das Kriegsgeschick entscheide und verweist vor allem auf das strategische Genie Napoleons und Friedrichs des Großen. Der Planung und der Ausbildung misst er eine entscheidende Bedeutung für den Erfolg zu: »Wissen muss Können werden!«, heißt es an einer Stelle des Buches.

Interessant sind auch die von Clausewitz dem Guerillakrieg gewidmeten Erörterungen, die im 20. Jahrhundert gerade unter Revolutionären und Widerstandskämpfern Beachtung fanden. So legte er etwa dar, dass in einem Konflikt zwischen staatlichen und nichtstaatlichen Gegnern Verluste an Menschenleben für den staatlichen Akteur sehr viel schwerer wiegen als für den nichtstaatlichen Gegner.

Zentral und am meisten diskutiert ist die gedankliche Verbindung, die Clausewitz zwischen Krieg und Politik herstellt. Sie kommt in dem berühmtesten Satz des Werkes zum Ausdruck. Dieser Satz ist vermutlich sogar berühmter als das Buch oder der Autor selbst: »Der Krieg ist eine bloße Fortsetzung der Politik mit anderen Mitteln.« So überschrieb Clausewitz den 24. Artikel im ersten Kapitel seines Buches.

Es ist umstritten, was aus diesem Satz zu schließen sei. Liefert er für Politiker die Rechtfertigung, zu militärischen Mitteln zu greifen, wenn sie bei Konflikten nicht weiterwissen? Die unsägliche Rolle, die Deutschland in den beiden Weltkriegen gespielt hat, legte für manche sogar die Ansicht nahe, Clausewitz sei ein geistiger Wegbereiter der aggressiven militaristischen Vorgehensweise Deutschlands gewesen. Gerade in Frankreich und Großbritannien versuchte man eine Linie von Friedrich dem Großen über Clausewitz zu Hitler zu ziehen. Zu diesem Verdacht passte auch, dass eine die Struktur des deutschen Militärs so prägende Gestalt wie der bereits erwähnte Moltke die Idee des Präventivkriegs propagiert hatte und im deutsch-französischen Krieg 1870/1871 gegen Frankreich die völlige Vernichtung des Gegners wollte. Auch Bismarcks Worte von »Blut und Eisen«, mit denen allein die deutsche Frage zu lösen sei, trugen dazu bei, dass Clausewitz' Ausführungen eben in diesem Sinne gedeutet wurden. Doch weder diese Handlungsweisen noch der ethnische Vernichtungskrieg des 20. Jahrhunderts oder die Herstellung von Atomwaffen können sich auf Clausewitzsches Denken berufen.

Mit der Feststellung, der Krieg sei die bloße Fortsetzung der Politik mit anderen Mitteln, wollte Clausewitz verdeutlichen, dass Krieg nicht als etwas begriffen werden dürfe, das außerhalb der Auseinandersetzung zwischen Völkern stehe. Krieg, sagte Clausewitz, entsteht nicht aus dem Nichts. Er sei eingebunden in einen wie auch immer gearteten politischen Willen. Daher stehen Kriegsführung und politischer Wille für Clausewitz in Wechselwirkung, denn »die politische Absicht ist der Zweck, der Krieg ist das Mittel, und niemals kann das Mittel ohne Zweck gedacht werden«. Das Militärische war für Clausewitz dem politischen Ziel und Willen untergeordnet. Krieg, so war er überzeugt, darf nicht den Sieg, sondern die Rückkehr zu Frieden und Politik zum Ziel haben. Insofern ist Clausewitz' Diktum eher als nüchterne Feststellung zu verstehen, dass Politik und Krieg sich bedingen. Oder wie Clausewitz feststellt: »Der Krieg ist nie ein isolierter Akt.«

47 Friede den Hütten! Krieg den Palästen!

Georg Büchner (1813 – 1837)

Er war ein wenig größer gewachsen als die anderen. Doch das hielt ihn nicht davon ab, einen hohen Zylinder aufzusetzen und so seine Gestalt noch größer erscheinen zu lassen. Georg Büchner, hohe Stirn, wildes blondes Haar, der Mund ein wenig klein, verkniffen scheinend. Der junge Mann war leidenschaftlich. Wen er ablehnte, der bekam es zu spüren. Schon in seiner Geburtsstadt Darmstadt beschwerten sich die Mitbürger bei den Eltern über das Betragen des Sohnes. Doch der erklärte in einem Brief, dass es »mir niemand wehren (kann), alles, was existiert, bei seinem Namen zu nennen«.

Gekleidet wie ein Dandy, war der Medizinstudent Georg Büchner im oberhessischen Gießen bald bekannt wie der sprichwörtliche bunte Hund. Die kleine beschauliche Garnisons- und Universitätsstadt geriet in jenen Tagen, wie es zuweilen der Zufall der Geschichte will, zum Schauplatz gleich mehrerer bedeutsamer Ereignisse. Da war zum Beispiel der junge, hitzige Professor Justus Liebig, ehrgeizig bis zur Selbstzerstörung, der sich anschickte, mit seinen Forschungen und Erfindungen wie dem Kunstdünger die Landwirtschaft in Deutschland zu revolutionieren.

Auch politisch geriet Gießen damals in den Mittelpunkt der Geschehnisse. Das lag an den besonderen Verhältnissen im Großherzogtum Hessen, zu dem Gießen gehörte, und an dem Hitzkopf Büchner. Man setzte hierzulande die nach dem Wiener Kongress begonnene Wiederherstellung der staatlichen Ordnungen besonders streng um. Alle Einflüsse der Französischen Revolution sollten getilgt werden. Polizei, Militär und ein großer Beamtenapparat unterdrückten konsequent jegliche freiheitliche Regung.

Büchner hatte schon als Junge seinen Vater, einen Landarzt in Darmstadt, bei der Arbeit begleitet und früh das Elend der Bauern und der unteren Schichten kennen gelernt. Deren Leid hatte so tiefen Eindruck auf Büchner gemacht, dass er sich schließlich als Fremdling unter seinesgleichen empfand. Denn weder das ehrgeizige und mit sich selbst beschäftigte Bürgertum noch die meisten seiner Mitstudenten hegten Interesse für die Lage der zahlreichen Armen. Es ist kein Wunder, dass der Einzelgänger für die Ablehnung, die er seinen Kommilitonen entgegenbrachte – er hielt sie für elitäre oder grobe Gestalten –, die entsprechende Erwiderung erfuhr. Nachts sangen Büchners betrunkene »Kameraden« Spottlieder vor dessen Zimmer im Gießener Seltersweg und sie brachten Hochrufe auf den »Erhalter des europäischen Gleichgewichts, den Abschaffer des Sklavenhandels« aus.

Doch Georg Büchner war nur auf den ersten Blick der bindungslose, sich selbst genügende Einzelgänger. Es gab sehr wohl Menschen, die ihm nahe standen und die er suchte. Gießen war bereits sein zweiter Studienort, begonnen hatte er sein Studentenleben in Straßburg. Dort trat er nicht nur einer theologisch gefärbten Burschenschaft bei, sondern freundete sich eng mit den Brüdern August und Adolf Stoeber an. Und er fand seine große Liebe. Heimlich verlobte er sich mit der Tochter seines Stubenwirts, des Pfarrers Jacob Jaeglé.

Im Januar 1834 war Büchner bereits in Gießen immatrikuliert und erholte sich gerade von einer Hirnhautentzündung, die ihn in anhaltende Depressionen gestürzt hatte, da lernte er den Schuldirektor Friedrich Ludwig Weidig aus dem benachbarten Butzbach kennen. Der war der Verfasser mehrerer Flugschriften und im Jahr zuvor an der Vorbereitung des Sturms einer Rebellengruppe auf die Frankfurter Hauptwache beteiligt gewesen. Nachdem Büchner die Geheimorganisation »Gesellschaft für Menschenrechte« gegründet hatte, kurz darauf in Darmstadt sogar eine eigene Sektion aus der Taufe hob, kam es am 3. Juli auf der Badenburg, einer der vielen Burgen, die die Kuppen der grünen Hügel rund um Gießen säumen, zum Treffen einiger Verschwörer. Man erörterte das Unternehmen einer Flugschrift. Ihr Titel: *Der hessische Landbote*. Büchner wollte die unteren Schichten der Bevölkerung aufrufen, sich endlich gegen ihre Unterdrückung zu erheben. Bereits im März hatte er einen ersten Entwurf verfasst. Doch Weidig, weit gemäßigter als sein junger Kampfgefährte, konnte sich mit seiner sanfteren Linie durchsetzen und überarbeitete Büchners Text. Wenige Tage später schmuggelten Büchner und einige seiner Mitverschwörer in nächtlichen Märschen das Manuskript des *Hessischen Landboten* in einer Botanisiertrommel zum Druck nach Offenbach und anschließend die gedruckten Flugschriften zur Verteilung nach Friedberg, Butzbach, Darmstadt und Gießen.

Doch ein Freund Weidigs, der zum Spitzel geworden war, verriet die Verschwörer und so wurde bald einer von ihnen, Carl Minnigerode, am Selterstor in Gießen verhaftet. Er trug 139 Exemplare des *Hessischen Landboten* bei sich. Minnigerode gab an, er sei gerade auf dem Weg gewesen, die Blätter bei der Polizei abzugeben. Ebendieser Rat stand für jeden, der von der Polizei mit der Flugschrift angetroffen werde, auf der Flugschrift selbst. Doch es half nicht. Der Polizeiapparat begann zu arbeiten. Rasch identifizierte man Büchner als Hauptverschwörer. Der entkam dem Zugriff der Häscher nur, weil man sich mit der Zustellung des Haftbefehls zu viel Zeit ließ. Nun befahl der Universitätsrichter Georgi die Durchsuchung von Büchners Wohnung, der sich daraufhin per Brief beschwerte. Georgi, alkoholabhängig und entscheidungsschwach, ließ sich verunsichern und unterließ die Verhaftung. Büchner konnte nach Darmstadt fliehen.

Derweil war der *Hessische Landbote*, eng gedruckt auf nur acht Seiten, längst in der Welt und fand seine Leser. Der über dem Beginn des eigentlichen Textes platzierte Aufruf »Friede den Hütten! Krieg den Palästen!« stammte von Büchner. Er hatte sich dabei einer Parole der Französischen Revolution bedient, die von dem französischen Schriftsteller Sébastien Roch Nicholas de Chamfort für das französische Revolutionsheer ersonnen worden war. Hatte es bei Chamfort noch »Guerre aux châteaux! Paix aux chaumières!« (also »Krieg den Palästen! Friede den Hütten!«) geheißen, drehte es Büchner in der deutschen Übersetzung um, ob aus stilistischen oder aus Prioritätsgründen, bleibt der Interpretation überlassen.

Wie seine Mitstreiter war Büchner überzeugt, die Menschen nur über das Geld »packen« zu können. Politische, ethische, liberale Ansinnen würden nichts bewirken. Deshalb veröffentlichten er und Weidig im *Hessischen Landboten* statistische Zahlen über den ungleich verteilten Reichtum. Ausführlich legte Büchner in dem von ihm gestalteten Teil dar, wie 700 000 Menschen im Großherzogtum 10 000 »Presser« ernährten. Tatsächlich war das Großherzogtum Hessen im Feudalsystem steckengeblieben und einer der ärmsten Landstriche in Deutschland. 1830 hatten Bauern im Vogelsberg eine Hungerrevolte angefacht. Sie war durch großherzogliche Soldaten im Blutbad von Södel, das im *Hessischen Landboten* Erwähnung fand, beendet worden.

»Das Leben der Vornehmen ist ein langer Sonntag« oder »Das Leben der Bauern ist ein langer Werktag«. So wetterte Büchner und verband ebenso wie Weidig zahlreiche seiner Argumente mit der Bibel. Die Menschen sollten nicht nur über die materielle Frage, sondern auch über ihren Glauben gewonnen werden. Dabei half, dass die Sprachbilder der Bibel Gemeingut waren. Während Büchner geistig einem radikalen Frühsozialismus nahe stand und sich mit seinem »Friede den Hütten! Krieg den Palästen!« in den Kampf von Arm gegen Reich stürzte, fühlte sich Weidig, der die Gestaltung des zweiten Teils des *Hessischen Landboten* übernommen hatte, einer aufgeklärten Staatsidee nahe, wie er sie unter Friedrich dem Großen verwirklicht sah. Anders als Büchner, der für ein allgemeines und gleiches Wahlrecht eintrat, stand Weidig für das Zensuswahlrecht von »mündigen Bürgern«.

Der *Hessische Landbote* gilt als bedeutendste politische Schrift des Vormärz und somit der politisch-revolutionären Willensäußerungen vor der Revolution von 1848/49. Weidig wurde im April 1835 festgenommen und eingekerkert und starb fast zwei Jahre später, im Februar 1837, unter ungeklärten Umständen in der Haft. Büchner entkam dem Zugriff der Staatsmacht, doch er blieb auf der Flucht. In den nicht mal drei Jahren, die ihm noch zu leben blieben, schuf er mit

Dantons Tod, sein einziges neben dem *Hessischen Landboten* zu Lebzeiten gedrucktes Werk. Außerdem verfasste er die erst posthum veröffentlichten beiden Theaterstücke *Leonce und Lena* und *Woyzeck*. Alle drei Dramen Büchners gehören zu den bedeutendsten der deutschen Literatur und gelten als wichtige Zeugnisse für den Beginn der modernen deutschen Sprache.

Anfang Februar 1837 erkrankte Büchner an Typhus. Er hatte sich auf seine medizinische Lehrtätigkeit vorbereitet und bis zur Erschöpfung gearbeitet. In seinen letzten Tagen nicht mehr bei Bewusstsein, starb er gerade mal 23-jährig am 19. Februar 1837 in Straßburg. Tragischerweise war er während seines kurzen Lebens nur als Aufrührer, nicht als Dichter bekannt geworden.

48 **Eigentum ist Diebstahl**

Pierre-Joseph Proudhon (1809 – 1865)

Der französische Maler Gustave Courbet porträtierte 1853 in einem Ölgemälde seinen Landsmann und Freund Pierre-Joseph Proudhon. Für die Darstellung des anarchistischen Denkers wählte Courbet, ein Vorläufer der Impressionisten, ein damals ungewöhnliches Szenario. Nicht vor dem Hintergrund eines Ateliers finden wir den Porträtierten, sondern im Freien sitzend auf zwei steinernen Stufen zu einem Garten. Während die eine Hand auf dem Oberschenkel ruht, scheint Proudhon, ein kräftiger Mann mit breiter Stirn und hohem braunlockigem Haaransatz, gedankenversunken mit dem Zeigefinger der linken Hand an seinem Vollbart entlangzustreichen. Zu Proudhons Rechten liegen auf- und zugeschlagene Bücher, auf der oberen Stufe Papiere und Mappen. Hinter ihm steht ein Tintenfässchen mit Feder. Die Kleidung Proudhons ist schlicht. Eine blaue Hose, dunkle Schnürschuhe, ein weiter weißer Leinenkittel. Über den rechten Arm hat Proudhon einen hellen Ärmelschoner gestreift. Proudhon blickt in sich, scheint wenig über die ovalen Fassungen der Brillengläser hinaus wahrzunehmen. Er ist nicht allein. Zwei kleine Mädchen leisten ihm im Garten Gesellschaft. Es sind seine Töchter. Die eine hat sich neben den Stufen an ihr Kindertischchen gesetzt und liest, indem sie mit dem Zeigefinger den Worten auf dem Papier folgt. Die andere spielt mit einer kleinen Vase im Kies.

Diese Szene in der grünen Natur scheint weit entfernt von der Welt eines Anarchisten. Wüsste man nicht um Proudhons Leben und Werk, man vermutete eher einen Maler oder einen Dichter mit seinen Töchtern. War das der Mann, der erklärt hatte »Eigentum ist Diebstahl«? Der vermeintliche Widerspruch löst sich bei näherer Betrachtung auf. Denn Courbets Gemälde dokumentiert die Welt des Sozialrevolutionärs Proudhon, gibt in seiner Schlichtheit und Idylle sogar Hinweise auf Herkunft, Verbindungen, Einflüsse auf das individualistische Denken dieses außergewöhnlichen Mannes. Allein schon, dass es Courbet, der große Maler des französischen Realismus ist, der ihn porträtiert, legt eine Spur offen. Denn Courbet stammte ebenso wie Proudhon aus der an die Schweiz angrenzenden Region der Franche-Comté. In dieser ländlichen Gegend arbeiteten vor allem Händler, Kaufleute und Handwerker – ein Menschenschlag, der gewohnt war, sich individuell zu betätigen und eine Abneigung gegen die Anonymität und Kollektivität eines Staatsapparates hegte. Die Gesellschaft dieses Landstrichs setzte sich aus kleinen Gruppen und Familienverbänden zusammen, die auf ihre Unabhängigkeit bedacht waren. Auch der Einzelne, der Besondere fand dort meist seinen Platz. Diese bäuerliche und zugleich bürgerliche Welt bildete einen Humus für die Entwicklung ihrer intellektuellen Söhne, die alle mit ihrem Denken und ihrer Kunst das Individuum feierten. Nicht nur Courbet und Proudhon entstammten diesem Milieu, sondern auch der große französische Dichter Victor Hugo und der anarchistische Denker und Philosoph Charles Fourier, der Proudhon stark beeinflusste.

Proudhon war ein Autodidakt. Seine Kindheit hatte er in Armut verbracht. Sein Vater, ein Küfer, war bei dem Versuch sich selbstständig zu machen, gescheitert. Bis zu seinem zwölften Lebensjahr half Proudhon als Viehhirte den Lebensunterhalt der Familie zu bestreiten und musste deshalb sogar die Schule abbrechen. Er hatte schließlich das Glück, eine Lehre als Schriftsetzer absolvieren zu können. Er las viel und eignete sich umfassendes Wissen an. Als er sich mit einer Druckerei in seiner Heimatstadt Besançon etablieren wollte, erging es ihm wie zuvor seinem Vater: Er scheiterte. Proudhon war schon 28 Jahre alt, als er dank eines Essays über Grammatik, den er verfasst hatte, ein Stipendium der Akademie seiner Heimatstadt erhielt. Er ging nach Paris und wurde dort endgültig mit den sozialen und politischen Fragen seiner Zeit konfrontiert. 1840 veröffentlichte er seine berühmte Streitschrift mit dem Titel *Qu'est-ce que la propriété?* (Was ist Eigentum?). Die Antwort lieferte er im Text: »La propriété c'est le vol!« (Eigentum ist Diebstahl).

Diese provozierende Aussage, die er von Jacques Pierre Brissot, einem der Köpfe der Französischen Revolution, entlehnt hatte, führt rasch zur Fehldeutung der Ideen Proudhons. Denn dieser war keineswegs gegen das Privateigentum an sich. Doch Einkünfte und Güter, die nicht durch eigene Arbeit erworben wurden, hielt er für falsch. Proudhon unterteilte bewusst in »Besitz« und »Eigentum«. Besitz waren für ihn die Güter des eigenen Gebrauchs, Eigentum waren für ihn Kapital, Maschinen und Grundbesitz. Dass Proudhon am Besitz für den Einzelnen festhielt, brachte ihm von kommunistischer Seite die Bezeichnung »bürgerlicher Sozialist« ein.

Proudhon störte es nicht, dass er eher ideell als rational dachte und seinem Denkgebäude das wissenschaftliche Fundament fehlte. Er war Individualist und stolz, sich sein Wissen selbst angeeignet zu haben. Mit den aufkommenden Ideengebäuden des Sozialismus und des Kommunismus konnte er sich trotz Gemeinsamkeiten nicht anfreunden. Zweifelsohne musste so ein Mann in Zeiten schroffer Gegensätze zwischen alle Fronten geraten. So geschah es auch. Linke warfen ihm vor, er wolle das Klassensystem des Kapitalismus nicht beseitigen, sondern die Klassen lediglich »versöhnen«. Die Anhänger des bestehenden kapitalistischen Wirtschaftssystems meinten, Proudhon übersehe dessen Anpassungsfähigkeit und Fortschrittlichkeit. Doch Proudhon nahm das hin. Er mochte sich einfach niemandem anschließen. Dieser Wesenszug zog sich durch sein Leben und sein Denken wie ein roter Faden. Und so lehnte er auch, beeinflusst vom Individualismus der Welt seiner Herkunft, das Konzept eines zentral geführten Staates ab. In einer Zeit der Blüte nationaler Gefühle und Ideen war das zumindest unter freiheitlichen Denkern außergewöhnlich, denn sie verbanden den Gedanken des Nationalstaats meist noch immer mit den Erfolgen des französischen Volkes und seiner Revolution. Ein Nationalstaat bedeutete für sie Freiheit, Proudhon dagegen sah in einem Zentralstaat Unfreiheit. Er meinte, das Zusammenleben der Menschen sei ohne einen Staat sogar besser zu regeln. Eine Gesellschaft solle sich in kleinen, autonomen Einheiten organisieren (auch hier ist das Vorbild seiner Heimat Franche-Comté zu erkennen), übergeordnete Institutionen wie Staat oder Kirche sollte es nicht geben. Auch Geld sei nicht vonnöten. Dies könne durch ein System ersetzt werden, das über den Austausch von Waren vieler Kleinproduzenten aufzubauen sei. Dadurch sei auch Einkommen letztlich nur durch eigene Arbeit oder durch Tausch von Gütern zu erwerben, die wiederum aus eigener Arbeit entstanden waren. Weil nichts vererbt, kein Eigentum angehäuft werden könne, sei keiner in der Lage, wirtschaftliche oder politische Macht über andere auszuüben.

Karl Marx, der Proudhon mehrfach in Paris getroffen hatte und ihn zunächst sehr schätzte, bat ihn 1846 um Mitarbeit in der jungen kommunistischen Bewegung. Doch Proudhon erkannte bei Marx erste autoritäre Tendenzen. Höflich, aber bestimmt wies er am 17. Mai Marx' Bitte in einem Brief zurück: »Lassen Sie uns um Gottes Willen, nachdem wir alle a-priori-Dogmen zertrümmert haben, nicht davon träumen, die Menschen unsererseits zu indoktrinieren«, und weiter: »Lassen Sie uns weiter gut und loyal streiten und der Welt ein Beispiel erlernter und weitsichtiger Toleranz geben, aber lassen Sie uns nicht, weil wir an der Spitze einer Bewegung stehen, zu den Führern neuer Intoleranz werden und nicht als Apostel einer neuen Religion auftreten, selbst wenn diese Religion die Religion der Logik, die Religion der Vernunft wäre.« Und schließlich: »Lassen Sie uns niemals eine Frage als erschöpft betrachten, und wenn wir unser letztes Argument gebraucht haben, lassen Sie uns von vorne beginnen, wenn es sein muss, mit Eloquenz und Ironie. Unter dieser Bedingung werde ich gerne ihrem Verein beitreten. Ansonsten – nein!«

Nun hatte er Marx gegen sich. Der begann gegen Proudhon zu polemisieren, nannte ihn einen kleinbürgerlichen Ideologen, sein Denken unzulänglich. Die Ansätze der beiden Männer zur Lösung der sozialen Frage waren zu verschieden. Marx wollte die Arbeiterklasse organisieren und mit einem somit von seiner Idee gelenkten großen Kollektiv über die anderen Klassen siegen. Der Anarchist Proudhon wollte die Klassenunterschiede durch eine Gesellschaftsform beseitigen, in der der einzelne Mensch ohne jegliche Lenkung seine individuelle Kraft entfalten konnte. Der Bruch zwischen Marx und Proudhon ist einer von vielen Brüchen der sozialistischen Bewegung, zeichnet aber im Kern die zwei Hauptlinien vor. Die eine Linie sah in Revolution und notfalls Gewalt (Marx) den Weg zur Freiheit und Gleichheit aller, die andere in Evolution und Wandel (Proudhon).

49 Deutschland, Deutschland über alles!

Heinrich Hoffmann von Fallersleben (1798 – 1874)

In Hamburg hatte er das Schiff bestiegen. Nun war es auf hoher See und auf dem Weg nach Helgoland. Der Wind blies frisch, der Wellengang war lebendig. Das Schiff machte Fahrt und der Breslauer Professor für deutsche Sprache und Literatur, der zur besseren Wiedererkennung an seinen Allerweltsnamen ein »von« und dann den Namen seines Geburtsorts angehängt hatte, atmete die salzige Seeluft ein. Heinrich Hoffmann von Fallersleben genoss die Reise und die Aussicht, auf der Felseninsel viele Gleichgesinnte zu treffen, von denen sich noch einige in den nächsten Tagen einschiffen würden. Dann setzte die Musik der Kapelle ein. Für die mitreisenden Franzosen spielte man die Marseillaise und schließlich auch für die Engländer »God save the King«. Und für die Deutschen? Da gab es nichts, was gespielt werden konnte. Wozu brauchte ein Land, zersplittert in viele Kleinstaaten auch eine Hymne? Hoffmann von Fallersleben, schon lange ein Kämpfer für die Einheit Deutschlands, erkannte, hier musste Abhilfe geschaffen werden. Auf Helgoland eingetroffen, verfasste er am 26. August 1841 den Text des Liedes, das er »Lied der Deutschen« nannte.

Die Worte, die der Schwärmer Hoffmann wählte, vor allem die berühmt-berüchtigte Zeile »Deutschland, Deutschland über alles!« verkörperten den Geist jener Zeit. Viele deutsche Intellektuelle waren ergriffen von der Romantik und ihrem Ideal des im Einklang mit den Naturgesetzen lebenden freien Menschen, waren noch immer inspiriert von der Französischen Revolution und beeindruckt von der offenkundigen Freiheit in Amerika. Sie hofften, dass ein freies, vereintes, demokratisches Deutschland den spießig-kleinbürgerlichen und duckmäuserischen Biedermeiergeist der Restauration hinfortspülen würde. Denn überall in Europa wuchs der nationale

Gedanke, entwickelten sich Staaten politisch und wirtschaftlich weiter, während das zersplitterte Deutschland wirtschaftlich und politisch nicht vorankam.

Mit der Einrichtung des Deutschen Bundes, einer losen Staatenvereinigung, hatte der Wiener Kongress 1815 nach dem Untergang der napoleonischen Herrschaft Deutschland als Flickenteppich aus feudal geführten Fürstentümern belassen. Nun begannen sich vor allem Studenten, Dichter und Gelehrte gegen Unfreiheit und Festhalten an Althergebrachtem aufzulehnen. Einige von ihnen erkannten, dass Freiheit und Einigkeit auch zur Lösung der drückenden sozialen und wirtschaftlichen Probleme beitragen konnten. Während andere Nationen in die Industriezeit aufbrachen, blieb Deutschland in agrarischen Strukturen verhaftet. Unzählige Zollgrenzen erschwerten den Handel und die Fortentwicklung im Land. Hoffnungen auf bessere Zeiten waren somit eng mit der Idee der Einheit der Nation, aber auch der Demokratie verknüpft. Denn den Begriff der Nation verband man vor allem mit dem Freiheitskampf des französischen Volkes wenige Jahrzehnte zuvor.

1815 hatte sich in Jena die Urburschenschaft gegründet. In ihr vereinten sich die wachsenden freiheitlichen und nationalen Ideen unter den deutschen Studenten. Viele von ihnen hatten in den Befreiungskriegen gegen Napoleon im Lützowschen Freikorps gedient. 1817 trafen sich auf Einladung der Jenaischen Burschenschaftler auf der Wartburg bei Eisenach über 500 Studenten aus ganz Deutschland. Anlass war die Feier des 300. Jahrestages der Reformation. Redner riefen zur Einheit und Freiheit Deutschlands auf. 1832 trug man auf dem Hambacher Fest zum Zeichen eines vereinten, liberalen Deutschlands schwarz-rot-goldene Fahnen, die Farben des Lützowschen Freikorps. Um das Hambacher Schloss in der Pfalz versammelten sich etwa 30 000 Menschen. Einige Studenten wollten gleich zur bewaffneten Revolution übergehen. Doch die Restauration, die seit den Karlsbader Beschlüssen von 1819 die national-liberale Bewegung zu unterdrücken versuchte, schlug zurück. Sie verschärfte die Zensur und verbot die Farben Schwarz-Rot-Gold. Tausende flohen, hunderte wurden verhaftet.

Als Hoffmann von Fallersleben neun Jahre nach dem Hambacher Fest sein »Lied der Deutschen« textete, gärte es also schon lange im Land und Hoffmann litt darunter, dass Deutschland weder eine Nation noch liberal war und dass sich der Feudalismus mithilfe der Fürsten der Kleinstaaten in dem identitätslosen Land hielt. Doch auch die immer wiederkehrende Einmischung europäischer Mächte, die selbst längst national geeint immer wieder ihre Interessen in Deutschland oder an Deutschlands Grenzen robust durchzusetzen versuchten, spielten in den Text des »Lieds der Deutschen« mit hinein. So war es 1840 zur so genannten Rheinkrise gekommen, als Frankreich die gesamte linke Rheinseite als »natürliche« Grenze zu Deutschland forderte. Die Regierung in Paris versuchte damit, von dem Scheitern französischer Ambitionen im Orient abzulenken. Die Reaktion in Deutschland war einhellig wie selten. Auch die Liberalen stimmten ausnahmslos in den aufwallenden Patriotismus ein. Lieder wie jenes berühmte von Max Schneckenburger, das die »Wacht am Rhein« besang, wurden populär.

In der ersten Strophe des »Lieds der Deutschen« scheint dieser patriotische Geist nachzuklingen:

Deutschland, Deutschland über alles,
über alles in der Welt,
wenn es stets zu Schutz und Trutze
brüderlich zusammenhält.

»Deutschland, Deutschland über alles« ist hier nicht als Selbstüberhebung über andere Völker gemeint, sondern war damals ein schlichtes Feiern des – noch nicht negativ besetzten – nationalen Gedankens. Die zweite Hälfte der ersten Strophe steckte die Grenzen dieser Nation ab:

Von der Maas bis an die Memel,
von der Etsch bis an den Belt.
Deutschland, Deutschland über alles,
über alles in der Welt.

Dieser Teil, so umstritten und schließlich unzutreffend er wurde, war damals Realität. Der Deutsche Bund erstreckte sich über diese Fläche. So ist aus Hoffmanns Text keinerlei Anspruch auf Gebiete herauszulesen, die seinerzeit in den Grenzen anderer Staaten gelegen hätten.

Um Hoffmann also in der Interpretation gerecht zu werden, sind zweifellos die geistigen Strömungen und politischen Tatsachen zur Zeit der Entstehung des »Lieds der Deutschen« zu berücksichtigen. Tut man dies, verlieren die Worte viel von ihrem Chauvinismus. Doch prüft man den Text auch auf seine Tauglichkeit für andere Zeiten, hält er den Anforderungen an Unmissverständlichkeit nicht Stand. Andere Epochen haben bewiesen, dass er zu missbrauchen ist, wozu gerade der schwärmerische Ton des »Deutschland, Deutschland über alles« einlud. Als Überhebung der Deutschen über alle anderen Völker kam es etwa den Nationalsozialisten gerade recht. Doch kontroverse Meinungen zu dem Lied gab es schon sehr viel früher. Friedrich Nietzsche nannte »Deutschland, Deutschland über alles« schon vor der Jahrhundertwende »die blödsinnigste Parole der Welt« und für Kurt Tucholsky war es »ein törichter Vers eines großmäuligen Gedichts«. Interessant ist, dass Hoffmanns »Lied der Deutschen« erst 1922 in der Weimarer Republik, also nicht etwa schon im Kaiserreich, zur Nationalhymne erhoben wurde. Der sozialdemokratische Reichspräsident Friedrich Ebert begründete seinen Erlass mit den Worten: »So wie einst der Dichter, so lieben wir heute Deutschland über alles.« War da auch Trotz im Spiel gegen die Demütigung der Versailler Verträge nach einem Weltkrieg, den man eigentlich nicht als verloren sehen wollte?

Hoffmann erlitt nach der Abfassung des »Lieds der Deutschen« das typische Schicksal eines Dissidenten. Er wurde 1842 aus dem preußischen Staatsdienst entlassen und des Landes verwiesen. Das in Deutschland damals verbreitete Spitzel- und Denunziantentum hatte seinen Beitrag dazu geleistet. Hoffmann kommentierte das in einem Gedichtband mit dem ebenfalls berühmt gewordenen Satz: »Der größte Lump im ganzen Land, das ist und bleibt der Denunziant.« Hoffmann führte nun ein Wanderleben. In Gasthäusern sang er öffentlich seine Lieder. Spitzel berichteten von seinen Auftritten im Land. Herablassend schilderten sie, wie der »heruntergekommene Professor« mit dichtem Bart und langem Haar und einer »schmutzigen Kappe auf dem Ohre« mit seinen Liedern auf viel Resonanz stieße. Doch der »alte Student« und »Generalkneipier« sei unterm Strich keine Gefahr.

Das »Lied der Deutschen« wurde bald mehrfach vertont. Als Melodie setzte sich schließlich das »Kaiser-Quartett« (opus 76, Nr. 3) durch, das Joseph Haydn 1797 zu Ehren des österreichischen Kaisers Franz II. komponiert hatte.

Als 1848 schließlich auch in Deutschland die Revolution ausbrach und in der Paulskirche in Frankfurt am Main die erste deutsche Nationalversammlung zusammentrat, schmetterten die Anwesenden begeistert das »Lied der Deutschen«. Doch bald spielten Debatten und Uneinigkeit den alten Mächten in die Hände. Die Idee vom geeinigten Deutschland in einem liberalen Staat wurde verspielt, die Revolution scheiterte.

1853 ließ sich Hoffmann in Weimar nieder. 1860 wurde er Bibliothekar des Herzogs von Ratibor zu Corvey, wo er 1874 starb. Bei allem Streit um die politische Einschätzung seiner Person, sein Beitrag zum volkstümlichen deutschen Liedgut ist groß. Lieder wie »Kommt ein Vogel geflogen«, »Kuckuck, Kuckuck, ruft's aus dem Wald«, »Morgen kommt der Weihnachtsmann« singen die Deutschen noch zu Beginn des 21. Jahrhunderts mit ihren Kindern.

Die Geschichte des missverständlichen »Lieds der Deutschen« erlangte ihren endgültigen Tiefpunkt, als 1933 die Nationalsozialisten an die Macht gelangten. Sie übernahmen die erste Strophe und spielten es gemeinsam mit dem Horst-Wessel-Lied. Die zweite Strophe war ihnen zu romantisch, die dritte Strophe zu demokratisch. Nach dem Zweiten Weltkrieg gab der Bundespräsident Theodor Heuß eine neue Hymne in Auftrag. Das Ergebnis, die zu Silvester 1950 uraufgeführte »Hymne an Deutschland« wurde von der Allgemeinheit nicht angenommen. Heuß gab nach und bekannte, dass er »den Traditionalismus und sein Beharrungsbedürfnis unterschätzt habe«. So wurde das »Lied der Deutschen« 1952 wieder Nationalhymne der Bundesrepublik, allerdings mit der Einschränkung, dass nur die dritte Strophe (»Einigkeit und Recht und Freiheit«) zu singen sei. Die DDR wählte zu ihrer Hymne »Auferstanden aus Ruinen« nach einem Text von Johannes R. Becher mit einer Melodie von Hanns Eisler. Als 1989 die Berliner Mauer fiel, stimmten die Abgeordneten des Bundestages in Bonn spontan die dritte Strophe des »Lieds der Deutschen« an. Als sich die beiden deutschen Staaten 1990 wieder zusammenschlossen, entbrannten erneut Diskussionen, ob das »Lied der Deutschen« eine adäquate Hymne sei. Als »Einigkeit und Recht und Freiheit« ist heute die dritte Strophe von Hoffmanns Text die deutsche Nationalhymne.

50 **Proletarier aller Länder vereinigt Euch!**
Karl Marx (1818 – 1883)

»Ein Gespenst geht um in Europa – das Gespenst des Kommunismus.« Mit diesen berühmt gewordenen Worten beginnt das *Kommunistische Manifest*, das Karl Marx im Winter 1847/48 in Brüssel verfasste. In seinen Ausführungen knüpfte er an Vorarbeiten seines engen Freundes Friedrich Engels an. Beide hatten sich drei Jahre zuvor in Paris kennen gelernt, schnell eine enge Seelenverwandtschaft festgestellt und ebenso rasch erkannt, dass ihre politischen Ideen praktisch deckungsgleich waren. Dabei blickte jeder von ihnen auf einen anderen familiären, religiösen und sozialen Hintergrund. Proletarier war keiner von beiden.

Karl Marx' Eltern stammten beide aus wohlhabenden jüdischen Familien mit Rabbinertradition. Sein Vater, ein Jurist, trat zum Protestantismus über, machte Karriere und war in seinem Nationalstolz deutscher als die meisten anderen seiner Mitbürger. Karl sollte ebenfalls Jurist werden, studierte in Bonn und Berlin, gab sich aber zunächst lieber den musischen Dingen hin, führte das Leben eines Bohemiens, bis er in Kreisen der intellektuellen Linken aktiv wurde und sich mit ersten philosophischen und politischen Gedankengebäuden versuchte. Marx schloss das Studium schließlich ab, promovierte, bemühte sich auch um einen Lehrstuhl, der ihm aber aufgrund seiner bereits intensiven politischen Agitation verwehrt wurde. Friedrich Engels kam aus einer protestantischen Fabrikantenfamilie in Barmen, das heute ein Stadtteil Wuppertals ist. Ebenfalls in Berlin mit der intellektuellen Linken in Kontakt gekommen, wurde er zur kaufmännischen Ausbildung nach Manchester geschickt. Dort hatten ihn die Lebens- und Arbeitsbedingungen der englischen Arbeiter so entsetzt, dass er sich endgültig dem Sozialismus zuwandte. In Paris lernten sich Marx und Engels 1844 kennen, wo Marx mittlerweile im Exil lebte. Im Jahr zuvor hatte er seine Jugendliebe Jenny von Westphalen geheiratet. Im gleichen Jahr, da er Engels kennen lernte, kam die erste Tochter Jenny zur Welt.

1847 traten die mittlerweile engen Freunde – beide hatte es inzwischen nach London verschlagen – einem kleinen sozialistischen Zirkel bei, dem »Bund der Gerechten«. Sie benannten ihn um in »Bund der Kommunisten«. Eine programmatische Schrift musste her, ein Manifest. Der Bund beauftragte Marx und Engels mit der Abfassung des Textes.

Das *Manifest der Kommunistischen Partei*, das Ende Februar 1848, also zu Beginn des großen europäischen Revolutionsjahrs erschien, sollte die zentralen Ideen des Kommunismus erläutern und ihm den Ruf nehmen, ein bloßes Gespenst zu sein. Vor allem wurde es eine erste Darstellung des Ideensystems, das als Marxismus die Welt verändern sollte.

Marx nutzte das Manifest, um darzulegen, dass das Bürgertum, von ihm Bourgeoisie genannt, mit seiner Dynamik und mithilfe der in seinem Besitz befindlichen Produktionsmittel wie Kapital, Fabriken und Maschinen die Industrialisierung entfacht habe und wie nie zuvor in der Menschheitsgeschichte neue Produktivkräfte habe schaffen können. Wie keine andere gesellschaftliche Klasse vor ihr habe die Bourgeoisie überkommene feudale Herrschaftsformen zerstört, was Marx ausdrücklich begrüßte. Doch durch die neuen Produktionsverhältnisse sei auch eine neue gesellschaftliche Klasse entstanden: die Arbeiterklasse, das Proletariat. Die Masse dieser verelendeten Menschen würde schließlich den Untergang der sie ausbeutenden Klasse der Bourgeoisie herbeiführen. Denn die Krisen, in die das Kapital und damit die Bourgeoisie durch die Gier nach Profit geraten würden, setzten schließlich Auflösungsprozesse in der herrschenden Klasse in Gang. Das Proletariat dagegen werde sich in seiner Not immer stärker zusammenschließen und schließlich eine neue Gesellschaft errichten. Marx' Ausführungen endeten mit den Worten: »Mögen die herrschenden Klassen vor einer kommunistischen Revolution zittern. Die Proletarier haben nichts in ihr zu verlieren als ihre Ketten. Sie haben eine Welt zu gewinnen. Proletarier aller Länder vereinigt Euch!«

Das *Kommunistische Manifest* bezog seine Anziehungskraft, die es seitdem auf Kommunisten in aller Welt ausgeübt hat, aus seiner gekonnten und motivierenden Mischung aus teilweise treffsicherer und bestechender Analyse und einer Heilsverkündung, die eine zwangsläufig eintretende bessere Welt, den Kommunismus, verheißt. Dessen Eintreten stützt sich in starkem Maße auf Annahmen, die Marx wie Gewissheiten formulierte. In seinen nachfolgenden Werken, vor allem dem 1867 erstmals erschienenen *Kapital*, baute er sie zu dem umfassenden Gedankensystem aus, das heute als wissenschaftlicher Marxismus bekannt ist. Marx war überzeugt davon, dass den Kapitalismus unausweichlich schwere Krisen ereilen, sich daraus bestimmte gesellschaftliche Dynamiken ergeben und sich die Menschheit in den von ihm vorhergesagten Prozessen tatsächlich verändern werde.

Die Realität, gerade im 20. Jahrhundert, sah jedoch anders aus. Die Proletarier, vor allem der Industrieländer, vereinigten sich nicht. Revolutionen, die sich auf das *Kommunistische Manifest* beriefen, blieben in Industriestaaten fast gänzlich aus. Wenn es doch zu kommunistischen Umsturzversuchen kam, wie etwa im November 1918 in Deutschland, entstand keine Massenbewegung und der Umsturz scheiterte. Es zeigte sich, dass Marx die Fähigkeit des von ihm angeprangerten kapitalistischen Systems zu Reformen verkannt hatte. Noch im 19. Jahrhundert machte man beispielsweise in England und Deutschland durch die Einführung von Sozialgesetzen oder die – wenn auch zuweilen zögerliche – Einbindung der Arbeiterbewegung in die politische Willensbildung erste Schritte, um die von Marx angeprangerten sozialen Missstände zu beheben. Revolutionen fanden dagegen in industriell unterentwickelten Ländern ohne ausgeprägte Arbeiterklasse statt, wie etwa in Russland und China. Als dort die Revolutionäre siegten, blieb das von Marx prophezeite Verschwinden der Religion aus, die dieser noch als »Opium für das Volk« beschimpft hatte. Eher mutierten etwa der Marxismus-Leninismus oder die Spielart des Maoismus zu Quasi-Ersatzreligionen. Gleichzeitig wurde die marxistische Lehre hermetisch. Offener Diskurs fand nicht mehr statt. Die Anführer siegreicher Revolutionsbewegungen bildeten in ihren Ländern bald elitäre Führungsschichten, Kritik oder Veränderungen duldeten sie nicht. So genannte Abweichler wurden wie Ketzer abgestraft.

Das *Kommunistische Manifest* gelangte 1848 zunächst nur in geringer Zahl nach Deutschland und ging in den Wirren der eher bürgerlichen liberal-demokratischen Revolution unter. Mehr Aufsehen erregten Marx und Engels mit den *Forderungen der Kommunistischen Partei in Deutschland,* die sie im März des Jahres in einer Flugschrift verbreiteten. Sie wurden von zahlreichen Zeitungen nachgedruckt. Diesmal stand das Motto »Proletarier aller Länder vereinigt Euch!« schon zu Beginn des Textes. Marx und Engels hatten ihr Anliegen aus dem *Kommunistischen Manifest* um weitere Forderungen ergänzt. Manche davon waren so moderat, dass viele Bürgerliche dieser Zeit sie sicher unterstützt hätten: freie Wahlen, Besoldung der Parlamentarier, Verbesserung der Bildung. Anderes war dagegen radikal: die Verstaatlichung von Banken, Grundbesitz, Bergwerken, Transportmitteln und Wegen, der Post sowie die Einschränkung des Erbrechts. Außerdem forderten sie die Volksbewaffnung.

Während der 48er-Revolution kehrten Marx und Engels nach Deutschland zurück und gründeten in Köln die *Neue Rheinische Zeitung*. Marx übernahm die Position des Chefredakteurs, während sich Engels nach nur kurzer Redakteurstätigkeit den kämpfenden Revolutionären anschloss. Nach dem Scheitern der Revolution flohen beide wieder nach London. Marx verlor nun sämtlichen materiellen Halt, auch das Vermögen seiner Frau war dahin. Bis zu seinem Tod im Jahr 1883 sollte er mit seiner Familie unter erbärmlichen Verhältnissen leben. Seinen Anzug musste er mehrfach ins Pfandhaus geben. Gelindert wurde die Not nur durch die großzügige Unterstützung von Engels, der, auch um seinen Freund unterstützen zu können, fast 20 Jahre im Werk seines Vaters arbeitete. Engels bedachte Marx und seine Familie letztlich mit mehr Geld, als er sich selbst zuwies. Doch gerade diese Unterstützung ermöglichte es dem unermüdlichen, ja besessenen Arbeiter Marx, der jeden Tag Stunden im Lesesaal der British Library arbeitete und schrieb, sein umfangreiches und detailliert recherchiertes Werk zu schaffen, vor allem sein berühmtestes: *Das Kapital*.

Marx ist einer der umstrittensten Denker aller Zeiten. Während er als Sozialtheoretiker nahezu uneingeschränkt verehrt wird, scheiden sich an seiner Bedeutung als Ökonom und politischer Denker die Geister. Hoch geschätzt wird selbst unter Kritikern seine Analyse der Entstehung und der Mechanismen wirtschaftlichen Handelns. Doch seine Schlussfolgerungen und seine Ideen zur Lösung der auftretenden Probleme stehen immer wieder im Kreuzfeuer und bleiben vielleicht immer Utopie. In der Bewertung von Marx muss berücksichtigt werden, dass er im »real existierenden Sozialismus« der Sowjetunion und den Ländern des so genannten Ostblocks vereinnahmt wurde. Dort versuchte man, eine logische Linie der Ideen von Marx und Engels zu Lenin, später auch zu Stalin zu ziehen. Die beiden »Ahnherren« hätten sich mit Sicherheit dagegen gewehrt.

Karl Marx starb schließlich, erschöpft von Armut, Krankheit und den inneren Kämpfen der von ihm mit gegründeten und so stark inspirierten Bewegung. Als solle die Voraussetzung, der Anfang für alle Veränderung nie in Vergessenheit geraten, sind auf seinem Grabstein im Londoner Stadtteil Highgate die Worte seines wohl berühmtesten Satzes in englischer Sprache verewigt: »Workers of all lands, unite!«

51 Erst wenn der letzte Baum gefällt, der letzte Fluss vergiftet, der letzte Fisch gefangen ist, werdet ihr feststellen, dass man Geld nicht essen kann

Weissagung der Cree-Indianer

Die Männer und Frauen der Duwamish und Suquamish waren erstaunt. Seit Generationen lebten die zwei Stämme in der hügeligen und fruchtbaren Fjordlandschaft am Puget Sound an der Nordwestküste des heutigen US-Bundesstaats Washington. Doch nun boten die weißen Männer ihnen an, das Land, auf dem sie lebten, zu kaufen. Land kaufen? Konnte man Land überhaupt besitzen? Land, da waren sich die Duwamish einig, gehört keinem. Genauso gut könnte man Luft kaufen und verkaufen oder das Wasser der Flüsse. Die weißen Männer mussten verrückt sein.

Häuptling Sealth, den die Weißen der besseren Aussprache wegen Seattle nannten, wusste aber, dass sein Stamm keine andere Wahl hatte, als dem Verkauf des Landes an die Regierung der Vereinigten Staaten von Amerika zuzustimmen. Denn sollten die Indianer ablehnen, würden die weißen Männer das Land trotzdem nehmen. Bereits zu Lebzeiten von Seattles' Vater Schweabe waren weiße Siedler in das Land der Duwamish und Suquamish gekommen. Man hatte sich friedlich verständigt. Dann trafen 1851 noch einmal knapp zwei Dutzend Siedlerfamilien aus dem mittleren Westen ein. Seattle war längst einer der Häuptlinge seines Volkes und hatte sich als Krieger im Kampf gegen andere Stämme hohe Anerkennung erworben. Die neuen Siedler baten die Ureinwohner um Erlaubnis, sich an den

Ufern des Puget Sound niederlassen zu dürfen. Seattle stimmte zu. Er war von der europäischen Kultur fasziniert, schon als Kind hatten die Schiffe des britischen Entdeckers George Vancouver vor der Küste seiner Heimat tiefen Eindruck auf ihn gemacht. Seattle freundete sich mit Doc Maynard an. Der war ein berüchtigter Trinker, doch auch eine treibende Kraft der Siedler. Es heißt, Seattle habe ihm einen besonders günstigen Platz zum Siedeln gezeigt und ihm eines Tages sogar das Leben gerettet, als ein Angehöriger eines anderen Stammes ein Attentat auf Doc Maynard plante. Auch danach habe Seattle Feindseligkeiten anderer Stämme von den Siedlern fern gehalten. All dies bewog die Siedler dazu, ihre kleine Siedlung nach dem freundlichen Häuptling der Ureinwohner zu nennen, und so heißt die heutige Metropole an der Nordwestküste der USA Seattle. Doch als der Namenspatron davon erfuhr, hatte er Einwände. Er sagte, dass er nach seinem Tod keine Ruhe finden werde. Denn jedes Mal, wenn ein Sterblicher seinen Namen nenne, wäre das eine Störung seines ewigen Schlafs. Man einigte sich schließlich auf eine kleine Steuer, die die Siedler im Voraus als Kompensation für die späteren Schlafstörungen Seattles' zu zahlen hätten.

So lebte man alles in allem friedlich nebeneinander bis zu dem Tag, als die Aufforderung des amerikanischen Präsidenten Franklin Pierce an die Ureinwohner eintraf, das Land zu verkaufen und in ein Reservat auf einer Insel im Puget Sound zu ziehen. Seattle stimmte notgedrungen zu. Es war wahrscheinlich im Dezember 1854, möglicherweise auch erst Anfang 1855, als Seattle gegen Ende der Verkaufsverhandlungen eine an den amerikanischen Präsidenten gerichtete Rede gehalten haben soll. Der Präsident selbst war nicht anwesend, lediglich der Territorialgouverneur Isaac Stevens.

Seattle war bekannt dafür, ein hervorragender Redner zu sein. Wenn er seine tiefe Stimme anhob, so hieß es, war sie weithin zu hören. Auch Seattles Erscheinung hat die Zeitzeugen beeindruckt, die ihn den »bestaussehendsten« oder den »größtgewachsenen« Indianer nannten, den sie je gesehen hätten. Von der Rede, die er vermutlich anlässlich der Landübergabe hielt, gibt es nur einen einzigen Beleg. Der Text ist ein Beispiel dafür, wie sich historische Begebenheiten durch diejenigen verändern, die sie überliefern, und durch die, die sie für ihre eigenen Anliegen nutzen. Ein gewisser Dr. Henry A. Smith machte sich aufgrund seiner eigenen Kenntnisse der indianischen Sprache Notizen von Seattles Rede, die dieser in der Duwamish-Sprache hielt. Es gibt einige Zweifel, inwieweit Smith die Worte Seattles richtig erfasste, denn Smith verstand vermutlich nicht Seattles Dialekt. Die Aufzeichnungen, die Smith unmittelbar während Seattles Ansprache gemacht haben soll, sind niemals aufgetaucht. Erst 33 Jahre nach der Rede veröffentlichte Smith am 29. Oktober 1887 im *Seattle Sunday Star* die Worte, die Seattle gesagt haben soll. Dies ist aber erst der Anfang der Verwandlung einer Rede, die schließlich in Amerika und Europa als bedeutendes Zeugnis der Sorge eines Häuptlings um die Erde und ihre bedenkenlose Ausbeutung durch die weißen Menschen verbreitet werden sollte.

Liest man die Version von Smith, ist davon jedoch noch nichts zu finden. Diese Rede ist ein Abgesang auf das indianische Volk. Sie ist getragen von der Sorge um das Überleben eines Volkes angesichts der Übermacht der Weißen. Seattle mahnt, mal direkt, mal zwischen den Zeilen, dass alles Leben vergänglich sei, auch das des sich für überlegen haltenden weißen Mannes. Seattle redet von der Verbundenheit mit dem Land, in dem er bisher lebte, doch von den ökologischen Mahnungen späterer Versionen findet man nichts. Das blumige viktorianische Englisch, in dem Smith die Rede wiedergab, ist sehr weit entfernt von dem nüchterneren Sprachstil der Indianer des Puget Sound und lässt vermuten, dass in den Worten von Smith auch das Klischee der bildreichen indianischen Ausdrucksweise bedient wird. Es liegt nahe, dass Smith, der als Poet bekannt war, viele eigene Einfälle in die Rede eingewoben hat.

Im Laufe der Jahrzehnte erfuhr die Ansprache Seattles, von der wie gesagt nie ein Manuskript existiert hat und deren einziges Zeugnis die Smithsche Version ist, weitere Bearbeitungen. Ein Professor William Arrowsmith versuchte 1960 die Rede in eine Sprache zu bringen, die näher an den Worten ist, derer sich Seattle bedient haben mag. Doch auch in dieser Version erscheint nicht der berühmte Satz, der in den Siebzigerjahren zur Parole der entstehenden Ökologiebewegung wurde: »Erst wenn der letzte Baum gefällt, der letzte Fluss vergiftet, der letzte Fisch gefangen ist, werdet ihr feststellen, dass man Geld nicht essen kann.« In einer weiteren Bearbeitung in den frühen Siebzigerjahren für eine ökologische Fernsehdokumentation namens »Home« tauchte er ebenfalls nicht auf. Aber es ist diese TV-Version seiner Rede, die aus Seattle den Mann machte, der nicht nur den Niedergang seines Volkes beklagte, sondern ihn zum Fürsprecher der Umweltbewegung aufsteigen ließ. Der Autor Ted Perry ließ Seattle vom Abschlachten der Büffel durch die Weißen reden und Worte sagen, wie: »Könnt ihr die Büffel zurückkaufen, wenn der letzte getötet ist?« Doch Seattle lebte weder in einem Gebiet, in dem es Büffel gab, noch hatte zum Zeitpunkt seiner Rede das Abschlachten der Büffel begonnen. Auch andere Sätze wie »Die Erde gehört nicht den Menschen, sondern die Menschen gehören der Erde« waren von Perry hinzugedichtet worden. Zu Perrys Entlastung ist zu sagen, dass er gewollt fiktional arbeitete. Doch die Produzenten stellten seine erdachte Version der Seattle-Rede im fertigen Film so dar, dass sie historisch wirken musste. Sie unterließen es, Perry als Autor zu nennen. So mussten die Zuschauer die Rede als authentisch artikulierte Sorge eines weisen Indianerhäuptlings um die Menschen und die Natur verstehen.

Perrys im Fernsehen ausgestrahlte erdachte Seattle-Rede war gut und sie kam an. Zigtausend Poster wurden an Interessenten versandt. Wieder veränderte sich der Text. Umweltaktivisten fütterten sie je nach Gusto mit neuen Elementen und irgendwann erschien in einer veränderten Version der vor allem in Deutschland berühmt gewordene Satz: »Erst wenn der letzte Baum gefällt, der letzte Fluss vergiftet, der letzte Fisch gefangen ist, werdet ihr feststellen, dass man Geld nicht essen kann.«

Wann das geschah, ist nicht mehr eindeutig nachzuvollziehen, vermutlich ebenfalls in den frühen Siebzigerjahren. Dieser Spruch wurde auch deshalb berühmt, weil er auf Greenpeace-Aufklebern und Kampagne-Transparenten stand. Doch mit Beginn der Neunzigerjahre setzte, auch mit Unterstützung von Vertretern der amerikanischen Ureinwohner, eine kritischere Betrachtung dessen ein, was Häuptling Seattle tatsächlich gesagt haben soll und ob er jene Rede überhaupt gehalten hat. Nun kamen weitere Erklärungen des berühmten Zitats an den Tag. Jetzt hieß es, der Satz sei eine Weissagung der Cree-Indianer. Diese Auffassung setzte sich allmählich durch.

Doch der Mythos des weisen Indianerhäuptlings, der um die Natur besorgt dem weißen Mann ins Gewissen redet, hält sich wacker. Fast ist er zum Kitsch erstarrt. Selbst das einzige erhaltene Foto, das von Seattle existiert und auf dem der Greis mit geschlossenen Augen dasitzt, existiert in zahlreichen nachbearbeiteten Versionen.

Mal hat man ihm die Augen geöffnet, mal einen Stab in die Hand gedrückt.

Nach der Unterzeichnung des Vertrages zwischen der amerikanischen Regierung und den Duwamish, dem so genannten Port Elliott Treaty, kam es bald darauf zu Indianeraufständen. In den drei Jahre währenden Feindseligkeiten stand Seattle immer loyal zu den weißen Siedlern. Er starb, zum Christentum übergetreten, 1866 als Noah Seattle im Alter von etwa 80 Jahren.

52 Blut und Eisen

Otto von Bismarck (1815 – 1898)

Erst seit einer Woche war Otto von Bismarck Ministerpräsident von Preußen, als er am 30. September 1862 den Abgeordneten der Budgetkommission zurief: »Nicht durch Reden und Majoritätsbeschlüsse werden die großen Fragen der Zeit entschieden, das ist der große Fehler von 1848 und 1849 gewesen, sondern durch Eisen und Blut.«

Eisen und Blut, Blut und Eisen: Diese Begriffe – deren Reihenfolge beim Zitieren variiert – wurden rasch der bildliche Ausdruck einer Politik, die ihre Ziele mit den Mitteln des Krieges durchzusetzen versuchte. Sie erinnern an den damals bereits über drei Jahrzehnte alten Satz des Militärstrategen Carl von Clausewitz, der Krieg sei die bloße Fortsetzung der Politik mit anderen Mitteln.

Dass er zum preußischen Ministerpräsident berufen worden war, verdankte Otto von Bismarck der prekären politischen Situation und der Fürsprache des preußischen Kriegsministers Albrecht Graf von Roon. Die Krise, die den Junker Bismarck, bis dahin ein Treibholz in der rauen See der Politik, nach oben spülte und ihn auf den besonders stürmischen Wogen jener Tage reiten ließ, war der Verfassungskonflikt, in den sich der preußische König Wilhelm I. mit dem Parlament verstrickt hatte. Wilhelm, der 1861 den preußischen Thron bestiegen hatte, war durch sein unerbittliches militärisches Vorgehen während der Revolution von 1848/49 als »Kartätschenprinz« berühmt-berüchtigt geworden. Nun brauchte Wilhelm im Rahmen einer von ihm angestrebten Heeresreform mehr Geld. Doch die Abgeordneten verweigerten es ihm, da es bei der Heeresreform auch um das künftige Machtverhältnis von adligen und bürgerlichen Kräften in der Armee ging. Wilhelm wollte das Kräfteverhältnis im preußischen Militär zugunsten der Adligen und der hauptsächlich von ihnen befehligten Linientruppen und zuungunsten der Landwehr, die vor allem von Bürgerlichen befehligt wurde, verändern. Auf dem Höhepunkt des Konflikts hin- und hergerissen, ob er eine Entscheidung ausfechten oder sogar abdanken sollte, berief Wilhelm schließlich, wenn auch zögerlich, den Jahre zuvor als Botschafter nach Russland und dann nach Frankreich abgeschobenen Bismarck. Der war der Einzige, der sich schließlich bereit fand, ohne einen genehmigten Staatshaushalt gegen das Parlament zu regieren. Wilhelms Vorgänger Friedrich Wilhelm IV. hatte über Bismarck wenig schmeichelhaft geurteilt: »Nur zu gebrauchen, wenn das Bajonett schrankenlos waltet.« War er der »Retter« in der Krise?

Bismarcks Erscheinung konnte imponieren. Er war für die damalige Zeit sehr groß gewachsen, maß einen Meter neunzig. Sein mächtiger kahler Kopf mit hoher, breiter, sich vorwölbender Stirn war beherrscht von einem breiten buschigen Schnurrbart und dem eindringlichen Blick der großen hervortretenden Augen. Trotz einer Fistelstimme hatte Bismarck längst den Ruf, ein imponierender Redner zu sein.

Doch wie bei vielen Menschen, die als große Persönlichkeiten in die Geschichte eingehen, war das Bild, das man sich in der Öffentlichkeit von seinem Charakter machte, voller Widersprüche. Bei seinem Amtsantritt war er auch im eigenen Lager wenig beliebt. Königin Augusta hielt ihn für »frivol und anmaßend«, und eigentlich war der bereits 47-jährige Bismarck bis dahin nur als ewiges Talent und erzkonservativer Polterer aufgefallen. In der Tat war der Mensch Bismarck leidenschaftlich bis zur Maßlosigkeit. Sein in jungen Jahren ausschweifendes Junkerleben zügelte er erst, als er mit dem pietistischen Freundeskreis seiner späteren Frau Johanna von Puttkamer in Kontakt kam. Spätestens als Bismarck in die politische Verantwortung genommen wurde, zeigte er, wie Henry Kissinger einmal beschrieb, dass er »Macht in ein Instrument der Selbstbeherrschung verwandelte.«

Als Bismarck preußischer Ministerpräsident wurde, hatte das Parlament gerade das Haushaltsbudget für das Jahr 1863 abgelehnt.

Doch die konservative Seite mit dem König und Bismarck an der Spitze machte sich nun die Ansicht zu Eigen, man könne mit dem letzten genehmigten Etat einfach weiterregieren. Unterm Strich war dieses Vorgehen, mit dem sich Bismarck gleich zu Beginn politisch in Szene setzte, ein glatter Verfassungsbruch. Doch »Politik ist die Kunst des Möglichen« war ein Credo, das Bismarck oft wiederholte.

Die Verfassungskrise war nicht das einzige ungelöste Problem, dem er sich stellen musste. Viel schwerer wog die Frage der Einheit Deutschlands und der damit verbundene latent schwelende Konflikt mit dem österreich-ungarischen Kaiserreich. Schon während seiner Zeit im Bundestag in Frankfurt ab 1851 (einem Parlament mit Abgeordneten aus allen deutschen Staaten, das eher symbolisch war statt tatsächliche Macht zu besitzen) war Bismarck zu dem Schluss gekommen, dass eine Lösung der Einheit Deutschlands nur in der so genannten »kleindeutschen Lösung« bestehen konnte, also ohne Österreich-Ungarn. Denn Österreich-Ungarn war als Vielvölkerstaat nicht an der Verwirklichung eines Staates interessiert, der der Idee einer deutschen Nation verpflichtet war. Erst recht nicht wollte es den Machtanspruch des rivalisierenden Preußen gelten lassen. Bismarck, der durch und durch Preuße war, empfand für eine Einheit Deutschlands ebenfalls wenig Begeisterung. Er hatte aber erkannt, dass vor dem Hintergrund der sich in ganz Europa herausbildenden Nationalstaaten Preußen künftig nur dann eine machtvolle Rolle spielen konnte, wenn es die Führungsmacht eines nationalstaatlich geeinten Deutschlands wurde. Somit war die deutsche Einheit für ihn die Voraussetzung für ein Bestehen Preußens in Europa. Dieser Aufgabe stellte sich der neue Ministerpräsident, den der Kaiser auf dessen Wunsch auch zum Außenminister ernannt hatte, offensiv und mit großem Selbstbewusstsein. Am 4. Dezember 1862 ließ er den österreichischen Gesandten in Berlin Graf von Károly wissen, dass Österreich es mit Preußen als europäischer Großmacht »zu thun bekommen« werde. Sowohl auf die Worte von »Blut und Eisen« als auch auf die der Großmachtidee folgten bald Taten.

1864 zog das preußische Heer zunächst noch im Verein mit Österreich in den Krieg gegen Dänemark. Der dänische König hatte seinem Reich Schleswig und Holstein einverleiben wollen und Bismarck nutzte die national-patriotische Stimmung, um zu den Waffen zu greifen. In der Schlacht um die Düppeler Schanzen wehrten sich die hoffnungslos unterlegenen Dänen tapfer, aber vergeblich gegen das von Bismarck geschmiedete preußisch-österreichische Vernunftbündnis. Interessanterweise wurde die Beute des Sieges, das Land Schleswig-Holstein, zwei Jahre später zum Anlass des längst erwarteten Waffengangs zwischen den beiden deutschen Mächten. Bismarck hatte auf eine Reform des seit 1815 bestehenden Deutschen Bundes gedrängt, Österreichs Einfluss auf die deutschen Staaten sollte damit praktisch getilgt werden.

Den 1866 ausbrechenden deutsch-österreichischen Krieg konnte Preußen schon nach wenigen Wochen in der Schlacht bei Königgrätz für sich entscheiden, und so hatte Bismarck mit »Eisen und Blut« bereits einen Teil der deutschen Frage gelöst. Österreich musste am 23. August 1866 im Frieden von Prag der Auflösung des Deutschen Bundes zustimmen, Preußen bildete mit den norddeutschen Staaten den Norddeutschen Bund. Die süddeutschen Staaten mit den Königreichen Bayern, Württemberg, Sachsen und dem Großherzogtum Hessen-Darmstadt – im Krieg noch Verbündete Österreichs und Frankreichs – blieben zunächst, vor allem aus Rücksicht auf Frankreich, außen vor. In Frankreich stand Kaiser Napoleon III., ein Neffe Napoleon Bonapartes, wegen zahlreicher politischer Misserfolge unter Druck und konnte daher die Erstarkung Preußens nicht widerspruchslos hinnehmen.

Innenpolitisch nutzte Bismarck 1866 die Zustimmung zu seiner Politik nach dem Sieg über Österreich, um mithilfe der von ihm im Parlament eingebrachten Indemnitätsvorlage seinen Verfassungsbruch von 1862 nachträglich legitimieren zu lassen. Das Parlament stimmte für ihn. Gleichzeitig erreichte Bismarck einen angenehmen Nebeneffekt: Er spaltete durch die erbittert geführte Debatte um seine Entlastung die missliebige liberale Bewegung dauerhaft in ein nationales und ein liberales Lager.

In Frankreich rief man nach der Niederlage des verbündeten Österreich nach Revanche und forderte als Wiedergutmachung die Abtretung Luxemburgs an die Grande Nation. Doch Bismarck hintertrieb die Verhandlungen, die Napoleon mit den Niederlanden führte, deren König in jenen Tagen auch der Großherzog Luxemburgs war. 1867 ließ Bismarck die Nachricht verbreiten, dass er ein »Schutz- und Trutzbündnis« mit den süddeutschen Staaten gebildet habe und bei einer Abtretung Luxemburgs an Frankreich die Verantwortung dafür bei den Niederlanden sehen werde. Tatsächlich existierte dieses Schutz- und Trutzbündnis zwischen dem Norddeutschen Bund und den süddeutschen Staaten schon seit Sommer 1866. Der holländische König stellte die Abtretungsgespräche prompt ein.

Die Krise um die spanische Erbfolge eröffnete Bismarck schließlich die Gelegenheit, die deutsche Frage endgültig zu lösen. Eine Revolution hatte in Spanien das bisherige Herrscherpaar vom Thron vertrieben. Nun suchte die dortige Übergangsregierung Ersatz. Man fragte in Preußen an, ob Prinz Leopold von Hohenzollern-Sigmaringen die Krone annehmen wolle. Die Linie Hohenzollern-Sigmaringen war nur weitläufig mit den Hohenzollern verbunden, denen König Wilhelm I. angehörte. Dies fiel für das aufgeregte Frankreich jedoch nicht ins Gewicht. Dort sah man, als die Kandidatur bekannt wurde, nur die Gefahr, an seinen Grenzen vom Haus Hohenzollern umzingelt zu werden. Bismarck versuchte zunächst Zeit zu gewinnen, um den von Preußen dominierten Norddeutschen Bund zu festigen und gleichzeitig das preußische Heer aufzurüsten. Er hoffte, einen Krieg gegen Frankreich, den er im Falle der Ausdehnung des Norddeutschen Bundes auf die süddeutschen Staaten kommen sah, noch umgehen zu können. Vielleicht aber, so dachte Bismarck, würde eine weitere innenpolitische Schwächung Napoleon III. keine andere Wahl lassen, als schließlich eine deutsche Einigung ohne Krieg hinzunehmen.

Als der französische Kaiser seine Stellung 1870 mit der Einführung einer neuen Verfassung festigen konnte, kam Bismarck die ungeklärte spanische Thronfolge gerade recht. Am 2. Juli 1870 nahm Prinz Leopold die spanische Krone an. Wie Bismarck erwartet hatte, ging ein empörter Aufschrei durch ganz Frankreich. Am 6. Juli drohte die französische Regierung, sie werde »ohne Zaudern« ihre Pflicht tun. Der Krieg stand vor der Tür. Doch dann machte Prinz Leopold einen Rückzieher und verzichtete nach Absprache mit dem preußischen König auf den spanischen Thron. Er hoffte, so den Frieden retten zu können. Bismarck war entsetzt. Er hatte schon die Mobilmachung geplant, nun dachte er an Rücktritt.

Auch die französische Führung war überrascht. Preußen weicht zurück? Für die Verantwortlichen in Paris war das die Ermutigung, nachzusetzen. Sie forderten nun einen formellen und für alle Zeiten gültigen Verzicht des Hauses Hohenzollern auf den spanischen

Thron. Dies lehnte Wilhelm I. ab, doch da er sich erst eingehender informieren wollte, behielt er sich eine endgültige Entscheidung vor. Er überließ es Bismarck, der Regierung in Paris zunächst eine eher vage Antwort zu übermitteln. Der ergriff die Gelegenheit und formulierte in der berühmt gewordenen »Emser Depesche«, die er auch in der *Norddeutschen Allgemeinen Zeitung* veröffentlichte, Wilhelms Haltung sehr viel schärfer und in einem Ton, der in der aufgeheizten Stimmung von den Franzosen als Beleidigung aufgefasst wurde. Am 19. Juli 1870 erklärten sie Preußen den Krieg.

Den Waffengang mit Frankreich, diesen nächsten Schritt seiner Blut-und-Eisen-Strategie, hatte Bismarck vor allem in seiner Bündnispolitik klug vorbereitet. Die Russen, denen Preußen 1863 bei der Niederschlagung des polnischen Aufstandes zur Seite gestanden hatte, konzentrierten nun Truppen an der Grenze zu Österreich-Ungarn und hielten so die Österreicher davon ab, ihrem Verbündeten Frankreich zu Hilfe zu eilen. Gleichzeitig schlossen sich die Heere der süddeutschen Staaten den Preußen an. Von politischer Seite sah man dort den Bündnisfall des Schutz- und Trutzbündnisses eingetreten, die öffentliche Meinung, die in den Franzosen die Kriegstreiber sah, stützte die Entscheidung. Nach Beginn der Kampfhandlungen zeigte sich rasch die Unterlegenheit der französischen Armee. Napoleon III. geriet nach der Schlacht von Sedan in Gefangenschaft, in Paris brachen Aufstände aus, kurze Zeit regierte die sozialistische Kommune, Frankreich wurde zur Republik.

Für Bismarck galt es nun, die Gunst der Stunde zu nutzen, um sein Ziel der Schaffung eines deutschen Nationalstaates zu verwirklichen. Er griff die patriotische und nationale Begeisterung in Deutschland auf und es gelang ihm zumindest kurzfristig so grundverschiedene Interessen wie die des preußischen Königs, der deutschen Liberalen, der Länder und der Fürsten unter einen Hut zu bringen. Zudem spielte er geschickt den Adel und die parlamentarischen Kräfte gegeneinander aus, indem er bei ihnen die Angst schürte, die jeweils andere Seite könne das Heft des Handelns bei der Herbeiführung der Einheit Deutschlands ergreifen. In Verhandlungen erklärten die süddeutschen Staaten ihre Bereitschaft, sich gemeinsam mit den Staaten des Norddeutschen Bundes zu einem Deutschen Reich zu vereinen. Doch in welchem Rahmen sollte das geschehen? Auch dafür hatte Bismarck einen Plan. Er nutzte die mystische Verklärung, die in der

Erinnerung des Volkes von Kaiser und Reich lebte: Wilhelm I., König von Preußen, sollte Kaiser eines Deutschen Reiches werden.

Auch in der Frage, wer Wilhelm die Krone antragen sollte – ob Fürsten oder Parlament –, sorgte Bismarck für eine Lösung. Er bewog den bayrischen König Ludwig II. dem preußischen König Wilhelm in einem Brief die Kaiserkrone anzutragen. Ludwig, der wegen seiner phantastischen Bauvorhaben notorisch in Finanznöten steckte, wurde diese Tat durch großzügige Geldzuwendungen vergolten, und weil er es war, der Wilhelm die Kaiserwürde antrug, wahrte Ludwig sein Gesicht als Regent eines der bedeutendsten Staaten im künftigen Deutschen Reich. Die Fürsten hingegen waren beruhigt, weil Wilhelm nicht die Krone von irgendwelchen Bürgerlichen angeboten wurde. Am Ende musste Bismarck noch einige Einwände Wilhelms beiseite räumen, dem war sein preußischer Königstitel lieber als der eines »Charaktermajors«, wie er es nannte.

Am 18. Januar 1871 war Bismarck am Ziel. Im Spiegelsaal von Versailles wurde der preußische König Wilhelm I. zum Kaiser des neu geschaffenen Deutschen Reiches ausgerufen. Deutschland war geeint, durch Bismarcks taktisches Geschick und durch Blut und Eisen.

53 Alle Räder stehen still, wenn dein starker Arm es will

Georg Herwegh (1817-1875)

Ferdinand Lassalle war wie elektrisiert. Ein Leipziger Komitee, das einen Kongress für alle deutschen Arbeiter einberufen wollte, hatte seine Ideen angenommen. Die Geburtsstunde einer großen organisierten Arbeiterbewegung und damit die Verwirklichung von Lassalles Traum, die Arbeiter in Deutschland endlich zu einer bedeutenden politischen Kraft zu machen, schien nah.

»Sieg!«, schrieb er im März 1863, wenige Tage nach Erhalt der guten Nachricht, an seinen Weggefährten, den Dichter Georg Herwegh, und setzte hinzu: »Ich bitte schnellstens um ein begeistertes und begeisterndes Gedicht auf das Auftreten des Arbeiterstandes in Leipzig.«

Der so Beauftragte lebte in jenen Tagen als politischer Flüchtling in der Schweiz, was Lassalle in seiner Euphorie außerdem auf die Idee brachte, Herwegh auch noch mit dem Aufbau der dortigen Bewegung zu betrauen. Doch der war an politischer Alltagsagitation nicht im Geringsten interessiert. Ein Gedicht zu verfassen, das ging noch, war ja sein tägliches Brot, und der Arbeiterbewegung war er eng verbunden. Doch Kampfesreden und graue Parteiarbeit, das war nicht Herweghs Welt. Zunächst zog er es vor, auf Lassalles Ansinnen einfach nicht zu reagieren. Doch als der ihn dann ohne Absprache sogar öffentlich als Redner auf dem Schweizer Arbeitertag ankündigte, sah Herwegh sich gezwungen, in einer Zeitung ein entschiedenes Dementi zu veröffentlichen.

Geboren 1817 – im Jahr des Wartburgfestes –, war Herwegh ein in jenen Tagen gefeierter Poet. Unter den revolutionären Dichtern des Vormärz und der 1848er Revolution zählte man ihn zu den radikalsten. Als Lassalle ihn mit einer Arbeiterhymne beauftragte, hatte Herwegh, der mittlerweile Mitte 40 war, schon ein bewegtes Leben hinter sich. Er war Deserteur, Journalist, Poet, Frauenheld, Naturwissenschaftler, darüber hinaus befreundet mit zahlreichen bedeutenden Kulturschaffenden seiner Epoche, mit Richard Wagner und Franz Liszt, Gottfried Keller und Gottfried Semper. In Deutschland wurde Herwegh 1841 mit dem Werk *Gedichte eines Lebendigen*, einer Sammlung politischer Lyrik, berühmt.

Wiederholt hielt er sich in Zürich auf, wohin er erstmals 1839 geflüchtet war, um dem Militärdienst zu entgehen. Er arbeitete von Ferne für Karl Marx' *Rheinische Zeitung*. 1841 machte er in Paris die Bekanntschaft Heines und im Jahr darauf traf er zum ersten Mal Marx persönlich.

Die wichtigste Person für sein weiteres Leben lernte Herwegh jedoch im Herbst 1842 in Berlin kennen: Emma Siegmund, die Tochter eines reichen Seidenhändlers. Herwegh heiratete sie im Jahr darauf und hatte fortan eine Frau mit nicht minder schillernder Persönlichkeit an seiner Seite. Emma, hoch gebildet, selbstbewusst, hatte sich zu Herwegh bereits hingezogen gefühlt, als sie ihn noch gar nicht kannte. Allein seine Gedichte hatten sie für ihn entflammen lassen, und nachdem sie ihn durch Vermittlung einer Freundin kennen gelernt hatte, verlobten sie sich schon nach wenigen Tagen. Emma wollte mit Herwegh »Blitze schleudern« und energisch für seine Ziele kämpfen. Und in einem Brief ließ sie ihn wissen: »Lass durch nichts in der Welt Dich binden als durch Deine höchste innere Wahrheit! Führt sie Dich zu mir, dann bleib bei mir bis zur letzten Stunde; entferne ich Dich von Deinem Ziel, und wär' es auch nur um eines Zolles Länge, so schicke mich fort.«

In den ersten Jahren ihrer Ehe verstanden es die Herweghs, aufwändig von Emmas Mitgift zu leben. Emma, ein Mensch der Tat, unterstützte ihren Mann mit aller Macht und er, der eher Träumer und Schwärmer war, wusste, wie viel sie ihm gab, wie sehr er sie brauchte. Dennoch sollten sie beide ihre Gefühle zueinander noch auf harte Proben stellen.

Etwa eine Woche nach Herweghs Verlobung mit Emma im November 1842 gewährte ihm der preußische König Friedrich Wilhelm IV. eine Audienz. Sie geriet zum Skandal. Am preußischen Hof war man entsetzt, dass der König einen Republikaner empfing, Herwegh seinerseits versuchte im Nachhinein, sein Verhalten bei dem Treffen aufmüpfiger darzustellen, als es tatsächlich gewesen war. Auf jeden Fall ließ der König, einen Tag nachdem er Herwegh kennen gelernt hatte, eine Zeitschrift noch vor deren erster Ausgabe verbieten, die dieser herauszugeben plante. Herwegh schickte einen polemischen Brief an den König und wurde aus Preußen ausgewiesen.

Die Zeiten waren schlecht für abweichende Meinungen. Heinrich Heine dichtete in Paris: »Denk ich an Deutschland in der Nacht...« Die Herweghs ließen sich ebenfalls in der französischen Hauptstadt nieder. In ihrer Nachbarschaft wohnten Arnold Ruge und Karl Marx. Herwegh traf sich mit Heine, reiste unermüdlich. Dann wandte sich Herwegh der Naturwissenschaft zu und betrieb mit Emma und zeitweise auch mit dem russischen Anarchisten Michail Bakunin meeresbiologische Studien an der nord- und südfranzösischen Küste. Als sich im Revolutionsjahr 1848 zahlreiche Deutsche zur Pariser Deutschen Legion zusammenschlossen, einer Freischärlertruppe aus etwa 800 deutschen und französischen Arbeitern, die Friedrich Hecker und seine Revolutionstruppen in Baden unterstützen wollte, machte man Herwegh zu ihrem politischen Führer. Doch das Unternehmen misslang. Nach einem verlorenen Gefecht Ende April 1848 löste sich die Truppe auf. Heckers Truppen waren schon eine Woche zuvor aufgerieben worden. Herwegh und seine Frau flohen wieder nach Paris. Emma hatte während der Kampagne bewaffnet und in Männerkleidung unermüdlich und unter großer Gefahr vergeblich versucht, die Kommunikation zwischen den Truppen Herweghs und Heckers herzustellen.

Inzwischen ging die Mitgift zur Neige. Außerdem geriet Emmas Vater in finanzielle Schwierigkeiten. Notgedrungen nahm Herwegh wieder die journalistische Arbeit auf. Als 1863 Lassalle auf ihn einwirkte, war die finanzielle Lage der Herweghs verzweifelt. Beide hatten sich in der Zwischenzeit auch in andere Liebesbeziehungen gestürzt. Zur Scheidung kam es trotzdem nie. Emma reiste umher und versuchte, Geld für die mittlerweile fünfköpfige Familie aufzutreiben. Herweghs Hoffnungen, dass sich seine politischen Träume von einer Nation vereint in einer freiheitlichen Republik zumindest in Italien erfüllen, hatten sich zerschlagen. Nicht nur er, auch Lassalle hatten auf den Freiheitskämpfer Giuseppe Garibaldi gesetzt, der populärsten Gestalt des Risorgimento, jener Bewegung, die ein geeintes, liberales Italien anstrebte. Doch Garibaldi scheiterte trotz bemerkenswerter militärischer Erfolge (1860 eroberte er Sizilien, im gleichen Jahr beseitigte er die Bourbonenherrschaft im Süden Italiens). Eine Herwegh angetragene Professur für Literatur in Neapel zerschlug sich.

Derweil drängte Lassalle weiter. Herwegh solle endlich die so genannte Bundeshymne für den Arbeiterverein verfassen. In einem weiteren Brief an den Dichter prophezeite Lassalle den Dank aller »Arbeiterversammlungen für Ihr Bienenlied«. Herwegh begann nun zwar zu reimen, gab Lassalle im Juni Auskunft, dass das Lied »fast fertig« sei, legte aber kein Ergebnis vor. Im Oktober 1863 hakte Lassalle erneut nach und ließ Herwegh wissen: »Nie käme es mehr zurecht als jetzt!« Doch Herwegh war nun endlich fertig. Nach mehreren verworfenen Versionen lag das zwölfstrophige Lied vor. In der berühmt gewordenen vierten Strophe heißt es:

Mann der Arbeit, aufgewacht!
Und erkenne deine Macht!
Alle Räder stehen still,
wenn dein starker Arm es will.

Der Text wurde sofort ein großer Erfolg. Erste Veröffentlichungen wurden von der preußischen Polizei zwar beschlagnahmt, aber rasch folgten Neuauflagen nach. Herweghs Frau Emma meldete euphorisch aus Berlin: »Dein Gedicht wird in 12 000 Exemplaren gedruckt und nach mehr Himmelsgegenden vertheilt werden, als da sind.« Nachdem der Text rasch vertont worden war, musste Emma ihrem Mann das *Bundeslied für den Allgemeinen Deutschen Arbeiterverein* – so der endgültige Titel – immer wieder vorsingen, während der begeistert den Takt dazu stampfte.

Dann starb Lassalle am 31. August 1864. Der notorische Schürzenjäger erlag den Folgen eines Duells um eine Frau. Herwegh dichtete drei Inschriften für Lassalles Sarg. Vielleicht hätte er sich das noch überlegt, hätte er gewusst, was Lassalle lange hinter dem Rücken seiner Parteigänger getrieben hatte. Ausgerechnet mit dem Sozialistenfeind Bismarck stand dieser jahrelang in Geheimgesprächen über die Arbeiterfrage, davon überzeugt, die Arbeiter würden sich in einen monarchisch geführten Wohlfahrtsstaat einordnen, sollte Bismarck ihren sozialen Forderungen zumindest in Teilen entgegenkommen. Außerdem hoffte Lassalle, durch die Konspiration mit dem Eisernen Kanzler seine Konkurrenten um die Führung der Arbeiterschaft auszubooten. Nach dem Tod Lassalles begann dessen Nachfolger Bernhard Becker als Leiter des Allgemeinen Deutschen Arbeitervereins nun offen die Verständigung mit Bismarck zu suchen. Herwegh verließ aus Protest darüber 1865 den Arbeiterverein. Sein Bundeslied wurde von der »Arbeitermarseillaise« des Jacob Audorf abgelöst. Der Satz »Alle Räder stehen still, wenn dein starker Arm es will« blieb im kollektiven Gedächtnis der deutschen Arbeiterbewegung haften und dient immer wieder dazu, daran zu erinnern, dass man durch gemeinsames Handeln Macht gewinnen kann.

Herwegh starb 1875, bis zuletzt in bitterer Armut lebend in Lichtental, einem heutigen Stadtteil von Baden-Baden. Emma überlebte ihn um fast dreißig Jahre und starb 1904 87-jährig in Paris.

54 Getrennt marschieren, vereint schlagen

Helmuth Graf von Moltke (1800 – 1891)

In den Morgenstunden des 3. Juli 1866 fielen die ersten Schüsse der Schlacht von Königgrätz. Fast eine halbe Million Soldaten standen sich gegenüber. Es war die bis dahin größte Schlacht der Weltgeschichte. Preußen stand im Krieg gegen Österreich. Es ging um die Vormacht in dem in viele Kleinstaaten zersplitterten Deutschland.

Die preußische Armee griff kurz vor acht Uhr die Mitte der österreichischen Stellungen an, musste aber unter dem gewaltigen Abwehrfeuer der österreichischen Kanonen bis zum Mittag verheerende Verluste hinnehmen. Der Angriff kam zum Stehen. Auf einem Hügel am Rande des Schlachtfelds beobachteten vier Männer zu Pferde das Geschehen: der preußische König Wilhelm I., sein Ministerpräsident Otto von Bismarck, der Kriegsminister Albrecht von Roon und der befehlshabende General Helmuth von Moltke. Sie warteten auf die 2. Armee unter Befehl des preußischen Kronprinzen Friedrich Wilhelm, die von Nordosten in die Flanke der Österreicher fallen sollte.

Preußens Ministerpräsident Otto von Bismarck wusste, dass Preußens Macht in einem Europa, in dem immer stärkere Nationalstaaten entstanden, nur dann erhalten werden konnte, wenn es das an allen Grenzen von potenziellen Feinden umringte Deutschland unter seiner Ägide vereinte. Der Waffengang gegen Österreich gab Gelegenheit, den mächtigsten Gegner im Innern auszuschalten und gleichzeitig weitere innerdeutsche Bündnisse zu schmieden und zu festigen. Der Krieg sollte schon nach wenigen Wochen entschieden werden, in Böhmen auf den Feldern vor Königgrätz.

Da Moltke anfangs noch nicht alle Truppen im Kampfgebiet hatte, sah es zunächst keineswegs nach einem Sieg der preußischen Armee aus. Bismarck und König Wilhelm befürchteten zwischenzeitlich sogar schon eine Niederlage. Irgendwann wandte sich Bismarck an Moltke und fragte: »Was haben Sie für den Fall des Rückzuges beschlossen?« Moltke gab die berühmte Antwort: »Hier wird nicht zurückgegangen. Hier geht es um Preußen!«

Überhaupt schien Moltke unbeeindruckt von der Schlachtenlage. So, wie er sich in jenen entscheidenden Stunden gab, stand der Kampf, anders als Moltkes Mitbeobachter glaubten, wohl nicht auf

Messers Schneide. Wie zum Beweis begann Moltke, als Bismarck ihm sein geöffnetes Zigarrenetui reichte, seelenruhig und bedächtig die Zigarren zu prüfen, bis er schließlich nach einiger Zeit treffsicher die beste aussuchte.

Moltke, groß, schlank, von asketischer Ausstrahlung, machte wenig Aufhebens um die eigene Person. Seine Wortkargheit war legendär. »Der große Schweiger« und »Schweigsam in sieben Sprachen« wurde er genannt. Denn Moltke beherrschte neben Deutsch auch Dänisch, Französisch, Englisch, Italienisch, Türkisch und vermutlich sogar noch einige andere Sprachen. Aber das ist schwer zu überprüfen, wenn einer nicht spricht. Der spätere Reichspräsident der Weimarer Republik Hindenburg, der als 18-jähriger an der Schlacht von Königgrätz teilnahm, soll einmal gewettet haben, dass Moltke es schaffe, das Hoch zum Geburtstag des Kaisers in weniger als elf Worten auszubringen. Er gewann, denn Moltke brauchte nur sieben. Er erhob sein Glas und sagte: »Meine Herren, dem Kaiser hurra, hurra, hurra!«

Moltke war gebildet und ein talentierter Autor. Durch seine Prosa, die er in zahlreichen Betrachtungen und Erinnerungen veröffentlichte, wurde er zu einem geachteten Stilisten der deutschen Sprache. Noch immer bekannt sind seine Äußerungen zu Planung und Taktik wie »Kein Plan überlebt die erste Feindberührung« oder »Erst wägen, dann wagen«. Auch die Feststellung »Glück hat auf die Dauer doch zumeist wohl nur der Tüchtige« stammt von Moltke. Er traf sie in seiner *Abhandlung über Strategie*.

Das Glück des Wagens in der Schlacht von Königgrätz war abhängig vom rechtzeitigen Eintreffen der von Moltke befehligten drei Armeen an der richtigen Stelle des Schlachtfelds. Um seine Kräfte von mehr als 250 000 Mann heranzuführen, hatte Moltke, wie wenige Jahre zuvor die Unionstruppen im Amerikanischen Bürgerkrieg, das noch neue Transportmittel Eisenbahn genutzt.

Moltke vermochte es tatsächlich, seine auf verschiedenen Routen herbei geführten drei Armeen im entscheidenden Moment nicht nur zu vereinen, sondern sie dort, wo sie gebraucht wurden, einzusetzen. So gelang am frühen Nachmittag des 3. Juli 1866 die Wende zugunsten Preußens, als eine Armee in die rechte Flanke der Österreicher einbrach.

Durch den Sieg von Königgrätz sind die Worte »Getrennt marschieren, vereint schlagen« und die darin propagierte Aufmarsch-

und Kampftaktik untrennbar mit Moltke verbunden. Immer, wenn die Frage gestellt wird, von wem dieser Satz und die dementsprechende Taktik stammen, wird Moltke genannt, zumindest in Deutschland, doch der Urheber ist er nicht. Zwar bediente er sich immer wieder dieser Worte, doch sollen sie nicht nur bereits um die Jahrhundertwende während der napoleonischen Befreiungskriege von General Gerhard von Scharnhorst benutzt worden sein, sie werden zuweilen sogar Napoleon selbst zugeschrieben. Der hatte seinerseits seine Truppenbewegungen beschleunigt, indem er Heeresteile trennte und über verschiedene Routen an die Kampfstätte führte. Die Taktik des Aufteilens der Kräfte, um Truppen schneller zu bewegen, war schon in der Antike bekannt, geriet aber dann aus dem Fokus der Kriegsführung. Sie wurde in neuer Variante erst wieder von den französischen Revolutionsarmeen eingesetzt.

So wenig womöglich »Getrennt marschieren, vereint schlagen« eine ureigenste Erfindung Moltkes war, so bedeutend war seine logistische Leistung, seine Fähigkeit im Koordinieren gewaltiger Heere. Nicht nur deshalb nimmt er einen herausragenden Platz als Stratege in der Militärgeschichte ein. Als Bewunderer der Planungs- und Führungsideen, die Carl von Clausewitz in seinem Buch *Vom Kriege* entwickelt hatte, förderte Moltke die strategische und planerische Ausbildung von Soldaten, Feld- und Stabsoffizieren und machte so die Art der Organisation des preußischen und später deutschen Generalstabs weltweit zum Vorbild für die Militärführung. Vor allem Moltkes Prinzip, dass die einzelnen Kommandeure lediglich das Ziel eines Einsatzes vorgegeben bekamen, dann im Kampf aber frei und unabhängig entscheiden konnten, wie dieses Ziel zu erreichen sei, war eine völlig neue Art der Heeresführung. In einer Zeit immer größerer, immer mobiler agierender Heeresverbände erwies sich gerade diese Vorgehensweise der bis dahin praktizierten starren und zentralen Führung überlegen. Im Grunde fand sich demnach auch in Moltkes Art der dezentralen und unabhängigen Kommandoführung das Prinzip »Getrennt marschieren, vereint schlagen« wieder.

Endgültig wurde Moltke zum großen deutschen Heerführer, als er im deutsch-französischen Krieg von 1870/71 über das französische Heer triumphierte. Auch diesmal mit überlegener Taktik und Strategie. Doch in diesem Krieg geriet Moltke zunehmend in Konflikt mit Bismarck, da er gegen die Franzosen härtere Strafmaßnahmen verlangte als der preußische Ministerpräsident. Anders als Clausewitz, sein Vorbild im Denken, wollte Moltke in diesen Tagen die Kriegsführung – zumindest zeitweise – von der Politik trennen. Moltkes Forderungen gründeten sich vor allem auf der Erfahrung der während des deutsch-französischen Krieges massiv auftretenden Guerillatätigkeit französischer Widerstandskämpfer, der so genannten Franktireurs.

Letztlich aber beugte sich Moltke immer dem Primat der Politik. Nach dem Sieg über Frankreich blieb er noch weitere 17 Jahre Chef des Generalstabs. In dieser Zeit beschäftigte er sich beispielsweise mit Planungen, wie sich das Deutsche Reich strategisch auf einen möglichen Zweifrontenkrieg gegen Frankreich und Russland einstellen konnte. Erst mit 88 Jahren nahm Moltke seinen Abschied. Es war nicht allein sein hohes Alter, das ihn den Rückzug ins Privatleben antreten ließ, sondern auch seine Abneigung gegen den jungen Kaiser Wilhelm II.

Ahnte Moltke schon, welch unsägliche Rolle Wilhelm eines Tages spielen würde? In einer letzten Rede als 90-jähriger vor dem Reichstag in Berlin am 14. Mai 1890 warnte Moltke, der bis zuletzt die Entwicklung der Militärtechnik und -taktik verfolgte, vor den Gefahren eines modernen Krieges. Dieser könne »ein siebenjähriger, es kann ein dreißigjähriger werden – und wehe dem, der Europa in Brand steckt, der zuerst die Lunte in das Pulverfass schleudert!«

55 Vom Kap bis Kairo

Cecil Rhodes (1853 – 1902)

»Vom Kap bis Kairo«, von Süd nach Nord sollte sich das britische Kolonialreich auf dem afrikanischen Kontinent erstrecken. Dies war das erklärte Ziel eines Mannes, der bereits im jugendlichen Alter von 16 Jahren nach Südafrika ging, um auf der Baumwollfarm eines seiner Brüder zu arbeiten. Er hoffte, das trockene Klima könnte auch sein schweres Lungenleiden lindern. Tuberkulose hatte dazu geführt, dass Cecil Rhodes, der Sohn eines wohlhabenden Pfarrers, anders als seine Brüder weder in die Armee eintreten noch eine von Großbritanniens Eliteschulen besuchen konnte. Stattdessen verbrachte er die meiste Zeit seiner Kindheit im elterlichen Haus in England.

In der südafrikanischen Provinz Natal angekommen, traf er seinen Bruder Herbert nicht auf dessen Farm an. Der war, so erfuhr er, aufgebrochen, um auf den Diamantenfeldern sein Glück zu suchen. Die erhoffte Ausbeute dort versprach schnelleres Geld als die noch immer erfolglose Farmtätigkeit. Doch Herbert kehrte schon bald zurück und die Brüder versuchten noch einmal ihr Glück mit Baumwolle, bis sie dann das Diamantenfieber endgültig packte. 1871 gingen sie nach Kimberley, dem Zentrum der Diamantensuche. Während Herbert nach zwei Jahren aufgab, begann Cecil in den nächsten Jahren zwischen Kimberley und dem englischen Oxford zu pendeln, wo er Rechtswissenschaften studierte. In beiden Welten war er ein Außenseiter, in Oxford galt er als exzentrisch. Er hatte einen Hang zu langen Monologen und ein unangenehm hohes Lachen. Doch seine Geschichten von Afrika und seine verworrenen imperialistischen Ideen begeisterten vor allem die jungen Studenten.

In Südafrika wandelte sich Rhodes vom Diamantensucher zum Minenbetreiber und wurde reich. 1880 legten er und sein Juniorpartner Charles Dunell Rudd ihre Minen zusammen und gründeten die De Beers Mining Company. In den nächsten Jahren brachte Rhodes immer mehr Minen unter seine Kontrolle und fusionierte schließlich 1888 mit seinem Konkurrenten Barnett Barnato. Das neue Unternehmen erhielt den Namen De Beers Consolidated Mines Ltd. und kontrollierte drei Jahre später 90 Prozent der weltweiten Diamantenproduktion.

Doch nach wirtschaftlichem Erfolg zu streben war nur die eine Seite von Rhodes' Ehrgeiz. Längst hatte er sein Studium in Oxford abgeschlossen und war in die Politik eingestiegen. Er wurde 1881 Abgeordneter des Parlaments der Kapkolonie, und obwohl er nur ein mäßiger Redner war und dem politischen Tagesgeschäft nur wenig abgewinnen konnte, trieb er seine politische Vision von der britischen Vorherrschaft in Afrika erfolgreich voran. Rhodes war erfüllt von der in Großbritannien damals weit verbreiteten Ansicht, die Angelsachsen seien von Gott auserwählt, die menschliche Gesellschaft weltweit zu prägen. In seinen imperialen Träumen ging er sogar so weit, dass er erwog, auch Amerika wieder in das britische Weltreich einzugliedern.

Rhodes wurde zu einer der Hauptfiguren des expansiven britischen Imperialismus in Afrika. Während sich seine schwarzen Arbeiter immer tiefer in den Boden Afrikas gruben, fasste er die Weite des Kontinents ins Auge. Er träumte von einer Telegrafen- und Eisenbahnlinie »vom Kap bis Kairo«. Sie sollte die Verbindung eines von Süd nach Nord über den ganzen afrikanischen Kontinent ausgedehnten britischen Kolonialreichs sein. Berühmt wurde die Karikatur der britischen Zeitschrift *Punch* aus dem Jahr 1892, die einen breitbeinig auf Afrika stehenden Cecil Rhodes zeigt, mit einem Stiefel auf der Kapkolonie, mit dem anderen auf Ägypten. Mit ausgebreiteten Armen hält er stolz ein von Nord nach Süd gespanntes Telegrafenkabel, ein Gewehr hängt über seiner Schulter.

Konnte er seine wahnwitzige Idee verwirklichen? Bereits 1885 bewegte Rhodes die britische Regierung, Betschuanaland, das heutige Botswana, besetzen und annektieren zu lassen. Vier Jahre später erhielt Rhodes von Großbritannien das Plazet, weitere Gebiete einzunehmen. Mit der von ihm gegründeten British South Africa Company gelangten das heutige Sambia und das heutige Simbabwe in britischen Besitz und man benannte die Neuerwerbungen nach Rhodes: Nord- und Süd-Rhodesien. 1890 wurde Rhodes Premierminister der Kapkolonie. Königin Victoria im weit entfernten London war beeindruckt von Rhodes' politischen Aktivitäten. Der, als Frauenhasser verschrien – er heiratete nie –, war sich womöglich seines Rufs bewusst und gab der Königin artig zu verstehen: »Wie könnte ich ein Geschlecht nicht mögen, dem Ihre Majestät angehört?«

Derweil formierten sich die Rivalen Großbritanniens. Konkurrierende Kolonialmächte wie Frankreich, Belgien, Portugal und Deutschland griffen ebenso nach dem bis dahin wenig oder gar nicht erkundeten Inneren Afrikas. Der deutsche Kaiser Wilhelm II. forderte für die verspätet auf den Plan getretene Großmacht Deutschland »einen Platz an der Sonne«. Doch auch in der seit 1806 zum britischen Empire gehörenden Kapkolonie selbst sah sich Rhodes mit wachsender Gegnerschaft konfrontiert. Holländische, deutsche und französische Siedler, die im 17. Jahrhundert an die Südspitze Afrikas ausgewandert waren, hatten eine gemeinsame Kultur mit eigener Sprache (Afrikaans) entwickelt. Zu ihrem Selbstverständnis als Buren (holländisch für Bauern) gehörte, dass sie sich als eigenständiges Volk fühlten. Die Buren sahen sich zunehmender Überfremdung durch englische und andere europäische Siedler ausgesetzt, die im Zuge des Diamanten- und Goldrausches in immer größeren Scharen ins Land kamen. 1835 zogen schließlich 14 000 bis 18 000 Buren – ein Sechstel der weißen südafrikanischen Bevölkerung jener Tage – im Großen Treck in die Gebiete nordöstlich der Kapkolonie.

Auf dem neuen Land, das die Buren den Ureinwohnern der Völker Ndebele und Zulu in grausam geführten Kämpfen entrissen, gründeten sie – von den Briten argwöhnisch beobachtet – eigene Republiken, so die Republik Natal (1839), den Oranje-Freistaat (1849) und 1857 die Südafrikanische Republik, die aus dem ehemaligen Transvaal hervorging und nicht mit der heutigen Republik Südafrika zu verwechseln ist. 1877 annektierten die Briten im Handstreich die Südafrikanische Republik, es kam Ende 1880 zum ersten Burenkrieg, den die Buren nach vier Jahren Kampf gewannen. Unter ihrem Präsidenten Paulus Kruger (auch Ohm Krüger) wurden sie erneut unabhängig. Doch Mitte der 1880er Jahre entdeckte man in der Südafrikanischen Republik Gold. Neue weiße nichtburische Siedler kamen, die von den Buren Uitlanders (Ausländer) genannt wurden. Gleiche Rechte wollten die Buren den Uitlanders in ihrem Staat nicht gewähren. Diese organisierten sich und schmiedeten Pläne für einen Aufstand. Zu ihren Führern gehörte auch Frank Rhodes. Dessen Bruder Cecil war nur allzu gern bereit, den Uitlanders militärisch zu helfen, denn die Burenrepubliken standen der Verwirklichung seiner Vision »Vom Kap bis Kairo« im Weg. 1893 hatte Cecil Rhodes mithilfe einer Militärexpedition seiner British South African Company das Land der Matabele unter ihrem König Lobengula unter seine Kontrolle gezwungen. Nun fehlten ihm die Burenstaaten, um den Weg für die ununterbrochene Ausdehnung des Britischen Empire in den Norden Afrikas frei zu machen.

Ende 1895 kam es zum berühmt-berüchtigten Jameson Raid. Der britische Kommandeur Leander Starr Jameson – ein Vertrauter Rhodes' – versuchte auf eigene Faust mit seiner Truppe von Betschuanaland aus die Regierung Paulus Krugers zu stürzen, scheiterte aber kläglich. Rhodes musste unter dem Druck der Öffentlichkeit als Premierminister der Kapkolonie zurücktreten. Er hatte nach dem Jameson Raid auch die Unterstützung der Briten verloren, die Rücksicht auf die vielen Buren in der britischen Kapkolonie nehmen mussten. Die Lage blieb angespannt.

Auch der deutsche Kaiser Wilhelm II. leistete in diesen Tagen seinen Beitrag zur Vergiftung des Klimas. In seiner so genannten Krüger-Depesche gratulierte er Paulus Kruger zur Niederschlagung des Jameson Raids. Die Buren glaubten, Wilhelms Brief sei ein Hinweis auf künftige deutsche Unterstützung ihrer Republik. Die Briten sahen das ebenso. Buren wie Briten bereiteten sich auf einen erneuten Kampf vor, zu dem es auch kam. Nach anfänglichen Erfolgen gerieten die Buren der verbündeten Staaten Südafrikanische Republik und Oranje-Freistaat in die Defensive und gingen schließlich zum Guerillakrieg über. Die Briten unter ihrem Kommandeur Lord Kitchener reagierten mit einer Politik der verbrannten Erde. Außerdem internierten sie zehntausende burische Frauen und Kinder in Lagern. Unter den dort zum Teil unmenschlichen Bedingungen starben mehr als 20 000 Menschen. Im Mai 1902 kapitulierten die letzten burischen Truppen. Cecil Rhodes, dessen politische Karriere sich von dem Desaster des Jameson Raids nicht mehr erholt hatte, erlebte das nicht mehr. Er war zwei Monate zuvor gestorben.

Die Südafrikanische Republik und der Oranje-Freistaat wurden nach dem Burenkrieg Teil des Britischen Empire. 1910 schlossen sich die britischen Kolonien am Kap zu dem britischen Dominion Südafrikanische Union zusammen, die 1931 ihre faktische Unabhängigkeit erhielt. 1948 begann die Politik der Apartheid, die konsequente Unterdrückung der schwarzen Mehrheit durch die weiße Minderheit. Erst nach Jahrzehnten schwarzen Widerstandes und zum Teil bürgerkriegsähnlichen Zuständen endete diese 1993 als sich der weiße Premierminister Frederik Willem de Klerk und der wichtigste Führer des schwarzen Widerstands Nelson Mandela auf einen schnellen und friedlichen Übergang in eine Republik mit gleichen Bürgerrechten für alle Volksgruppen einigten, der in den ersten umfassenden freien Wahlen im Jahr 1994 mündete.

Was blieb von Rhodes' Traum der britischen Herrschaft »vom Kap bis Kairo«? Das ehemalige britische Weltreich ist zu Beginn des 21. Jahrhunderts auf nur einige wenige kleine Besitzungen geschrumpft. Die aus den britischen Gebieten in Afrika hervorgegangenen Staaten zeigen durch ihre Grenzziehung noch Spuren des Wirkens von Cecil Rhodes. Geblieben sind auch ein in der Diamantenbranche nach wie vor dominierender Weltkonzern und ein Grab zwischen Kap und Kairo, von dem man auf die Weite Afrikas hinausblickt. Rhodes fand seine letzte Ruhe auf einem Berg im Matopo-Gebirge im heutigen Simbabwe.

56 Sprich leise und trage einen großen Knüppel

Theodore Roosevelt (1858 – 1919)

Aufbruch, Vitalität, Selbstbewusstsein und Abenteuerlust, aber auch die Rücksichtslosigkeit Amerikas schienen in ihm verkörpert. Theodore Roosevelt entstammte einer angesehenen Familie mit holländischen und englischen Wurzeln. Obwohl er als Kind von schwerem Asthma heimgesucht wurde, ihn deswegen Privatlehrer unterrichten mussten, er obendrein lebenslang unter seinen schwachen Augen litt, wurde er ein Kriegsheld, Großwildjäger und erfolgreicher Autor. Mit unbändiger Willenskraft trainierte er seinen Körper, stemmte Gewichte, rannte, schwamm, quälte sich mit gymnastischen Übungen. Gleichzeitig wohnte ihm die intellektuelle Neugier inne, die Menschen zuweilen eigen ist, die viele Stunden ihrer Kindheit krank im Bett verbringen mussten. Roosevelt studierte in Harvard und wurde danach Autor, unter anderem verfasste er eine vierbändige Geschichte der Eroberung des amerikanischen Westens. Dann wandte er sich der Politik zu und erlangte Berühmtheit durch seine Rolle im 1898 ausgetragenen Spanisch-Amerikanischen Krieg um Kuba. Dieser war in den USA vor allem von einer aggressiven Presse und einer nationalen Stimmung geschürt worden. Während der Kämpfe auf der Karibikinsel gewann Roosevelt mit seinem Freiwilligen-Regiment, den »Rough Riders«, große Popularität. Spätestens nach der bergauf geführten Kavallerieattacke bei der Schlacht von Santiago galt Roosevelt als Held.

Als die Amerikaner in dem »splendid little war« (prächtigen kleinen Krieg), wie ihn der damalige amerikanische Außenminister John Hay nannte, nach nur wenig mehr als drei Monaten leicht über die spanischen Truppen siegten, wurde Kuba zwar offiziell ein unabhängiger Staat, geriet aber in die Einflusssphäre des großen Nachbarn. Außerdem annektierten die USA im Ende 1898 mit Spanien geschlossenen Vertrag von Paris die ehemals spanischen Philippinen sowie Puerto Rico und Guam. Das war der Aufstieg der USA zur Kolonialmacht (im gleichen Jahr wurde auch Hawaii annektiert). Gleichzeitig brach die USA mit ihrer bisherigen antikolonialistischen Politik. Unterstrichen wurde das noch, als 1899 Außenminister Hay andere Mächte ermahnte, eine amerikanische »Politik der offenen Tür« nach China zu respektieren, die amerikanische Wirtschaft sollte dort Fuß fassen. Präsident William McKinley setzte die Ratifizierung des Vertrages von Paris gegen nicht unerheblichen innenpolitischen Widerstand durch. Er wurde 1900 auf überzeugende Weise wiedergewählt und sah sich in seiner expansiven Außenpolitik bestätigt. Seinen Wahlsieg verdankte er auch seinem Vize-Präsidentschaftskandidaten, dem jungen Theodore Roosevelt.

In jenen Tagen waren zahlreiche Amerikaner von einem Geist beseelt, der als »Manifest Destiny« populär wurde. Diesen Begriff hatte der Herausgeber des Parteiorgans der demokratischen Partei John O'Sullivan populär gemacht. Manifest Destiny beruhte auf der Annahme, dass die Vereinigten Staaten vom Schicksal dazu bestimmt worden seien, die demokratische Gesellschaftsordnung auf dem gesamten amerikanischen Kontinent durchzusetzen. Die Wurzeln dieses Sendungsbewusstseins sind schon in der »Monroedoktrin« aus dem Jahr 1823 zu erkennen, jener an die europäischen Mächte gerichteten Aufforderung des amerikanischen Präsidenten James Monroe, sich mit ihrer Macht- und Militärpolitik vom amerikanischen Kontinent fernzuhalten. Im Gegenzug hatte Monroe versprochen, dass die USA sich aus Europa heraushalten würden.

Der US-amerikanische Glaube, die Menschen und Völker »erziehen« zu müssen, erhielt noch durch ganz andere Entwicklungen Nahrung. Viele Verwerfungen jener Tage spielten hinein: die wirtschaftliche Depression der 1890er Jahre, der Ausbau der Kolonialreiche durch die europäischen Mächte und die Abschottung ihrer Märkte durch hohe Zollschranken. Das alles veranlasste junge politische Führer, unter ihnen den Republikaner Theodore Roosevelt, ein entschiedenes Handeln der USA zu fordern. Beeinflusst von den Ideen des Admirals Alfred T. Mahan, der in einem Buch eine expansive und entschiedene Kontrolle der Weltmeere forderte, wurde vor allem der Ruf nach einer offensiven Flottenpolitik laut. Der Ruf wurde erhört. Der Zeitgeist des ausgehenden 19. Jahrhunderts stand unter dem Zeichen des Nationalismus und nicht nur in Europa wurde dieser zunehmend aggressiver. In den USA grassierte der Kult um das Sternenbanner, und mit dem ehemaligen Mutterland Großbritannien schien man sich einig zu werden, dass die Überlegenheit der angelsächsischen Kultur das gemeinsame Ziel vorgab, andere Völker von dem Ideal der demokratischen Idee zu überzeugen, sie sogar dahin zu »erziehen«. Der forcierte Bau gepanzerter Schlachtschiffe schuf in den USA schließlich ein Zweckbündnis von Unternehmern, Militärs und Politikern, das zu einem bedeutenden Teil der amerikanischen Politik wurde.

Roosevelt war bei Ausbruch des Spanisch-Amerikanischen Krieges stellvertretender Marineminister. Um an dem Krieg teilzunehmen, trat er von dem Amt zurück. Nach Kriegsende wurde Roosevelt, der von 1895 bis 1897 bereits Polizeichef der Stadt New York gewesen war, zum Gouverneur des Staates New York gewählt. In diesem Amt erwarb er sich einen Ruf als gemäßigter Reformer und hartnäckiger Kämpfer gegen die Korruption. Als McKinley knapp ein Jahr nach seiner Wiederwahl 1901 beim Besuch einer Ausstellung in Buffalo einem Attentat zum Opfer fiel, wurde der erst 42-jährige Roosevelt neuer amerikanischer Präsident.

Roosevelt erkannte schnell, dass er in seinem neuen Amt sehr viel größere Gestaltungsmöglichkeiten in der Außenpolitik hatte als in der Innenpolitik mit ihren verfestigten Machtstrukturen. Innenpolitisch gab er sich als Anwalt der Mittelschicht und versuchte vor allem, Monopolbestrebungen in der Wirtschaft zu unterbinden. Außenpolitisch machte er sich zum Fürsprecher eines militärisch starken Amerika. In der Tagespolitik verfolgte er die Linie, militärische Macht zu demonstrieren, sie aber möglichst nicht einzusetzen. Vor allem auf die Flottenpolitik wurde immer wieder Roosevelts berühmtester Satz bezogen: »Speak softly and carry a big stick.« (Sprich leise und trage einen großen Knüppel.) Diese Worte wurden so bekannt, dass man der amerikanischen Außenpolitik unter Roosevelt auch die Bezeichnung Big-Stick-Politik gab.

Zum ersten Mal erwähnt hatte Roosevelt diesen Satz wahrscheinlich im Zusammenhang mit einer politischen Auseinandersetzung Ende der 1890er Jahre, als er noch Gouverneur des Staates New York gewesen war. Ein Parteiboss drohte Roosevelt, ihn zu ruinieren, gab dann aber klein bei. Einem Freund erläuterte Roosevelt in einem Brief: »I have always been fond of the West African proverb: ›Speak softly and carry a big stick; you will go far.‹« (Ich war immer schon begeistert von dem afrikanischen Sprichwort: »Sprich leise und trage einen großen Knüppel, dann wirst du weit kommen.«) Dieses afrikanische Sprichwort zitierte er im Laufe seiner politischen Karriere noch mehrere Male. In der Öffentlichkeit benutzte er es vermutlich erstmals vor dem amerikanischen Kongress, um für verstärkte Flottenaufrüstung zu werben. Man muss bedenken, dass zu jener Zeit, da es noch keine elektronischen Massenmedien gab und öffentliche Reden umso größere Bedeutung hatten, es ratsam war, prägnante Sätze wieder und wieder zu sagen. Nur wenige Tage vor dem Attentat auf Präsident McKinley erwähnte Roosevelt die Worte vom Big Stick in einer Rede am 2. September 1901 auf einer Messe in Minnesota.

Durch Roosevelts Big-Stick-Politik erhielten die Vereinigten Staaten eine janusköpfige Erscheinung. Einerseits trat das Land als Kämpfer für Recht und Freiheit auf und war erfüllt von moralischem Anspruch. Andererseits zeigte es sich rücksichtslos, wenn es um die Durchsetzung der eigenen Interessen ging. Das Schlagwort vom »großen Knüppel« wurde zu einem oft bemühten Bild in Artikeln und Karikaturen, die Roosevelt und seine Politik kommentierten. Dieser erweiterte die eigentlich defensiv gedachte Monroedoktrin um eine aggressive Note: die so genannte Roosevelt Corollary (Roosevelt-Ergänzung) von 1904, in der die Regierungen Südamerikas vor einem Eingreifen europäischer Mächte gewarnt wurden. Gerichtet war die Warnung aber vor allem an die Europäer, verbunden mit der Drohung, dass, sollte es zu einer Einmischung kommen, die USA die Rolle einer »Polizei« übernehmen und für Ruhe und Ordnung sorgen würden. Von einer derart selbst legitimierten Interventionspolitik sollten die USA in Zukunft in der Tat immer wieder Gebrauch machen.

Schlagendes Beispiel für praktizierte Big-Stick-Politik war 1903 das Vorgehen Roosevelts in Bezug auf den im Bau befindlichen Panamakanal, den er in die Hand der USA brachte. Ohne Rücksicht auf das Völkerrecht löste er Panama als neuen Staat aus dem kolumbianischen Staatsgebiet heraus und nahm für die USA eine 32 Kilometer breite Zone um den Kanal in Besitz. Für deren Nutzung entrichtete man eine vergleichsweise geringe Gebühr. Als der Panamakanal 1913 eröffnet wurde, waren die Seewege nicht nur für die Handelsflotte, sondern auch für die amerikanischen Kriegsschiffe erheblich verkürzt. Die Karibik und Mittellateinamerika waren endgültig zum »Hinterhof« der USA geworden.

1905 schlüpfte Roosevelt in die Rolle des Friedensfürsten. Er vermittelte im Pazifik den Frieden zwischen Russland und Japan und erhielt dafür 1906 den Friedensnobelpreis. Doch es wurden Zweifel laut, ob Roosevelt der geeignete Preisträger sei. Die Kritiker unterstellten ihm weniger friedfertige Absichten als vielmehr den Willen, den amerikanischen Einfluss in Asien zu festigen.

Der beliebte und volkstümliche Präsident hatte bereits seit seiner Kindheit den Spitznamen Teddy. Er mochte ihn nicht und hielt ihn darüber hinaus für inadäquat. Spielzeughersteller, so heißt es, benannten Plüschbären nach ihm, da die Geschichte kursierte, dass der passionierte Großwildjäger sich einst bei einer Jagd geweigert habe, ein Bärenjunges zu erschießen. Kurz nach Ende seiner Präsidentschaft ging Roosevelt auf Großwildjagd in Afrika. Die immens ausgerüstete Safari auf dem Kontinent, dessen Sprichwort vom großen Knüppel er immer wieder bemüht hatte, wurde zu einem weltweit beachteten Medienereignis.

57 Ich kenne keine Parteien mehr, ich kenne nur noch Deutsche

Wilhelm II. (1859 – 1941)

Es war Sommer und was eignete sich in dieser schicksalhaften Stunde besser, als von einem Balkon zu seinem Volk zu sprechen? Der deutsche Kaiser Wilhelm II. tat es in diesen Tagen, die das weitere Jahrhundert prägen sollten, gleich zweimal. Er liebte solche Anlässe, in denen er seine auserwählte Bedeutung für das Deutsche Reich zeigen und selber fühlen, ja leben konnte.

So trat er also auf einen Balkon seines Berliner Schlosses vor das wartende Volk. Die so genannte Erste Balkonrede hielt er am 31. Juli 1914. »Eine schwere Stunde ist heute über Deutschland hereingebrochen«, rief Wilhelm aus, sein gezwirbelter Schnurrbart zitterte beim Reden, die Tressen der Uniform glitzerten in der Sonne: »Neider überall zwingen uns zu gerechter Verteidigung. Man drückt uns das

Schwert in die Hand«, fuhr er fort, während das Volk zu ihm aufblickte. Vielleicht, flocht er ein, könnten seine Bemühungen doch noch den Gegner zum Einsehen bringen. Sollte es aber zum Krieg kommen, dann werde man dem Feind schon zeigen, »was es heißt, Deutschland zu reizen. Und nun empfehle ich euch Gott, geht in die Kirche, kniet nieder vor Gott und bittet ihn um Hilfe für unser braves Heer!« Jungen, in die damals modischen Matrosenanzüge gesteckt – die deutsche Hochseeflotte begeisterte in jenen Tagen das Volk –, waren die Laternen hochgeklettert und schwenkten Fähnchen, Männer warfen ihre Hüte, Frauen klatschten.

Neider, Ehre, Blut, Stolz, Deutschland, Gott: Die Vokabeln Wilhelms gehörten in jenen Tagen nicht nur in Deutschland zum politischen Alltag. Wie alle europäischen Nationen war Deutschland orientierungslos. Überall brach die Moderne mit voller Wucht herein. Die Elektro- und die Fernmeldetechnik, die Chemie, das Automobil, der Film veränderten den Alltag und die Gesellschaft. Durch die Industrialisierung wuchsen die Städte in atemberaubender Geschwindigkeit. Elendsviertel entstanden, immer größer wurde die Schicht der Arbeiter. Die soziale Frage stellte sich immer dringlicher. Gleichzeitig wusste Deutschland nicht, welche Stellung es künftig in Europa einnehmen würde.

Wie die anderen großen europäischen Mächte Frankreich, Großbritannien, Österreich-Ungarn und Russland war Deutschland nach Jahrzehnten aufgeschaukelten Nationalstolzes in stetig wechselnde Bündnisse verstrickt, vom Frieden erschöpft und für den Waffengang bereit, fast wild entschlossen. Ein Krieg versprach wie ein reinigendes Gewitter zu werden. Und schnell wie ein Gewitter, so glaubte man, würde er wieder zu Ende sein. Über vier Jahrzehnte Frieden hatten die Deutschen erlebt. Der letzte Krieg war 1870/1871 der berauschende und schnelle Sieg gegen Frankreich gewesen. Dass die Militärtechnik seitdem Quantensprünge gemacht hatte, berücksichtigte niemand, auch nicht die Militärs.

Frankreich gelüstete es 1914 noch immer nach Revanche für den gegen die Deutschen verlorenen Krieg. Obwohl er schon über 40 Jahre zurücklag, wollte man ihn vielleicht stärker als je zuvor. England sah sich von Wilhelms Flotten- und Kolonialpolitik zunehmend herausgefordert, fühlte sich sogar bedroht. Österreich fürchtete aufgrund der Unruhen und der Autonomiebestrebungen auf dem Balkan ein Zerbrechen seines Vielvölkerstaates. In Russland ließen die politischen und sozialen Spannungen den Ausbruch einer erneuten Revolution nach dem 1905 gerade noch abgewendeten Umsturzversuch immer näher rücken.

Deutschland und sein Monarch spielten in diesen Tagen eine besondere, eine tragische und schuldhafte Rolle. Durch die späte Reichsgründung als letzter in den Kreis der Großmächte in Europa eingetreten, litt das Land unter dem Gefühl, ein Parvenu zu sein, wie ein Neureicher nicht ernst genommen zu werden. In seinem jungen Kaiser schien sich dieses Gefühl zu bündeln. Verwandt mit den Herrscherhäusern Englands und Russlands – Wilhelm II. war der Enkel von Königin Victoria und Cousin von Zar Nikolaus II. –, fühlte er sich von diesen mit zu wenig Respekt behandelt. Wilhelms Auftreten, einem Möchtegern gleich, der mit all seinen persönlichen Problemen zwischen Aggression und Feigheit schwankte, spannte die sensible Lage in Europa immer wieder zusätzlich an, auch wenn er in Bezug auf England einmal beruhigend sagte: »Blut ist dicker als Wasser.« Wilhelm, der 1888 mit 29 Jahren Kaiser wurde, war von Geburt an körperlich beeinträchtigt. Sein linker Arm war verkrüppelt, seine Kindheit überschattet von Leibesübungen, Drill und der Lieblosigkeit seiner Mutter. Wilhelm musste kompensieren und wurde ehrgeizig, dünkelhaft und hochfahrend.

Bald nach seiner Thronbesteigung überwarf er sich mit seinem Reichskanzler Otto Fürst von Bismarck. Der gealterte Schöpfer des Deutschen Kaiserreichs hatte nach dem Erreichen seines Zieles alles dafür getan, dass Deutschland, die neue Großmacht im Herzen Europas, nicht von Feinden umringt war. Seine auf Ausgleich bedachte Außenpolitik wurde durch eine Epoche des Friedens belohnt. Wilhelm war sich dieses Geschenks nicht bewusst. Immer wieder gelang es ihm, die anderen Mächte Europas, vor allem Großbritannien, zu provozieren: Anfang 1896 empörte er die Briten, als er in der so genannten Krüger-Depesche dem Präsidenten der Burenrepublik Paulus Kruger zum erfolgreichen Widerstand gegen englische Angriffe gratulierte. 1898 gab Wilhelm dem ehrgeizigen Admiral Tirpitz den Auftrag, die deutsche Marine aufzurüsten, was die Spannungen mit Großbritannien verstärkte.

Nur 1900 konnte sich Wilhelm bei der Niederschlagung des Boxeraufstands in China zur Zusammenarbeit mit Großbritannien und

Frankreich durchringen. Die Boxer waren eine chinesische Geheimorganisation, die sich unter anderem gegen die Anwesenheit ausländischer Mächte in China richtete. Für die Europäer galt es, in einem Zweckbündnis gemeinsame koloniale Interessen zu wahren. Als das deutsche Kontingent für die gemeinsame Interventionstruppe in Bremerhaven verabschiedet wurde, hielt Wilhelm seine berühmt-berüchtigt gewordene »Hunnenrede«. »Pardon wird nicht gegeben!«, rief er den Soldaten zu, die deutschen Truppen sollten sich einen Namen wie »Etzels Hunnen« machen. Doch die europäische Zusammenarbeit während des Boxeraufstands war nur ein kurzes Intermezzo. Weitere Auseinandersetzungen Deutschlands mit den europäischen Großmächten folgten: die erste Marokkokrise 1905/06, die Daily-Telegraph-Affäre 1908 und die zweite Marokkokrise 1911. Immer wieder nutzte Wilhelm eine sensible Situation, um als Provokateur in Erscheinung zu treten.

Als am 28. Juni 1914 der serbische Terrorist Gavrilo Princip den österreichischen Thronfolger Erzherzog Franz Ferdinand und seine Frau bei deren Besuch in Sarajevo erschoss, wurden endgültig jene Geister losgelassen, die Wilhelm solange beschworen hatte. Zahlreiche Militärs auf allen Seiten hielten nun die Gelegenheit für gekommen, die eine oder andere Rechnung zu begleichen. Die Österreicher wollten mit den Serben abrechnen und im verbündeten Deutschland traf man nicht nur auf uneingeschränkte Zustimmung, sondern auf vehemente Ermutigung. Bis dahin hatten in der Serbienfrage Deutschland als Verbündeter Österreichs und Großbritannien als Bundesgenosse Russlands immer wieder schlichtend eingegriffen. Nun erhielt die Donaumonarchie von Deutschland eine »Blankovollmacht«, also die Rückendeckung zum Losschlagen. Die deutsche Generalität erhoffte sich, so endlich die jahrzehntelange Umklammerung des Reichs durch feindlich gesonnene Mächte zu sprengen.

Am 5. Juli versicherte Wilhelm dem österreichischen Botschafter, dass er sich auf ihn verlassen könne. Wilhelm musste wissen, sollte sich Österreich zum Krieg entscheiden, würde dies auch Krieg mit Russland und seinem Verbündeten Frankreich bedeuten. Österreich richtete am 23. Juli ein nahezu unannehmbares Ultimatum an Serbien, das nun seine Truppen mobilmachte. Am 28. Juli erklärte Österreich Serbien den Krieg, woraufhin tags darauf Serbiens Verbündeter Zar Nikolaus II. einen Teilmobilmachungsbefehl für die russische Armee unterzeichnete. Derweil scheiterte Großbritanniens Versuch zu vermitteln.

Am 1. August 1914 rief Wilhelm bei der so genannten Zweiten Balkonrede aus: »Ich danke euch für alle Liebe und Treue, die ihr mir in diesen Tagen erwiesen habt. Sie waren ernst, wie keine vorher! Kommt es zum Kampf, so hören alle Parteien auf! Auch mich hat die eine oder die andere Partei wohl angegriffen. Das war in Friedenszeiten. Ich verzeihe es heute von ganzem Herzen! Ich kenne keine Parteien und auch keine Konfessionen mehr; wir sind heute alle deutsche Brüder und nur noch deutsche Brüder. Will unser Nachbar es nicht anders, gönnt er uns den Frieden nicht, so hoffe ich zu Gott, dass unser gutes deutsches Schwert siegreich aus diesem schweren Kampfe hervorgeht.«

Einen Tag zuvor hatte Deutschland an Russland ein auf zwölf Stunden befristetes Ultimatum mit der Aufforderung gesandt, die Kriegsvorbereitungen einzustellen. Russland ließ die Frist verstreichen. Am 1. August 1914 um 17.00 Uhr ordnete Kaiser Wilhelm die Mobilmachung an und erklärte Russland um 19.10 Uhr den Krieg. Tags darauf trat in Sankt Petersburg Zar Nikolaus II., den sein Cousin Wilhelm mit »Nicky« anzusprechen pflegte, auf den Balkon des Winterpalais und sprach zu einer den Krieg begrüßenden Menge. Am 3. August ging in Berlin die Kriegserklärung an Frankreich raus. Einen Tag später, als deutsche Truppen für den Angriff auf Frankreich in das neutrale Belgien einrückten, trat auch Großbritannien gegen Deutschland in den Krieg ein. Am 4. August wandte sich Wilhelm in einer Thronrede an die Vorsitzenden der im Reichstag vertretenen Parteien: »Sie haben gelesen, meine Herren, was ich zu meinem Volke vom Balkon des Schlosses aus gesagt habe. Hier wiederhole ich: Ich kenne keine Parteien mehr, ich kenne nur noch Deutsche!«

Der Satz »Ich kenne keine Parteien mehr, ich kenne nur noch Deutsche« wurde quasi zum Slogan. Später ließ Wilhelm sogar Postkarten mit seinem Konterfei verbreiten, auf denen die Worte handschriftlich von ihm vermerkt waren. Wilhelm relativierte mit seinen Worten die Bedeutung der zum Teil politisch gegeneinander kämpfenden Interessengruppen in seinem Reich und erinnerte sie an die Gemeinsamkeit, die sie nun alle einen sollte: Sie waren Deutsche und hatten nun andere Interessen zurückzustellen. So konnte sich Wilhelm als Staatsoberhaupt über die Parteien, über alle erheben. Wilhelms Verknüpfung der Gemeinschaft der Deutschen mit der Absicht Krieg zu führen, führte zu einer Polarisierung der Auseinandersetzung: Wer nicht für den Krieg war, war nicht nur dagegen, so implizierten die Worte, sondern er war gegen die deutsche Sache. Was die deutsche Sache war, hatte Wilhelm bereits vorgegeben. Natürlich hätten sich die Dinge auch ohne diese Worte nicht anders entwickelt. Dennoch war der Slogan ein Ausdruck der Stimmung jener Tage. In der Reichstagssitzung vom 4. August 1914 stimmten auch die oft als »vaterlandslose Gesellen« beschimpften Sozialdemokraten für die Kriegskredite – nur zwei ihrer Abgeordneten enthielten sich. Die ansonsten zerstrittenen Parteien schlossen einen »Burgfrieden«, demzufolge für die Dauer des Krieges Auseinandersetzungen nicht mehr in der Öffentlichkeit ausgetragen werden sollten.

Es folgte die »Urkatastrophe des 20. Jahrhunderts«. Der Erste Weltkrieg kostete 10 Millionen Menschen das Leben und veränderte die politische Landkarte nicht nur in Europa. Als der Krieg im November 1918 endete, hörte auch das Deutsche Kaiserreich auf zu existieren. Wilhelm ging nach Holland ins Exil. Er hatte den Krieg gegen Serbien zweifellos herbeigewünscht. Sehenden Auges hatte er auch den Krieg gegen Russland und Frankreich in Kauf genommen. Der Eskalation musste er dann hilflos zusehen. Bildpostkarten zeigen den Kaiser vor Kriegsgräbern mit dem Ausspruch: »Ich habe es nicht gewollt.«

58 Vertrauen ist gut, Kontrolle ist besser

Wladimir Iljitsch Lenin (1870 – 1924)

Die Moderne zog mit aller Macht in die europäischen Gesellschaften ein. Nur in Russland schien die Zeit stillzustehen. Zwar versuchten immer wieder beherzte Reformpolitiker eine Wende einzuleiten, zuletzt der Finanzminister Sergej Juljewitsch Witte, doch sie scheiterten vor allem am Zar, seiner Familie, dem Adel, der dünnen Schicht der Etablierten. Diese taten nichts, um das Land aus seiner Armut zu führen. Für sie schien die feudalistische Gesellschaft, von der sie einseitig profitierten, für alle Ewigkeit die richtige und unveränderliche zu sein. Doch das Volk, in seiner großen Mehrheit Bauern, lebte im Elend und hatte keinerlei politisches Mitspracherecht. Zwar hatte man 1861 die Leibeigenschaft abgeschafft, doch die Bauern blieben von den Großgrundbesitzern wirtschaftlich abhängig. Noch Anfang des 20. Jahrhunderts besaß der russische Adel zwei Drittel des Landeigentums.

Wladimir Iljitsch Uljanow und sein älterer Bruder waren die sprichwörtlich missratenen Söhne: Während ihr Vater, ein Schulinspektor, als treuer Untertan des Zaren für seine Verdienste sogar in den Erbadel erhoben wurde, arbeiteten dessen Söhne, zunächst vor allem Wladimirs älterer Bruder Alexander, mit wenig zimperlichen Mitteln auf das Ende der Zarenherrschaft hin. Schließlich wurde Alexander Uljanow als Beteiligter an einem Mordanschlag auf seinen Namensvetter Zar Alexander III. hingerichtet. Wladimir Uljanow, der sich erst später Lenin nannte, war damals 17 Jahre alt und tief getroffen. Wer weiß, wie stark dieses Erlebnis ihn auf seinem späteren Weg prägte.

Zunächst schloss er sein Studium der Rechtswissenschaften ab und arbeitete einige Jahre als Anwalt, blieb aber recht erfolglos. Mehr und mehr wandte er sich der politischen Agitation zu. Verhaftung, Verbannung, Exil waren die Folgen.

Im Exil ständig in Westeuropa unterwegs, nannte er sich bald Lenin und wurde zum maßgeblichen Motor, als sich 1903 in London die Sozialdemokratische Arbeiterpartei Russlands in »Bolschewiki« (für »Mehrheit«) und »Menschewiki« (für »Minderheit«) spaltete. Anders als die gemäßigten, sozialdemokratisch orientierten Menschewiki, traten die von Lenin geführten Bolschewiki für die kommunistische Revolution ein und für einen gewaltsamen Umsturz im Zarenreich. Dass es Lenin gelang, die zersplitterte linke russische Opposition, die in ganz Europa verteilt war, zu vereinen und zu einer straff organisierten Kaderpartei zu formen, sollte entscheidend für die weitere Entwicklung der kommunistischen Bewegung werden.

Nach mehreren zuvor gescheiterten Anläufen konnte Lenin 1917, als in Russland die Februarrevolution ausbrach und der Zar abdankte, seine Idee von der »proletarischen Revolution« in die Tat umsetzen. Noch tobte der Erste Weltkrieg und das Deutsche Kaiserreich, das gegen das zaristische Russland ins Feld gezogen war, stellte Lenin, nicht uneigennützig, einen Zug zur Verfügung, mit dem er aus der Schweiz nach Sankt Petersburg reiste. Dort angekommen, riss er sofort die Initiative an sich. Seine so genannten Aprilthesen wie »Frieden um jeden Preis!«, »Alle Macht den Sowjets (Räten)!« und »Alles Land den Bauern!« trugen ihm breite Zustimmung ein. Mit der Oktoberrevolution, die vor allem von Lenins Noch-Mitstreiter Leo Trotzki organisiert worden war, gelang es schließlich den kommunistischen Bolschewiki unter Lenin, die durch die Februarrevolution an die Regierung gelangten eher gemäßigten Kräfte um Alexander Kerenski zu stürzen. Lenin sicherte die gewonnene Macht kompromisslos. Einen Aufstand anarchistischer Matrosen in Kronstadt, die 1921 »Sowjets ohne Kommunisten!« forderten, ließ er von Trotzki niederschlagen. Derweil stieg Lenin nicht nur zur unbestrittenen Autorität und letzten Instanz der kommunistischen Bewegung in Russland, sondern aller Kommunisten weltweit auf.

Lenin knüpfte an das Ideensystem von Karl Marx an. Dieser hatte nach der Revolution der Arbeiterklasse eine Übergangsphase des Sozialismus vorhergesagt, welche durch die Diktatur des Proletariats schließlich zur kommunistischen Gesellschaft, dem Heilsversprechen der marxistischen Lehre, führen sollte. Darin seien alle Klassen verschwunden und es gebe keinerlei staatliche Gewalt mehr. In dieser Gesellschaft sei das Prinzip verwirklicht, das der französische Sozialist Louis Blanc einmal so formulierte: »Jeder nach seinen Fähigkeiten; jedem nach seinen Bedürfnissen.« Lenin aber schuf mit seiner Auslegung und Weiterführung der Marxschen Ideen eine neue Linie, die des Marxismus-Leninismus, die später zum Vorbild vieler kommunistischer Staaten wurde und geprägt war von besonderen Machtstrukturen, etwa des Politbüros und des ZK-Sekretariats, die der Konzentration aller Macht auf eine kleine Führungselite dienten.

Kontrolle und eine harte Hand wurden zu Lenins Stil, um die kommunistische Bewegung und Russland zu führen. Der berühmteste ihm zugeschriebene Satz »Vertrauen ist gut! Kontrolle ist besser!« scheint die dazu passende Losung zu sein. Doch als Schöpfung Lenins ist er nicht belegt. Es gibt die Vermutung, die Worte seien die Verkürzung einer Haltung, die Lenin mehrfach geäußert habe, wobei sich eine Erklärung in einem alten russischen Sprichwort findet, das

Lenin gerne benutzt haben soll: »Dowjerjaj, no prowjerjaj.« (Vertraue, aber prüfe nach.)

Schriftlich hat sich Lenin zu dem Thema nicht explizit geäußert. In seinen gesammelten Werken findet man in einem Aufsatz über Abenteurertum jedoch den Satz »Nicht aufs Wort glauben, aufs Strengste prüfen – das ist die Losung der marxistischen Arbeiter.« Nimmt man die Worte, die von Lenin selbst zu diesem Thema überliefert sind, dann hat er in keiner der existierenden Varianten Kontrolle über Vertrauen gestellt. Das tun aber diejenigen, die den Satz »Vertrauen ist gut, Kontrolle ist besser« meist unbedacht im Zusammenhang mit Menschenführung zitieren. Damit geben sie pauschal der Kontrolle den Vorzug über das Vertrauen, was – wenn genauso umgesetzt – eine äußerst fragwürdige Art der Führung wäre.

Doch warum hat sich diese Variante durchgesetzt? Die Formel »Vertrauen ist gut, Kontrolle ist besser!« ist zugespitzt einfach und griffig. Zudem hält sie für den, der ihrem Rat folgt, eine einfache Lösung bereit: Man muss nicht viel abwägen, sondern nur kontrollieren und schon hat man – vermeintlich – seine Führungsaufgabe erledigt. Letztlich charakterisiert der Satz das von Lenin errichtete Herrschaftssystem, das vor allem auf Kontrolle, keineswegs auf Vertrauen basierte. Die dadurch entstehenden totalitären Machtstrukturen nutzte vor allem Lenins Nachfolger Josef Stalin, um ab 1924 sein Schreckensregime zu errichten.

59 Freiheit ist immer nur Freiheit des Andersdenkenden

Rosa Luxemburg (1870 – 1919)

Ihr Tod war der Tod einer Kämpferin. Rechte Freikorpssoldaten hatten sie in ihre Gewalt gebracht und zusammengeschlagen. Ihren Körper warfen sie in das eisige Wasser. War sie schon tot, als sie auf das Wasser aufschlug und in der Kälte versank?

Die entstellte Leiche von Rosa Luxemburg wurde erst nach Monaten aus dem Berliner Landwehrkanal geborgen. Ein Leben auf der Flucht, im Gefängnis, mit Decknamen wie Gracchus oder Spartakus und Pseudonymen wie Junius war zu Ende. Nicht nur Rosa Luxemburg und mit ihr der Kampfgefährte Karl Liebknecht starben an jenem 15. Januar 1919, sondern auch ihr Traum von einer kommunistischen Räterepublik, ihr Lebenstraum vom Sieg der Arbeiterklasse.

Rosa Luxemburgs Leben war ein Leben im Konflikt gewesen, auf allen Ebenen des Seins. Als Frau unter Männern, polnische Jüdin, klein gewachsen, beschied sie sich nicht, war voller Energie, voller Lebenshunger und Tatendrang. Schon als Schülerin schloss sie sich in ihrer Heimatstadt Warschau den verbotenen linken Kreisen an. Ihrer Verhaftung entging sie durch Flucht in die Schweiz. Um in Deutschland eingebürgert zu werden, nahm sie eine Scheinehe in Kauf und kam 1899 nach Berlin. Sie trat in die SPD ein und wurde zur Wortführerin des linken Parteiflügels. Ab 1907 Dozentin der Parteihochschule der SPD, kämpfte sie schon lange vor dem Ersten Weltkrieg gegen die drohende Kriegsgefahr. Nach Ausbruch der Kampfhandlungen attackierte sie den so genannten Burgfrieden in Deutschland, der alle Parteien ihre Streitigkeiten zugunsten der Kriegsführung zurückstellen ließ. Immer wieder verhaftete man sie. Zwischen 1916 und 1918 saß sie wegen ihrer Antikriegsagitation viele Monate im Gefängnis.

Im Oktober 1918 war der Krieg für Deutschland verloren. Zwar wurde noch erbittert gekämpft, doch die Kräfte der Mittelmächte – Deutschland, Österreich und ihre Verbündeten – waren erschöpft. Bulgarien hatte bereits im Monat zuvor kapituliert, nun gab auch die Türkei auf. Ein neu eingesetztes deutsches Kabinett unter Prinz Max von Baden ersuchte am 4. Oktober um Waffenstillstand. Die USA, die unter ihrem Präsidenten Woodrow Wilson im April 1917 in den Krieg gegen Deutschland eingetreten waren, verlangten als Voraussetzung die Demokratisierung Deutschlands. Dort brach indessen die staatliche Ordnung zusammen. In mehreren deutschen Häfen weigerten sich die Matrosen, auf ihren Schiffen noch einmal zum Kampf gegen England auszulaufen und meuterten. Arbeiter schlossen sich an. Der Kaiser floh aus Berlin und suchte Schutz im Heereshauptquartier in Spa. Die Novemberrevolution brach aus.

Rosa Luxemburg sah jetzt die Gelegenheit gekommen, die alte staatliche Ordnung für immer einzureißen und an ihre Stelle eine revolutionäre, eine sozialistische Räterepublik zu setzen. Erste Erfolge waren bereits zu verzeichnen: Soldaten- und Arbeiterräte bildeten sich. Da schloss die SPD ein Bündnis mit der Obersten Heeresleitung und den liberalen und gemäßigten Kräften im zerbrechenden Reich. Friedrich Ebert wurde Reichskanzler und von einem Fenster des Reichstages rief sein Parteifreund Philipp Scheidemann am 9. November die deutsche Republik aus. Damit kam er Rosa Luxemburg und ihren Mitkämpfern im letzten Moment zuvor. Denn nur zwei Stunden nach Scheidemann proklamierte Karl Liebknecht vor dem Berliner Schloss »die freie sozialistische Republik Deutschlands«.

Nun begann das Tauziehen der beiden Staatsentwürfe um die Macht. Zur Jahreswende gründeten Teile der bereits zu Beginn des Krieges von der SPD abgespaltenen USPD, die jegliche Unterstützung des Kriegskurses abgelehnt hatte, und weitere linke Gruppierungen die Kommunistische Partei Deutschlands, die KPD. Im Januar 1919 brach der Spartakusaufstand los. Rosa Luxemburg unterstützte ihn, doch nur aus Parteiloyalität zu dem einst von ihr mit gegründeten revolutionären Spartakusbund. Dem Aufstand selbst gab sie nicht viele Chancen und sie sollte Recht behalten.

Der Gefahr bewusst, in der sie schwebte, blieb sie dennoch in Berlin, wechselte jedoch während der Unruhen ständig ihren Aufenthaltsort. In ihrem letzten Artikel, veröffentlicht am 14. Januar 1919, ließ sie wissen: »Die Revolution wird sich morgen schon rasselnd wieder in die Höh' richten und zu Eurem Schrecken mit Posaunenklang verkünden: Ich war, ich bin, ich werde sein!« Einen Tag später fanden sie die Häscher eines rechtsradikalen Freikorps, verhörten, misshandelten und ermordeten sie.

Den berühmtesten Satz Rosa Luxemburgs konnten ihre Mörder nicht kennen. Wohl keiner außer ihr wusste von ihm zum Zeitpunkt ihres Todes: »Freiheit ist immer die Freiheit des Andersdenkenden.« Dieser Satz gehört zu einer Randbemerkung, die sie in einem Manuskript notiert hatte. Der Text wurde unter dem Titel *Die russische Revolution* erst 1922, also vier Jahre nach ihrem gewaltsamen Tod von ihrem Freund Paul Levi veröffentlicht. Um herauszufinden, wie Rosa Luxemburg ihre Aussage gemeint hat, denn sie wird bis heute in den verschiedensten Zusammenhängen sehr unterschiedlich interpretiert, muss man den Kontext berücksichtigen, in dem sie die Worte notierte.

Für Rosa Luxemburg war Revolution der einzige Weg, um eine sozialistische Gesellschaftsordnung zu errichten. Diese Überzeugung vertiefte die Kluft zwischen ihr und der SPD. Dort fand die revisionistische Auffassung Eduard Bernsteins, dass der Wandel des Kapitalismus zum Sozialismus auch über den Parlamentarismus zu bewerkstelligen sei, zunehmend Gehör. Doch vor allem geriet Luxemburg in Konflikt mit der Revolutionsauffassung Lenins. Anders als dieser sah sie keine Begrenzung der Revolution und kämpfte für gleichzeitige Aufstände in Polen, Deutschland und Russland. Lenins Konzept einer straff geführten Kaderpartei mit einer Führungselite, der »Avantgarde der Arbeiterklasse«, erregte ihren entschiedenen Widerspruch. Denn sie selbst war überzeugt, dass der Aufbau der sozialistischen Gesellschaft nur gelinge, wenn man das gesamte Proletariat daran aktiv teilhaben lasse. Lenin und die Bolschewiki, so folgerte sie, propagierten nicht die Diktatur des Proletariats, sondern bedienten sich der Mittel der Diktatur, um über das Proletariat zu herrschen.

Die berühmte Anmerkung »Freiheit ist immer nur Freiheit des Andersdenkenden« erscheint in ihrem Manuskript *Die russische Revolution* an der Stelle, wo sie die diktatorische Vorgehensweise der russischen Bolschewiki unter Lenin kritisiert. An die Bolschewiki gerichtet heißt es dort: »Freiheit nur für die Anhänger der Regierung, nur für Mitglieder einer Partei – mögen sie noch so zahlreich sein – ist keine Freiheit. Freiheit ist immer nur Freiheit des Andersdenkenden. Nicht wegen des Fanatismus der ›Gerechtigkeit‹, sondern weil all das Belebende, Heilsame und Reinigende der politischen Freiheit an diesem Wesen hängt und seine Wirkung versagt, wenn die ›Freiheit‹ zum Privilegium wird.« Danach ging sie darauf ein, dass die Bolschewiki zugeben müssten, dass sie »auf Schritt und Tritt tasten«, doch die »Diktaturtheorie« im Sinne Lenins und seines Mitstreiters Trotzki gehe davon aus, dass die »sozialistische Umwälzung eine Sache sei, für die ein fertiges Rezept in der Tasche der Revolutionspartei liege, dies dann nur mit Energie verwirklicht zu werden brauche. Dem ist leider – oder je nachdem: zum Glück – nicht so.« Rosa Luxemburg kam daher zu dem Schluss, dass die Revolution allumfassend vonstatten zu gehen habe, dass sie nicht auf revolutionäre Eliten und die Anhänger der Revolution beschränkt sein dürfe, sondern dass sie Unentschlossene und auch Gegner durch Argumente und Überzeugung »mitnehmen« müsse.

In den letzten Tagen der DDR 1989 wurde Rosa Luxemburgs berühmtester Satz von der Bürgerrechtsbewegung aufgegriffen. Auch wenn er in dieser Zeit dazu beitrug, ein sozialistisches Gesellschaftssystem zu zerstören, war er, sofern es den Sozialisten um Reformierung und Diskussion des sozialistischen Systems ging, ganz im Sinne Rosa Luxemburgs. Den Satz jedoch als Beleg für die demokratische Gesinnung Rosa Luxemburgs, als Ausdruck eines parlamentarischen Staatssystems zu sehen oder Rosa Luxemburg in der Nähe sozialdemokratischen Denkens anzusiedeln, hieße sie falsch zu interpretieren. Das marx'sche Ziel der Diktatur des Proletariats war bis zuletzt auch das ihre gewesen.

60 Die deutsche Armee ist von hinten erdolcht worden

Paul von Beneckendorff und von Hindenburg (1847 – 1934)

Dreistigkeit siegt. Zumindest im Falle des Paul von Beneckendorff und von Hindenburg. An keinem perlten die zahlreichen politischen Fehler und Missetaten, an denen er beteiligt war, wohl so gründlich ab, wie an ihm. Im Gegenteil: Aus Situationen, zu deren verfahrener Lage er selbst gehörig beigetragen hatte, entstieg er umso strahlender. Wie ihm das gelang? Er schob die Schuld einfach anderen in die Schuhe, was man ihm, dem Helden, bereitwillig abnahm. Zudem passten die Sündenböcke, die Hindenburg sich aussuchte, nur allzu gut in das Bild, das sich die breite Öffentlichkeit Deutschlands gerne von den Ereignissen jener Tage machen wollte.

Hindenburg, der schon 1866 unter Moltke in der Schlacht von Königgrätz gekämpft hatte und 1914 mit fast 67 Jahren pensioniert war, wurde bei Ausbruch des Ersten Weltkriegs reaktiviert. Über vierzig Jahre war es her, dass er an einer Schlacht teilgenommen hatte, zuletzt 1870 als junger Mann in Sedan während des deutsch-französischen Krieges. Alle nachfolgenden Jahrzehnte seiner Karriere – seit 1903 war er General – hatte er im Frieden verbracht. Doch in den letzten Augusttagen des ersten Weltkriegsjahres wurde er in der Schlacht von Tannenberg zum Helden. Denn der deutschen Armee gelang es unter seinem Kommando, die russischen Truppen vernichtend zu schlagen. Durch den Sieg zum Mythos geworden, übertrug man Hindenburg im November das Oberkommando über alle deutschen Truppen an der Ostfront. Als das Kriegsglück zunehmend schwand, übergab man ihm 1916 gemeinsam mit Erich Ludendorff (als Erstem Generalquartiermeister) den Befehl über die Oberste Heeresleitung (OHL). Während im Inneren des Deutschen Reiches der Reichskanzler Theobald von Bethmann Hollweg danach strebte, die parlamentarische Demokratie zu stärken, indem er versuchte, das preußische Dreiklassenwahlrecht abzuschaffen und eine Verständigung mit der Linken zu finden, torpedierten Hindenburg und Ludendorff quasi als Schattenregierung des Krieges alle diese Reformversuche. So machten sie etwa Friedensvorstöße Bethmann Hollwegs durch die Entfachung des uneingeschränkten U-Boot-Krieges zunichte. Als Bethmann Hollweg sein Reformpaket im Reichstag durchfechten wollte, drohten sie – sollte man ihn nicht entlassen – mit ihrem eigenen Rücktritt. Bethmann Hollweg musste im Juli 1917 gehen.

Die politische Führung war bis Kriegende faktisch entmachtet. In den Monaten bis dahin kamen und gingen noch drei Reichskanzler. Hindenburg und Ludendorff herrschten nahezu uneingeschränkt. Nach wie vor hielten sie hartnäckig am Ziel eines »Siegfriedens« fest. Erst als 1918 die große Frühjahrsoffensive im Westen scheiterte, forderten sie am 29. September 1918 sofortige Waffenstillstandsverhandlungen und die Einsetzung einer parlamentarischen Regierung im Deutschen Reich. Dem deutschen Kaiser Wilhelm II., längst aufgrund seiner Unfähigkeit in der Bevölkerung nicht mehr akzeptiert und in der politischen Versenkung verschwunden, riet Hindenburg, Berlin zu verlassen. Wilhelm II. floh zunächst zum Oberkommando nach Spa, dann nach Holland. Der damals jüngste Oberbürgermeister einer preußischen Großstadt, der von Wilhelm II. 1917 für Köln ernannte Konrad Adenauer, der Jahrzehnte später erster Bundeskanzler der Bundesrepublik Deutschland werden sollte, sagte dazu 1919, die deutsche Armee, die »mit Tapferkeit gekämpft habe«, hätte den letzten fürchterlichen Schlag durch die »unerklärliche, schändliche, verhängnisvolle Flucht ihres obersten Chefs – Kaiser Wilhelm« erhalten.

Hindenburg, der die militärische Katastrophe als unabwendbar erkannte, drängte auf die Unterzeichnung des Waffenstillstandsvertrags. Doch aus den Verhandlungen selbst hielt er sich geflissentlich raus. Diese schwere und undankbare Aufgabe überließ er Politikern.

So musste Zentrumspolitiker Matthias Erzberger als Leiter der deutschen Delegation die Demütigungen der alliierten Bedingungen auf sich nehmen. Am 11. November 1918 unterzeichnete er den Waffenstillstandsvertrag. Hindenburg, der von Erzberger um Zustimmung gebeten worden war und der den Waffenstillstand akzeptierte, gelang es in der Folge, seine eigene Rolle beim Zustandekommen des Waffenstillstands außen vor zu lassen. Rasch schlug er sich auf die Seite der extremen Rechten, die nicht nur kommunistische, sondern auch alle sozialdemokratischen und liberalen Kräfte als »Novemberverbrecher« diffamierten und für das schmachvolle Ende des Krieges verantwortlich machten. Damit zielten sie in erster Linie auf die Novemberrevolution ab, die jedoch erst ausgebrochen war, als Hindenburg und Ludendorff gegenüber dem Kaiser längst die Niederlage eingestanden hatten. Dem Vergessen fiel auch anheim, dass die Heeresleitung am 2. Oktober 1918 bereits öffentlich vor den Parteiführern die militärische Niederlage bestätigt hatte.

An den Friedensverhandlungen nahm Hindenburg nicht teil. Er hatte das Oberkommando noch einige Monate inne, um Truppen zurück in die Heimat zu führen und Unruhen entgegenzuwirken. Dann im Juli 1919 mit Abschluss des Versailler Vertrages trat er zurück und ging in den Ruhestand. Am 18. November 1919 befragte man ihn dann vor dem parlamentarischen Untersuchungsausschuss der Nationalversammlung zu den Ursachen des deutschen Zusammenbruchs. Rechte und Militärs suchten diese längst in der deutschen Innenpolitik. Dass die wahren Gründe in der militärischen und wirtschaftlichen Überlegenheit der Gegner zu finden waren, das hatten Hindenburg und Ludendorff am 14. August 1918 gegenüber Kaiser Wilhelm II. eingeräumt. Doch genau dies verschwieg Hindenburg jetzt. Stattdessen sprach Hindenburg bei seiner Befragung vor dem Ausschuss von einer heimlichen und planmäßigen »Zersetzung von Flotte und Heer«. Seine Antwort mündete schließlich in dem Satz, bei dem er sich auf die Aussage eines britischen Generals berief: »Die deutsche Armee ist von hinten erdolcht worden.« Mit diesen Worten wurde Hindenburg zum Paten der verhängnisvollen Dolchstoßlegende.

Schon zuvor war in der rechten Presse das Wort »Dolchstoß« erschienen. Doch der eigentliche Satz, auf den sich Hindenburg berief, stammte angeblich vom Chef der britischen Militärmission in Berlin,

General Sir Neill Malcolm. Der soll auf eine Aussage Ludendorffs zur Haltung der deutschen Regierung und Bevölkerung in der Waffenstillstandsfrage mit der Frage geantwortet haben »You mean that you were stabbed in the back?« (Sie meinen, man ist Ihnen in den Rücken gefallen?) Die Dolchstoßlegende selbst ging vermutlich von einem Korrespondenten der *Neuen Zürcher Zeitung* aus, der den britischen General Sir Frederick Maurice mit den Worten zitierte: »Was die deutsche Armee betrifft, so kann die allgemeine Ansicht in das Wort zusammengefasst werden: sie wurde von der Zivilbevölkerung von hinten erdolcht.«

Hindenburgs Autorität, sein Ruf als tadelloser General und als Held von Tannenberg, verschaffte dem Wort vom »Dolchstoß« in der Bevölkerung Gewicht und traf auf den unseligen Geist, der Deutschland befallen hatte. Man verdrängte die Niederlage, glaubte noch immer, man könne auf gleicher Augenhöhe verhandeln. Denn der deutsche Soldat sei im Felde unbesiegt. Auch in der SPD fand diese Haltung Zustimmung. So rief etwa der neue sozialdemokratische Reichspräsident Ebert heimkehrenden Soldaten zu: »Kein Feind hat euch überwunden!«, man habe den Kampf lediglich aufgegeben.

Doch warum hatte man den Kampf ruhen lassen müssen? Wer hatte Schuld daran? Das fragten sich nicht nur die Rechten, sondern die meisten im Volk. Die Schuldigen fanden sie im Parlament, vor allem in den linken und liberalen Kräften. Die vorherrschende Meinung war, diese hätten die Soldaten an der Front nicht genug unterstützt.

Die Dolchstoßlegende entwickelte sich rasch nicht nur zum willkommenen Rechtfertigungsinstrument der deutschen Militärs, die noch 1914 zum Waffengang gedrängt hatten, sondern zum giftigen Stachel im Fleisch der jungen Weimarer Republik. Die Bedingungen des Versailler Vertrags, die nicht nur demütigend waren, sondern das ausgezehrte Deutschland wirtschaftlich schwer belasteten, verstärkten den Hass auf diejenigen, die angeblich besagten Dolchstoß in den Rücken des deutschen Heeres geführt hatten. Vor allem die Parteien der extremen Rechten, die Deutschnationale Volkspartei (DNVP) und die Nationalsozialistische Deutsche Arbeiterpartei (NSDAP), machten sich die Dolchstoßlegende bei ihrem Kampf gegen die Republik zunutze und wurden nicht müde, von den »Novemberverbrechern« zu reden.

Hindenburg war aus der ganzen Katastrophe unbeschadet hervorgegangen. Seine wuchtige, imposante Gestalt wirkte in den Nachkriegsjahren wie die Verkörperung unbezwingbarer deutsch-preußischer Stärke. Sein Führernimbus, sein Mythos waren unantastbar. Eine solche Lichtgestalt musste sich um keine Posten bewerben, sie wurden ihm angetragen. So auch 1925. Hindenburg war bereits 77 Jahre alt, als ihn die Rechtsparteien drängten, für die Wahl des Reichspräsidenten zu kandidieren. Obwohl noch immer Anhänger der Monarchie, trat er an und leistete seinen Eid auf die Weimarer Verfassung. Die demokratischen Parteien akzeptierten ihn bald weitgehend, weil er sein Amt verfassungstreu ausübte. Aber er wurde nie zum Fürsprecher der wackeligen und ungeliebten Republik. Seinen letzten großen Fehler beging er als greiser Präsident. Er ernannte Adolf Hitler im Januar 1933 zum Reichskanzler. Der hatte von der Dolchstoßlegende am meisten profitiert.

61 Worüber man nicht sprechen kann, darüber muss man schweigen

Ludwig Wittgenstein (1889 – 1951)

Mit seinem stechenden Blick konnte er jedem Gegenüber die Selbstsicherheit rauben. Seine Vorlesungen gerieten zuweilen zum Schauspiel. Der zierliche Mann mit dem wirren lockigen Haar und dem kurz geschorenen Nacken lief auf und ab, setzte sich, monologisierte, schwieg dann plötzlich für Minuten. Seine Studenten wurden Zeugen der manchmal quälenden Geburt seiner Gedanken. Nichts an Ludwig Wittgenstein scheint gewöhnlich, normal oder entspannt gewesen zu sein.

Der da mit sich rang, sollte zu Lebzeiten nur ein einziges philosophisches Buch veröffentlichen. Bereits in jungen Jahren war das schmale Werk, das ihn berühmt machte, entstanden: *Logisch-philosophische Abhandlung*, bekannter unter dem lateinischen Titel *Tractatus logico-philosophicus* oder kurz *Tractatus*. Der Rest sind unvollständige Manuskripte, Mitschriften seiner Vorlesungen und das 1953 aus seinem Nachlass veröffentlichte Buch *Philosophische Untersu-*

chungen. Dies ist das eher bescheidene Gesamtwerk eines Mannes, der als einer der größten philosophischen Denker des 20. Jahrhunderts gilt. Die Worte »Worüber man nicht sprechen kann, darüber muss man schweigen« scheinen wie Wittgensteins Kommentar dazu. Doch dieser berühmte letzte Satz aus dem *Tractatus* ist nicht nur Beleg für Wittgensteins Denken, sondern gibt auch Auskunft über einen Menschen, der Logik, Leidenschaft und Askese gleichzeitig verkörperte.

Geboren als jüngstes von acht Kindern des Fabrikanten Karl Wittgenstein, einer der reichsten Männer im österreichisch-ungarischen Kaiserreich, erfuhr sein junges Leben den prägenden Einfluss des exzentrischen Vaters. Der ließ es sich nicht nehmen, seine Kinder zu Hause nach einem eigens von ihm entworfenen Lehrplan unterrichten zu lassen. Mit dem Ergebnis, dass Ludwig zwar eine umfassende klassische und humanistische Bildung erhielt, aber nicht die nötigen Kenntnisse hatte, um die Aufnahmeprüfungen für die Realschule oder gar das Gymnasium zu bestehen. Schließlich durfte er eine Realschule in Linz besuchen. Einer seiner Mitschüler war Adolf Hitler. Nach drei unglücklichen Jahren verließ Wittgenstein die Schule ohne die Berechtigung für den Zugang zur Universität. Schon früh von Technik fasziniert – als Kind hatte er bereits ein Modell für eine Nähmaschine konstruiert –, ging er nach Berlin an die Technische Hochschule in Charlottenburg. Auch die Ausbildung dort vermochte ihn nicht lange zu packen. Er brach sie ab und wechselte nach Manchester, um Luftfahrttechnik zu studieren. Dort arbeitete er an Ideen für Propeller in Verbindung mit Düsentechnik. Über die zunehmende Beschäftigung mit Mathematik stieß Wittgenstein auf philosophische Fragen. Er wurde auf die Arbeiten Bertrand Russells und Gottlob Freges, einer der Väter der modernen Logik, aufmerksam. 1912 nahm Wittgenstein ein Studium bei Russell in Cambridge auf, für den er rasch zu einem gleichwertigen Gesprächspartner wurde. Doch auch sein Studium in Cambridge hielt er letztlich nur fünf Semester lang durch. Auch unterbrach er es immer wieder und zog sich in eine selbst gebaute einfache Hütte in einem entlegenen Winkel Norwegens zurück. Wittgensteins Ansehen war jedoch bereits so groß, dass ihn dort sogar der berühmte Philosoph George Edward Moore aufsuchte, um mit ihm über Logik und Philosophie zu diskutieren.

Als im Sommer 1914 der Erste Weltkrieg ausbrach, meldete sich Wittgenstein freiwillig zum Dienst in der österreichisch-ungarischen Armee. Zuerst zu Bürodiensten eingeteilt, ließ er sich bald ins Kampfgebiet versetzen. An der Südfront in Tirol geriet er in italienische Gefangenschaft. Bereits in Norwegen hatte Wittgenstein noch zu Friedenszeiten die Arbeit am *Tractatus* begonnen. Als Soldat trug er das Manuskript immer bei sich, in ständiger Angst zu sterben, bevor er es abschließen konnte. Der Krieg förderte Wittgensteins asketische Züge nun vollkommen zu Tage. Waren diese zuvor noch sporadisch gewesen, denn oft hatte er auch gelebt wie der Sohn eines Millionärs – war mit Bediensteten gereist und hatte nicht gezögert, viel Geld auszugeben –, verschenkte er nun sein Erbe an seine Geschwister und lebte in vollkommener Einfachheit. Was die Ursprünge seiner Askese waren, darüber lässt sich nur spekulieren. Religion spielte für Wittgenstein zeit seines Lebens eine bedeutende Rolle. Sein Vater war aus jüdischer Familie, seine Mutter römisch-katholisch. Von der Mutter in ihrem Glauben erzogen, trug er sich mehrmals mit dem Gedanken, Mönch zu werden. Seine Homosexualität mag Wittgenstein zusätzlich, aus Gründen der Selbstkasteiung, zur Askese getrieben haben.

In den letzten Monaten des Krieges schloss er den *Tractatus* ab. Nach erfolglosen Versuchen, ihn selbst zu veröffentlichen, überließ er das Manuskript Russell, der es mit der Zusage, ein Vorwort zu verfassen, schließlich bei einem Verlag unterbrachte. Das Werk – ein schmales Buch – erschien 1921 in Deutschland und 1922 in englischer Übersetzung. Wittgenstein war zu der Überzeugung gelangt, dass es im Grunde keine Probleme philosophischer Art gebe, sondern nur »philosophische Scheinprobleme«. Diese entstünden aus Fehlern in der sprachlichen Vermittlung. Erst der falsche Einsatz von Sprache führe zu Problemen des Verstehens der Welt. Klarheit könnten die Menschen gewinnen, wenn sie in ihrer Sprache einer eindeutigen Logik folgten. Die Logik war für Wittgenstein Basis aller Erkenntnis, gleichsam aber auch ihre Grenze: »Die Grenzen meiner Sprache sind die Grenzen meiner Welt.«

Im Vorwort des *Tractatus* kündigt er schon an, worauf seine Erörterungen hinauslaufen werden: »Das Buch will also dem Denken eine Grenze ziehen, oder vielmehr – nicht dem Denken, sondern dem Ausdruck der Gedanken« und: »Die Grenze wird also nur in der

Sprache gezogen werden können und was jenseits der Grenze liegt, wird einfach Unsinn sein.«

Wittgenstein hat den *Tractatus* in sieben Kapitel untergliedert, die auch als die Grundthesen seines Buches gelten können. Die knapp gehaltenen Unterabschnitte wirken oft wie Aphorismen, sind aber von Wittgenstein wie in Sprache gefasste Logik gemeint. Häufig bedient er sich mathematischer Zeichen- und Formelsprache. Bewusst setzt Wittgenstein die Sprache so ein, dass sie den Gesetzen der Logik entspricht. Denn, so Wittgenstein, wenn die Sprache die Welt sinnvoll beschreiben will, muss sie einer klaren Logik folgen (»Was sich überhaupt sagen lässt, lässt sich klar sagen«, heißt es im Vorwort des *Tractatus*). Wittgensteins Untersuchungen darüber, wo Sprache schließlich versagt, wo sie Logik nicht vermitteln kann, münden in der finalen Feststellung des *Tractatus*: »Worüber man nicht sprechen kann, darüber muss man schweigen.« Dieser mit einer Sieben nummerierte Satz bildet den Schluss des Buches, ihm folgen keine weiteren Sätze mehr.

Die Aussage »Worüber man nicht sprechen kann, darüber muss man schweigen« war Wittgensteins zugespitzte Schlussfolgerung, dass die Philosophie, vor allem die Metaphysik, aber auch die Religion und Ethik, sich mit Fragen beschäftigen, die nicht zu beantworten seien. Antworten könne man lediglich auf bestimmte logisch zu benennende Erscheinungen des Lebens – wie Tatsachen und Sachverhalte – geben. Diese seien aber durch nichts anderes zu erklären als durch die Logik selbst, die wiederum auf die Naturwissenschaften verweise.

Wollte Wittgenstein damit Fragen zum Glück, dem Sinn des Lebens, zum richtigen Handeln aus der Wahrnehmung und Auseinandersetzung des Menschen mit der Welt verbannen? Keineswegs. In einem Brief erläuterte er später, der Sinn des *Tractatus* sei gewesen, den wichtigeren Teil, den ethischen, darin nicht geschrieben zu haben. Im Grunde bestehe sein Buch aus zwei Teilen: aus dem »der vorliegt und aus alledem, was ich nicht geschrieben habe«. Der beginne erst nach seinem Buch, sei aber durch dessen geschriebenen Inhalt »von innen her begrenzt«. Wittgenstein markierte mit seinen Ausführungen und mit seinem berühmten Satz nicht nur die Grenze zwischen Sagbarem und nicht Sagbarem, sondern auch die Grenze zwischen Wissenschaft und Mystik.

Durch den *Tractatus*, der für ihn auch so etwas wie die Beweisführung für sein Selbstverständnis als Genie sein sollte, hielt Wittgenstein alle wichtigen philosophischen Fragen für geklärt. Denn die Lösung eines Problems war entweder durch Logik oder gar nicht herbeizuführen. Dort, wo die Logik nicht mehr hilft, beginnen Religion und Ethik, beginnt das, worüber man nicht sinnvoll sprechen kann. Die Philosophie hatte in diesem System keinen Platz mehr. Wittgenstein erklärte sie für abgeschafft und wurde Dorfschullehrer. In Trattenbach, einem kleinen Ort in einer abgelegenen Gegend in Österreich, nahm er die Arbeit auf. Doch glücklich wurde er auch mit dieser Tätigkeit nicht. Sein Kampf mit sich selbst, seine verzweifelte Suche nach Sinn und Klarheit brach sich wieder Bahn. Hatte er es sich mit der Lösung zu einfach gemacht? Gegen Ende der Zwanzigerjahre wandte er sich wieder der Philosophie zu, kehrte nach Cambridge zurück und begann, wesentliche Teile des *Tractatus* zu verwerfen.

In seinen erst posthum erschienenen *Philosophischen Untersuchungen* entwickelte Wittgenstein eine neue, dem *Tractatus* in vielen Teilen entgegenstehende Philosophie. Diese nennt man oft Wittgenstein II, während man die Ideen des *Tractatus* als Wittgenstein I bezeichnet. Hatte Wittgenstein I im *Tractatus* die Logik in den Mittelpunkt gestellt und daraus den Versuch unternommen, die Welt in exakten Wörtern und Sätzen abbilden zu wollen, versuchte Wittgenstein II der Bedeutung und der Logik in der Sprache selbst nachzuspüren. Anstelle des Satzes »Worüber man nicht sprechen kann, darüber muss man schweigen«, der dazu aufgefordert hatte, Sachverhalte klar auszudrücken, trat der Begriff des Sprachspiels. Wittgenstein machte darauf aufmerksam, dass die Abläufe der Sprache mit den Abläufen in einem Spiel zu vergleichen seien. Der Sprechende benutze Wörter und Sätze wie der Spielende die Spielfiguren. Im Spiel wie in der Sprache gebe es zwar Regeln, doch das, was tatsächlich beim Sprechen beschrieben wird beziehungsweise gerade im Spiel vor sich geht, sei nur zu verstehen, wenn man wisse, in welchem augenblicklichen Kontext es geschehe. Für die Sprache heißt das: Die Bedeutung eines Wortes erschließt sich darüber, wie es gebraucht wird. Für die Erkenntnis bedeutet es, so wie der Gebrauch eines Wortes seine Bedeutung bestimmt, wird eine Analyse von den Umständen und Blickwinkeln beeinflusst, unter denen sie stattfindet.

Ob es nun wie in Wittgenstein I um das Herausarbeiten der Logik als Mittel zum Verständnis der Welt geht oder wie in Wittgenstein II um die Beschäftigung, wie Sprache die Welt abbildet, letztlich wollte Wittgenstein die Philosophie von vermeintlich irreführenden Ansätzen, Methoden und Analysen befreien, die ihren Ursprung darin hätten, dass der Mensch in der Unzulänglichkeit der Sprache verfangen sei.

Paradoxerweise schuf gerade der Philosoph, der die Philosophie zwischenzeitlich für beendet erklärt hatte, neue philosophische Ansätze. Nachfolgende Generationen stürzten sich auf die Rezeption seiner Texte und der *Tractatus* gilt als einer der wichtigsten philosophischen Texte des 20. Jahrhunderts. Sogar eine neue Disziplin der Philosophie hatte Wittgenstein begründet: die Sprachphilosophie.

62 Gott würfelt nicht

Albert Einstein (1879 – 1955)

Albert Einstein hatte ein Problem: Seine Weltanschauung war erschüttert. Ausgerechnet der Mann, der Jahre zuvor mit seiner Relativitätstheorie Raum, Zeit und Geschwindigkeit völlig neu definiert und damit selbst sämtliche Bezugssysteme der Menschheit ins Wanken gebracht hatte, musste nun sein eigenes Bild von der Welt hinterfragen.

Wer nun denkt, dass das Problem, mit dem Einstein sich konfrontiert sah, wissenschaftlicher Natur war, dass er etwa vor der Frage stand, seine eigenen physikalischen Theorien über Bord zu werfen, täuscht sich. Es ging um mehr. Einstein hatte ein Problem mit der Quantenmechanik, und dieses Problem drohte seinen Glauben zu erschüttern.

Mit seiner 1905 vorgestellten speziellen Relativitätstheorie und seiner knapp zehn Jahre später entwickelten, darauf aufbauenden allgemeinen Relativitätstheorie hatte Einstein den Menschen einige ungeheuerliche Behauptungen zugemutet. Nicht etwa aufgrund von Experimenten, sondern durch reine Reflexion und Berechnungen war er zu dem Schluss gekommen, dass es weder auf der Erde noch im Weltall ein absolutes Bezugssystem gebe. Ein solches aber, zusammengehalten von den unveränderlichen Größen Raum und Zeit, war seit Aristoteles zwei Jahrtausende lang Basis des abendländischen Denkens gewesen. Noch Isaac Newton schien mit seinen Gravitationsgesetzen Aristoteles' absolutes Bezugssystem aus Raum und Zeit bewiesen zu haben. Nun aber war auch Newtons Annahme eines absoluten Raumes und einer absoluten Zeit perdu. Auch die Frage, ob und wie sich etwas bewegt, so Einstein, hinge vom Standpunkt des Beobachters ab und sei nichts Absolutes. Bewegt sich etwa der Vogel über der Erde oder die Erde unter dem Vogel? Ausgehend von dieser Relativität der Bewegung erklärte Einstein, dass die Gesetze Newtons dann nicht mehr gelten, wenn mehrere Gravitationsfelder aufeinander einwirken und hohe Geschwindigkeiten wie die des Lichts im Spiel sind. Dann verlören Raum, Zeit und das Licht ihre »Geradlinigkeit«, sie veränderten sich. Daher krümme sich in Gravitationsfeldern der Strahl des Lichts, auch der Raum krümme sich, während die Zeit sich ausdehne. Auf der Erde folge daraus, dass je nachdem, in welcher Höhe man sich auf der Erdoberfläche aufhält, welche Position man also im Gravitationsfeld der Erde einnimmt, die Zeit schneller oder langsamer verläuft. So vergeht die Zeit auf dem Meeresgrund langsamer als auf dem Mount Everest. Die Abweichungen sind zwar sehr gering, doch bei satellitengestützten Navigationssystemen muss dies berücksichtigt werden, sonst würden sie falsche Daten senden.

Nach Einsteins Erkenntnissen konnten Raum, Zeit, Geschwindigkeit und Masse nicht mehr als absolute Größen betrachtet werden, sondern als relative Größen, die in Beziehung zueinander standen. Als 1920 eine britische Expedition bei einer Sonnenfinsternis im Gravitationsfeld der Sonne tatsächlich eine Lichtabweichung nachwies, schien Einsteins Theorie bestätigt.

In jenen Tagen wurden viele Wissenschaftler mit der Frage konfrontiert, wie das, was sie entdeckten mit ihrer Religion, ihrem Glauben zu vereinen sei. Während sie den Bausteinen des Lebens immer näher kamen, fragten sie sich immer konkreter danach, welchen Plan Gott verfolgte. Gab es überhaupt einen Gott? Obwohl Einstein die Bezugspunkte des Daseins zum Schwanken brachte, glaubte er unbeirrt an die Existenz eines Gottes. Auch hielt er an der Vorstellung Isaac Newtons fest, dass Raum und Zeit berechenbar seien.

Auch auf die Frage, in welcher Art und Weise Gott in Erscheinung trete, hatte Einstein für sich eine Antwort gefunden. Er glaubte an einen Gott, der sich in der »gesetzlichen Harmonie des Seienden offenbart, nicht an einen Gott, der sich mit dem Schicksal und den Handlungen der Menschen abgibt«. So beantwortete Einstein 1929 in Anlehnung an den Philosophen Baruch Spinoza (1632–1677) schriftlich die telegrafisch an ihn gerichtete Frage eines New Yorker Rabbi.

Einsteins Bild eines Gottes, der sich zwar nicht um die Gebete der Menschen kümmert, der aber alle wesentlichen Abläufe des Lebens in kausalem Zusammenhang hält, bekam jedoch mit einem Male Risse.

Der Grund war besagte Quantenmechanik. 1900 hatte der deutsche Physiker Max Planck entdeckt, dass Energie nicht kontinuierlich, sondern schubweise in kleinen Mengen, in so genannten »Quanten« abgegeben wird. Diese Entdeckung war eine Sensation. Denn wenn Energie in Schüben auftritt, was ist dann mit der bisher angenommenen so berechenbaren Stetigkeit der Abläufe in der Natur? Diese Frage brachte noch vor Einsteins Relativitätstheorie die vermeintlich fest zementierten Gesetze Newtons ins Wanken.

In Deutschland und in Dänemark machten sich Wissenschaftler und Denker über die Quanten her. Es entstand ein neues Wissenschaftsgebiet, die Quantenphysik oder Quantenmechanik. Ihre wichtigsten Denker waren Werner Heisenberg (1901–1976), Niels Bohr (1885–1962) und Max Born (1882–1970). Sie kamen zu dem Schluss, dass im Inneren des Atoms Prozesse ablaufen, die nicht vorherzubestimmen sind, also einem gewissen Zufallsprinzip unterliegen. In der so genannten Kopenhagener Deutung aus den Jahren 1926/27 folgerten sie, dass man die Bewegungen von Teilchen nur in Wahrscheinlichkeiten ausdrücken kann. Damit erschütterten sie nicht nur den bis dahin festen Glauben an die unbegrenzte Erklärungsmacht der Naturwissenschaft, sie stellten vor allem den religiösen Glauben Einsteins in Frage. Dass es eine Ungewissheit in Naturprozessen gebe, die die Existenz eines Gottesplans sogar in Zweifel ziehen konnte, mochte er nicht akzeptieren.

Im Prinzip ging es um die Frage, die wir uns auch oft im Alltag stellen: »Gibt es Zufälle oder gibt es keine?« Sind bestimmte Abläufe der Natur exakt berechenbar oder über Wahrscheinlichkeitsrechnung nur annäherungsweise zu ermitteln? Für Einstein vertrug sich die Annahme, dass in der Natur Zufallsprinzipien wirken, nicht mit seiner Vorstellung von einer »Harmonie der Naturgesetzlichkeit, in der sich eine überlegene Vernunft offenbart«, doch vor allem vertrugen sich zufällig ablaufende Prozesse nicht mit dem Bild Spinozas von der Vorbestimmtheit allen Naturgeschehens, das Einstein teilte. In diesem Weltbild ist Gott kein Glücksspieler und daher gibt es darin auch keine Zufälle und das, was wir Zufall nennen, ist nur ein Mangel an Erkenntnis oder Wissen über die Hintergründe. Einsteins Ablehnung der Vorstellung von Gott als Glücksspieler gipfelt in dem berühmten Zitat »Gott würfelt nicht«. Ursprünglich findet es sich bei Einstein in etwas anderen Worten. Am 4. Dezember 1926 schrieb er in einem Brief an Max Born, einen der wichtigsten Vertreter der Quantenmechanik: »Die Theorie liefert viel, aber dem Geheimnis des Alten bringt sie uns doch nicht näher. Jedenfalls bin ich überzeugt davon, dass der nicht würfelt.«

Einstein, der an der Entwicklung der Quantenmechanik maßgeblichen Anteil hatte und 1921 den Nobelpreis für Physik für seine Verdienste um die Quantentheorie und nicht für seine Relativitätstheorie erhielt, verwarf also die Folgerungen der Quantenmechaniker. Bis an sein Lebensende war er überzeugt davon, dass hinter der scheinbaren Unberechenbarkeit letztlich doch eine Gesetzmäßigkeit stecke, die die Wissenschaft nur noch nicht entdeckt habe.

Während Einsteins Relativitätstheorie ins All, in den Makrokosmos blickt und die dort herrschenden Strukturen und Gesetze beschreibt, schaut die Quantenphysik in das Kleine, den Mikrokosmos. Obwohl es eigentlich unmöglich zu sein scheint, versuchen seit dem Entstehen dieser beiden Theoriegebäude Physiker weltweit die Gesetze beider Theorien zu vereinen. Sie hoffen so der Entdeckung der Weltformel näher zu kommen, einer Formel, die letztlich den Ursprung, den Zusammenhang und die Wechselwirkungen aller Grundkräfte der Natur beschreibt. Vergeblich hat Einstein nach dieser Weltformel gesucht. Zu Beginn des 21. Jahrhunderts setzen die meisten Wissenschaftler ihre Hoffnungen auf die Stringtheorie. Diese beruht auf der Annahme, dass in allerkleinsten Dimensionen (wie Peter Watson berichtet: »Einhundertmilliardenmillardstel Mal (10 hoch 20) kleiner als ein Atomkern«) die eigentlichen Bausteine der Materie nicht aus Teilchen, sondern aus aufgewickelten Fäden (strings) bestehen, die je nach Beschaffenheit in verschiedene Richtungen schwingen. Auf dieser Ebene – die bislang aufgrund noch unzureichender Messinstrumente eher theoretisch als praktisch zu erforschen ist – hofft die Wissenschaft irgendwann die Gesetze von Relativitätstheorie und Quantentheorie vereinen zu können.

63 Ich kann gar nicht so viel essen, wie ich kotzen möchte

Max Liebermann (1847 – 1935)

Max Liebermann stand am Fenster und sah in die Dunkelheit der Berliner Winternacht. Schon seit Jahrzehnten wohnte der berühmte Maler – mittlerweile 85 Jahre alt – in seinem noblen Stadthaus am Pariser Platz. Er blickte auf die Männer in braunen Uniformen, die unten vorbeimarschierten. Sie trugen Fackeln und ihr Zug nahm den Weg durch das benachbarte Brandenburger Tor.

Es war der 30. Januar 1933. An diesem Tag hatte Reichspräsident Paul von Hindenburg den Parteichef der Nationalsozialisten Adolf Hitler zum Reichskanzler ernannt. Die paradierenden und Kampflieder singenden Männer in den braunen Uniformen waren keine Soldaten der Staatsmacht, sondern Parteigänger Hitlers. Unter dem Kürzel SA seit Jahren ein Sammelbecken von Schlägern, hatte diese uniformierte Truppe erheblichen Anteil an der zunehmend brutaleren politischen Auseinandersetzung der vergangenen Jahre. Ihr Straßenterror war – Zynismus der Geschichte – einer der Gründe, warum sich so viele nach der Ruhe und Ordnung sehnten, die Hitler versprach. Nun triumphierten sie und im Gleichschritt nahmen sie für ihren Führer endgültig die Straßen in Besitz. Liebermann blickte angewidert auf die Parade.

»Ich kann gar nicht so viel essen, wie ich kotzen möchte«, soll er mit deftigem Berliner Akzent gesagt haben. Es war der berühmt gewordene Kommentar eines großen Malers zur Machtübernahme eines Mannes, der als Maler gescheitert war.

Nicht nur in Bezug auf ihre künstlerische Karriere waren Liebermann und Hitler Antipoden. Max Liebermann, Sohn eines wohlhabenden jüdischen Berliner Fabrikanten, war in der zweiten Hälfte des 19. Jahrhunderts in wohlgeordneten und behüteten Verhältnissen aufgewachsen. Zum Entsetzen seines Vaters äußerte er den Wunsch, Maler zu werden, und setzte seinen Willen auch durch. Mutig für einen Deutschen seiner Zeit, siedelte er nach Paris über. Dort saß der Hass gegen die Deutschen nach der Schmach des verlorenen deutsch-französischen Krieges von 1870/71 und der anschließenden demütigenden Besatzung tief. Jean François Millet, dessen Kunst Liebermann nach Paris gezogen hatte, weigerte sich, den »Prussien« zu treffen. Doch davon unbeirrt blieb Liebermann mehrere Jahre in der französischen Hauptstadt und entwickelte sich zum herausragenden deutschen Vertreter des Impressionismus, jenes Stils, der in der Malerei die Wende zur Moderne markiert. Nach einigen anschließenden Jahren in München kehrte er nach Berlin zurück und zog mit seiner Familie schließlich 1892 in das Haus am Pariser Platz. Nicht nur dieses Palais erbte er von den Eltern, sondern auch ein Millionenvermögen. Liebermann wurde zu einem der bedeutendsten Köpfe der deutschen Kunst.

1909, im gleichen Jahr, in dem Liebermann von seinem »ermalten« Geld ein Grundstück am Wannsee kaufte, scheiterte ein junger Mann in Wien. Zwei Jahre zuvor war er dort eingetroffen. Auch er wollte Maler werden. Sein Name: Adolf Hitler. Der hatte eine freudlose Kindheit hinter sich. Sein Vater, ein niederer Beamter der Zollbehörde, hatte ihn häufig geschlagen und war gestorben, als Hitler 14 Jahre alt war. Auch seine von ihm verehrte Mutter war mittlerweile tot. Hitler wollte die Kunstakademie besuchen, wurde aber mehrfach abgelehnt. Zeichnerisch nicht untalentiert, gelang ihm vor allem die Darstellung von Gebäuden. Während sich Max Liebermann im ersten Jahrzehnt des neuen Jahrhunderts auch einen Ruf als meisterhafter Porträtmaler erwarb, misslang Hitler die Abbildung von Menschen. Sie gerieten ihm unproportioniert und wenig lebendig. Er selbst kam bald zu dem Schluss, er habe eher Talent als Architekt denn als Maler. Jahre der Entbehrungen begannen. Seine Armut zwang Hitler, im Obdachlosenasyl Unterkunft zu nehmen, das vor allem von einer wohlhabenden jüdischen Familie unterstützt wurde. Er lebte in Männerwohnheimen und stillte seinen Hunger in Wohlfahrtsküchen. Wien wurde für Hitler »lebendige Erinnerung an die traurigste Zeit meines Lebens«. 1913 ging er nach München. Als im Jahr darauf der Krieg ausbrach, meldete er sich freiwillig zum Militär. Er kämpfte an der Westfront, wurde verwundet und erlitt schließlich eine Gasvergiftung, die ihn zeitweise erblinden ließ.

In Berlin hatte sich der fast 66-jährige Liebermann in seine Villa zurückgezogen, die er sich auf seinem Grundstück am Wannsee hatte erbauen lassen. 1917 malte er Großadmiral Tirpitz, den Erbauer der deutschen Kriegsflotte. Wie viele deutsche Juden war Liebermann Patriot. Tausende Juden starben als Soldaten an der Front, Walther Rathenau, der spätere Außenminister der Weimarer Republik, Sohn seines Vetters Emil, der wiederum Gründer der AEG war, organisierte die Kriegsrohstoffabteilung und rief bis zuletzt dazu auf, die drohende Niederlage Deutschlands abzuwenden. Nach dem verlorenen Krieg wurde Liebermann zu einer der Galionsfiguren der Weimarer Republik. Sein impressionistischer Stil gehörte längst zur klassischen Moderne. Seine Bilder waren begehrt bei wohlhabenden liberalen Bürgern.

Hitler, wie Millionen anderer mit Narben an Körper und Seele zurück ins Zivilleben geworfen, konnte nach den Erfahrungen an der Front mit dem Alltag noch weniger anfangen als zuvor. Er schien zum Taugenichts verdammt. Doch dann entdeckte er, dass er es als Redner vermochte, Zuhörer in seinen Bann zu ziehen. Er wurde Schulungsredner der Reichswehr, verdiente bald Geld mit der Redekunst und begann, sich der Politik zu nähern. Seine nationalistische Gesinnung, verbunden mit seinem Hass auf Juden und die Weimarer Republik, fand Heimat in einer kleinen rechtsradikalen Partei, die sich schließlich NSDAP (Nationalsozialistische Deutsche Arbeiterpartei) nannte und zum bedrohlichsten Feind der jungen, in weiten Teilen des Volkes ungeliebten Republik heranwuchs. Hitler und seine Weggefährten verdammten die demütigenden Versailler Verträge, versprachen den Aufstieg Deutschlands zu neuer Größe und die Rettung aus wirtschaftlicher Not. Mit autoritärem Auftreten, straffer Organisation der Partei, Terror gegen politische Gegner und Maßnahmen, die wie der Reichsarbeitsdienst als Heilmittel gegen die Arbeitslosigkeit erschienen, erhielten sie immer stärkeren Zulauf. In einem Klima wirtschaftlicher Depression, heilloser Zerstrittenheit im demokratischen Lager, Mauscheleien im Umfeld des greisen Reichspräsidenten Hindenburg, der die Republik nicht mochte, aber Hitler noch weniger, überredete man Hindenburg schließlich, den Führer der NSDAP zum Reichskanzler zu ernennen. Die rechtskonservativen Kräfte, die auf Hindenburg eingewirkt hatten, glaubten Hitler in einer Koalition bändigen zu können. Doch die meisten, die den Fackelzug von tausenden SA-Männern sahen, die am Abend durch das Brandenburger Tor hindurch die Allee Unter den Linden hinabmarschierten, ahnten, dass die Republik nicht mehr lange existieren würde.

Der Jude Max Liebermann bekam bald Berufsverbot. Am 7. Mai 1933 legte er das Ehrenpräsidium der Preußischen Akademie der Künste nieder, erklärte seinen Austritt und merkte an: »Nach meiner Überzeugung hat Kunst weder mit Politik noch mit Abstammung etwas zu tun.« Zwei Jahre nach dem Machtantritt Hitlers starb er in seinem Haus am Pariser Platz. Wenige Jahre nach Liebermanns Tod fand in einer Villa in der Nachbarschaft seines Hauses am Wannsee am 20. Januar 1942 eine Konferenz statt. Deren Teilnehmer organisierten die Umsetzung der »Endlösung der Judenfrage«. Als Liebermanns Witwe Martha 1943 deportiert werden sollte, schluckte sie eine Überdosis Schlafmittel und starb wenige Tage später im Krankenhaus.

64 **Seit 5.45 Uhr wird jetzt zurückgeschossen**

Adolf Hitler (1889 – 1945)

Das Telefon klingelte.

»Großmutter ist gestorben«, sagte der Mann am anderen Ende der Leitung. Der Angerufene legte auf und gab seinen Männern den Befehl aufzubrechen.

Der letzte Tag im August des Jahres 1939 ging in die Abenddämmerung über, als sie sich ihrem Ziel näherten, einem Gebäude neben einem über hundert Meter hohen Holzmast an der deutschen Grenze zu Polen. Ob sie zu fünft oder zu sechst waren, ist nicht mehr festzustellen. Alles lief zunächst nach Plan. Der Sender war rasch in ihrer Hand. Doch ihre eigentliche Aufgabe schien nicht durchführbar. Offensichtlich war es nicht möglich, eigene Signale auszusenden. Die Station strahlte lediglich ein übernommenes Rundfunkprogramm aus Breslau aus. Erst als einer der Männer, bewandert in Rundfunktechnik, nach einigem Suchen ein so genanntes »Gewittermikrofon« fand – ein spezieller Mikrofonanschluss für die Ansage von Sendeunterbrechungen etwa bei Gewittern –, war eine direkte Sendedurchsage möglich. Nun unterbrachen sie das Programm. Die Deutschen, die zu diesem Zeitpunkt vor ihren Volksempfängern saßen, hörten plötzlich die Nachricht, dass der Sender Gleiwitz von Polen besetzt sei, gefolgt von einem Aufruf an alle Polen zum Kampf gegen die Deutschen. Seit Wochen hatten in Deutschland Zeitungen und Rundfunk, gelenkt vom Propagandaminister Joseph Goebbels, von polnischen Grenzverletzungen berichtet. Nun schien mit der Besetzung des deutschen Senders nahe der oberschlesischen Stadt Gleiwitz eine neue Dimension erreicht worden zu sein.

Wer am nächsten Morgen, dem 1. September 1939 um zehn Uhr wieder den Volksempfänger eingeschaltet hatte, hörte, wie Adolf Hitler vor dem eilig einberufenen Reichstag – nach Ausschaltung der politischen Gegner seit Jahren nur noch eine Versammlung von Männern in braunen Parteiuniformen – in Berlin das Wort ergriff. Hitler stellte sich ausführlich als Friedensfürst dar, erwähnte, ohne konkrete Belege anzuführen, wie viele Bemühungen er unternommen habe, um den Frieden in Europa zu bewahren. Dann kam er auf Polen zu sprechen, redete von polnischen Übergriffen auf Deutsche und erklärte: »Polen hat nun heute Nacht zum ersten Mal auf unserem eigenen Territorium auch durch reguläre Soldaten geschossen. Seit 5.45 Uhr wird jetzt zurückgeschossen. Und von jetzt ab wird Bombe mit Bombe vergolten.«

Der von Hitler verkündete Zeitpunkt 5 Uhr 45 war falsch. Schon eine Stunde zuvor hatte das Marineschulschiff »Schleswig-Holstein« vom Danziger Hafen aus die polnische Westerplatte unter Kanonenbeschuss genommen. Nun überquerten deutsche Truppen in überwältigender Stärke die polnische Grenze. Sie wurden unterstützt durch massive Luftangriffe, und schon in den ersten Stunden war nicht zu übersehen, dass dies kein Verteidigungskrieg, sondern ein lange geplanter Angriffskrieg war. Am 3. September erklärten Großbritannien und Frankreich Deutschland den Krieg. Der Zweite Weltkrieg hatte begonnen.

Seit Jahren hatte sich Deutschland Schritt für Schritt der Schwelle zum Krieg genähert. Nach seiner Ernennung zum Reichskanzler im Januar 1933 gelang es Adolf Hitler mit seiner Gefolgschaft, den Nationalsozialisten (NSDAP), rasch die gesamte Macht im Land an sich zu reißen. Schon bald waren alle politischen Parteien außer der NSDAP zwangsweise aufgelöst, politische Gegner und Juden wurden in Konzentrationslager gesperrt oder ermordet. All das nahm die deutsche Öffentlichkeit ohne größeren Widerstand hin, denn unter den Nationalsozialisten schien Deutschland wieder stark zu werden, die Wirtschaftsmisere überwunden. Bald erreichte man wieder Vollbeschäftigung. Waren die Nationalsozialisten solche Wirtschaftsexperten, Hitler gar ein wirtschaftspolitisches Genie? Weder noch. Wirtschaftliche Zusammenhänge interessierten ihn wenig, Zahlen langweilten ihn. Der plötzliche Boom wurde einzig und allein von der enormen militärischen Aufrüstung und von einer waghalsigen Haushaltspolitik getragen. Nur vier Tage nach seiner Ernennung zum Reichskanzler hatte Hitler vor Offizieren der Reichswehr über die Eroberung von »Lebensraum im Osten« gesprochen. Bald besetzten deutsche Truppen ohne Widerstand anderer europäischer Staaten das seit dem Versailler Vertrag entmilitarisierte Rheinland, in Spanien kämpfte die von Hitler entsandte Legion Condor offen auf der Seite von Francos Faschisten und deutsche Bomber legten 1937 die Stadt Guernica in Schutt und Asche. Im August 1936 befahl Hitler in einer geheimen Denkschrift, die deutsche Armee müsse »in vier Jahren einsatzfähig, die deutsche Wirtschaft in vier Jahren kriegsfähig sein«. Hitlers Wirtschaftspolitik war also die Vorbereitung auf den Krieg. In Berlin nutzte Hitler im selben Jahr die Olympischen Spiele zu einer beispiellosen Propagandaschau und blendete nicht nur Deutschland, sondern die ganze Welt.

Im März 1938 marschierte die deutsche Wehrmacht in Österreich ein und Hitler verkündete in Wien den »Anschluss« seiner alten Heimat an das Deutsche Reich. Auch jetzt regte sich kein nennenswerter Widerstand der anderen europäischen Mächte. Nun forderte Hitler von der Tschechoslowakei die Abtretung des Sudetenlands an das Deutsche Reich. Da England und Frankreich mit ihrer Appeasement-Politik den Krieg bis zuletzt abzuwenden versuchten, gewährten sie dem Aggressor auf der Konferenz von München im September des gleichen Jahres auch das. Hitler war verärgert. Er hatte den Krieg schon jetzt gewollt. Selbst als Hitler im März 1939 auch noch die so genannte Rest-Tschechei annektierte, blieben Frankreich und England untätig. Nun wandte sich Hitler Polen zu. Unter dem Vorwand polnischer Übergriffe auf Deutsche in der Stadt Danzig und mit einer Propaganda, die nicht müde wurde, Danzig als deutsche Stadt zu bezeichnen, bereitete Hitler den Angriff vor. Als ihm der Coup gelang, mit seinem Erzfeind Stalin einen Nichtangriffspakt auszuhandeln und er sich mit ihm in einem geheimen Zusatzprotokoll einigte, ein erobertes Polen untereinander aufzuteilen, war im August 1939 der Weg für ihn frei.

Für den Überfall musste noch ein halbwegs erklärbarer Grund her, auch wenn Hitler wenige Tage vor Beginn des Krieges feststellte: »Der Sieger wird später nicht danach gefragt, ob er die Wahrheit gesagt hat oder nicht.« Einen Anlass für die Auslösung der Kampfhandlungen zu liefern, war eine Aufgabe für Reinhard Heydrich, den Stellvertreter des Reichsführers der SS Heinrich Himmler. Heydrich beauftragte wiederum Alfred Naujocks, einen Mann für besondere Angelegenheiten. Als Heydrich am Abend des 31. August Naujocks anrief und die Worte »Großmutter ist gestorben« sagte, war das die Losung für den Start der Aktion. Naujocks und seine Männer, die sich extra Bärte und Koteletten hatten wachsen lassen, um so auszusehen, wie sich die Deutschen damals Polen vorstellten, »besetzten« den Sender Gleiwitz. Damit keinerlei Zweifel an der Echtheit des polnischen Übergriffs blieben, ließen sie einen Toten zurück. Franciszek Honiok, ein polnischstämmiger Schlesier, war am Vortag verhaftet worden. Nun diente er als »Konserve«, wie die SS-Leute zynisch fingierte Opfer nannten. Sie spritzten ihm Gift und ließen den Toten ablichten. Vermutlich ist Franciszek Honiok das erste Opfer des Zweiten Weltkriegs. Das Foto ging nach Berlin zur propagandistischen Auswertung. Doch Heydrich war nicht zufrieden. Rasch wurden zwei weitere »Konserven« besorgt, getötete Häftlinge des KZ Sachsenhausen wurden im Schaltraum des Senders zurechtgelegt.

Hitler ging in seiner Rede nicht auf die »Besetzung« des Senders Gleiwitz ein, doch die Propaganda in Zeitungen und Radio stilisierte den Überfall auf den Sender durch polnische Freischärler als den Tropfen, der das Fass zum Überlaufen gebracht hatte. Nun konnte »zurückgeschossen« werden.

Die Polen hatten den deutschen Aggressoren nur wenig entgegenzusetzen. Das waffentechnisch völlig unterlegene polnische Heer kämpfte tapfer, doch chancenlos. Stellenweise griffen die Polen mit Kavallerieattacken deutsche Panzer an. Als am 17. September 1939 die polnische Regierung auf rumänisches Gebiet flüchtete und Stalins Rote Armee, wie mit Berlin abgesprochen, im Osten Polens einrückte, war das Schicksal des Landes besiegelt. Warschau, von deutschen Luftangriffen weiträumig zerstört, kapitulierte zehn Tage später. Am 6. Oktober gaben die letzten polnischen Soldaten auf. Eine grausame Besatzungszeit folgte.

Der Zweite Weltkrieg sollte über 60 Millionen Menschen das Leben kosten, unter ihnen mindestens sechs Millionen Polen, die meisten von ihnen Zivilisten.

65 Blut, Schweiß und Tränen

Winston Churchill (1874 – 1965)

Was für ein Einstand! Aber von Winston Churchill hatte man in Großbritannien auch nichts anderes erwartet. Er war längst schon bekannt als wortmächtiger Redner, als er am 13. Mai 1940 in einer der schwersten Stunden des britischen Königreichs der Nation kurz nach seiner Ernennung zum Premierminister entgegenschleuderte: »Ich habe nichts anzubieten als Blut, Tränen, Mühsal und Schweiß.« (I have nothing to offer but blood, tears, toil and sweat.) Verkürzt und umgestellt zu dem rhythmischen »Blut, Schweiß und Tränen« (Blood, sweat and tears) wurden die Worte weitergetragen und sind noch Generationen später berühmt.

Europa war im Krieg. Nach dem Überfall der deutschen Wehrmacht auf Polen hatten Großbritannien und Frankreich Deutschland den Krieg erklärt. Jahrelang hatte Churchills Vorgänger Neville Chamberlain versucht, diesen Krieg zu verhindern, während Hitler seit seiner Machtübernahme im Januar 1933 auf diesen Krieg hinarbeitete. Nach den deutschen Übergriffen auf Österreich, das Sudetenland, die Tschechoslowakei, die Chamberlain alle hingenommen hatte, war der Krieg nun nicht mehr zu umgehen gewesen. Seine jahrelange Beschwichtigungspolitik war gescheitert. Mit Beginn des Krieges trat wieder einer ins Scheinwerferlicht, der jahrelang zur Randfigur verdammt gewesen war. Winston Churchill hatte immer vor Hitler gewarnt und schon viel früher zum militärischen Handeln aufgerufen, doch man hatte ihn bloß als Störenfried wahrgenommen. Churchill, Nachfahre des berühmten Herzogs John Churchill von Marlborough, der im 17. Jahrhundert die Interessen Englands gegen die europäischen Machtgelüste Ludwigs XIV. verteidigt hatte, war schon seit Jahrzehnten eine schillernde Gestalt in der britischen Politik. Berühmt geworden war er, als ihm als Kriegsberichterstatter im Burenkrieg 1899/1900 die abenteuerliche Flucht aus der Gefangenschaft gelang. Danach war er Parlamentsabgeordneter geworden und hatte schließlich verschiedene Ministerposten bekleidet. Ende der Zwanzigerjahre scheiterte er als Schatzkanzler und geriet ins politische Abseits. Churchills Karriere schien beendet, zumal er sich immer stärker mit Forderungen nach einer konsequenten Politik der Stärke zu Wort meldete, sei es zunächst gegen Mahatma Gandhi, der Indiens Unabhängigkeit betrieb und somit dem britischen Imperium das Herz herauszureißen drohte, oder ab 1933 gegen Adolf Hitler. Doch das England jener Tage, geschwächt von den Folgen der Weltwirtschaftskrise, wollte von Konfrontationen nichts wissen.

Als der Krieg begann, schlug Churchills Stunde. Nach einem Jahrzehnt der politischen Abstinenz, während der er historische Bücher geschrieben und sich auf seinem Landsitz als Gärtner und Maurer betätigt hatte, rückte er wieder in ein Kabinett. Chamberlain war noch immer Premierminister. Er war bereit, die Last der Kriegsführung auf sich zu nehmen, doch er war gescheitert, und er begann körperlich zu zerfallen. Churchill, den man mit dem Posten des Marineministers betraut hatte, drängte darauf, den Deutschen rasch den Zugriff auf Rohstoffe für ihre Kriegsindustrie abzuschneiden. Er ahnte, dass sich Hitler den Erznachschub aus Norwegen sichern musste und daher nach dem skandinavischen Land greifen würde. Churchill wollte ihm zuvorkommen. Lange Debatten im Kabinett und die unzureichende militärische Vorbereitung ließen die britischen Gegenmaßnahmen kläglich scheitern, als deutsche Truppen im April 1940 tatsächlich Norwegen besetzten. Als die deutsche Wehrmacht wenige Wochen später am 10. Mai auch in den Niederlanden und Belgien einmarschierte, hatte der so genannte »Sitzkrieg« im Westen ein Ende gefunden. Zu lange hatten Frankreich und Großbritannien abgewartet.

Chamberlains Zeit als Regierungschef war zu Ende. Ein neuer Premier musste her, ein Kriegspremier, und man erinnerte sich an den

Mann, der immer vor dem gewarnt hatte, was jetzt eingetreten war. Doch Chamberlain wollte statt Churchill seinen Außenminister Lord Halifax als Nachfolger durchsetzen, scheiterte aber aufgrund seines schwindenden Einflusses.

Churchill war bereits 65 Jahre alt, also im veritablen Pensionärsalter, als er am 10. Mai vom König zum britischen Premierminister ernannt wurde. Endlich schien er seine Bestimmung gefunden zu haben. In seinen Weltkriegserinnerungen schrieb er später: »Mein ganzes vergangenes Leben schien mir jetzt nichts als eine Vorbereitung gewesen zu sein, eine Vorbereitung auf diese Stunde und diesen Test.«

Am 13. Mai trat Churchill erstmals als Premierminister vor das britische Unterhaus. Seine Verheißung von »Blut, Tränen, Mühsal und Schweiß« hatte er bereits während einer Sitzung seines Kriegskabinetts benutzt. Nun verband er sie in der Öffentlichkeit mit einem einfachen Regierungsprogramm. Churchill rief aus, dass seine Politik nichts anderes tun werde, als Krieg zu führen mit dem unbedingten Ziel des Sieges: »Sieg, egal was es kostet – Sieg, trotz aller Schrecken – Sieg, egal wie lang der Weg sein wird.«

Die Abgeordneten nahmen die Worte hin, sie applaudierten, doch große Beifallsstürme blieben aus. Man kannte Churchill und seine wuchtige Art zu reden, und mit dem Herzen waren die meisten noch bei Chamberlain. Dieser, obwohl ein gebrochener Mann, warb nun für seinen Nachfolger und diente ihm noch einige Monate loyal als Minister. Dann starb er.

In den nächsten Monaten kristallisierte sich die Bedeutung von Churchills Worten heraus, vor allem die Konsequenz, mit der er seine Ankündigung des Kampfes bis zum Sieg ins Auge fasste. Auf dem europäischen Festland eroberte die deutsche Wehrmacht Frankreich, das sich hinter seinem Festungswall, der Maginot-Linie, sicher gefühlt hatte. Die deutschen Panzerverbände umgingen die Linie über die rasch besiegten neutralen Staaten Niederlande und Belgien.

Der Versuch Hitlers, auch Großbritannien niederzuwerfen, scheiterte an dem Widerstandsgeist und Durchhaltewillen, den vor allem Churchill verkörperte. England widerstand in der »Battle of England« unter Churchill dem deutschen Versuch, die Britischen Inseln von Mitte 1940 bis 1941 durch massive Luftangriffe zur Kapitulation zu zwingen. Hitler, der sogar eine Invasion geplant hatte

(»Operation Seelöwe«), musste schließlich erkennen, dass England nicht zu bezwingen war. Gleichzeitig gelang es Churchill, die Unterstützung der USA zu gewinnen und umfangreiche Materiallieferungen zu erhalten.

Churchills Beharren und seine Kompromisslosigkeit in der Verfolgung des Ziels, Hitler zu besiegen – ein zwischenzeitliches Friedensangebot Hitlers schlug er aus –, machten ihn zur Schlüsselfigur des Widerstandes eines freien Europa gegen die Herrschaft Nazideutschlands. Mit dem Kriegseintritt der USA und dem zunehmenden Erstarken der sich gegen den Angriff der deutschen Wehrmacht entgegenstemmenden Roten Armee in Russland, wurde Churchills Einfluss geringer. Als es allmählich zur Gewissheit wurde, dass Deutschland und seine Verbündeten den Krieg verlieren würden, schrumpfte Churchills Rolle zu der eines Juniorpartners der USA.

66 Wollt ihr den totalen Krieg?

Joseph Goebbels (1897 – 1945)

Joseph Goebbels war tief erschüttert. Die schlechten Nachrichten, die Ende 1942 von der in Stalingrad eingekesselten 6. Armee zu ihm drangen, rissen nicht ab. Sollten sich die deutschen Truppen am Ende den Russen geschlagen geben müssen?

Im Reichspropagandaminister kroch die Angst hoch, dass der Krieg verloren gehen könnte. Ihm, dem Meister der Blendung, der die Deutschen seit der Machtübernahme der Nationalsozialisten immer wieder in den Bann seiner dämonischen Fähigkeiten geschlagen hatte, gelang es nur mit Mühe, die Fassung zu bewahren. Der Glaube an die Unfehlbarkeit seines Führers Adolf Hitler, den wenige so verehrten wie er, erhielt Risse.

Nachdem England unter Churchills Führung erfolgreich den deutschen Luftattacken gegen die Britischen Inseln widerstand, richtete Hitler seine Eroberungswut auf Russland und befahl der deutschen Wehrmacht den Angriff auf die Sowjetunion. Den mit Stalin 1939 abgeschlossenen Nichtangriffspakt hatte der deutsche Diktator nie zu halten beabsichtigt. Im Gegenteil: Die Eroberung und Vernichtung der Sowjetunion war schon zu Beginn des Krieges Hitlers festes Ziel gewesen. Der Nichtangriffspakt diente ihm lediglich als Absicherung für den Überfall der deutschen Wehrmacht auf Polen, anschließend hielt er ihm den Rücken für den Krieg im Westen Europas frei.

Unter dem Operationsnamen »Barbarossa« drang das deutsche Feldheer am 22. Juni 1941 ohne Kriegserklärung in drei Heeresgruppen (Nord, Mitte, Süd) mit 3 Millionen Soldaten und über 3 500 Panzern in die Weite des sowjetischen Territoriums ein. In einem rücksichtslosen Eroberungskrieg sollten die deutschen Soldaten die Sowjetunion vernichten und den nationalsozialistischen Traum vom »Lebensraum im Osten« verwirklichen. Nicht nur die Ideologie der überlegenen »arischen Herrenrasse«, die andere Völker unterjochen dürfe, diente als Rechtfertigung. Der Kampf gegen die Sowjetunion wurde von Hitler auch zum »Krieg zweier Weltanschauungen« ausgerufen. Ausdrücklich wurde das deutsche Heer darauf hingewiesen, dass »Ritterlichkeit und traditionelle soldatische Ehrbegriffe fehl am Platze seien«. Der »Kommissarbefehl« wies die Truppenkommandeure an, sowjetische Funktionäre sofort hinzurichten, Sondereinsatzgruppen wüteten mit Mord und Terror hinter der Front. Juden wurden ohne Ausnahme zu tausenden zusammengetrieben und erschossen.

Zunächst schien der Sieg über die Rote Armee nur eine Frage der Zeit zu sein. Rasch eroberte die Wehrmacht das Baltikum, die Ukraine und Weißrussland. Bis kurz vor Moskau gelangte man. Dann kamen der Herbst und der Schlamm und schließlich der Winter. Das Heer musste eroberte Gebiete in der sowjetischen Winteroffensive wieder preisgeben. Der Sommer 1942 brachte der Wehrmacht zwar wieder Erfolge, wie die Eroberung der Krim und das Vordringen in den Kaukasus, doch allmählich zeigte sich, dass Hitlers Ehrgeiz die Front überdehnt hatte. Die Ressourcen für die Versorgung der Truppen stießen an ihre Grenzen und die Rote Armee war noch lange nicht besiegt. Im Gegenteil: Unterstützt durch Materiallieferungen der Alliierten und Verlegung weiter Teile der Rüstung in die Tiefe Sibiriens, konnte Stalin neue Kräfte mobilisieren. Hitler hatte den Befehl gegeben, die Stadt, die den Namen seines Gegners trug, zu erobern: Stalingrad. Dies war fast gelungen, da wurden die deutschen Soldaten in verlustreiche Häuserkämpfe verwickelt. Doch das

Schicksal der 6. Armee entschied sich außerhalb der Stadt. Die geografische Lage Stalingrads an einer großen Flussbiegung der Wolga bot der sowjetischen Armee die Gelegenheit zu einer großen Zangenoperation. Im November 1942 gelang es ihr, die Deutschen in Stalingrad einzukesseln. Von da an erhielt Hitler in der »Wolfsschanze« – seinem Hauptquartier in Ostpreußen – eine Hiobsbotschaft nach der anderen. Kurz vor Weihnachten verbot Hitler den Ausbruch und gab Befehl, Stalingrad um jeden Preis zu halten.

Während in Stalingrad die deutschen Soldaten hungerten und starben, verbrachte Goebbels den Jahreswechsel auf seinem Landsitz nördlich von Berlin. Bis dahin war seine Karriere atemberaubend gewesen. Goebbels, im rheinischen Rheydt geboren, hatte Philosophie und Literaturwissenschaft studiert, schließlich promoviert. Wegen eines Klumpfußes war er nicht zum Militär eingezogen worden. Nach dem Ersten Weltkrieg geriet er in eine Lebenskrise. Seine literarischen Versuche blieben erfolglos, und er begann sich mit den Ideologien zu beschäftigen, die in der Nachkriegszeit die Politik beherrschten. Anfänglich mit kommunistischen Ideen sympathisierend, wandte er sich zunehmend national-konservativem und faschistischem Gedankengut zu. Seine eigene materielle Not vor Augen, gab Goebbels die Schuld für alle Krisen jener Tage der Finanzwelt, schließlich dem Judentum. Er schloss sich den Nationalsozialisten an, wurde ein bedingungsloser Gefolgsmann Hitlers. Goebbels' Talent zur Agitation ließ ihn zum Propagandaleiter der Partei aufsteigen. Als Hitler 1933 an die Macht kam, wurde Goebbels Reichsminister für Propaganda und Aufklärung. Er verstand es meisterhaft, sämtliche Medien gleichzuschalten und neue Techniken wie Rundfunk und Film zu nutzen. Als Hitler mit dem Überfall auf Polen den Zweiten Weltkrieg auslöste, war Goebbels eher besorgt als begeistert, doch er trug die Politik rückhaltlos mit.

In den ersten Tagen des Jahres 1943 sprach er sich in seinem Tagebuch noch Mut zu. Gut informiert wie er war, konnte er jedoch bald die Nachrichten nicht mehr ignorieren, die er aus dem Oberkommando des Heeres über die mangelnden militärischen Führungsfähigkeiten des »Führers« erhielt. Was tun? Wenn auch die Hoffnung schwand, Fanatismus besaß er noch genug. Goebbels kam zu dem Schluss, dass die Heimatfront sehr viel besser auf den immer übermächtiger erscheinenden Feind eingestellt werden müsse als bisher.

Das deutsche Volk musste endgültig voll und ganz mobilisiert werden. Am Neujahrstag notierte er: »Der radikalste und totalste Krieg ist der kürzeste, und er bringt den entscheidendsten Sieg.« Goebbels hoffte, Hitler würde ihn mit einem dementsprechenden Mobilisierungsprogramm beauftragen.

Am 21. Januar reiste Goebbels nach Ostpreußen in das Führerhauptquartier, die »Wolfsschanze«. Er unterbreitete Hitler seinen Plan der völligen Umstellung aller Bereiche des Lebens auf eine »totale Kriegsführung«. Bisher hatte Hitler Pläne dieser Art abgelehnt, aus Furcht, die Kriegsmoral der Bevölkerung könne Schaden nehmen. Doch während der Unterredung trafen immer neue schlechte Nachrichten aus Stalingrad ein. Die Lage dort war hoffnungslos. Nun stimmte Hitler zu. Um den »Endsieg« doch noch zu erreichen, ordnete er die totale Mobilisierung aller menschlichen und materiellen Ressourcen an, unter anderem konnten fortan alle Männer zwischen 16 und 65 sowie Frauen zwischen 17 und 45 Jahren zum Kriegsdienst herangezogen werden. Doch die Umsetzung übertrug Hitler zu Goebbels' Enttäuschung anderen Regierungsabteilungen.

Am 31. Januar kapitulierte die 6. Armee in Stalingrad. Etwa 150 000 deutsche Soldaten waren gefallen, erfroren, verhungert. Rund 91 000 gerieten in sowjetische Kriegsgefangenschaft. Der *Völkische Beobachter*, das Kampfblatt der Nationalsozialisten, titelte am 4. Februar: »Sie starben, damit Deutschland lebe.« Die Propaganda bemühte sich, dem Opfer einen Sinn zu geben. Doch die Stimmung im Deutschen Reich war niedergeschlagen. Man ahnte, die endgültige Wende des Krieges war eingetreten.

Welchen Weg konnten die Deutschen nun noch gehen? Im Nachhinein scheint es so, als habe ein Tag, der 18. Februar 1943, anhand von zwei Ereignissen die möglichen Antworten gegeben:

In München verteilten an jenem Februartag im Lichthof der Universität zwei Studenten Flugschriften auf Brüstungen, Treppengeländern und Fensterbänken. Zum Zeitpunkt des Geschehens wurden Vorlesungen abgehalten, der Lichthof war fast menschenleer. Nur der Hausmeister entdeckte das Tun der beiden Studenten und lieferte sie an die Gestapo (Geheime Staatspolizei) aus. Die Geschwister Hans und Sophie Scholl gehörten der Widerstandsgruppe »Weiße Rose« an, die von Hans Scholl und seinem Kommilitonen Alexander Schmorell gegründet worden war. Ihre Erfahrungen an der Front und die Erzählungen über Morde an Zivilisten hatten sie dazu gebracht. Ab Juni 1942 hatte die »Weiße Rose« mit ersten Aktionen gegen das Hitlerregime begonnen. Flugschriften wurden verschickt, Parolen nachts an Wände geschrieben. Der Gruppe gehörten noch Willi Graf, Christoph Probst und der Professor Kurt Huber an. Huber war es, der die Flugschrift verfasst hatte, die den Widerständlern schließlich zum Verhängnis wurde. Die Mitglieder und Sympathisanten der »Weißen Rose« wurden verhaftet und allesamt hingerichtet. In der letzten Flugschrift der Gruppe war unter anderem zu lesen: »Der deutsche Name bleibt für immer geschändet, wenn nicht die deutsche Jugend endlich aufsteht, rächt und sühnt zugleich, ihre Peiniger zerschmettert und ein neues geistiges Europa aufrichtet.« Und: »Die Toten von Stalingrad beschwören uns!«

In Berlin trat am selben Tag Joseph Goebbels im Berliner Sportpalast vor etwa 3 000 Zuhörer. Er wollte das »im Nationalsozialismus erzogene, geschulte und disziplinierte deutsche Volk«, das die »volle Wahrheit« vertragen konnte, über die schwierige Lage ins Bild setzen. Hinter ihm prangte ein riesiger Schriftzug mit den Worten »Totaler Krieg – Kürzester Krieg«. In Uniform in hellem Braun und der Hakenkreuzbinde am Arm stand er da und nahm seine übliche Redehaltung ein, seine schmächtige Gestalt kerzengerade, der eine Arm in die Hüfte gestützt, mit dem anderen immer wieder, mal mit der Faust, mal mit dem Zeigefinger seine Worte unterstreichend. Goebbels erklärte, dass er mit dem Publikum einen »Ausschnitt des deutschen Volkes im besten Sinne des Wortes eingeladen« habe, Kriegsversehrte, dekorierte Frontsoldaten, Arbeiter, Wissenschaftler, Angestellte, Parteileute und »tausende von deutschen Frauen«.

»Ihr also, meine Zuhörer«, fuhr er fort, »repräsentiert in diesem Augenblick die Nation. Und an euch möchte ich zehn Fragen richten, die ihr mir mit dem deutschen Volke vor der ganzen Welt, insbesondere aber vor unseren Feinden, die uns auch an ihrem Rundfunk zuhören, beantworten sollt.« Zur berühmt-berüchtigtsten von ihnen wurde die vierte Frage: »Die Engländer behaupten«, sagte Goebbels, »das deutsche Volk wehrt sich gegen die totalen Kriegsmaßnahmen der Regierung. Es will nicht den totalen Krieg, sondern die Kapitulation. Ich frage euch« – und seine Frage schrie er heraus –: »Wollt ihr den totalen Krieg?« Und das Publikum antwortete aus voller Kehle: »Ja!« Nun setzte Goebbels nach: »Wollt ihr ihn? Wenn nötig, totaler und radikaler, als wir ihn uns heute überhaupt erst vorstellen können?« Fanatische Zustimmung donnerte durch den Saal. Nach weiteren Fragen, vom Publikum immer beantwortet mit laut gebrülltem Bejahen, mündete Goebbels' Auftritt im Treuebekenntnis zu Adolf Hitler: »Der Führer hat befohlen, wir werden ihm folgen« und gipfelte in den schaurigen Worten: »Nun Volk, steh' auf, und Sturm, brich los!«

Der Saal tobte. Das Radio übertrug für die Menschen an den Volksempfängern noch zwanzig Minuten nach Ende der Rede den Jubel und begeisterten Tumult. Goebbels stellte fest: »Ich glaube, der Sportpalast hat noch niemals, auch nicht in der Kampfzeit, solche Szenen erlebt.« Doch noch am gleichen Abend notierte er zynisch: »Diese Stunde der Idiotie. Wenn ich den Leuten gesagt hätte, springt aus dem dritten Stock des Columbushauses, sie hätten es auch getan!«

Der 18. Februar 1943 steht also mit dem Scheitern der Aktivitäten der »Weißen Rose« für die wenn auch nur geringe Chance der Deutschen, von sich aus die Kriegshandlungen einzustellen. Die Rede von Goebbels steht für den Weg, den die Deutschen schließlich beschritten, den des bedingungslosen Gangs in die absehbare völlige Katastrophe.

Goebbels' Hoffnung auf eine aktivere Rolle in der Kriegsführung wurde enttäuscht. Weder erhielt er neue Vollmachten noch ging tatsächlich eine entscheidend intensivere Mobilisierung der Bevölkerung von der Rede aus. Dennoch blieb sie nicht wirkungslos. Sowohl in Deutschland als auch im Gedächtnis der Alliierten brannte sie sich ein. Noch über zwei Jahre sollte der Krieg dauern. Als »totaler Krieg« kam dieser in Schüben. Im Sommer 1943 wurde die Wehrpflicht erweitert. Hitlerjungen (Jungen aus der Nachwuchsorganisation der Nationalsozialisten) unter 18 konnten direkt aus Wehrertüchtigungslagern in die Wehrmacht eingezogen werden. Hitler selbst erklärte erst 1944, fünf Tage nach dem gescheiterten Attentat und Putsch mehrerer Wehrmachtsoffiziere am 20. Juli, in einem Befehl an Hermann Göring, das »gesamte öffentliche Leben den Erfordernissen der totalen Kriegsführung in jeder Beziehung anzupassen«.

In der Zeit nach Goebbels' Rede forderte der Krieg ein Vielfaches der Opfer der ersten Kriegsjahre. Am Ende des Krieges waren es 60 Millionen Tote. Die meisten hatte die Sowjetunion zu beklagen, die Hitler überfallen hatte. Etwa sechs Millionen Juden fielen dem Holocaust zum Opfer, der mit bürokratischer Gründlichkeit und industriellem Perfektionismus durchgeführt wurde. Männer, Frauen, Alte und Kinder wurden erschlagen, erschossen, vergast. Auch andere Minderheiten, wie Behinderte, Homosexuelle, Sinti und Roma, die nicht in die Rassenideologie der Nationalsozialisten passten, hatte man ebenso grausam und rücksichtslos verfolgt und ermordet.

Das deutsche Volk erhielt den totalen Krieg, ob es ihn gewollt hatte oder nicht. Es wurde von ihm heimgesucht. Amerikanische und britische Bomber zerstörten – nachdem sie bereits in den Jahren zuvor Angriffe auf deutsche Ziele geflogen waren – ab Herbst 1944 in Schwärmen deutsche Großstädte. Kaum eine blieb verschont. Am schlimmsten traf es Berlin, Hamburg, Köln und Dresden mit zehntausenden von Toten.

Goebbels blieb seinem Führer bis ans gespenstische Ende im Bunker unter der bombenzerstörten Reichskanzlei treu. Während Hitler seine langjährige Geliebte Eva Braun noch tags zuvor geheiratet hatte und danach mit ihr gemeinsam Selbstmord beging, setzten auch Goebbels und seine Frau Magda ihrem Leben ein Ende. Zuvor hatten sie ihre sechs Kinder mit Gift ermordet.

67 Die Hölle, das sind die anderen

Jean-Paul Sartre (1905 – 1980)

Da ist er also, der Mensch. Allein in der Welt. So geht es jedem, doch es war ein zentrales Thema der Zeit, in der Jean-Paul Sartre lebte. Für Sartre selbst war es *das* Thema seines Lebens. Zwei Weltkriege erlebte er. Den ersten als Kind, den zweiten als erwachsener Mann. Noch im ersten Krieg hatte die französische Armee den deutschen Truppen widerstehen können, doch 1940 überrannten die deutschen Panzer das Land, die Republik brach zusammen. Die alte Ordnung verschwand im Nichts. Und viele in Sartres Generation fragten sich, was kann der Mensch tun, allein wie er ist, wenn er aller Ordnung und Orientierung ledig ist?

Als Soldat in deutsche Kriegsgefangenschaft geraten, las Sartre ausgerechnet das Buch eines deutschen Philosophen, der sich dem

Nationalsozialismus verschrieben hatte: Martin Heideggers *Sein und Zeit*. Dieses Werk hatte bereits in den Zwanzigerjahren die Philosophie in Deutschland aufgewühlt, heute gilt es als eines der einflussreichsten philosophischen Werke des 20. Jahrhunderts. In sperriger Sprache hatte Heidegger die Frage nach der Existenz des Menschen, seines Daseins in der Welt neu und auf vollkommen andere Art und Weise gestellt. Für Heidegger war in der bisherigen Philosophie vor allem die Frage nach dem Sinn des Seins zu kurz gekommen. Bei seiner Suche nach Antwort ernannte er das Dasein selbst zum Ort des Erkenntnisgewinns. Nach Heidegger erfährt der Mensch den Sinn seines Seins durch das Wissen um die Endlichkeit seiner Existenz, verbunden mit seiner eigenen, wie Heidegger formulierte, »Geworfenheit« in die Zeit, in die Gesellschaft.

Auf Sartre machte Heideggers Gedankenwelt tiefen Eindruck. Er griff sie auf, um daraus seine eigenen Schlüsse über das Sein zu ziehen. Vor allem setzte sich Sartre mit der Frage auseinander, welche Möglichkeiten der Mensch in seinem Sein habe. Sartres von Heidegger inspiriertes Buch *Das Sein und das Nichts* erschien 1943, also zur Zeit der deutschen Besatzung in Frankreich, und wurde zu seinem theoretischen Hauptwerk.

Für Sartre war der Mensch, egal wann oder wo er geboren wird, zum bloßen Sein verdammt, ein Sein, das für Sartre aus zwei Teilen bestand. Auf der einen Seite gibt es das Bewusstsein des Menschen (Für-sich-sein), auf der anderen die Welt um das Ich (An-sich-sein). Während das An-sich-sein mit sich selbst identisch ist, ist der Mensch sich in seinem Für-sich-sein zwar der eigenen Existenz bewusst, aber immer auf der Suche nach seiner Identität. Er muss seiner Existenz eine Form, ein Wesen geben, oder wie Sartre feststellte: »Die Existenz geht dem Wesen voraus.«

Im Grunde, so Sartre, versucht der Mensch in seiner Existenz beständig die Lücke zwischen Für-sich und An-sich zu schließen. Dies tut er durch seine Entscheidungen, was vor allem bedeutet, dass der Mensch sein Leben lang Entscheidungen treffen muss (und wenn es nur die ist, keine Entscheidung zu treffen). Dieser für den Menschen nicht endende Entscheidungszwang ist Sartres Definition von existenzieller Freiheit (»Der Mensch ist zur Freiheit verurteilt«). Hinzu kommt, dass der Mensch durch Gefühle der Angst und der Verlassenheit versucht ist, sich ein An-sich-sein als quasi vollkommene

Identität vorzuspielen. Dann aber gerät er, wie Sartre sagt, in den Zustand der »Unaufrichtigkeit«. Diesen verlässt der Mensch erst, wenn er sich der Bürde seiner permanenten Entscheidungsfreiheit stellt und dafür die Verantwortung übernimmt. Nur so erlangt der Mensch laut Sartre »Authentizität«.

Sartre wurde mit seinem philosophischen Entwurf neben Albert Camus zum herausragenden Kopf des französischen Existenzialismus. Beide Männer vermochten es – was in der gesamten Geschichte der Philosophie selten ist –, ihre Gedanken auf literarische Art und Weise zu vermitteln. Sie teilten sie ihrem Publikum über Kurzgeschichten, Romane und Theaterstücke mit. Beide verdienten ihren Lebensunterhalt als freie Schriftsteller. Albert Camus erhielt 1957 für seine Leistung sogar den Literaturnobelpreis. Sartre, der zum Idol der Intellektuellen weltweit wurde, lehnte 1964 den gleichen Preis ab. Von seiner Gestalt her war Sartre alles andere als geeignet, einen Star abzugeben. Klein, hervortretende schielende Augen hinter dicken Brillengläsern, wulstige Lippen, Kettenraucher, die Finger braun vom Tabak, lebte er öffentlich. Doch gerade er prägte das Bild des Intellektuellen bis weit in die zweite Hälfte des 20. Jahrhunderts. Mit seiner Lebensgefährtin, der mindestens ebenso schillernden Simone de Beauvoir, wohnte er meist im Hotel. Ihre unkonventionelle Partnerschaft, in der sich jeder der beiden auch seine amourösen Freiheiten nahm, war eine völlig neue Art des Zusammenlebens und wurde zum Vorbild für viele Menschen jener Zeit. Sartre engagierte sich in der linken Bewegung. Seine Zusammenarbeit mit den französischen Kommunisten und seine Sympathie für die Sowjetunion führten zum Bruch mit Camus.

1944 hatte Sartre das Drama *Huis clos* geschrieben (in deutscher Übersetzung zunächst als *Bei geschlossenen Türen*, später als *Geschlossene Gesellschaft*). Noch im gleichen Jahr wurde es uraufgeführt. Darin finden sich zwei Frauen und ein Mann nach ihrem Tod in einem geschlossenen Raum wieder. Sie wissen aufgrund ihrer Taten im vergangenen Leben, dass sie in die Hölle kommen und erwarten nun die prophezeiten Qualen und Schmerzen. Doch diese treten nicht ein. Stattdessen bemerken sie allmählich, dass jeder von ihnen Verheißung und Hindernis für den anderen ist. Weder können sie einander töten, denn tot sind sie bereits, noch können sie dem Raum entfliehen. Schließlich stellt der Mann fest, dass sie nicht mehr auf die Hölle warten müssten, sie seien bereits dort. Er habe zwar in der Hölle »Schwefel, Scheiterhaufen, Bratrost« erwartet aber, so schließt er: »Kein Rost erforderlich, die Hölle, das sind die anderen.« (Pas besoin de gril, l'enfer, c'est les autres.)

»Die Hölle, das sind die anderen«: In diesem Satz verdichtete Sartre die beunruhigenden Auswirkungen, die für ihn das Für-sich des Einzelnen in der Begegnung mit anderen Menschen hat. Denn wie die Protagonisten des Stücks, sehen alle Menschen aus dem Blickwinkel des Für-sich den anderen als ein An-sich, also nicht als Subjekt, sondern als Objekt und erkennen ihn daher nicht. Da wir aber den anderen nicht erkennen, erkennen wir uns selbst nicht. Außerdem spielt das tatsächliche oder vermutete Urteil der anderen in unsere Sicht von uns selbst mit hinein. Diese Abhängigkeit von den anderen, führt zu dem Schluss »Die Hölle, das sind die anderen«.

Sartre sah nur einen Ausweg: Unabhängig macht sich der Einzelne, wenn er nach Authentizität strebt. Erst dann wird auch eine freie Begegnung mit anderen möglich. Voraussetzung für das Gelingen dieses freien Zusammenseins ist, dass diese anderen ebenfalls nach Authentizität streben. In der Praxis bedeutet das vor allem, dem anderen Freiraum zu geben, etwas, das Sartre und seine Lebensgefährtin Simone de Beauvoir mehr oder minder erfolgreich zu leben versuchten.

Am Ende von Sartres Theaterstück öffnet sich, nachdem alle drei versucht haben, aus dem Raum zu entrinnen, eine Tür. Doch anstatt den Weg in die mögliche und unsichere Freiheit anzutreten, rücken sie zusammen und bleiben im Raum, verharren in ihrem Dasein.

68 Der Versuch, den Himmel auf Erden einzurichten, produziert stets die Hölle

Karl Raimund Popper (1902 – 1994)

Zwei Weltanschauungen griffen zu Beginn des 20. Jahrhunderts nach Europa: Marxismus und Faschismus. Beide versprachen den Menschen auf ihre Weise das Paradies, beiden bereitete der erste Weltkrieg den Weg zum Erfolg. Der Marxismus in seiner Auslegung durch Wladimir Iljitsch Lenin veränderte Russland nach der Revolution von 1917 von Grund auf. Die Lehre von der Befreiung aller arbeitenden Menschen vom Joch der Ausbeutung und Unterdrückung zeigte rasch ihren totalitären Charakter. Unter Lenins Nachfolger Stalin mutierte das Land, das sich nun Sowjetunion nannte, seit 1924 endgültig zu einer unumschränkten düsteren Diktatur. Die Verheißung des Paradieses, in dem alle Menschen gleich sind, rechtfertigte für viele Marxisten auf dem Weg dorthin die erbarmungslose Vernichtung der Menschen, die ihnen nicht folgen wollten. In Westeuropa kam derweil die konkurrierende Weltanschauung des Faschismus auf. In vielem war er dem Marxismus ähnlich, vor allem in seinem totalitären Anspruch. Doch sein Menschenbild war grundlegend anders, nicht egalitär wie beim Marxismus, sondern elitär. Der Faschismus ging von einem Kampf der Rassen und Völker gegeneinander aus, bei dem der Stärkere siegen werde. Mit dieser Annahme gewann der Faschismus in Europa vor allem bei jenen Menschen an Boden, die sich und ihr Volk für die vermeintlich Stärkeren hielten.

In Wien war in dieser polarisierten Zeit ein junger Mann zunächst von den Ideen des Marxismus beseelt. Kleingewachsen, hochintelligent, selbstbewusst: Karl Raimund Popper. Nach Ende des Ersten Weltkriegs schloss er sich im Alter von erst 16 Jahren der kommunistischen Arbeiterbewegung an. Doch schon bald veränderte ein Ereignis seine politische Einstellung für immer. Als er im Juni 1919 an einer Demonstration der Kommunistischen Partei teilnahm, wurde er Zeuge, wie mehrere Teilnehmer der Demonstration von der Polizei erschossen wurden. Popper war bestürzt. Er glaubte, dass Intellektuelle wie er mitschuldig seien. Als dann die kommunistischen Funktionäre auch noch erklärten, die Genossen seien für die baldige Weltrevolution gestorben, verlor er den Glauben an den Marxismus. Denn eine Idee, die bereit war, für ihre Verwirklichung Menschenleben zu opfern, empfand er als unmenschlich.

Fortan entwickelte er ein tiefes Misstrauen gegen alle Ideologien, die behaupteten, einige Auserwählte seien legitimiert, die Menschen zu besseren Verhältnissen zu führen.

Nach seinem Studium der Philosophie und Psychologie an der Universität von Wien, das er 1928 mit der Promotion abschloss, wandte sich Popper zunächst der Methodik des Forschens zu und wurde mit dem Buch *Logik der Forschung* zum Begründer der modernen Wissenschaftstheorie. 1937 erhielt er, für den es als Juden in Österreich zunehmend gefährlich wurde, eine Dozentenstelle an der Universität von Christchurch in Neuseeland. Aus der Ferne erlebte er dann im Jahr darauf den Einmarsch deutscher Truppen in sein Heimatland. Vor dem Hintergrund der Entwicklungen in Europa begann er mit der Niederschrift seines zweibändigen Buches *Die offene Gesellschaft und ihre Feinde*, das zu seinem berühmtesten Werk werden sollte und zu einem der bedeutendsten Beiträge zur politischen Philosophie des 20. Jahrhunderts wurde. Den ersten Band beendete er 1942, also mitten im Zweiten Weltkrieg, den zweiten schloss er im Jahr darauf ab.

Popper legte mit dem Buch ein leidenschaftliches Plädoyer für die Freiheit des Menschen vor. Wie der Titel bereits verrät, ging es Popper um ein Gesellschaftsmodell, das er »offene Gesellschaft« nannte. Den Begriff hatte er von dem französischen Philosophen Henri Bergson entlehnt. Popper verstand darunter ein Staatsgefüge, in dem nicht nur die größtmögliche Freiheit des Einzelnen sichergestellt war, sondern das, anders als totalitäre Regierungsformen, immer fähig zur Veränderung und zur Verarbeitung von gesellschaftlichen Neuerungen, also »offen« war, vor allem offen für die Kritik seiner Bürger. Insofern sah sich Popper in der Tradition der Aufklärung und deren Anspruch an Gleichheit, Menschenwürde und Respekt vor der Verschiedenheit der Individuen.

Alle Ideologien waren nach Poppers Auffassung eine Bedrohung für die Gesellschaft. Geschlossen und hermetisch duldeten sie keinerlei Veränderung oder Modifizierung. Sie alle mündeten zwangsläufig in totalitären Staatsmodellen, vom Absolutismus über den Faschismus bis zu den Spielarten des Marxismus. Als Feinde der offenen Gesellschaft machte Popper aufgrund ihrer Staatstheorien vor allem Platon, Hegel und Marx aus. Die Untertitel der beiden Bände lauteten daher auch »Band 1: Der Zauber Platons« und »Band 2: Falsche Propheten, Hegel, Marx und die Folgen«.

Popper setzte in seiner Kritik bei der Theorie des Historizismus an. So nannte er die Auffassung, dass Geschichte nach klar erkennbaren Abläufen geschehe und dadurch vorhersagbar sei. Sowohl faschistische als auch kommunistische Ideologien machten eine solche Geschichtsauffassung zum Ausgangspunkt ihrer Staatsentwürfe. Die Faschisten leiteten aus der Annahme einer Vorbestimmtheit der Geschichte die Auserwähltheit und den Macht- und Herrschaftsanspruch bestimmter Rassen ab, die Kommunisten dagegen die Unausweichlichkeit der proletarischen Revolution, ausgeführt durch die auserwählte Arbeiterklasse.

Popper war der Ansicht, dass der Verlauf der Geschichte immer nur im Nachhinein zu begreifen sei. Eventuell könne man die eine oder andere Tendenz einer zukünftigen Entwicklung ausmachen. Doch keinesfalls sei der Gang der Geschichte vorherzusagen, wie die einflussreichsten Denker der Geschichtsphilosophie Hegel und Marx behaupten. Seinen Ursprung hatte dieses Denken, so Popper, bereits bei Platon und seinem Entwurf des von einer Elite geführten Staates.

Platon, so argumentierte Popper, habe versucht, den festen, unveränderlichen Staat zu schaffen. Der Beweggrund sei zwar ein edler gewesen, denn Platon habe in unsicheren Zeiten nach fortwährender Sicherheit gesucht. Doch Platons Idee eines unveränderlichen, geordneten Staates, der von einer so genannten weisen Herrscherelite geführt wird, habe auch eine perfide Logik mit sich gebracht. In einem solchen System könnten sich die Regierenden bei Schwierigkeiten immer darauf berufen, dass sich noch nicht alle Bürger der vom Staat definierten Idee vom Glück angeschlossen hätten. Doch die Deutung dessen, was Glück ist, so Popper, müsse dem Einzelnen überlassen werden und nicht wie bei Platon den Hütern der Idee des Staates. Popper folgerte, dass Platons Idee von einer Herrscherelite Rechtfertigung war für die Revolutionskomitees im Kommunismus und für das Prinzip des »Duce«, »Caudillo« und »Führers« im Faschismus und Nationalsozialismus. Im zweiten Band der *Offenen Gesellschaft* sagt Popper dazu: »Von allen politischen Idealen ist der Wunsch, die Menschen glücklich zu machen, vielleicht der gefährlichste«, denn »der Versuch, den Himmel auf Erden einzurichten, produziert stets die Hölle«. Es wurde der meist zitierte Satz Poppers.

Als einen der frühesten Fürsprecher einer offenen Gesellschaft im abendländischen Denken machte Popper den Athener Staatsmann Perikles aus, den er zu Beginn seines Buches mit dem Satz zitierte: »Obgleich nur wenige eine politische Konzeption entwerfen und durchführen können, so sind wir doch alle fähig, sie zu beurteilen.« Dieser Entwurf eines Staates geht von einer Ordnung aus, die permanent im Wandel, offen und auch unsicher ist, doch letztlich immer demokratisch bleibt.

Für Popper galt im Staatswesen das Gleiche wie in der Philosophie und Wissenschaft: Es gibt keine endgültige Erkenntnis, nur Annäherung an bessere Lösungen. Damit man diese erreichen kann, müsse die Gesellschaft offen für Kritik bleiben. Sein Buch über die *Offene Gesellschaft und ihre Feinde* erschien 1945 in London und prägte wie kein anderes Denker und Politiker in der westlichen, vor allem angelsächsischen Welt. Viele Staatsmänner gehören zu Poppers Bewunderern und nennen ihn als prägend für ihr Handeln. In Deutschland ist einer von ihnen Helmut Schmidt.

69 Die Banalität des Bösen

Hannah Arendt (1906 – 1975)

In einer ruhigen nächtlichen Vorstadtstraße in Buenos Aires entführten im Mai 1960 mehrere Männer einen staatenlosen Vorarbeiter, den dort alle als Ricardo Klement kannten, ein unauffälliger hagerer Mann mit Glatze, dunklem Haarkranz und starker Hornbrille. Die Entführer hatten eine Autopanne vorgetäuscht, sprachen den gerade mit einem Bus von der Arbeit gekommenen an, überwältigten ihn und zerrten ihn in ihr Auto. Dann fuhren sie mit ihm davon. Viele tausend Kilometer entfernt erschien er wieder in der Öffentlichkeit: als Angeklagter.

Adolf Eichmann, ehemaliger SS-Obersturmbannführer, war einer der meistgesuchten Kriegsverbrecher, die es nach dem Ende des Dritten Reiches geschafft hatten, unterzutauchen. 15 Jahre hatte er im Verborgenen gelebt, bis ihn ein ehemaliger KZ-Häftling auf einer Straße in Buenos Aires erkannte und wenig später auf Befehl Ben Gurions, des Regierungschefs des jungen jüdischen Staates, israelische Agenten zugriffen. Am 11. April 1961 begann vor einer Sonderkammer des Bezirksgerichts von Jerusalem der Prozess gegen den Gekidnappten.

Weltweit sahen Fernsehzuschauer diesen Mann, wie er hinter Panzerglas Platz genommen hatte, Akten und Mikrofon vor sich. Ein Kopfhörer für die Übersetzung des Hebräischen war fast immer präsent. Fahrig, nervös, folgte der Mann dem Prozessverlauf, korrekt antwortend, sich der Situation, dem Lauf der Dinge offensichtlich fügend. Am Ende des Jahres 1961 verurteilte das Gericht Adolf Eichmann zum Tode. Sechs Monate später starb er am 1. Juni 1962 durch den Strang. Seine Asche streute man ins Mittelmeer, weit außerhalb jeglichen Hoheitsgebiets.

1963, im Jahr nach der Hinrichtung Eichmanns, erschien in der Zeitschrift *New Yorker* eine Artikelserie über den Prozess: »Eichmann in Jerusalem«. Wenig später folgte das Buch mit dem gleichen Titel. Die Autorin war die jüdische Politologin Hannah Arendt, die 1933 aus Deutschland emigriert war.

Arendt, die in einer bürgerlich-liberalen Familie aufgewachsen und sich zunächst der Bedeutung ihrer Herkunft nicht bewusst gewesen war (»Ich habe von Haus aus nicht gewusst, dass ich Jüdin bin«), wurde endgültig auf die zunehmende Bedrohung durch das NS-Regime aufmerksam, als in der Nacht des 27. Februar 1933 in Berlin der Reichstag brannte, eine von den Nationalsozialisten fingierte Tat, die ihnen den Vorwand lieferte, sämtliche Bürgerrechte außer Kraft zu setzen. Von da an, so Arendt »habe ich mich verantwortlich gefühlt«. Sie wurde kurze Zeit inhaftiert und floh dann über Karlsbad und Genf nach Paris. Nach der Besetzung Frankreichs durch die deutsche Wehrmacht zunächst interniert, gelangte sie 1941 in die USA. Dort machte sie sich durch ihre Beiträge für die deutsch-jüdische Wochenzeitschrift *Aufbau* einen Namen und arbeitete als Lektorin. Vor allem aber wurde sie, die Philosophie bei Martin Heidegger, Edmund Husserl und Karl Jaspers studiert und mit Heidegger zeitweise eine Liebesbeziehung gehabt hatte, als Politiktheoretikerin bekannt. Sie erregte Aufsehen durch ihre Überlegungen zum Totalitarismus, vor allem durch die in dem 1951 erschienenen Hauptwerk *Origins of Totalitarianism* (*Elemente und Ursprünge totaler Herrschaft*) dargelegte These der strukturellen Gleichheit von Faschismus und Stalinismus. Arendt forschte außerdem zum Niedergang und Ende von politischer Herrschaft. Sie war davon überzeugt, dass politische Macht nicht durch Gewalt, sondern nur in einer freien Gesellschaft entstehe. Denn Macht, so meinte Arendt, besäße niemand, sie entstünde nur, wenn sich Menschen aus freien Stücken zusammentaten und gemeinsam handelten. Fehle die Macht, könne sie nicht durch Gewalt ersetzt werden. Hannah Arendts Arbeiten reflektierten die Konflikte ihrer Zeit, den Ungarnaufstand 1956, der von sowjetischen Panzern niedergeschlagen wurde, später den Vietnamkrieg.

Mit ihrem Bericht über den Eichmann-Prozess brach Hannah Arendt in ihrem Volk und ihrer Religionsgemeinschaft zunehmend verfestigte Sichtweisen über den Holocaust auf, bei dem Deutsche, mit der Absicht das Judentum zu vernichten, fast 6 Millionen Juden ermordet hatten. Der Mann, über dessen Prozess sie berichtete, der SS-Obersturmbannführer Adolf Eichmann, war im gleichen Jahr geboren wie sie. Ab 1939 war er als Chef des »Judenreferats« im Reichssicherheitshauptamt zuständig gewesen für die Enteignung und Deportation von Millionen Juden in Ghettos und Konzentrationslager. Bei der Wannsee-Konferenz im Januar 1942, auf der die Durchführung der »Endlösung der Judenfrage« organisiert worden war, hatte Eichmann Protokoll geführt.

Monatelang verfolgte Hannah Arendt den Prozess, von dessen Beobachtung sie sich auch eine heilsame Wirkung für die Bewältigung der grausamen Vergangenheit erhoffte. In den USA hatte sie die Zeitschrift *New Yorker* dazu bewegen können, sie als Berichterstatterin zu dem Prozess nach Jerusalem zu schicken. Hannah Arendts Bericht mit dem vollständigen Titel *Eichmann in Jerusalem: A Report on the Banality of Evil* (*Eichmann in Jerusalem: Ein Bericht von der Banalität des Bösen*) entfachte einen Sturm leidenschaftlicher Diskussionen. Vor allem zahlreiche Juden waren empört, verstört, verletzt.

Ordnet man die Angriffe gegen Hannah Arendts Bericht, die bald so vielfältig und so wuchtig waren, dass der eigentliche Text in den Hintergrund zu treten drohte, lassen sich drei Hauptpunkte der Kritik herausfiltern. Empörung rief zum einen Arendts Kritik an der Legitimität des Gerichts und an der Art der Prozessführung hervor. Das Gerichtsgebäude in Jerusalem war eigentlich als Theater erbaut worden. Eine Tatsache, die Arendt gerne als Bild nutzte, um ihre Sicht auf das Gericht zu verdeutlichen. Den zweiten Anlass zur Empörung lieferte Arendt mit ihren Bemerkungen über die Rolle, die die europäischen Judenräte bei der »Endlösung« der Nazis gespielt hätten. So stellte sie die Frage, inwieweit die Juden durch passives Erdulden sich selbst schuldig gemacht hätten, und diskutierte auch die Kollaboration einiger jüdischer Räte mit ihren deutschen Peinigern. Drittens und am berühmtesten geworden ist Arendts Beschreibung und Beurteilung des Angeklagten als »banal«. Arendts Erörterungen zur »Banalität des Bösen«, auch Untertitel ihres Buches über Eichmann, gerieten zum zentralen Angriffspunkt der Entrüstung und wurden zum geflügelten Wort.

Eichmann, der – soweit bekannt – keinen Menschen persönlich getötet, aber per Anweisung von seinem Schreibtisch aus millionenfachen Mord begangen hatte, der Konzentrationslager kontrolliert und inspiziert, der mittels detaillierter Zugfahrpläne Millionen Juden in Vernichtungslager hatte transportieren lassen, erwies sich im Prozess nicht als hassgetriebener Mensch, nicht als personifizierte Bestie oder blutrünstiges Monster, sondern erschien – wenn auch nicht sympathisch – als Mensch, als Durchschnittsbürger, als Mann von nebenan. Es war erschreckend: So beispiellos grausam, kaltherzig und in ihrem Ausmaß ungeheuerlich die Taten waren, für die Eichmann verantwortlich zeichnete, so gewöhnlich, ja so banal wirkte der Mensch, der für diese Taten stand. Mit der Benennung der »Banalität«, in der das Böse – auch – auftrete, gab Arendt dem Verständnis von dem, was böse ist, eine neue Dimension. Das Böse war demnach nicht mehr nur teuflischer Wille. Es konnte auch die Unfähigkeit sein, über die Tragweite des eigenen Tuns nachzudenken.

In dem berühmten TV-Interview, das Hannah Arendt Günter Gaus in seiner Senderreihe »Zur Person« gab, sagte sie: »Ich war wirklich der Meinung, dass der Eichmann ein Hanswurst ist, und ich sage Ihnen: Ich habe sein Polizeiverhör, 3600 Seiten, gelesen und sehr genau gelesen, und ich weiß nicht, wie oft ich gelacht habe; aber laut! Diese Reaktion nehmen mir die Leute übel! Dagegen kann ich nichts machen.«

In dieser Äußerung verbirgt sich der Kern des Konflikts, den Arendt auslöste. Ihre unverblümte Art, sich zu äußern, ihre teilweise kaltherzig anmutende Distanziertheit verleitete viele, die ihre Sichtweise ablehnten, sie als Person anzugreifen. Es wurde weniger über die Vielschichtigkeit des Bösen diskutiert, etwa ob das Böse sowohl teuflisch ist – wie im Falle Hitlers oder Stalins – als auch banal und gedankenlos – wie womöglich im Falle Eichmann und vielleicht vieler tausender deutscher Mittäter. Der Streit lief mehr und mehr auf ein Entweder-Oder hinaus. Wie war das Böse beschaffen, das den Holocaust vorangetrieben hatte? War es monströs oder nur banal? Dem Denken in Schwarz-Weiß-Kategorien erlagen aber nicht nur die Gegner von Hannah Arendts Thesen, sondern auch Hannah Arendt selbst.

Die Schlussfolgerungen Hannah Arendts, zumal sie in kühlem, distanziertem, zuweilen anmaßend anmutendem Ton verfasst worden waren, trugen ihr den Vorwurf ein, kein Mitgefühl für das Schicksal der Juden zu empfinden und die Taten Eichmanns herunterzuspielen. Dass ihre Haltung auch Selbstschutz vor dem Grauen sein könnte, führte man für sie nicht ins Feld. In Israel wurde sie zur Unperson erklärt. Erst 37 Jahre nach der Erstveröffentlichung erschien im Jahr 2000 *Eichmann in Jerusalem* in hebräischer Übersetzung.

Noch immer steht die Person Adolf Eichmann beispielhaft für all jene Menschen, die Verantwortung für ihr Tun mit dem Hinweis leugnen, sie führten nur Befehle aus. Beispiele für solche Menschen gibt es genug. Zuweilen ist ihre völlige Ideologieferne, ihre »Normalität« als Mensch das Banale. Eichmann dagegen taugt als Inbegriff der Banalität des Bösen nur bedingt. Zu sehr hat sich Hannah Arendt vielleicht auch von dem Bild leiten lassen, das er während des Prozesses von sich vermittelt hat. Denn Eichmann war ein überzeugter Nationalsozialist und Karrierist gewesen. Aktiv gestaltend brachte er sich als Angehöriger der SS in die Vernichtungsmaschinerie des Dritten Reiches ein. Eichmann bereute seine Taten nicht. »Reue ist etwas für kleine Kinder«, sagte er einmal in einem Verhör. Doch er wollte seine Haut retten. Mit der Berufung auf die Befehle anderer, denen er nur Folge leistete, versuchte er bewusst seine Rolle zu verharmlosen. Das banale, gewollt harmlose und zuweilen komische Bild, das er dadurch abgab, führte dazu, dass Hannah Arendt ihm in gewisser Weise auf den Leim ging. Dieser schwache, feige, trottelig anmutende Kerl war, obwohl er unfähig zu sein schien, Gut und Böse zu unterscheiden, nichtsdestotrotz noch immer stolz, ein Diener Hitlers gewesen zu sein.

Hannah Arendt selbst war sich der Unzulänglichkeiten ihres Berichts bewusst. Im Vorwort zum Buch sprach sie daher auch vorsichtig eine »mögliche Banalität des Bösen« an. Auch hielt sie den Untertitel für diskutierbar. Ihr bleibender Verdienst liegt darin, dass sie trotz aller Unschärfen ihrer Argumentationsführung das Böse nicht bloß als teuflisch identifizierte, sondern auch als Ergebnis der Unfähigkeit, über die Wirkungen der eigenen Handlungen nachzudenken.

Damit war das Böse nicht mehr nur Teil einer Ideologie, Weltanschauung oder eines Systems, sondern zeigte sich überall im Alltag, in jedem Mitmenschen, in einem selbst – als mangelnde Bereitschaft, die Verantwortung für sein eigenes Handeln zu übernehmen.

70 Ich bin ein Berliner

John F. Kennedy (1917 – 1963)

Keine Stadt geriet wohl im 20. Jahrhundert so oft in den Mittelpunkt der Weltgeschichte wie Berlin. Als ehemalige Hauptstadt und größte Metropole Deutschlands kam ihr nach dem Zweiten Weltkrieg ein Sonderstatus zu. Wie das gesamte Deutschland wurde Berlin von den siegreichen Alliierten in vier Besatzungszonen eingeteilt. Den Westen kontrollierten Großbritannien, Frankreich und die USA, den Osten die Sowjetunion.

Die Differenzen zwischen den Westmächten und der Sowjetunion traten bald schon offen zutage. Berlin stand wegen des Viermächtestatus und seiner geografischen Lage – es lag wie eine Insel inmitten der sowjetischen Besatzungszone – immer wieder im Zentrum der Auseinandersetzungen, die als »Kalter Krieg« 40 Jahre lang dauern sollten.

In diesen Jahrzehnten wurde die Stadt zum Gegenstand vieler berühmter Zitate. Es begann 1948 mit den Worten des Berliner Bürgermeisters Ernst Reuter, der ausrief: »Völker dieser Welt, schaut auf diese Stadt!« Hintergrund war die Blockade Westberlins durch die Sowjetunion. Elf Monate lang konnte die belagerte Bevölkerung nur noch aus der Luft versorgt werden. Die Luftbrücke mit einer Armada aus überwiegend amerikanischen Transportflugzeugen – den so genannten Rosinenbombern –, wurde zum Mythos des Freiheitswillens der Stadt und zur Demonstration der Westalliierten, die Stadt nicht aufzugeben.

1961 ließ die Regierung der 1949 als Deutsche Demokratische Republik (DDR) zum Staat gewordenen sowjetischen Besatzungszone eine Mauer quer durch Berlin und rund um den Westteil Berlins errichten, der nun nicht nur geografisch isoliert, sondern in seinen

Grenzen hermetisch abgeriegelt war. Noch kurz zuvor hatte der Regierungschef der DDR Walter Ulbricht die berühmt gewordenen Worte gesagt: »Niemand hat die Absicht, eine Mauer zu errichten.«

Als dann die Mauer stand, war sie das Thema weiterer berühmter Zitate, zum Beispiel des US-Präsidenten Ronald Reagan, der 1987 bei einer Rede vor dem durch die Mauer halb verborgenen Brandenburger Tor an den damaligen sowjetischen Regierungschef gerichtet ausrief: »Mister Gorbachev, tear down this wall!« (Herr Gorbatschow, reißen Sie diese Mauer nieder!) Doch die berühmtesten Worte sind wohl die des amerikanischen Präsidenten John F. Kennedy, die er zwei Jahre nach dem Mauerbau bei einem Besuch der Stadt sagte.

Aus den drei ehemaligen Besatzungszonen der Westmächte war ebenfalls 1949 die Bundesrepublik Deutschland entstanden. Nachdem John F. Kennedy Bonn, Köln und Frankfurt besucht und überall vor begeisterten Menschenmengen gesprochen hatte, traf er am 26. Juni 1963 in Berlin ein. Vor dem Schöneberger Rathaus versammelte sich eine riesige Menschenmenge. Um 9 Uhr 40 war sein Flugzeug, die Air Force One gelandet, danach brach Kennedy im offenen Wagen stehend – neben ihm der deutsche Bundeskanzler Konrad Adenauer und der Regierende Bürgermeister Willy Brandt – zu einer Fahrt durch die Stadt auf. Hunderttausende standen am Straßenrand und jubelten dem amerikanischen Besucher zu.

Auf wohl keine andere Person projizierte man in jenen Tagen die Hoffnungen der pluralistischen Gesellschaften mehr als auf diesen jungen Politiker. Kennedy verkörperte Optimismus, er war intelligent, ein hervorragender Redner und verlieh in seinen Äußerungen der Idee der Freiheit Visionen. Viele Kennedy-Sätze sind noch heute geläufig: »Wenn eine freie Gesellschaft den vielen, die arm sind, nicht helfen kann, so kann sie auch jene nicht retten, die reich sind.« Oder: »Frag nicht, was dein Land für dich tun kann, frag, was du für dein Land tun kannst.«

Als Präsident der Schutzmacht Westeuropas stand er für Sicherheit. In seinem eigenen Land gab er der Hoffnung auf mehr Liberalität und Überwindung der nach wie vor bestehenden Rassenschranken neue Kraft. Nicht nur Kennedy selbst hatte Charisma. Seine Umgebung strahlte nicht minder auf das Bild aus, das die Menschen sich von ihm machten. Seine Frau Jacqueline, genannt Jackie, wurde zu einer Stil-Ikone ihrer Zeit. Die irischstämmige Familie Kennedy –

Familienpatriarch Joseph hatte es zum Multimillionär gebracht und förderte die politische Karriere seiner Söhne nach Leibeskräften – wirkte wie die perfekte Verbindung von Schönheit, Reichtum und einer Macht, die um ihre Verantwortung zu wissen schien.

Kennedys Ausstrahlung von jugendlicher Vitalität täuschte darüber hinweg, dass er schon vor Amtsantritt ein kranker Mann mit zahlreichen Gebrechen, unter anderem einem starken Rückenleiden war, die aber der Öffentlichkeit verschwiegen wurden. In Berlin stand er während der Fahrt nicht in der Mitte zwischen Adenauer und Brandt, sondern an der Seite. So konnte er sich mehr oder minder unbemerkt immer wieder anlehnen und seinem Rücken, der ihm oft unerträgliche Schmerzen bereitete, Entlastung verschaffen.

Als Kennedy an das Rednerpult trat, war er längst überwältigt von dem begeisterten Empfang durch die Berliner Bevölkerung. Die Rede, die er hielt, war nicht sonderlich lang. Schon allein die Tatsache, dass seine Worte nach spätestens zwei oder drei Sätzen immer wieder ins Deutsche übersetzt werden mussten, beschränkte die Ansprache. Das Thema lag auf der Hand: Kennedy machte die Rolle Berlins in der Auseinandersetzung von Ost und West zum zentralen Inhalt. Bereits in der Einleitung sagte Kennedy: »Vor zweitausend Jahren war der stolzeste Satz, den ein Mensch sagen konnte: ›Civis romanus sum‹ (Ich bin ein Bürger Roms). Heute ist der stolzeste Satz, den jemand in der freien Welt sagen kann:« – und die nächsten vier Worte sagte er auf Deutsch –: »Ich bin ein Berliner.« Donnernder Applaus. Der Dolmetscher, der selbstverständlich auch noch mal die in deutscher Sprache gesagten Worte wiederholte, veranlasste Kennedy zu der amüsierten Bemerkung: »Ich bin dem Dolmetscher dankbar, dass er mein Deutsch noch besser übersetzt hat.« Dann stellte Kennedy heraus, immer wieder von zustimmendem starkem Applaus begleitet, wie stark Berlin als Beispiel für den Freiheitswillen der Menschheit stünde und wie sehr es ein Beispiel für alle Nachteile des kommunistischen Systems sei, dem Westberlin trotze. »Ein Leben in Freiheit ist nicht leicht, und die Demokratie ist nicht vollkommen. Aber wir mussten nie eine Mauer aufbauen, um unsere Leute bei uns zu halten und sie daran zu hindern, uns zu verlassen.« Kennedy forderte die Berliner auf »den Blick über die Gefahren des Heute hinweg auf die Hoffnung des Morgen zu richten«, denn »wenn der Tag gekommen sein wird, an dem alle die Freiheit haben und Ihre Stadt und Ihr Land wieder vereint sind, wenn Europa geeint ist und Bestandteil eines friedvollen und zu höchsten Hoffnungen berechtigten Erdteiles«, dann könne Berlin stolz sein, standgehalten zu haben. Schließlich kam er zum Schluss: »All free men, wherever they may live, are citizens of Berlin, and, therefore, as a free man, I take pride in the words »Ich bin ein Berliner.« (Alle freien Menschen, wo immer sie leben mögen, sind Bürger dieser Stadt Berlin, und deshalb bin ich als freier Mann stolz darauf, sagen zu können: Ich bin ein Berliner.) Nach diesen Worten verließ er unter frenetischem Jubel das Rednerpult.

Fünf Monate nach seinem triumphalen Auftritt in Berlin besuchte John F. Kennedy eine völlig andere Stadt. Im Rahmen seines Wahlkampfes für eine zweite Amtszeit als US-Präsident flog er in das ungeliebte Dallas nach Texas, »zu den Verrückten«, wie er sagte. Auch hier fuhr er im offenen Wagen durch die Straßen. Als sich die Frau des Bürgermeisters, die vorne saß, zu dem mit Jackie im Fond sitzenden Kennedy umwandte und angesichts der ihm zujubelnden Menschen sagte: »Sie können nicht sagen, dass Dallas Sie nicht liebt«, fiel der erste Schuss. Zwei weitere folgten. Kurze Zeit später starb John F. Kennedy im Krankenhaus. Wenige Stunden später stand die vom Schock gezeichnete Jackie Kennedy an Bord des Präsidentenflugzeuges Air Force One neben Vizepräsident Lyndon B. Johnson, der als neuer Präsident der Vereinigten Staaten von Amerika vereidigt wurde.

Heute wird Kennedy von vielen Historikern nicht zu den wahrhaft herausragenden US-Präsidenten gezählt. Angetreten hatte er seine Präsidentschaft mit dem programmatischen Schlagwort der »New Frontier«, der neuen Grenze. In der Gesellschaft, der Wissenschaft, der Wirtschaft, bei Fragen des Friedens sollten ungelöste Probleme endlich beantwortet werden. Doch das hehre Vorhaben blieb im Ansatz stecken. Im Süden der USA eskalierten die Rassenauseinandersetzungen. Kennedy, von vielen Schwarzen gewählt, lavierte, taktierte. In Kennedys Amtszeit fiel auch das Desaster im April 1961 in der kubanischen Schweinebucht. Den Plan des amerikanischen Geheimdienstes CIA zur Invasion Kubas durch Agenten und Exil-Kubaner zum Sturz des unliebsamen kommunistischen Regimes von Fidel Castro hatte Kennedy von seinem Amtsvorgänger Dwight D. Eisenhower geerbt. Kennedy gab für die Umsetzung grünes Licht. Die Landung scheiterte, das kubanische Militär schlug den Angriff zurück. Ebenfalls von Eisenhower übernahm Kennedy die amerikanischen Aktivitäten in Vietnam. Das Engagement der USA dort wurde von Kennedy noch verstärkt. Dennoch scheint es, dass er kurz vor seinem Tod darüber nachdachte, dieses wieder zu reduzieren. Ob es in einer zweiten Amtszeit tatsächlich zu der Eskalation gekommen wäre, die im Vietnamkrieg mündete, darüber kann nur spekuliert werden. In der Kubakrise im Oktober 1962, als die Sowjetunion begann, Atomraketen auf der vor den USA gelegenen Insel zu stationieren, konnte Kennedy mit einer Politik aus Seeblockade, Drohung und Verhandlung erreichen, dass sein sowjetischer Gegenspieler Nikita Chruschtschow einlenkte. Danach versuchte Kennedy verstärkt, den Kalten Krieg zwischen USA, Sowjetunion und deren jeweiligen Verbündeten zu entschärfen.

Bei aller Kritik, die seine Präsidentschaft hervorruft, hat der Mythos von John F. Kennedy bis heute nichts von seiner Anziehungskraft verloren. Genährt wird er von der außergewöhnlichen Ausstrahlung eines Menschen, dem Zauber der Welt, die er verkörperte, den Hoffnungen, die er weckte und der Tragik des Unvollendeten.

71 I have a dream

Martin Luther King (1929 – 1968)

Sie marschierten zu tausenden. Sie marschierten friedlich. Sie marschierten nach Washington. Es war der 28. August 1963, als sich eine überwältigende Menschenmenge am Fuß des Lincoln Memorial versammelte. Dass man sich an diesem strahlenden Sommertag vor der Gedenkstätte für ebendiesen US-Präsidenten einfand, passte zum Anliegen dieses Tages. Denn Abraham Lincoln hatte hundert Jahre zuvor mit der Emanzipationserklärung von 1862 und dem anschließenden Sieg der Unionstruppen im Amerikanischen Bürgerkrieg (1861–1865) Millionen Menschen aus der Sklaverei befreit. Nun kamen die Nachkommen dieser ehemaligen Sklaven, um das einzufordern, was Lincoln in seiner berühmt gewordenen kurzen Ansprache am 19. November 1863 auf dem Schlachtfeld von Gettysburg erklärt hatte, nämlich, dass die amerikanische Nation auf der Idee der

Gleichheit aller Menschen gegründet sei. Für die große Mehrheit der Afroamerikaner lag diese Gleichheit 1963 noch in weiter Ferne. Die meisten lebten in Armut, im Süden der USA litten sie unter strikter Rassentrennung. Nicht nur in Schulen, auf Bahnhöfen, in Theatern und Kinos hieß es für Amerikaner schwarzer Hautfarbe oft »For whites only« (Nur für Weiße). An die Möglichkeit, öffentliche Ämter zu bekleiden, war nicht zu denken.

Hundert Jahre nach Lincoln waren nicht nur Menschen schwarzer Hautfarbe unter den 250 000 Versammelten vor seinem Memorial. Über 60 000 Weiße hatten sich dem »Marsch auf Washington« angeschlossen. Auf den Stufen zum Lincoln Memorial traten nacheinander Redner und Sänger auf. Nach zahlreichen Ansprachen, Verlautbarungen und gesungenen Rufen nach Freiheit und Gleichberechtigung aller Menschen trat nach einem Gospel, vorgetragen von der Bluessängerin Mahalia Jackson, ein Mann mit schwarzer Hautfarbe vor die Menge: Martin Luther King Jr., ein Baptistenpfarrer aus Georgia und Kopf der Bürgerrechtsbewegung für die Gleichheit aller. Dieser Moment sollte zu einer der Sternstunden seines Lebens werden.

King war 1955 als junger Pfarrer in Montgomery zum ersten Mal an die Öffentlichkeit getreten. Die schwarze Bürgerrechtlerin Rosa Parks war verhaftet worden, weil sie sich in einem öffentlichen Bus geweigert hatte, einem weißen Fahrgast ihren Sitzplatz zu überlassen. King organisierte daraufhin einen Busboykott der schwarzen Bevölkerung der Stadt. Vorbild der Protestaktionen war Mahatma Gandhi, dessen Philosophie und Praktiken des gewaltlosen Widerstandes zur Unabhängigkeit Indiens beigetragen hatten.

Über die Mikrofone hinweg sah King hinab auf die Menge. Zu beiden Seiten war sie begrenzt durch das satte Grün langer Baumreihen. In der Ferne ragte der Obelisk des Washington Monument in den Himmel. Gleich zu Beginn seiner Rede beschwor King Abraham Lincoln: »Vor hundert Jahren«, hob er an, »unterzeichnete ein großer Amerikaner, in dessen symbolischen Schatten wir heute stehen, die Emanzipationsproklamation.« Doch heute, fuhr er fort, gebe es diese Gleichheit immer noch nicht. Daher habe man sich nun versammelt, um den Schuldschein, diesen Scheck auf die Freiheit und Gleichheit aller einzulösen. Martin Luther King hob und senkte seine Stimme, sprach mit beschwörender Melodie. Seine Rede war ein Meisterwerk in Wortwahl und an Rhythmus und wurde nicht nur unvergesslich für die Zuhörer, die ihn an diesem Sommertag in der amerikanischen Hauptstadt hörten. Selbst als gelesener Text berühren Kings Worte noch immer. Die Ansprache mündete in mal lauter, mal leiser gesprochenen Sätzen, die immerfort mit den Worten »I have a dream« (Ich habe einen Traum) begannen: »Ich habe einen Traum, dass meine vier kleinen Kinder eines Tages in einer Nation leben werden, in der sie nicht nach ihrer Hautfarbe, sondern nach ihrem Charakter beurteilt werden. Ich habe einen Traum heute ...«

Zum Schluss seiner Ansprache forderte King alle auf, überall im Land »die Freiheit erschallen zu lassen« und er endete mit den Worten: »Wenn wir es erlauben, die Freiheit erschallen zu lassen – wenn wir sie erschallen lassen von jedem Dorf und jedem Weiler, von jedem Staat und jeder Großstadt, dann können wir den Tag herbeieilen lassen, an dem alle Kinder Gottes – schwarze Menschen und weiße Menschen, Juden und Heiden, Katholiken und Protestanten – imstande sind, sich die Hände zu reichen und die Worte des alten Negro Spiritual singen zu können: ›Endlich frei! Endlich frei! Allmächtiger Gott, wir sind endlich frei!‹«

Der Marsch auf Washington war ein überwältigender Erfolg, friedlich doch machtvoll, einer der Höhepunkte der Bürgerrechtsbewegung, wenn nicht sogar der Gipfel. US-Präsident John F. Kennedy, der mit den Zielen der Bewegung sympathisierte, hatte dennoch versucht, den Marsch zu verhindern. Er begründete das damit, dass eine große Versammlung vor dem Kapitol den Gegnern, aber auch den Unentschlossenen im Kongress das Argument liefern könne, gegen den Civil Rights Act, das neue Gleichstellungsgesetz zu stimmen, dies, um zu demonstrieren, dass sich Abgeordnete nicht unter Druck setzen lassen. Als Kennedy merkte, dass die Initiatoren des Marsches sich von ihrem Vorhaben nicht abbringen ließen, hieß er den Marsch öffentlich gut. Tatsächlich aber sollte es Kennedy bis zu seiner Ermordung im November 1963 nicht gelingen, das Gleichstellungsgesetz durch den Kongress zu bringen. Dies gelang 1964 erst seinem Nachfolger Lyndon B. Johnson nach zähem Ringen und langer Debatte, jedoch dann sogar mit einem noch weiter reichenden Entwurf.

Nach Martin Luther Kings Rede wurden die Organisatoren von Kennedy im Weißen Haus empfangen. Man wollte über den anstehenden Civil Rights Act reden. Bei der Begrüßung Kings lächelte Kennedy ihn an und sagte: »I have a dream.« Kennedy war beeindruckt von der Veranstaltung, doch er machte erneut darauf aufmerksam, wie gefährlich es für die gemeinsamen Bemühungen sei, wenn er die Anliegen der Bürgerrechtsbewegung öffentlich zu stark unterstütze.

Auf Ablehnung stieß der Marsch nicht nur bei konservativen Weißen. Radikale Schwarzenführer warfen Martin Luther King vor, den Rassenkonflikt zu beschönigen und eine »Mittelklasse-Version« des wahren Black Movement zu zeichnen. Malcolm X nannte die Demonstration »Farce on Washington«. Dennoch hatte der Marsch auf Washington, mehr als alle anderen Demonstrationen der Bürgerrechtsbewegung zuvor, einen großen Einfluss auf die politische Willensbildung und die öffentliche Meinung. Der Marsch wurde zum Vorbild für die Aktivisten aller anderen starken Emanzipations- und Freiheitsbewegungen danach. Diese gewannen im Verlauf der Sechzigerjahre zunehmenden Einfluss auf die Entwicklung der Gesellschaften, nicht nur im Westen.

Die Sechzigerjahre waren vielleicht das Jahrzehnt, in dem trotz der Schattenseiten des Kalten Kriegs und des allmählich eskalierenden Vietnamkrieges die Verwirklichung des Ideals der Freiheit ihre bislang größte weltweite Kraft in der Menschheitsgeschichte entfaltete: Antikriegsbewegung, Studentenbewegung, Frauenbewegung, Beginn der Umweltbewegung. 1964 erhielt Martin Luther King den Friedensnobelpreis. All diese Entwicklungen gipfelten in dem mittlerweile zum Mythos gewordenen Jahr 1968. Im kleinen amerikanischen Ort Woodstock trafen sich hunderttausende Menschen und feierten mit einem tagelangen Rockkonzert unter freiem Himmel die Idee von Freiheit und Frieden in der Welt. Doch dasselbe Jahr markierte auch das beginnende Ende des Traums. Am 3. April 1968 sagte Martin Luther King, der immer wieder Morddrohungen erhalten hatte und schon mehreren Attentaten entkommen war, in einer Ansprache, dass er wie jeder gerne ein langes Leben führen würde. Doch er mache sich keine Sorgen darüber. Gott habe ihn auf die Spitze des Berges geführt und ihm das gelobte Land gezeigt. Am darauf folgenden Tag wurde Martin Luther King erschossen.

James Earl Ray, ein weißer, entflohener Häftling wurde später festgenommen. Er erklärte sich schuldig. Man verurteilte ihn zu 99

Jahren Gefängnis. Ray widerrief später sein Geständnis, starb aber ein Jahr, nachdem 1997 das Verfahren erneut aufgerollt worden war. Ende 1999 kam ein Gericht zu dem Schluss, dass King nicht einem Einzeltäter, sondern vermutlich einem Komplott zum Opfer gefallen ist.

72 Dies ist ein kleiner Schritt für einen Menschen, ein riesiger Sprung für die Menschheit

Neil Armstrong (geb. 1930)

In dem Presserummel, der weltweit schon vor dem Mondflug angehoben hatte, war auch nicht die Debatte ausgespart worden, was wohl die passenden Worte sein mochten, die Neil Armstrong, der Kommandant der Mission mit Namen Apollo 11, bei Betreten des Mondes zu sagen hätte. Armstrong, ein schweigsamer und nüchterner Mann, wäre der erste Mensch, der Boden außerhalb der Erde betreten würde. Noch kurz vor dem Flug reagierte er auf Fragen nach den ersten Worten zurückhaltend gelassen. In einem Fernsehinterview kurz vor dem Start gab Armstrong zur Antwort, er habe sich noch nicht »mit der gebührenden Aufmerksamkeit mit dem Thema befasst«.

Während des gesamten Flugs der Apollo 11 zum Mond zerbrach er sich den Kopf darüber, welche Worte er sagen solle. Armstrong entschied sich schließlich für den Satz: »That's one small step for a man, one giant leap for mankind.« (Dies ist ein kleiner Schritt für einen Menschen, ein riesiger Sprung für die Menschheit.) Als er am 21. Juli 1969 die gelandete Mondfähre verließ und auf der schmalen, kurzen Leiter zur Mondoberfläche hinunterstieg, patzte er, wie Christoph Drösser in einem Beitrag für *Die Zeit* berichtet, und sagte »one small step for man«, verschluckte also das »a« vor »man«. Die Geschichtsschreibung sah rasch über diese Petitesse hinweg, nicht zuletzt, weil sich alle beeilten, das Zitat in seiner richtigen Form zu verbreiten.

Als Neil Alden Armstrong 1962 für das amerikanische Astronautenprogramm ausgewählt wurde, hatte ein Jahr zuvor US-Präsident

John F. Kennedy vor dem Kongress angekündigt, dass noch im gerade angebrochenen Jahrzehnt ein Amerikaner den Mond betreten werde. »Wir tun all das nicht, weil es einfach ist, sondern weil es schwierig ist«, war seine Begründung. Kennedy hatte das Ziel angesichts der großen Erfolge der sowjetischen Raumfahrt ausgerufen. Es tobte der Konkurrenzkampf des Kalten Krieges, der auch als permanenter Vergleich der Leistungsfähigkeit zweier politischer Systeme verstanden wurde. In der Raumfahrt war die Sowjetunion den USA seit den frühen Fünfzigerjahren voraus. Ein erster Schock traf den gesamten Westen, als die Sowjetunion 1957 mit Sputnik 1 den ersten Satelliten in das Weltall schoss und damit den Beginn der Raumfahrt markierte. Die überlegene Raketentechnik des Gegners zeigte dem Westen das mögliche Bedrohungspotenzial, auch durch Atomraketen. Dies und der Kampf der gesellschaftlichen Systeme führte ein Jahr nach dem Flug des Sputnik in den USA zur Gründung der Weltraumbehörde NASA. Doch die USA blieb weiter im Hintertreffen. Als dann am 12. April 1961 dem sowjetischen Raumfahrer Jurij Gagarin der erste bemannte Raumflug gelang und die Amerikaner mit ihren Raumfahrtbemühungen um Jahre zurückzuliegen schienen, wagte Kennedy das vermeintlich Utopische. Sein Ziel vom Flug zum Mond hielten viele für ein zum Scheitern verurteiltes Unternehmen. Trägerraketen vermochten in jenen Tagen Raumfahrzeuge mit einem maximalen Gewicht von etwa vier Tonnen ins All zu bringen und diese konnten lediglich einen Menschen transportieren. Kennedys Zielvorgabe und die bereitgestellten finanziellen Mittel lösten eine Welle des Aufbruchs aus. Das Apollo-Programm begann.

Armstrong war ein ausgebildeter Weltraum-Ingenieur und hatte als Pilot der Luftwaffe am Koreakrieg teilgenommen. Nach seinem Ausscheiden aus dem Militärdienst war er Testpilot geworden und flog über 200 verschiedene Luftfahrzeuge, neben Jets auch Gleiter, Raketenflugzeuge und Hubschrauber. Immer wieder gehörte er zu Ersatzteams verschiedener Raumflüge. 1966 flog er mit der Gemini 8 erstmals ins Weltall. Während dieses Fluges gelang ihm mit seinem Partner David Scott das erste erfolgreiche Kopplungsmanöver im All. Sie dockten einen zuvor gestarteten Testsatelliten an die Raumkapsel an.

Im Juli 1969 ernannte man Armstrong zum Kommandanten der Apollo 11. Mit dieser Mission sollte erstmals ein Mensch nicht nur den Mond, sondern zum allerersten Mal einen anderen Himmelskörper als die Erde betreten. Am 16. Juli startete eine Saturn V-Rakete von Cape Canaveral in Florida, das damals in Erinnerung an den ermordeten Initiator des Projekts Cape Kennedy hieß. Am 20. Juli landeten Armstrong und sein Partner Edwin »Buzz« Aldrin die Landefähre Eagle erfolgreich im Mare Tranquillitatis, dem »Ruhigen Meer«, einer weiten steinigen Einöde, in der es vor allem eines nicht gibt: Wasser. Während der Annäherung an die Mondoberfläche traten im Bordcomputer Fehlfunktionen auf, sodass Armstrong die Fähre bei der Landung schließlich per Hand steuerte. Bereits die Vollzugsmeldung der Landeoperation ist bis heute berühmt: »The eagle has landed.« (Der Adler ist gelandet.)

Sechs Stunden später öffneten Armstrong und Aldrin die Luke der Mondfähre. Armstrong betrat die Leiter. Noch 15 Minuten harrte er dort aus. Dann erst begann die Fernsehübertragung, die sich fast eine Milliarde Menschen ansahen. Endlich betrat Armstrong mit dem linken Fuß zuerst den Mond und sprach seine berühmten Worte. Dann beschrieb er den Mondboden. Er sei pulvrig und bleibe wie Kohlenstaub an den Sohlen haften. Armstrong sank nur wenige Zentimeter ein und hinterließ klar erkennbare Fußspuren. Etwa 20 Minuten später folgte ihm Aldrin. Die beiden Astronauten hissten die amerikanische Flagge und erkundeten zweieinhalb Stunden lang die Mondoberfläche. Aufgrund der geringen Anziehungskraft des Erdtrabanten waren sie mit ihrer Ausrüstung – Anzug, Helm, Sauerstoffgerät, die jeden von ihnen auf der Erde 180 Kilo wiegen ließ – nur 30 Kilo leicht. Sie hüpften zeitweise wie Kängurus über den Mond. Armstrong und Aldrin führten noch einige einfache Experimente durch, sammelten Gesteinsproben und kletterten dann wieder in die Landefähre. Dort verbrachten sie die Nacht.

Knapp 23 Stunden nach der Landung starteten sie das Triebwerk des Landemoduls Eagle und flogen zurück zu Kommandokapsel und Versorgungseinheit, mit denen Michael Collins derweil unentwegt den Mond umkreist hatte. Armstrong und Aldrin koppelten an, stiegen in die Kommandokapsel zu Collins und sprengten das Landemodul ab. Dann nahmen die drei Astronauten Kurs zur Erde. Drei Tage später sprengten sie die Versorgungseinheit von der Kommandokapsel ab und traten mit der Kommandokapsel in die Erdatmosphäre ein. Gebremst durch Fallschirme wasserten sie im Pazifik. In biologischen Schutzanzügen stiegen sie in ein Schlauchboot, Taucher halfen ihnen. Ein Hubschrauber flog sie zum Flugzeugträger Hornet. Dort wurden sie, durch das Fenster einer Quarantänekabine lachend – denn man war nicht sicher, ob sie eventuell gefährliche Keime von ihrer Mission mitgebracht hatten –, von US-Präsident Richard Nixon und den Fernsehstationen der westlichen Welt begrüßt.

Die erste bemannte Landung auf dem Mond und die ersten Schritte eines Menschen auf einem fremden Himmelskörper waren tatsächlich eine bedeutende Wegmarke in der Entwicklung der Raumfahrt. Ihre wahren Dimensionen werden vielleicht erst in späteren Generationen erkannt werden. Denn es ist möglich, wenn auch hoffentlich erst in tausenden von Jahren, dass die Erde eines Tages nicht mehr bewohnbar ist. Wenn dann die Menschheit neue Lebensräume gefunden hat, kann gesagt werden, dass damals im längst vergangenen Jahr 1969 der erste entscheidende Schritt gelang.

73 Wir wollen mehr Demokratie wagen

Willy Brandt (1913 – 1992)

Als Willy Brandt am 28. Oktober 1969 seine Regierungserklärung vor dem Bundestag in Bonn abgab, war Deutschland ein seit 20 Jahren in zwei gegnerische Staaten gespaltenes Land im Kalten Krieg. Aber auch die Bundesrepublik selbst war innerlich zerrissen. Die Bevölkerung wurde zwar immer wohlhabender, aber fast ein Vierteljahrhundert nach dem von Deutschen verschuldeten Zweiten Weltkrieg wurde sie mit den Fragen nach der eigenen Identität und Vergangenheit konfrontiert, vor allem durch die junge Generation.

In seiner Rede würdigte Willy Brandt ausdrücklich die Aufbauleistung der letzten 20 Jahre, betonte aber vor dem Hintergrund der Proteste und Unruhen der vergangenen Jahre die Bedeutung einer inneren Ordnung für ein Volk. Er erklärte, dass diese Ordnung davon abhängig sei, wie stark die Menschen in einer Gemeinschaft zur Mitverantwortung ermutigt werden. Dies gipfelte in den Worten: »Wir wollen mehr Demokratie wagen. Wir werden unsere Arbeitsweise öffnen und dem kritischen Bedürfnis nach Information Genüge tun.« Mehr Demokratie zu wagen bedeutete auch, daran zu arbeiten, dass, so Brandt »jeder Bürger die Möglichkeit erhält, an der Reform von Staat und Gesellschaft mitzuwirken«.

Wann eine Epoche zu Ende geht oder wann sie beginnt, darüber kann immer wieder trefflich gestritten werden. Als Willy Brandt 1969 der erste sozialdemokratische Bundeskanzler wurde, begann zweifellos ein neuer Abschnitt in der Geschichte der damals noch immer jungen Bundesrepublik Deutschland. Nach der Zeit des Wiederaufbaus unter der tatkräftigen Führung ihres ersten Kanzlers Konrad Adenauer hatte sich die Bundesrepublik ab 1949 aus Schutt und Trümmern zu einem wohlhabenden Gemeinwesen entwickelt. Auf Adenauer folgte 1963 mit einer kurzen und mehr oder minder glücklosen Regierungszeit Ludwig Erhard, Adenauers ehemaliger Wirtschaftsminister, der als Vater des »Wirtschaftswunders« berühmt geworden war.

Das Ende der Ära, in der die CDU Regierungspartei war und den Kanzler stellte, kündigte sich schließlich mit der Kanzlerschaft Kurt-Georg Kiesingers an. Er musste 1966 eine Große Koalition mit der SPD, der zweiten großen Volkspartei eingehen. Willy Brandt, bereits schon zweimal als Kanzlerkandidat der SPD angetreten, seit 1964 Vorsitzender seiner Partei, wurde Außenminister und Vizekanzler. Die Große Koalition leitete erfolgreich mehrere Reformen und Maßnahmen zur Überwindung der Rezession ein. Gleichzeitig nahm sie die Ausarbeitung und Einführung einer Notstandsgesetzgebung in Angriff. Man wollte die Besatzungsstatuten der alliierten Siegermächte durch eine eigene Gesetzgebung ablösen, die den Staat auch in einem Ausnahmezustand handlungsfähig machen sollte. Wegen ihrer breiten parlamentarischen Mehrheit schien die Große Koalition auch die besten Voraussetzungen zur Umsetzung eines derart heiklen Gesetzes mitzubringen. Doch weil die Opposition im Bundestag – 50 Abgeordnete der FDP standen gegen 446 Abgeordnete der Regierungsmehrheit – zu klein war und daher kaum noch die gewünschte Kontrollfunktion ausüben konnte, wuchs das Misstrauen in der Bevölkerung gegen eine allzu mächtige Regierung. Da zudem die geplanten Notstandsgesetze für den Fall des Ausnahmezustands unter anderem den Einsatz der Bundeswehr im Innern als auch die Aufhebung des Brief-, Post- und Fernmeldegeheimnisses vorsahen, befürchtete man eine Aushöhlung des liberalen Rechtsstaates. Man erinnerte sich an das »Ermächtigungsgesetz«, das die Nationalsozialisten 1933 für die völlige Übernahme der Macht eingeführt hatten.

Die so genannte Außerparlamentarische Opposition (APO) bildete sich. Sie setzte sich zusammen aus Intellektuellen, Gewerkschaften sowie Studenten und Schülern. Trotz massiven Protestmärschen und Großkundgebungen der APO wurden die Notstandsgesetze im Mai 1968 verabschiedet. Doch diese waren nur eines von vielen Reizthemen jener Zeit. Konfliktpotenzial bargen die Hochschulpolitik, der Vietnamkrieg und die bisherige Auseinandersetzung der Deutschen mit der Zeit des Nationalsozialismus.

Die Auschwitzprozesse, die von 1963 bis 1965 in Frankfurt stattfanden und bei denen ehemalige Mitglieder der Lagermannschaften des Vernichtungslagers unter Anklage standen, rückten die Vergangenheit in den Mittelpunkt der Aufmerksamkeit. Nach Jahren des Aufbaus, des Nach-vorne-Blickens stellte man Fragen, die durch die Herausforderungen und die Not der Nachkriegszeit, auch durch die Last des Gewissens verdrängt worden waren. Erstmals blickte man zurück auf das Ungeheuerliche, das geschehen war. Doch dies tat weniger die alte Generation, die Aufstieg, Verbrechen und Fall des Dritten Reichs von 1933 bis 1945 erlebt und zu großen Teilen daran teilgenommen hatte. Es war die junge Generation, die wissen wollte, was damals ihre Väter und Mütter getan und wie sie sich verhalten hatten. Ihre Fragen stießen auf eine Gesellschaft, deren Staat zwar demokratisch organisiert war, die aber in ihrem Innern, in ihrer Seele noch die Traditionen und Haltungen der alten Zeit trug: Autoritätsgläubigkeit, verkrustete Strukturen, geringe Toleranz für neue Ideen.

Ein weiterer Grund des Protestes der studentischen Kräfte in der APO war auch die mangelnde Auseinandersetzung der deutschen Hochschulen mit ihrer nationalsozialistischen Vergangenheit. Vor allem aber wollten die Studenten eine andere Hochschulpolitik, wie das Transparent offen legte, das zwei Studenten vor Professoren hertrugen, die im November 1967 an der Hamburger Universität in vollem Ornat zu einer Feier gingen, und auf dem stand: »Unter den Talaren – Muff von 1000 Jahren.«

In jenem Herbst hatten die Auseinandersetzungen der APO mit der Staatsmacht, aber auch mit den Massenpublikationen des Axel Springer Verlages, allen voran die täglich millionenfach erscheinende *Bild-Zeitung*, einen ersten Höhepunkt erreicht. Bei den gewaltsamen

Demonstrationen gegen den Besuch des Schahs von Persien Reza Pahlevi am 2. Juni 1967 in Berlin gingen schahtreue so genannte Jubelperser, aber auch die Polizei gewaltsam gegen die Demonstranten vor. Ein Polizist erschoss den Studenten Benno Ohnesorg.

Diese neue Stufe der Gewalt und die Reaktion der Zeitungen Axel Springers, die den Studenten den größten Anteil daran zuschrieben, führten zu immer größeren Ausschreitungen gegen dessen Verlagshaus: Steine und Brandsätze wurden geworfen. Im Herbst 1967 startete der SDS (Sozialistischer Deutscher Studentenbund) die Kampagne »Enteignet Springer!«. Als am 11. April der Studentenführer und SDS-Vorsitzende Rudi Dutschke bei einem Attentat schwer verletzt wurde, eskalierte die Gewalt. Es kam zu brutalen Straßenschlachten, zu bürgerkriegsähnlichen Auseinandersetzungen. In der APO wurden Stimmen laut, die Gewalt als Mittel zur Durchsetzung politischer Ziele für legitim hielten. Die ersten Schritte zum späteren »Kampf im Untergrund« durch Terrorgruppen wie die Baader-Meinhof-Gruppe und die RAF (Rote Armee Fraktion) wurden in jenen Tagen getan.

Das hier Geschilderte ist nur ein kleiner, wenn auch bedeutender Ausschnitt der Fragen, die die Menschen in der zweiten Hälfte der Sechzigerjahre bewegten. Viele Entwicklungen und Konflikte schienen auf seltsame Weise ineinander zu spielen: Das Vorgehen der USA im Vietnamkrieg, von dem im Fernsehen immer wieder neue grausame Bilder von leidenden Zivilisten zu sehen waren, schockierte. Gleichzeitig waren viele Jugendliche und Intellektuelle fasziniert von den Anführern kommunistischer Bewegungen: von Ho Chi Minh in Vietnam, Che Guevara in Kuba, Mao Zedong in China. Auch Lenin und Rosa Luxemburg wurden zu Vorbildern erklärt. Die Flower-Power-Bewegung der Hippies suchte nach alternativen Lebensformen. Drogen wie Marihuana wurden für breite Teile der Jugend zunehmend selbstverständlich. Die Anti-Baby-Pille löste nicht nur die Sexuelle Revolution aus, sondern hatte weit reichende Folgen für die Emanzipation der Frau. In der Kindererziehung wurden neue Wege diskutiert wie die antiautoritäre Erziehung, die Kinder in keiner Weise mehr maßregelt.

Vielleicht war Brandts Aufruf »mehr Demokratie (zu) wagen« ein wenig pathetisch, doch er versuchte vor dem Hintergrund all dieser Ereignisse und Entwicklungen eine Idee zu vermitteln: die Idee, dass

Demokratie immer wieder neu erkämpft und gepflegt werden und der Staat sich immer weiter fortentwickeln muss. Rasch packte seine Regierungsmannschaft zahlreiche Reformen an. Das Wahlalter wurde auf 18 Jahre gesenkt. Man ging an die Ausbildungsförderung, reformierte das Schulwesen und die Hochschulen, wo die Studenten ein Mitspracherecht erhielten.

Brandt gehörte zu den Hoffnungsträgern der jungen Generation. Kein Kanzler vor und nach ihm wurde auch offiziell so oft mit Vornamen angeredet. »Willy wählen« wurde zur Parole. Auch Intellektuelle waren von ihm fasziniert. Brandt wirkte wie einer, der sich kümmert, der rechtschaffen ist. Er vermittelte Nähe, doch gleichzeitig auch Würde und Distanz. Diese Ausstrahlung Brandts entstand allerdings auch zu einem großen Teil aus seinen Widersprüchen. Er war hin- und hergerissen zwischen visionärer Tatkraft und Melancholie bis hin zur Depression. Anders als John F. Kennedy, als dessen deutsches Pendant er oft bezeichnet wurde, trug Brandt auch die Schwermut, die den Deutschen zuweilen nachgesagt wird, in sich.

Als Herbert Ernst Karl Frahm in Lübeck geboren, hatte Willy Brandt seinen Vater nie kennen gelernt. 1933 war er vor dem nationalsozialistischen Regime nach Norwegen geflüchtet und hatte sich dort seinen neuen Namen Willy Brandt gegeben. Nach dem Zweiten Weltkrieg wurde er in Berlin ein enger Mitarbeiter Ernst Reuters, des Regierenden Bürgermeisters der Stadt. 1957 übernahm Willy Brandt selbst dieses Amt und gewann 1961 durch sein standhaftes und besonnenes Verhalten während der Krise um den Bau der Mauer große Sympathien.

Als Bundeskanzler suchte Willy Brandt schließlich auch die Verständigung mit den Ostblockstaaten. Im Dezember 1970 ging das Bild seines spontanen Kniefalls vor dem Ehrenmahl des jüdischen Ghettos in Warschau um die Welt, eine Geste der Scham und der Bitte um Verzeihung für die von Deutschen verübten Gräuel während des Dritten Reiches. Im Jahr darauf erhielt er für seine Entspannungspolitik den Friedensnobelpreis. Mit Brandt war Jahrzehnte nach den beiden von Deutschland verschuldeten Weltkriegen ein anderes Deutschland in die Geschichte eingetreten. 1974 trat er überraschend zurück. Die DDR hatte mit Günter Guillaume, dem persönlichen Referenten Brandts, einen Spion in dessen unmittelbarer Nähe einschleusen können. Noch heute wird gerätselt, inwiefern die Affäre für Willy Brandt eine willkommene Gelegenheit war, das Amt, das ihm immer mehr zur Last geworden war, aufzugeben.

Was die berühmte Aufforderung betrifft, mehr Demokratie wagen zu wollen, zeigte Willy Brandt im Übrigen später mit einem Bonmot die Grenzen dieses Unternehmens auf: »Demokratie darf nicht so weit gehen, dass in der Familie darüber abgestimmt wird, wer der Vater ist.«

74 The games must go on!

Avery Brundage (1887 – 1975)

»Ein Takt von 114 Schlägen pro Minute«, erklärte der Orchesterleiter Kurt Edelhagen in einem Interview, »ist die Zahl, bei der der Mensch am lockersten geht. Das hängt mit seiner Größe und der Anziehungskraft der Erde zusammen.« Daher wählte Edelhagen diesen Rhythmus für die musikalische Begleitung des Einzugs der Sportler bei der Eröffnungsfeier der Olympischen Spiele 1972 in München. Bei strahlendem Sonnenschein nahmen die Athleten lachend, winkend und begleitet von Edelhagens unbeschwertem Big-Band-Sound das Stadion in Besitz. Die Spiele begannen, wie es sich die Organisatoren gewünscht hatten. »Die heiteren Spiele«, wie es Willi Daume, der Präsident der deutschen Olympioniken und des Organisationskomitees ausdrückte, sollten der Welt ein fröhliches, weltoffenes und gastfreundliches Deutschland zeigen. Schon das Stadion hatte mit seinem kühn geschwungenen Zeltdach für Furore gesorgt. Nicht monumental wirkte es, sondern es war harmonisch eingebettet in die geschwungene Parklandschaft des Olympiageländes. Das Bild, das die Welt von Deutschland sah, war ein vollkommen anderes, als jenes, das die Menschen von den letzten Spielen auf deutschem Boden in Erinnerung hatten, das von den Nazis 1936 in Berlin veranstaltete propagandagelenkte Spektakel.

Im München von 1972 verbreitete sich vom ersten Moment an Leichtigkeit. Der Verlauf der Spiele bestätigte dies. Aber dann, die Spiele waren bereits zehn Tage in Gang, änderte sich alles am frühen Morgen des 5. September. Drei Beamte der Post, die gerade Telefonleitungen kontrollierten, beobachteten, wie einige Männer in Trainingsanzügen über den Zaun des olympischen Dorfes stiegen. Sie hielten sie für spät heimkehrende Athleten. Doch die vermeintlichen Athleten waren palästinensische Terroristen. In ihren Sporttaschen trugen sie Handgranaten und Maschinenpistolen mit sich. Wenige Minuten später drangen sie in das Quartier der israelischen Mannschaft ein. Einen israelischen Athleten, der fliehen wollte, erschossen sie. Die anderen nahmen sie als Geiseln. Für die Polizeibeamten, die wenige Minuten später eintrafen, ließen die Terroristen ein Papier mit ihren Forderungen vom Balkon hinunterschweben. Das palästinensische Kommando »Schwarzer September« verlangte neben der Freilassung von 234 in Israel inhaftierten Palästinensern sowie der deutschen Terroristen Andreas Baader und Ulrike Meinhof, freies Geleit für sich und die Geiseln in eine arabische Hauptstadt.

Krankenwagen nahmen den getöteten israelischen Athleten auf. Einen zweiten Israeli, der angeschossenen worden war, ließen die Terroristen in seinem Zimmer verbluten. Inzwischen begannen die ersten Verhandlungen. Der Wortführer der Geiselnehmer, er nannte sich Issa, war ein Mann mit weißem Hut, geschwärztem Gesicht und Sonnenbrille. Er lehnte die Angebote einiger Verantwortlicher ab, anstatt der Israelis als Geiseln zu fungieren. Das von den Terroristen gestellte Ultimatum wurde von 9 auf 12 Uhr und schließlich auf 17 Uhr verlängert. Was war mit den Spielen? Erst am Nachmittag, nach 15 Uhr 30 erklärte der Präsident des Internationalen Olympischen Komitees, der Amerikaner Avery Brundage die Spiele für unterbrochen. Krisenstäbe begannen zu tagen.

Israel lehnte es rundweg ab, die Forderungen der Terroristen zu erfüllen. Nachdem man dies den Geiselnehmer eröffnet hatte, einigte man sich darauf, sie mit den Geiseln außer Landes zu fliegen. Am Abend kurz nach zehn Uhr stiegen sie in der Tiefgarage unter dem olympischen Dorf in einen Bus, auf den zwei Hubschrauber am Ausgang der Garage warteten. Ziel der Hubschrauber war der Militärflughafen Fürstenfeldbruck. Dort sollten die Terroristen mit den Geiseln ein Flugzeug besteigen und das Land verlassen. Scharfschützen hatten in der Zwischenzeit auf dem Flughafen Stellung bezogen. Man plante, die Geiseln auf dem Flughafen zu befreien. Doch es wurde ein Desaster.

In das für die Terroristen bereitgestellte Passagierflugzeug waren Sicherheitskräfte beordert worden, die die Geiselnehmer noch vor einem Start überwältigen sollten. Doch die Sicherheitskräfte bekamen Angst und flüchteten aus der Maschine über das Rollfeld, noch bevor die Hubschrauber mit den Geiseln eintrafen. Als die beiden Hubschrauber mit den Terroristen und den Geiseln etwa hundert Meter neben dem Flugzeug landeten, stiegen einige der Terroristen aus und gingen über das Rollfeld hinüber zum Flugzeug. Sie inspizierten die Maschine und als sie gerade wieder auf dem Weg zurück zu den Hubschraubern waren, in denen nach wie vor die Geiseln saßen, bewacht von weiteren Terroristen, eröffneten die ringsum postierten Sicherheitskräfte das Feuer. Zwei Terroristen wurden getötet, die anderen konnten sich, wild um sich schießend, in den Schutz der Hubschrauber flüchten.

Kurz nach halb zwölf in der Nacht berichtete das deutsche Fernsehen, die Geiseln seien befreit, fast alle Terroristen hätten den Tod gefunden. Doch in Wahrheit dauerte das Drama noch an. Nach wie vor fielen Schüsse. Kurz nach Mitternacht sprang schließlich einer der Geiselnehmer aus einem der beiden Hubschrauber und versuchte zu entkommen. Zuvor hatte er eine gezündete Handgranate in den Hubschrauber geworfen. Der Hubschrauber explodierte. Die darin gefangenen Geiseln waren sofort tot. Den flüchtenden Terroristen streckte ein Scharfschütze nieder. Ein anderer Terrorist erschoss die gefesselten Geiseln im zweiten Hubschrauber. Erst um halb zwei in der Nacht fiel der letzte Schuss. Die Bilanz: Fünf Terroristen waren tot, drei wurden verhaftet. Neun weitere israelische Geiseln hatten – nach den beiden bereits im olympischen Dorf ermordeten Israelis – ihr Leben verloren. Ein Polizist war von einer Kugel der Terroristen tödlich getroffen, ein weiterer sowie einer der Hubschrauberpiloten waren schwer verletzt worden. Wie groß das Chaos gewesen ist, sieht man daran, dass in der Zwischenzeit Autofahrer in der Umgebung per Radio vor etwaigen flüchtenden Terroristen gewarnt worden waren.

Die von Avery Brundage für den 6. September bereits angesetzte Trauerfeier – zum Zeitpunkt dieses Entschlusses waren zwei Tote zu beklagen gewesen – geriet in dem gleichen Stadion, in dem zehn Tage zuvor die »heiteren Spiele« begonnen hatten, zu einem Akt der Ohnmacht und der Lähmung. Das Unbegreifliche war geschehen. Die

Olympischen Spiele, entstanden aus dem Geist des friedlichen Treffens der Völker, die schon für die Griechen der Antike Anlass gewesen waren, in dieser Zeit die Waffen ruhen zu lassen, waren in die Konflikte der Weltpolitik geraten, diesmal war es der Nahostkonflikt.

Auslöser dieser seit Ende des Zweiten Weltkriegs schwelenden Auseinandersetzung war die Schaffung des Staates Israel im Jahr 1948. Die Juden hatten zuvor zwei Jahrtausende in der Zerstreuung (Diaspora) gelebt, nachdem 70 n. Chr. Jerusalem durch die römischen Truppen unter Titus zerstört und 135 n. Chr. der jüdische Aufstand vom römischen Kaiser Hadrian niedergeschlagen worden war.

Ende des 19. Jahrhunderts begann die zionistische Bewegung unter der Führung Theodor Herzls (1860–1904) als Reaktion auf den zunehmenden Nationalismus in Europa und die damit verbundene vermehrte Ausgrenzung von Juden, einen Heimatstaat für die Juden der Welt zu fordern. Mit Rückendeckung Großbritanniens, das 1917 in der Balfour-Deklaration die Schaffung einer jüdischen Heimat in Palästina unterstützte, stieg nach dem Ersten Weltkrieg die jüdische Einwanderung in dieses Gebiet an. Die nationalsozialistische Vertreibung und Verfolgung machte die Lösung der Frage nach einer Heimat für die Juden noch drängender. Unter dem Eindruck des Holocaust, dem Millionen Juden zum Opfer fielen, entstand schließlich nach dem Teilungsplan der Vereinten Nationen vom 29. November 1947 der Staat Israel. Während Juden aus aller Welt dort eine Heimat fanden, verloren viele Palästinenser ihre. Sie hatten den Teilungsplan der Vereinten Nationen nicht akzeptiert.

Die Schaffung des Staates Israel auf dem Boden Palästinas, das für drei Weltreligionen, das Christentum, das Judentum und den Islam, heilig ist, führte in den nächsten Jahrzehnten zu mehreren Kriegen Israels mit den arabischen Nachbarstaaten. Ein Tag nach Ausrufung des Staates Israel begann am 15. Mai 1948 der erste Krieg, der bis 1949 dauerte. Ägypten, Jordanien, Irak, Libanon und Syrien versuchten den jungen Staat durch einen Angriff ihrer Armeen sofort auszulöschen. Doch die Israelis konnten sich behaupten. Es folgten 1956 vor dem Hintergrund der Suezkrise der 2. Israelisch-Arabische Krieg, 1967 der Sechstage-Krieg (auch: 3. Israelisch-Arabischer Krieg).

Der Kampf der Palästinenser für ihre Rechte bündelte sich in der PLO, der Dachorganisation der palästinensischen Befreiungsbewegungen. Diese griff ab Mitte der Sechzigerjahre zunehmend zu Terrormaßnahmen (Überfälle, Flugzeugentführungen), um der eigenen Sache Gehör zu verschaffen. Unter ihrem seit 1969 amtierenden Vorsitzenden Jassir Arafat (1929–2004), Führer und Gründer der Al-Fatah-Bewegung, radikalisierte sich die PLO weiter. Die Terrorgruppe »Schwarzer September«, die den Anschlag in München durchführte, war vermutlich eng verbunden mit der Al-Fatah.

Wie sollten die Organisatoren der Olympischen Spiele nach den tragischen Ereignissen reagieren? Durfte man die Spiele fortführen? War es sogar das Gebot der Stunde, sie fortzuführen? Avery Brundage war seit 20 Jahren der Präsident der olympischen Bewegung. Der Teilnehmer am Zehnkampf der Olympischen Spiele von 1912 hatte es als Bauunternehmer zum Multimillionär gebracht. Als Sportfunktionär – ab 1929 Präsident des amerikanischen Olympischen Komitees, ab 1936 Vizepräsident und ab 1952 Präsident des IOC –, ist sein Bild kontrovers. Brundage weigerte sich 1936, Hitlers Spiele in Berlin zu boykottieren, später wandte er sich rigide gegen jegliches Aufweichen des Prinzips, dass nur reine Amateure an den Spielen teilnehmen durften. Seine Entscheidung nach dem Attentat in München lieferte Stoff für weitere Diskussionen. Er beantwortete die Frage, ob die Spiele beendet werden sollten, in seiner kurzen Ansprache während der Trauerfeier. Von der Tribüne rief er in das Rund des Stadions und in das niedergedrückte Schweigen der Menschen: »The games must go on!« (Die Spiele müssen weiter gehen!) Die Entscheidung war und bleibt umstritten. Doch im Geist der Olympischen Idee war sie konsequent. Schon immer waren die Olympischen Spiele dem Zugriff der Politik ausgesetzt gewesen. Aufgrund der Weltkriege waren sie schon mehrfach entfallen. Vor den Münchner Spielen hatte es beispielsweise ein zähes Ringen um den Status der beiden deutschen Mannschaften gegeben. Ein Boykott zahlreicher afrikanischer Staaten war abgewendet worden, weil man in letzter Sekunde Rhodesien, das heutige Simbabwe, auslud. Das Land, damals noch von der weißen Minderheit beherrscht, stand wegen seiner Rassenpolitik in der Kritik. Nun, da ein Anschlag unmittelbar auf die Olympischen Spiele selbst verübt worden war, wollte man nicht weichen. Auf die Gewalt mit der Aufgabe der eigenen Idee zu reagieren, hieße zu kapitulieren. Die Spiele gingen weiter. Es waren nicht mehr die Spiele, wie sie es zuvor gewesen waren. Das wussten auch die, die ausdrücklich für das Weitermachen plädiert hatten. Willi Daume sprach vielen aus dem Herzen, als er sagte: »Sie haben uns die Seele aus dem Leib geschossen.«

Doch dass die Spiele weiter gingen, sprach für die Stärke ihrer Idee.

75 Wer zu spät kommt, den bestraft das Leben

Michail Gorbatschow (geb. 1931)

Als Michail Gorbatschow am 5. Oktober 1989 auf dem Berliner Flughafen landete, um als Gast an den Feierlichkeiten zum 40-jährigen Bestehen der DDR teilzunehmen, war die Entfremdung zwischen ihm, dem Generalsekretär des Zentralkomitees der Kommunistischen Partei der Sowjetunion und somit erstem Mann im Staat, und seinem Pendant in der DDR, Erich Honecker, schon weit fortgeschritten. Während Gorbatschow seit seinem Amtsantritt vier Jahre zuvor versuchte, mit weit reichenden Reformen seinen maroden Staat vor dem wirtschaftlichen Zusammenbruch zu bewahren, hielt Erich Honecker, trotz ebenso großer Probleme in der DDR unbeirrt an seinem herkömmlichen Kurs fest.

So wie Gorbatschow im kommunistischen Staatenbund des Ostblocks einen völlig neuen Typ von Politiker verkörperte, so war Erich Honecker Paradebeispiel für die vergreisende Generation der kommunistischen Führer, die eben jene Staaten aufgebaut hatten, die nun am Abgrund standen.

Gorbatschow war 1985 an die Macht gekommen, nachdem mit Jurij Andropow und Konstantin Tschernenko binnen zwei Jahren zwei alte Männer nacheinander im Kreml zum Parteichef gewählt worden waren, die beide rasch verstarben. Nach seinem Amtsantritt erkannte Gorbatschow bald, dass die Sowjetunion kurz vor dem wirtschaftlichen Zusammenbruch stand. Die Gründe lagen im starren Wirtschaftssystem, in ausgebliebenen Reformen. Darüber hinaus belastete das permanente Wettrüsten mit dem Westen die Wirtschaft. Vor allem der amtierende US-Präsident Ronald Reagan hatte den Bau neuer Waffen so stark forciert, dass der Ostblock schließlich nicht mehr mithalten konnte. Drastische Maßnahmen schienen geboten. Gorbatschow, der vor seinem Amtsantritt als Generalsekratär bereits in seiner Zeit als Politbüromitglied einige Reisen in den Westen unternommen hatte, wollte das kommunistische System erhalten und gründete seine Strategie dabei auf zwei Pfeiler: Glasnost (Offenheit) und Perestroika (Umstrukturierung). Diesen Prozess setzte er mit dem 27. Kongress der Kommunistischen Partei der Sowjetunion (KPdSU) im Februar 1986 in Gang. 1988 erklärte er die so genannte Breschnew-Doktrin, die den Staaten des Warschauer Paktes nur begrenzte Souveränität zugestanden hatte, für beendet. Künftig sollte jeder Staat seinen eigenen souveränen Weg wählen dürfen. Scherzhaft nannte Gorbatschow diese neue »Doktrin« nach Frank Sinatras Song »My Way« die »Sinatra-Doktrin« und hoffte, dass der Ostblock »verschiedene Wege zum Sozialismus« nutzte. Der Name »Sinatra-Doktrin« entstammt einer Idee von Gorbatschows Berater und Pressesprecher des Außenministeriums Gennadi Gerassimow, der auch bei dem berühmtesten Zitat, das Gorbatschow zugeschrieben wird, eine bedeutende Rolle spielen sollte.

Während Gorbatschows neue Gangart dazu führte, dass überall in Osteuropa seit dem Jahr 1989 ein Umbruch begann und meist friedlich verlaufende Revolutionen die alten kommunistischen Staatssysteme allmählich auflösten, schien das Regime in Ostberlin die Zeichen der Zeit nicht erkannt zu haben, und gleichzeitig paralysiert von den Ereignissen weltweit. Höhe- und Wendepunkte brachten die Monate Mai und Juni des Jahres 1989. Ungarn begann seine Grenzanlagen zu Österreich abzubauen, die Polen wählten mit Tadeusz Mazowiecki den ersten nichtkommunistischen Ministerpräsidenten eines Ostblockstaates.

Auch in China wurde der Ruf der Bevölkerung nach Reformen des kommunistischen Staates lauter. Doch hier zeigte das Regime Härte. Beim Massaker auf dem Platz des Himmlischen Friedens in Peking ließ die chinesische Führung im Juni 1989 tausende Demonstranten erschießen und von Panzern überrollen. Für viele Menschen in Osteuropa war das ein Beweis, dass das kommunistische System auf friedlichem Wege nicht zu reformieren sei. Forderungen nach der völligen Abschaffung des Kommunismus wurden immer populärer.

Als die DDR im Oktober ihr 40-jähriges Bestehen feiern wollte, befanden sich bereits tausende von DDR-Bürgern entweder auf der

Flucht über die Grenzen von Ungarn und der Tschechoslowakei oder sie besetzten, ebenfalls zu tausenden, die deutschen Botschaften in diesen Ländern, um in die Bundesrepublik ausreisen zu können. Der deutsche Außenminister Hans-Dietrich Genscher erreichte, dass die Botschaftsflüchtlinge mit Zügen in die Bundesrepublik ausreisen durften. Als sie über das Gebiet der DDR fuhren, versuchten Menschen auf die fahrenden Züge aufzuspringen und konnten nur durch Polizeigewalt daran gehindert werden. Die Abstimmung des Volkes mit den Füßen wurde immer dramatischer. Honecker und seine Genossen nahmen es zur Kenntnis, versuchten es aber nach außen zu ignorieren. Man tat entspannt. Honecker orakelte bemüht launig: »Den Sozialismus in seinem Lauf, halten weder Ochs noch Esel auf.« Als am 10. und 11. September 1989 Ungarn seine Grenzen ganz öffnete, schienen alle Dämme zu brechen, die DDR-Bürger drohten in Scharen ihrer Heimat den Rücken zu kehren. In dieser Atmosphäre kam in Ostberlin der Regierungschef jenes Landes zu Besuch, das bis vor wenigen Jahren autoritär den hermetischen, doktrinären Ton im Ostblock angegeben hatte.

Im Grunde war Gorbatschow von Beginn seiner Amtszeit an der Überbringer der schlechten Nachricht für alle Machthaber der kommunistischen Staaten, dass es so wie bisher einfach nicht weitergehen könne. Aber Überbringer schlechter Nachrichten haben es immer schwer. Vor allem, wenn sie dann auch noch zu massiven Verhaltensänderungen aufrufen. Als Honecker Gorbatschow auf dem Flughafen Berlin-Schönefeld an den Stufen der Gangway empfing, war die Stimmung frostig, man tauschte nur für die Öffentlichkeit den Bruderkuss aus. Der Weg in die Stadt geriet für Gorbatschow zum Triumphzug, für Honecker zum Desaster. »Gorbi, Gorbi!«-Rufe ertönten überall am Rand der Straße.

Für den starrköpfigen Honecker sollte es während des Besuchs des »großen Bruders« noch schlimmer kommen. Als am 7. Oktober im Palast der Republik die große Feier zum 40-jährigen Bestehen der DDR anhob, stand draußen das Volk und rief nicht nur erneut »Gorbi! Gorbi!«, sondern auch »Gorbi hilf uns!« und »Wir wollen raus!«. Aber Gorbatschow, so schien es, hielt sich trotz der unübersehbaren Eiszeit zwischen ihm und Honecker in der Öffentlichkeit auffallend zurück. Keine symbolische Geste, keine Äußerung, nichts Griffiges drang nach draußen. Doch dann tauchte plötzlich der Satz in allen Medien auf, der Geschichte machte: »Wer zu spät kommt, den bestraft das Leben.« Endlich hatte man den Slogan, eine simple Weisheit, die Gorbatschow als Reformer und Mahner in einer Person auswies. Genau das hatte man von seinem Besuch erwartet, dass er ihn nutzt, um eine Linie zu ziehen, nun klarzustellen, dass es keine Alternative zu entschiedenen Reformen gab und das sture Verharren im Alten zum Ende führen würde. Jetzt war diese Linie da. Aber wann hatte Gorbatschow diese Worte gesagt?

15 Jahre nach diesen denkwürdigen Ereignissen ging Ulla Plog in einem hervorragend recherchierten Artikel in der *Frankfurter Allgemeinen Sonntagszeitung* vom 3. Oktober 2004 der wunderlichen Tatsache nach, dass weder eine Kamera- noch eine Tonaufzeichnung aufzufinden war, die diesen Satz belegte. Schließlich fand man eine Spur. Bei einer Kranzniederlegung an der Neuen Wache am 6. Oktober Unter den Linden, ein Tag vor der Feier im Palast der Republik, war Gorbatschow auf die wartenden Journalisten zugegangen und hatte mit ihnen geredet – ein Novum im Umgang eines sowjetischen Regierungschefs mit den Medien. In den Filmaufzeichnungen hörte man einen Satz Gorbatschows, den der Dolmetscher mit »Ich glaube, Gefahren warten nur auf jene, die nicht auf das Leben reagieren« übersetzte.

Der Schnipsel dieser Filmaufzeichnung geriet nun in die Mühlen schlampiger Dokumentation. Man schnitt ihn irgendwann an die Ankunft Gorbatschows auf den Flughafen Schönefeld. Der darin neu gesprochene Kommentar machte glauben, der Reformer habe gleich zur Begrüßung den Satz »Wer zu spät kommt, den bestraft das Leben« in das erstarrte Land geschleudert – mal abgesehen davon, dass »Gefahren warten nur auf jene, die nicht auf das Leben reagieren« weit weniger elegant ist.

Nun war der Satz, der sehr viel berühmtere, in der Welt. Bald schien es sogar, als habe Gorbatschow ihn während seines Aufenthalts in Ostberlin rauf- und runtergeleiert, aber ein Beleg dafür, dass er ihn je gesagt hatte, ließ sich immer noch nicht finden.

Die Lösung des Rätsels liegt wohl in der Findigkeit eines »Spin Doctors«. So werden jene politischen Berater genannt, die Äußerungen oder Vorhaben einen Dreh (spin) geben, damit er möglichst kommod und verständlich die öffentliche Meinung beeinflusst. In diesem Fall war es der bereits erwähnte Gennadi Gerassimow. Wenige Stunden nach Gorbatschows in eisiger Atmosphäre verlaufenem Auftritt vor dem Politbüro gab Gerassimow eine Pressekonferenz. Nun fiel der Satz »Wer zu spät kommt, den bestraft das Leben« zum ersten Mal und er kam aus dem Munde Gerassimows. Ulla Plog berichtet: »›Ich glaube, Sie wollen das genau von mir wissen‹, sagte der sowjetische Außenamtssprecher laut *Chicago Tribune* und kündigte ein Zitat von Gorbatschow an, das sein Treffen mit Honecker charakterisiere.« Und dann sagte er: »Those who are late will be punished by life itself.«

Später antwortete Michail Gorbatschow auf die Frage, wie es sich mit dem Zitat verhalten habe, das in Deutschland eine so große Rolle spielte: »Das hat Gerassimow zu Ende gedacht.«

Bedenkt man, welche Wirren, welche Veränderungen das berühmteste Zitat Gorbatschows erfahren hat, in einer Zeit ausgefeilter Massenmedien, dann beginnt man Überliefertes aus früheren Zeiten noch kritischer zu sehen.

76 **Blühende Landschaften**

Helmut Kohl (geb. 1930)

Nach dem Fall der Berliner Mauer am 9. November 1989 überschlugen sich in der DDR die Ereignisse. Die Bürger gingen zu hunderttausenden auf die Straßen und forderten einen anderen, demokratischen Staat. Die Machthabenden der kommunistischen Einheitspartei SED konnten nicht mehr auf die Hilfe der Sowjetunion zählen, deren Regierungschef Michail Gorbatschow erklärte, jeder Staat müsse seinen eigenen Weg finden. Die Führungsspitze der DDR im Politbüro geriet schließlich so stark in Bedrängnis, dass sie ihren halsstarrigen Vorsitzenden Erich Honecker stürzte und Egon Krenz als seinen Nachfolger einsetzte. Doch der Verfall des Staates war nicht mehr aufzuhalten. Auf den Straßen begannen die Massen nicht nur mehr Demokratie zu fordern, sondern auch die Einheit Deutschlands. Auf der Leipziger Montagsdemonstration vom 20. November 1989 wurden die Rufe unüberhörbar. Aus dem Slogan der letzten Wochen »Wir sind *das* Volk!« wurde »Wir sind *ein* Volk!« und bald skandierte man »Deutschland einig Vaterland«.

Der andere deutsche Staat, die Bundesrepublik Deutschland, sah sich von den Entwicklungen ebenso überrollt wie alle anderen in diesen Tagen. Auch Bundeskanzler Helmut Kohl. Dieser, Machtmensch durch und durch, steckte nach sieben Jahren Regierung mit seinem Kabinett aus CDU und FDP in der Krise. 1982 hatte Kohl als Oppositionsführer mit Hilfe eines konstruktiven Misstrauensvotums – unterstützt von der kurz zuvor aus der regierenden Koalition mit der SPD ausgetretenen FDP – die Regierung von Helmut Schmidt gestürzt und »die geistig moralische Wende« proklamiert. Doch der Reformwillen, der zu Beginn seiner Kanzlerschaft noch zu erkennen war, verflüchtigte sich bald. Kohls Regierungsmannschaft zeigte Verschleißerscheinungen. Obwohl Kohl ein Meister nicht nur des Machterwerbs, sondern auch des Machterhalts war, war er, was seine politischen Vorhaben betraf, zu Beginn des Jahres 1989 ziellos. Große Herausforderungen verlangten nach Lösungen. Wie sollte die Zukunft der Bundesrepublik aussehen, die dank immenser Arbeit und Marktwirtschaft aus Trümmern zu großem Wohlstand aufgestiegen war, der ständig ausgebaute Wohlfahrtsstaat jedoch einen Lebensstandard erreicht hatte, der sich als nicht mehr lange finanzierbar erwies? Wie plante Kohl auf diese Herausforderungen zu reagieren? Man wusste es nicht so recht. Hatte er eine Antwort oder war er ausgebrannt?

Die Ereignisse in der DDR schienen nun wie eine Wiedererweckung des jungen Helmut Kohl der Nachkriegszeit. Alte Ideale, Visionen von einem geeinten Deutschland in einem geeinten Europa, die in der politischen Realität der letzten Jahrzehnte wie Träume von Utopisten schienen, waren, wenn auch noch immer kühn, dennoch mit einem Male wieder denkbar. Kohl, der sich als jugendlicher Aktivist in seiner pfälzischen Heimat daran beteiligt hatte, Schranken an der Grenze zwischen Deutschland und Frankreich einzureißen, um damit auf die Einheit Europas zu drängen, war immer Anhänger dieses Traums gewesen, der viele Jahre nur als »Teillösung« für Westeuropa möglich schien, doch nun als Chance für ganz Europa denkbar wurde und mehr und mehr Menschen ergriff. Zunächst hielt sich Kohl noch zurück, sondierte, versuchte die Befindlichkeiten der Verbündeten und der Ostblockstaaten zu erkennen. Er wog die Risiken und die Gefahren ab. Der sowjetische Regierungschef Michail Gorbatschow schien der Lösung der deutschen Frage nicht im Wege stehen zu wollen. Dann, noch nicht einmal drei Wochen nach dem Fall der Mauer, ergriff Kohl die Initiative.

Am 28. November stellte er im Bundestag ein 10-Punkte-Programm vor, mit dem er auf ein konföderatives Zusammengehen beider deutscher Staaten abzielte. Kohl machte sich damit zur Speerspitze aller Stimmen, die eine deutsche Wiedervereinigung forderten. Aber noch war die Entscheidung der öffentlichen Meinung und der politischen Willensbildung in Deutschland nicht eindeutig zugunsten einer Wiedervereinigung gefallen. Bei der Montagsdemonstration am 11. Dezember überwogen zwar die Rufe nach der Einheit Deutschlands, doch auch Plakate mit Aussagen wie »Kein Ausverkauf der DDR« und »Wir lassen uns nicht BRDigen« waren zu sehen. Im Laufe der nächsten Wochen wurden allerdings die Stimmen derjenigen, die für eine weitere staatliche Eigenständigkeit der DDR eintraten und vor einem wirtschaftlichen Ausverkauf warnten, immer weniger. In der Bundesrepublik blieben vor allem in der SPD die Meinungen lange geteilt. Während Oskar Lafontaine die finanziellen Lasten und sozialen Risiken einer Wiedervereinigung in den Vordergrund schob und vor einem zu schnellen Prozess warnte, stellte sich der Ehrenvorsitzende der Partei, Willy Brandt, hinter Kohls Linie.

Am 19. Dezember 1989 trafen sich Kohl und der neue Ministerpräsident der DDR Hans Modrow in Dresden. Bei einer Großkundgebung vor der Ruine der Dresdner Frauenkirche wurde Kohl von der Menge gefeiert. Bewegt, doch gerade deshalb vorsichtig, nannte er in seiner Ansprache die deutsche Einheit als das Ziel seiner Politik, »wenn die geschichtliche Stunde es zulässt«. Die Menge jubelte.

Kohl war zuversichtlich, dass die Bundesrepublik mit ihrer Wirtschaftskraft im Verein mit dem Aufbauwillen der Bürger die DDR bald zu wirtschaftlicher Blüte führen könne. Am 25. Februar 1990 zeigte er sich bei einem Treffen mit dem amerikanischen Präsidenten George Bush sr. überzeugt, dass das Gebiet der DDR in »drei oder fünf Jahren« zur Prosperität zurückfinden werde.

Vor der ersten freien Parlamentswahl der DDR im März 1990 wandelten sich die Demonstrationen im Land zunehmend in Wahlkampfplattformen. Helmut Kohl engagierte sich vehement für die Schwesterpartei der CDU gleichen Namens in der DDR. Zur Überraschung vieler siegte sie anstatt der SPD. Das von dem neuen Ministerpräsidenten der DDR Lothar de Maizière geführte Kabinett machte sich die rasche Wiedervereinigung zum Hauptziel. Im Mai beschlossen die Bundesrepublik und die DDR eine Währungs-, Wirtschafts- und Sozialunion. Zur Unterzeichnung des Vertrages hieß es am 18. Mai in einer Kanzlererklärung Kohls: »Meinen Landsleuten in der DDR rufe ich zu: die Einführung der sozialen Marktwirtschaft bietet ihnen alle Chancen, ja ich sage bewusst: die Gewähr dafür, dass Mecklenburg und Vorpommern und Sachsen-Anhalt, dass Brandenburg, Sachsen und Thüringen bald wieder blühende Landschaften, wirtschaftlich blühende Landschaften sein werden, in denen es sich für jeden lohnt zu leben und zu arbeiten.«

Die »blühenden Landschaften« brachte Kohl nun immer wieder ins Spiel. Fast beschwörend wiederholte er es. In einer Mischung aus Glauben daran und dem Versuch der Ermutigung, baute er die Worte immer wieder in seine öffentlichen Auftritte ein. Bei der Bundestagsdebatte am 21. Juni 1990 um den Staatsvertrag rief er aus: »Nur der Staatsvertrag gibt die Chance, dass Mecklenburg-Vorpommern, Sachsen-Anhalt, Thüringen, Brandenburg und Sachsen bald wieder zu blühenden Landschaften werden können.« Als am 1. Juli 1990 die Währungs-, Wirtschafts- und Sozialunion in Kraft trat, sagte er in einer Fernsehansprache: »Den Deutschen in der DDR kann ich sagen, was auch Ministerpräsident de Maizière betont hat: Es wird niemandem schlechter gehen als zuvor – dafür vielen besser. Nur die Währungs-, Wirtschafts- und Sozialunion bietet die Chance, ja die Gewähr dafür, dass sich die Lebensbedingungen rasch und durchgreifend bessern. Durch eine gemeinsame Anstrengung wird es uns gelingen, Mecklenburg-Vorpommern und Sachsen-Anhalt, Brandenburg, Sachsen und Thüringen schon bald wieder in blühende Landschaften zu verwandeln, in denen es sich zu leben und zu arbeiten lohnt.«

»Es wird niemandem schlechter gehen als zuvor – dafür vielen besser.« Diese Worte verknüpft mit den »blühenden Landschaften« sollten ihm noch nachgetragen werden. Das eine war ein Versprechen, das nicht einzulösen war, denn jede Veränderung hat auch Verlierer, das andere war ein Bild, dessen Realisierung fortan alle überprüften.

Am 3. Oktober 1990 wurde Deutschland wieder vereinigt. Am 2. Dezember gewann Kohl die ersten gesamtdeutschen freien Wahlen seit 1932. Doch nun schlug die harte wirtschaftliche Realität zu. Die DDR war maroder als selbst der größte Pessimist erwartet hatte.

Straßen- und Schienenwege waren unzulänglich oder verrottet, die Wohnungen stammten zu fast drei Viertel aus den Anfangsjahren der DDR, die Produktivität lag bei einem Drittel der des Westens, es waren weder Kapital noch nennenswerte industrielle Werte vorhanden. Binnen kürzester Zeit musste die Industrie, ja mussten alle Vermögen wie auch Grund- und Immobilienbesitz privatisiert werden. Fehler, teilweise grobe Fehler wurden gemacht. Auch das Überstülpen der staatlichen Strukturen der Bundesrepublik auf die ehemalige DDR geriet zu schnell und viel zu undifferenziert. Im Laufe der ersten dreizehn Jahre wurde die enorme Summe von über 1250 Milliarden Euro in die ehemalige DDR gepumpt.

Der Begriff »blühende Landschaften« ist sehr dehnbar. Verteidiger Kohls verwiesen auf zahlreiche Gegenden und Städte die bald einen Aufschwung zeigten, wie Dresden, Leipzig, Erfurt, Jena. Doch im Jahr 2004 waren die Lebensverhältnisse auf dem Gebiet der ehemaligen DDR noch weit davon entfernt, das Niveau der alten Bundesländer zu erreichen. Die Arbeitslosigkeit war mehr als doppelt so hoch. Vergleicht man aber das durchschnittliche Pro-Kopf-Einkommen der neuen Bundesländer mit dem anderer ehemals sozialistischer Staaten, so führen sie die Rangliste unangefochten an. Das tröstet allerdings wenig, denn natürlich vergleicht man sich als Bürger der Bundesrepublik mit seinen Mitbürgern im Westen und nicht mit Esten, Polen, Ungarn und Russen.

»Nichts auf der Welt ist so mächtig wie eine Idee, deren Zeit gekommen ist.« Dieses berühmte Wort Victor Hugos traf auf den Geist jener Tage zu. Die Deutschen wollten die Wiedervereinigung. Es war eine Zeit zwar nicht der Euphorie, aber des Aufbruchs, es war nicht die Zeit der Schwarzmaler und der Zögerlichen – abgesehen davon, drohten Millionen DDR-Bürger in die Bundesrepublik auszuwandern, sollte nicht rasch die Hoffnung auf eine gleiche Währung und vergleichbare wirtschaftliche und gesellschaftliche Verhältnisse entstehen. Ausgerechnet Helmut Kohl, dem man allzu oft Zaudern und Phantasielosigkeit vorgeworfen hatte, ergriff und begriff die vielschichtige Macht der Idee der Wiedervereinigung. »Hätte«, »Wäre«, »Wenn« ist in der Geschichte immer ein müßiges Gedankenspiel. Hätte ein anderer Kanzler ebenso gehandelt? Manche meinen, ja. Doch wirft man einen Blick auf die sehr zurückgenommene und wenig konstruktive Haltung, die der Kanzlerkandidat Oskar Lafontaine im Bundestagswahlkampf des Jahres 1990 einnahm, sieht man mögliche Alternativen, wie es auch hätte kommen können. Was für Folgen hätte eine lose Konföderation gehabt, auch für die Sicherheit Europas? Bestand zudem die Möglichkeit der Wiedervereinigung nur für kurze Dauer? Wie hätte sich die Sowjetunion nach dem gescheiterten Putsch in Moskau im August 1991 verhalten, der wenige Wochen später den Rücktritt Gorbatschows zur Folge hatte? Und hätte ein anderer Kanzler ebenso zielstrebig und robust mit den Siegermächten des Zweiten Weltkriegs verhandelt? Noch immer stand die Bundesrepublik – trotz einer De-facto-Souveränität – unter dem so genannten alliierten Kontrollrecht, das nach dem Zweiten Weltkrieg den USA, Großbritannien und Frankreich bestimmte Rechte einräumte. Dazu gehörte auch, dass sie bestimmte militärische Aktionen auch in Verbindung mit Westberlin ohne Zustimmung der Bundesregierung durchführen durften. Erst der Zwei-plus-Vier-Vertrag vom 12. September 1990 brachte dem künftig wiedervereinten Deutschland die volle Souveränität.

Kohl war da und er ergriff die Chance. Seine herausragende Leistung war die Fähigkeit, mit den vielschichtigen und oft widerstrebenden Interessen der Alliierten und vieler europäischer Regierungen so umzugehen, dass er letztlich durch persönliche Diplomatie, Einbindung des Gedankens des europäischen Einigungswerkes und Härte, wenn er es für richtig hielt, das Ziel der deutschen Einheit erreichte.

War der Begriff der »blühenden Landschaften« unglücklich gewählt? Unterstellen wir, dass Kohl selbst daran glaubte. Wenn es so war, war es aber sicher naiv, dass drei bis fünf Jahre – wie er es Bush gesagt hatte – reichen würden, um das marode Land zu sanieren. Zugute halten muss man ihm aber, dass nahezu keiner das Ausmaß der Hinfälligkeit der DDR erkannte. Ob Kohl gelogen hatte oder nicht – oder ob er, etwas freundlicher gesagt, die »blühenden Landschaften« aus taktischen Gründen ins Spiel brachte –, der Begriff war hilfreich. Er diente dazu, die Menschen davon abzuhalten, in Scharen in die Bundesrepublik überzusiedeln, was womöglich mit verheerenden gesellschaftlichen und wirtschaftlichen Folgen verbunden gewesen wäre. Im schlimmsten Falle wäre es zu politischen Unruhen gekommen, die Alliierten womöglich auf den Plan gerufen worden, die deutsche Wiedervereinigung vielleicht verspielt gewesen. Die Prophezeiung der »blühenden Landschaften« war daher Beruhigungsmittel,

Stimmungsaufheller und Verheißung zugleich. Angenehme Nebenwirkung: Kohl machte sich so zum Überbringer der guten Botschaft, was ihn im Wettbewerb mit Oskar Lafontaine um die Kanzlerschaft im Jahr 1990 eindeutig zum attraktiveren Kandidaten machte.

Wie alle anderen in einer Situation plötzlicher und dramatischer politischer Umbrüche konnte auch Kohl die Folgen seiner Entscheidungen zum Zeitpunkt, als er sie traf, nicht absehen. Kohl wurde in jenen historischen Tagen von einem eher schwächeren deutschen Kanzler zum »Kanzler der Einheit« befördert und stand plötzlich in einer Reihe mit Konrad Adenauer und Willy Brandt. Dass man ihm das nicht eingelöste Versprechen der »blühenden Landschaften« nachträgt, damit muss er sich abfinden. Leider fiel Kohl nach seinen furiosen Leistungen, die zur Wiedervereinigung führten, wieder in alte Phantasielosigkeit. Zwar war die Aufgabe des Zusammenführens der beiden deutschen Staaten außergewöhnlich, doch die Konzentration auf den Aufbau Ost führte zur weiteren Vernachlässigung der nötigen Reformen in der Bundesrepublik und schließlich zur Krise des wiedervereinten Deutschland. Als er 1998 nicht mehr wieder gewählt wurde, gab er jahrelang versäumte, aber dringende Reformen des Sozial-, Wirtschafts- und Wohlfahrtssystems der Bundesrepublik, die auch ohne Wiedervereinigung zu Problemen geführt hätten, an seinen Nachfolger, den Sozialdemokraten Gerhard Schröder weiter.

Nach dem Ende seiner Kanzlerschaft war Kohl, der promovierte Historiker, um sein Bild in der Geschichte bemüht. Eine Affäre um widerrechtlich entgegengenommene Parteispenden, deren Herkunft er beharrlich nicht nennen wollte, überschattete bald dieses Ansinnen. Bei Ehrungen, die ihm zuteil werden, und Veranstaltungen, auf denen er spricht, erzählt er lieber von den Tagen, als er an der deutschen Einheit bastelte.

77 Die Mutter aller Schlachten hat begonnen

Saddam Hussein (geb. 1937)

»Wir wussten, dass er ein Bastard ist. Aber er war unser Bastard.« Jeffrey Kemp, der Sicherheitsberater von US-Präsident Reagan, gab mit diesen Worten beredt Auskunft über den irakischen Diktator Saddam Hussein und über die pragmatische Art amerikanischer Außenpolitik, die nur allzu oft die Moral nicht nur biegt, sondern bricht. Als Saddam Husseins Truppen im Sommer 1990 in das Nachbarland Kuwait einfielen und Hussein den kleinen Ölstaat zur neuen Provinz des Irak erklärte, erkannte die amerikanische Regierung endgültig, dass das Motto »Der Feind meines Feindes ist mein Freund« nicht stimmen muss, sondern im Gegenteil sogar zu erheblichen Schwierigkeiten führen kann.

Saddam Hussein war 1957 als junger Mann der damals verbotenen Baath-Partei beigetreten. Diese vertrat einen sozialistisch gefärbten, säkularen arabischen Nationalismus. Saddam stieg in der Partei auf und beteiligte sich an Umsturzversuchen und politischen Attentaten. Als die Partei schließlich 1968 durch einen Putsch an die Macht kam, amtierte Saddam zuerst als Chef des Sicherheitsministeriums, leitete dann die Verstaatlichung der Ölindustrie ein und wurde 1979 von dem kranken Staatschef Ahmed Hassan al-Bakr zu seinem Nachfolger ernannt. Mit Duldung der USA griff Saddam im September 1980 das Nachbarland Iran auf einer mehrere hundert Kilometer breiten Front an und löste damit den Ersten Golfkrieg aus. Vielen Staaten kam der Überfall auf den Iran gelegen, vor allem den USA. Ein Jahr zuvor hatten sie dort durch die islamische Revolution und den Sturz des Schahs Reza Pahlevi im Januar 1979 nicht nur einen wichtigen Verbündeten verloren, sondern einen neuen Feind bekommen. Der an die Macht gelangte Ayatollah Chomeini rief einen islamischen Gottesstaat aus und erklärte die USA und Israel zu den größten Feinden des Iran. Am 4. November 1979 stürmten Revolutionsanhänger, vor allem Studenten, die amerikanische Botschaft in Teheran, nahmen 66 US-Bürger als Geiseln und hielten sie fast vierzehn Monate bis zum 20. Januar 1981 gefangen. Der Versuch des damaligen US-Präsidenten Jimmy Carter, im April 1980 die Geiseln durch ein geheimes Militärkommando zu befreien, endete im Desaster. Die Bilder abgestürzter amerikanischer Militärmaschinen im iranischen Wüstensand gingen um die Welt, Carter verlor im Herbst den Kampf um seine Wiederwahl gegen seinen Konkurrenten Ronald Reagan.

Zur selben Zeit sahen sich die arabischen Herrscher in der Region durch den Fundamentalismus im Iran bedroht. Würde die Welle der islamischen Revolution auch ihre Regimes hinwegfegen? Besonders hoch schien die Gefahr im Irak. Denn die im Iran vorherrschende schiitische Glaubensrichtung hatte auch in der dortigen Bevölkerung viele Anhänger. Der Westen bangte zudem um seine Ölversorgung. Doch damit nicht genug, war die Region 1978 auch zum Brennpunkt des Kalten Krieges geworden, als sowjetische Truppen in Afghanistan einmarschierten und den Machtanspruch in diesem Teil der Welt dokumentierten.

In dieser Situation kam Saddam Hussein dem Westen als Gegenkraft gerade recht. Man gab ihm, der bereits in den Siebzigerjahren durch massive Hilfe der Sowjetunion hochgerüstet worden war, Geld und weitere Waffen. Die finanzielle Hilfe kam vor allem aus den arabischen Staaten, allen voran Saudi-Arabien und Kuwait, die militärische Ausrüstung erhielt Saddam aus den USA und Europa. Außerdem versorgten ihn die Amerikaner mit Satellitenbildern über iranische Truppenaufmärsche und gaben ihm Hinweise, welche Ziele im Iran sich für irakische Luftangriffe eigneten. Frankreich unterstützte Saddam Hussein sogar bei der Errichtung eines Atomreaktors. Das ging den Israelis allerdings zu weit. Sie fürchteten um die Existenz ihres Staates und zerstörten die im Bau befindliche Anlage 1981 mit einem massiven Luftangriff. Die Chemieanlagen, auch mit Hilfe deutscher Firmen gebaut, blieben stehen. Saddam nutzte diese – dank der Lieferung nötiger Zwischenprodukte auch aus den USA –, um Giftgas herzustellen, das er schließlich massiv gegen iranische Truppen einsetzte. Dennoch war der Krieg gegen den Iran für Saddam Hussein nicht zu gewinnen. Der so genannte Erste Golfkrieg endete im August 1988 mit einem Waffenstillstand.

In der Zwischenzeit hatten die USA auch an den Erzfeind Iran Waffen geliefert. Im Gegenzug sollten die amerikanischen Geiseln in der Botschaft freikommen. Die Erlöse aus dem Waffenverkauf an den Iran nutzte die amerikanische Regierung für die Unterstützung der Contra-Rebellen gegen das den USA missliebige Regime der Sandinisten in Nicaragua.

Saddam Hussein erklärte sich nach dem Waffenstillstand mit dem Iran Anfang 1988 zum Sieger des Krieges, sein Land jedoch lag am Boden. Opposition regte sich. Im Norden des Irak probten die Kurden den Aufstand. Auch gegen sie setzte Saddam im März 1988 massiv Giftgas ein. Die Revolte wurde niedergeschlagen. Die arabischen Staaten, die ihn bislang unterstützt hatten, weigerten sich nun, ihm seine immensen Schulden zu erlassen. Der Irak war endgültig bankrott. In dieser Situation entschloss sich Saddam zum nächsten Waffengang. Seine Truppen überfielen Kuwait.

Dieses Mal jedoch hatte er sich bezüglich der weltweiten Reaktion verrechnet. Die Industrienationen, vor allem die USA, sahen ihren Zugriff auf die Ölressourcen der Region bedroht. Bei den Vereinten Nationen in New York war man sich ausnahmsweise einig. Man stellte Saddam Hussein ein Ultimatum, seine Truppen aus Kuwait abzuziehen. Nichts geschah. Die inzwischen in der Golfregion zusammengezogenen Truppen, vor allem US-amerikanische, britische und französische, schlugen mit einigen verbündeten arabischen Staaten nach Ablauf des letzten Ultimatums am 17. Januar 1991 zu. US-Präsident George Bush sr. erklärte: »Die Befreiung Kuwaits hat begonnen.« Im irakischen Radio meldete sich Saddam Hussein zu Wort. Ob die Ansprache, die er hielt, live oder aufgezeichnet war, ist nicht geklärt. In der im Arabischen üblichen bildreichen Sprache rief er aus: »Tapfere irakische Soldaten – bekämpft sie! Kämpft! Die Mutter aller Schlachten hat begonnen!«

Keiner konnte zu diesem Zeitpunkt sicher sein, ob der Krieg eskalieren würde. Würde Saddam Hussein wieder Giftgas oder sogar Atomwaffen einsetzen? In Israel schlugen bald irakische Raketen ein. Gasmasken wurden an die Bevölkerung ausgegeben. Doch Giftgas transportierten die Raketen nicht. Allerdings ist nicht geklärt, ob die irakische Armee zumindest während des Landkriegs Giftgas gegen die alliierten Truppen einsetzte.

Das Schlagwort von der »Mutter aller Schlachten« prägte sich weltweit in das kollektive Gedächtnis ein und setzte sich im Sprachschatz des Westens fest. In allen möglichen und unmöglichen Zusammenhängen wurde bald jeder »Ursprung«, jedes »Erste« oder jedes »Sinnbild« von etwas in Bezug zu Saddam Husseins Äußerung über die »Mutter aller Schlachten« gekürt und karikiert: »Die Mutter aller Talkshows«, »die Mutter aller Boygroups«.

Der Landkrieg begann nach wochenlangen massiven Luftangriffen am 24. Februar mit der Bodenoffensive. Binnen weniger Tage war die bereits stark geschwächte irakische Armee zerschlagen. US-Präsident Bush sr. ordnete die Waffenruhe an. Die Truppen der Alliierten setzten den begonnenen Marsch auf Bagdad nicht fort. Im Norden des Irak erhoben sich die Kurden. Sie vertrauten auf Zusicherungen der Amerikaner, ihren Freiheitskampf zu unterstützen. Doch diese ließen sie ihm Stich. Der Aufstand wurde von den Resten der irakischen Armee brutal niedergeschlagen und die Amerikaner griffen nicht ein. Saddam Hussein blieb an der Macht.

War die angekündigte »Mutter aller Schlachten« trotz vermutlich etwa einer Viertel Million Toter ausgeblieben? Wenn es um das Ausmaß der Gewalt und der Zerstörung geht, die keineswegs klein zu reden sind, dann ja. Es gab sehr viel schlimmere Kriege in der Weltgeschichte.

Über zwölf Jahre sollten vergehen, bis US-Präsident George W. Bush, der Sohn von George Bush, Saddam Hussein im Jahr 2003 im Dritten Golfkrieg endlich vollkommen besiegte. Saddam Hussein tauchte unter und wurde erst nach Monaten von US-Truppen in seinem Versteck aufgespürt und gefangen genommen. Die Gründe für den Beginn dieses Dritten Golfkrieges durch die USA waren fadenscheinig bis falsch. Die Regierung von George W. Bush hatte Saddam Hussein den Besitz von Massenvernichtungswaffen vorgeworfen. Gefunden wurden keine. Außerdem hatte man in der US-Öffentlichkeit versucht, Saddam Hussein als wichtigsten Unterstützer eventuell sogar Mitinitiator der Anschläge vom 11. September 2001 darzustellen. Eine Verbindung, die ebenfalls nicht nachgewiesen werden konnte, die viele US-Bürger aber glaubten.

Mit dem Sturz Saddam Husseins wurden die USA zur Besatzungsmacht. Nun zeigte sich, dass sie keinerlei schlüssiges Konzept zur Umwandlung des Vielvölkerstaates Irak in eine Demokratie hatten, auch verstanden sie nicht die Mentalität der Bevölkerung. War der Irak unter Saddam Hussein ein inakzeptables Gewaltregime gewesen, von dem latente Gefahr auf die gesamte Golfregion ausging, wurde er nun zu einem Land, das in Anarchie versank, und zur wichtigsten Drehscheibe für den islamistischen Terrorismus weltweit. Die bürgerkriegsähnlichen Zustände im Land Anfang 2006 lassen viele Beobachter befürchten, dass der Irak für die USA ein zweites Vietnam wird.

78 I did not have sexual relations with that woman, Miss Lewinsky

Bill Clinton (geb. 1946)

Was war zwischen den beiden gewesen? Die Frage, ob Bill Clinton mit Monica Lewinsky, einer Praktikantin im Weißen Haus, eine sexuelle Beziehung hatte und wer wann worüber log, beschäftigte Anfang 1998 nicht nur die amerikanische Öffentlichkeit, sondern die ganze Welt.

Die Lewinsky-Affäre markierte im Grunde den Höhepunkt einer anderen Affäre, die den 42. US-Präsidenten Bill Clinton bereits in seine erste Amtszeit begleitete: die Whitewater-Affäre. Man warf Clinton vor, dass er in seiner Zeit als Gouverneur von Arkansas unerlaubte Vorteile aus Immobiliengeschäften gezogen habe. Auch seine Frau Hillary wurde beschuldigt.

1994, Clintons Präsidentschaft ging ins zweite Jahr, übertrug man die Whitewater-Ermittlungen dem vermeintlich unabhängigen Sonderermittler Kenneth Starr. Der verschrieb sich seiner Aufgabe mit äußerster Akribie und Hartnäckigkeit. Er erreichte, dass im Januar 1996 Hillary Clinton als erste amtierende First Lady unter Eid aussagen musste. Doch letztlich kam er nicht entscheidend weiter.

Vermeintlich belastendes Material gegen Clinton fiel Starr am 12. Januar 1998 in die Hände, als ihm Linda Tripp, eine ehemalige Mitarbeiterin des Weißen Hauses, heimlich mitgeschnittene Aufnahmen von Gesprächen mit Monica Lewinsky, einer ehemaligen Praktikantin im Weißen Haus, übergab. Pikant ist, dass Tripp Starr kontaktiert hatte, bevor sie die Aufnahmen machte. Nun kam die Lewinsky-Affäre ins Rollen. Am 16. Januar 1998 konfrontierten mit Starr zusammenarbeitende FBI-Agenten Monica Lewinsky mit den Tonbändern. Sie boten ihr Straffreiheit an, sollte sie mit Starr zusammenarbeiten. Es kam zu keiner Einigung. Einen Tag später sagte Clinton unter Eid aus, er habe mit Monica Lewinsky keine sexuelle Beziehung gehabt. Anlass für seine Aussage war eine im Mai 1994, einige Tage vor der Verjährung erfolgte Anzeige einer ehemaligen Assistentin bei der Industrie- und Handelskammer von Arkansas, Paula Jones. Sie gab an, Clinton habe sie in seiner Amtszeit als Gouverneur sexuell belästigt, was Starr begierig aufgriff.

Hatte Clinton unter Eid gelogen? Hatte er außerdem Monica Lewinsky unter Druck gesetzt, damit sie wie er jegliche sexuellen Beziehungen zwischen ihnen bestreite? Denn dies hatte sie getan. Starr scheute sich nicht, alle diese Vorgänge öffentlich werden zu lassen.

Ins kollektive Bewusstsein brannte sich dann Clintons Auftritt und Aussage vom 26. Januar 1998 im Weißen Haus ein. Bei dem TV-Termin ging es an jenem Tag vor allem um Erziehungsfragen. Bill Clinton war mit seiner Frau Hillary erschienen. Sie stand wenige Meter neben ihm, als er an einem Pult, das das Emblem seines Amtes trug, zum angekündigten Thema redete. Man hörte ihm zu, doch jeder dachte an die Affäre, die seit Tagen die Diskussion, nicht nur in den USA, sondern mittlerweile die Nachrichten weltweit, beherrschte. Clintons Ansprache schien beendet, da sagte er plötzlich mit bebender Stimme, den Blick zunächst in die Kamera und damit direkt auf den Zuschauer gerichtet: »I did not have sexual relations with that woman« (Ich hatte keine sexuellen Beziehungen mit dieser Frau), Pause, Blick nach unten: »Miss Lewinsky.« Dann fügte er hinzu: »I never told anyone to lie, not a single time, never. These allegations are false and I need to go back to work for the American people.« (Ich sagte niemandem, er solle lügen, nicht ein einziges Mal, niemals. Diese Behauptungen sind falsch und ich muss nun zu meiner Arbeit für das amerikanische Volk zurückkehren.) Unter Applaus verließ er den Raum, ohne eine der zugerufenen Fragen zu beantworten.

Viele Gründe machen dieses Zitat bemerkenswert: Zunächst einmal gab damit ein US-Präsident öffentlich – wenn auch unter dem Druck der Ereignisse – Auskunft über sein Privatleben. Allein dieser Umstand war etwas Ungewöhnliches. Doch wie gab Clinton Auskunft? Er wählte zum einen den überraschenden Moment. Was sich zudem einprägte, waren die Wortwahl als auch die Pause, bevor er den Satz mit »Miss Lewinsky« beendete.

Worte, Gesichtsausdruck und Gesten Clintons blieben in ihrem seltsamen Zusammenspiel im Gedächtnis der Zuschauer haften. Clinton, nicht nur mediengewandt, sondern ein Stratege der öffentlichen Kommunikation, hatte zwar die Initiative ergriffen und sich knapp und bestimmt geäußert. Doch auch eine gewisse Verletzung, ja Hilflosigkeit strahlte der bisher so souveräne und mächtigste Mann der Welt aus. In jedem Fall bildet dieses Clinton-Zitat, wie es vorgetragen wurde, einen Höhepunkt und vielleicht den für alle Außenstehenden emotional dichtesten Moment der gesamten Affäre: Nicht der Präsident, sondern der Mensch Clinton in all seiner Bedrängnis war zu sehen.

Die Wahl seiner Worte und die Art von Clintons Vortrag wurden in der Folge häufig parodiert und immer wieder zitiert. Warum? Womöglich ist es das Menschliche, das Peinliche der Situation und ein Hauch von Mitgefühl. Die komplizierten Zusammenhänge der Affäre verblassen vor dem emotionalen Moment des ertappten, sich rechtfertigenden Fremdgängers, der obendrein US-Präsident ist. Denn sicher dachten viele nach Clintons Worten im Fernsehen, dass sie gerade ein Paradebeispiel für einen Ehemann gesehen hatten, der, in die Enge getrieben, versuchte, ein tatsächlich existierendes Verhältnis zu leugnen.

Darüber hinaus schufen die Worte Raum für Interpretationen. Denn Clinton blieb auch in der peinlichen Situation, die drohte, ihn als charakterlich dubios dastehen zu lassen, ganz »übergeordneter Amtsträger«: Er wählte anstatt des schlichten Wortes »Sex« die distanziertere und sachlichere Bezeichnung »sexuelle Beziehungen«. Er sagte nicht »this woman«, sondern das distanzierende »that woman«. Und dann kam die berühmte Pause, so als wolle er auch durch eine Lücke in der Zeit dokumentieren, dass er mit ihr nichts zu tun habe.

Was inszeniert, was spontan war, darüber kann man nur spekulieren. Zurück blieben gemischte Gefühle und viele Fragen: Hatte er gelogen? Hatte er einen Meineid geleistet? Wenn ja, war es in diesem Falle sogar zulässig gewesen, zu lügen? Darf man den US-Präsidenten überhaupt zu seinem Liebesleben befragen? Auch stand die Frage im Raum: Was meint Bill Clinton, wenn er von einer sexuellen Beziehung spricht? Das *TIME-Magazine* fragte beispielsweise »When Is Sex Not Sexual Relations«? (Wann ist Sex keine sexuelle Beziehung?). Diejenigen, die für ihn sprachen, führten an, für Clinton sei eine sexuelle Beziehung, wenn man miteinander schlafe, quasi morgens im Bett gemeinsam aufwache. Die mit Monica Lewinsky verbrachten Augenblicke würde er darunter nicht einordnen, würde zumindest glauben, man könne sie als nichtsexuelle Beziehung verkaufen. Also eine Halblüge?

Sonderermittler Starr und Clintons politischen Gegnern ging es offiziell immer um die Frage des Meineids. Gebetsmühlenhaft wiederholten sie: Ein Präsident dürfe nicht lügen. Doch zweifellos war es den erzkonservativen Puritanern unter Clintons Gegnern recht, dass sich mit dem Vorwurf der Lüge gerade im prüden Amerika das schlüpfrige Thema der Sexpraktiken des Präsidenten verbinden ließ und man damit den Charakter Clintons infrage stellen konnte. So rückte denn auch die Erörterung, welcher Art der Sex zwischen Clinton und Lewinsky gewesen sein mochte, zunehmend in den Vordergrund. Die Gegner riefen bald, dass ein derart beschädigter Präsident nicht mehr tragbar sei.

Monica Lewinsky musste in den nächsten Monaten mehrfach vor Ermittlungsbeamten aussagen. Am 6. August gab sie zu Protokoll, über 18 Monate eine sexuelle Beziehung zu Clinton gehabt zu haben. Doch sie sagte auch, Clinton habe sie nicht zum Meineid angestiftet. Elf Tage später machte Clinton im Weißen Haus seine Aussage vor der Grand Jury und Starr. Die Geschworenen der Anklagekammer waren per Video zugeschaltet. Clinton nahm seine früheren Aussagen zurück und gab eine »unangemessene und unschickliche« Beziehung mit Lewinsky zu. Anschließend wandte er sich in einer Fernsehansprache an das amerikanische Volk und entschuldigte sich dafür, zuerst die Unwahrheit gesagt zu haben.

Am 9. September sandte Starr dem amerikanischen Kongress seinen Abschlussbericht zur Lewinsky-Affäre. Zwei Tage später beschloss das Repräsentantenhaus mit der Mehrheit der Republikaner, Starrs Bericht der Öffentlichkeit über das Internet zugänglich zu machen. Starr warf in seinem Bericht Clinton Meineid, Behinderung der Justiz, Beeinflussung von Zeugen und Amtsmissbrauch vor und forderte ein Amtsenthebungsverfahren (Impeachment). Schließlich gab der Rechtsausschuss des Repräsentantenhauses, ebenfalls mit republikanischer Mehrheit, das Video mit der Zeugenaussage von Clinton vor der Anklagekammer für die Öffentlichkeit frei. Am 8. Oktober votierte das Repräsentantenhaus für die Einleitung einer Untersuchung im Rechtsausschuss über ein mögliches Amtsenthebungsverfahren gegen Clinton. Im November einigte sich Clinton mit Paula Jones auf die Zahlung von 850 000 Dollar, ohne jedoch ihren Vorwurf anzuerkennen, er habe sie als Gouverneur sexuell genötigt. Am 11. und 12. Dezember stimmten die Republikaner im Rechtsausschuss wegen der Lewinsky-Affäre für ein Impeachment gegen Clinton. Am 18. Dezember begann im Repräsentantenhaus die Debatte über ein Amtsenthebungsverfahren, einen Tag später billigte das Repräsentantenhaus mit absoluter Mehrheit zwei von vier Anklagepunkten gegen Clinton (Meineid vor einer Anklagekammer und Behinderung der Justiz) und beauftragte den Senat, gegen den Präsidenten ein Amtsenthebungsverfahren zu führen. Am 7. Januar 1999 begann das Amtsenthebungsverfahren gegen Clinton vor dem Senat. Am 12. Februar stimmte der Senat schließlich ab. Für eine Amtsenthebung war eine Zweidrittelmehrheit nötig. Sie wurde klar verfehlt, Clinton musste seine zweite Amtszeit nicht vorzeitig beenden.

Kurz vor seinem Ausscheiden aus dem Amt im Januar 2001 einigte sich Clinton mit dem Sonderstaatsanwalt Robert Ray darauf, Falschaussagen in der Lewinsky-Affäre zuzugeben, ohne deswegen offiziell angeklagt zu werden. Er musste in Arkansas eine Strafe von 25 000 Dollar bezahlen und verlor seine Anwaltslizenz für fünf Jahre. Im März 2002 wurden die Ermittlungen gegen Bill und Hillary Clinton in der Whitewater-Affäre mangels Beweisen eingestellt. Die Untersuchungen, die sich dann in der Lewinsky-Affäre zugespitzt hatten, hatten rund 70 Millionen Dollar verschlungen und zur Verurteilung von zwölf Angeklagten geführt. Darunter waren ein Nachfolger Clintons als Gouverneur von Arkansas, Guy Tucker sowie frühere Geschäftspartner der Clintons.

Der weitere Verlauf der Lewinsky-Affäre zeigte, dass die Öffentlichkeit der ständigen Konfrontation mit dem Liebesleben des Präsidenten überdrüssig wurde. Die Offenlegung pikanter Details wirkte bald wie die Selbstdelektierung der Ankläger und je peinlicher die Auseinandersetzung wurde – Starr begann sogar ein Kleid Lewinskys auf Spermaspuren Clintons untersuchen zu lassen –, desto mehr kristallisierte sich in der amerikanischen Öffentlichkeit, die sehr wohl zwischen der politischen Leistung Clintons und seinen Vor- und Nachteilen als Mensch zu differenzieren wusste, die Meinung heraus, dass in diesem Falle eine private Verfehlung zur politischen Waffe hochgepuscht wurde. Man wollte wieder zur eigentlichen Politik zurück. In den Meinungsumfragen – deren Macht in den USA sehr hoch einzuordnen ist – blieb die Anerkennung für die von Clinton geführte Politik dominierend. Clintons politische Gegner und die Medien, die sich mit ihnen offen oder insgeheim verbündet hatten, erreichten nicht, was sie sich gewünscht hatten: dass er ging.

Monica Lewinsky wurde zum Medienereignis. Sie verdiente mit ihrer weltweiten Bekanntheit eine zeitlang viel Geld. 1999 erschien das Buch *Monica's Story*, für das sie dem als Biographen von Lady Diana bekannt gewordenen britischen Autor Andrew Morton ihre Sicht der damaligen Ereignisse erzählt hatte. Später kreierte und vertrieb sie eine eigene Handtaschenmarke und nahm schließlich ein Sozialpsychologiestudium an der London School of Economics auf.

Hillary Clinton stand während der gesamten Affäre fest an der Seite ihres Mannes, was ihre Popularität in der Öffentlichkeit enorm erhöhte. Mit ihrer Loyalität trug sie erheblich dazu bei, dass ihr Mann seine Präsidentschaft erhalten konnte. Nach Clintons Ausscheiden aus dem Amt 2001 kandidierte sie als Senatorin für den Staat New York und wurde gewählt. 2003 veröffentlichte Hillary Clinton ihre Erinnerungen und erzählte darin, dass sie, als ihr Mann an jenem 26. Januar seine berühmte Erklärung abgab, noch immer fest an ihn geglaubt habe. Erst später gestand er ihr, auch sie belogen zu haben. Doch sie blieben zusammen. 2004 veröffentlichte Bill Clinton ebenfalls seine Memoiren. Bei jedem Interview anlässlich der Buchvorstellung wurde er nach der Lewinsky-Affäre gefragt, die seine Präsidentschaft wahrscheinlich immer überschatten wird. Auch im Buch nannte er die Beziehung zu Monica Lewinsky wieder eine »unangemessene Annäherung«. In einem Fernsehinterview in dem amerikanischen TV-Nachrichtenmagazin *60 Minutes* sagte er, er habe den Ehebruch damals aus dem schlechtesten denkbaren Grund begonnen: »Weil ich konnte.« Monica Lewinsky reagierte in einem Fernsehinterview für den britischen Sender ITV. Sie sagte, sie sei empört und verletzt über die Art, wie Clinton die Affäre schildere. Sie habe erwartet, dass er nun einige der Dinge zurechtrücke, die er und sein Stab, nur um ihm die Präsidentschaft zu erhalten, damals über sie in Umlauf gebracht hätten: »Ich war ein junges Mädchen«, sagte sie, und sie habe in den letzten Jahren hart daran gearbeitet, einfach weiterzumachen, versucht, ein Leben für sich aufzubauen. Doch damals während der Affäre, die für immer ihren Namen trägt, so bekannte sie, habe Clinton sie zerstört.

In ihrer historischen Bedeutung bildet die Lewinsky-Affäre einen Höhepunkt in der Auseinandersetzung zwischen den beiden Entwürfen für ein Amerika, die sich zu Beginn des 21. Jahrhunderts in den USA zunehmend unversöhnlich gegenüberstehen. Es ist auf der einen Seite das liberale und tolerante Amerika, verkörpert durch die Clintons, und auf der anderen Seite das wertkonservative, zunehmend von fundamental-christlichen Werten geleitete Amerika. Für dieses Amerika steht George W. Bush, Clintons Nachfolger im Amt des US-Präsidenten.

79 Die Renten sind sicher!

Norbert Blüm (geb. 1935)

Zuvor hatte er schon oft beteuert, dass sich die Deutschen keine Sorgen um ihre Renten machen sollten. Doch nun wurde er offensiv. Im April 1986 plakatierte Norbert Blüm auf dem Bonner Marktplatz selbst eines von 15 000 Plakaten, darauf das Versprechen: »Denn eins ist sicher: Die Rente.« Um den PR-Gag nicht verlegen, ließ er sich lachend mit Plakatierbesen und Kittel vor der Litfasssäule ablichten. Der Satz von der Sicherheit der Renten entwickelte sich zu einer Art Markenzeichen des Mannes, der von Oktober 1982 bis Oktober 1998 Bundesminister für Arbeit und Sozialordnung war.

In der Version »Die Renten sind sicher!« wurde Blüms Aussage berühmt, nicht nur wegen der ständigen Wiederholung. Die Worte schienen die stellvertretende Antwort auf viele sozialpolitische Fragen zu sein, die mit Beginn der Achtzigerjahre in der Bundesrepublik Deutschland zu schwelen begannen: Wurde der Sozialstaat unbezahlbar? Steuerte man angesichts Millionen Arbeitsloser, geburtenschwacher Jahrgänge und somit immer weniger Beitragszahler auf Zeiten zu, in denen die Sozialkassen leer waren und die vom Staat gegebenen Sicherheiten früherer Tage nicht mehr eingelöst werden konnten? Von den Sozialleistungen stand neben der Arbeitslosen- und Krankenversicherung vor allem die Rentenversicherung nicht nur zur Prüfung an, sondern begann zu einem Sorgenkind zu werden. Ausgerechnet jenes Sozialwerk, das Reichskanzler Otto von Bismarck in Deutschland Ende des 19. Jahrhunderts eingeführt hatte und weltweit zum Vorbild wurde.

Unter dem Nachkriegskanzler Konrad Adenauer waren die Renten dynamisiert worden. Sobald die Löhne stiegen, stiegen nun auch alle Renten. Doch nicht nur das, Adenauer schuf auch jenes Rentensystem, das als »Solidarpakt der Generationen« bezeichnet wird. Um den Rentnern der ersten Jahrzehnte nach dem Krieg, gebeutelt von den wirtschaftlichen Krisen der Jahrzehnte davor, auch etwas vom Kuchen des Wirtschaftswunders abzugeben, zahlte nun die junge Generation, die erwerbstätig war, in einer Art Umlagesystem des so genannten Generationenvertrags für die alte Generation, die ihr Arbeitsleben beendet hatte. Anders als in Bismarcks kapitalgedeckten Rentensystem, in dem jeder nur so viel – inklusive Zinsen – herausbekam, wie er persönlich auf sein eigenes Konto eingezahlt hatte, beinhaltete das neue System das Versprechen bestimmter Mindestrenten sowie die Berücksichtigung von Inflation und Steigerungen des Lohnniveaus. Die Erfüllung dieses Versprechens war jedoch stark abhängig von künftigem Wirtschaftswachstum und einer kontinuierlichen Bevölkerungsentwicklung.

So charmant und sozial die Idee war, so ungewiss war das Eintreffen der Voraussetzungen, die zu ihrem Funktionieren nötig waren. Doch damit nicht genug. Darüber hinaus beging Adenauer einen folgenreichen Konstruktionsfehler. Das so genannte Solidaritätsprinzip schwächte er entscheidend, indem er Freiberufler und Selbstständige von der Einzahlungspflicht entband.

So wurde die Dynamisierung der Renten zu einem Versprechen, von dem sich spätestens in den Siebzigerjahren mit immer schwächeren Geburtenraten und immer schlechteren Wachstumsraten der Wirtschaft abzeichnete, dass es nicht zu halten war. Wenn jemand darauf aufmerksam machte, wurde er nicht gehört. Unbeirrt baute man nicht nur das Rentensystem, sondern den Sozialstaat insgesamt in den nächsten Jahren noch weiter aus. Unter dem sozialdemokratischen Bundeskanzler Willy Brandt führte man die volle Lohnfortzahlung im Krankheitsfall ein. Man dynamisierte sogar die Arbeitslosen- und die Sozialhilfe. Außerdem kam es im öffentlichen Dienst zu sehr hohen Tarifabschlüssen, die auf künftig auszuzahlende Renten ausstrahlten, denn höhere Löhne heute bedeuteten höhere Rentenversprechungen für morgen. Das musste zur Zeitbombe werden.

Als Norbert Blüm Bundesminister für Arbeit und Sozialordnung wurde, war absehbar, dass weder die Höhe künftiger Renten noch der Beitragssatz der Arbeitnehmer zur Rentenversicherung zu halten waren. Die Rente drohte immer geringer auszufallen, der Beitragssatz beständig zu steigen.

»Die Renten sind sicher!« Was steckte hinter diesen Worten? Kalkül? Selbstsuggestion? Beschwörung? Setzt man sich etwas genauer mit der Person Norbert Blüms auseinander, seinem Lebensweg, seiner politischen Identität, seiner ethischen Überzeugung, und wirft man einen Blick auf die Äußerungen, die er seit seinem Ausscheiden aus dem Amt als Bundesminister in Interviews und Zeitungsartikeln zu diesem Thema gemacht hat, dann scheint der Satz »Die Renten sind sicher!« in einem etwas anderen Licht, als er im allgemeinen Sprachgebrauch immer wieder herangezogen wird. Denn mittlerweile ist er geronnen zu einem zynischen Kommentar, als würde der Steuermann eines untergehenden Schiffes allen zurufen: »Bleibt an Bord! Wir sinken nicht!«

Als langjähriger Vorsitzender der CDU-Sozialausschüsse war Blüm schon lange vor seinem Kabinettsposten das soziale Gewissen seiner Partei. Von kleiner Statur, untersetzt, mit verschmitztem Blick hinter kleinen runden Brillengläsern, hatte der gelernte Werkzeugmacher auf dem zweiten Bildungsweg unter anderem Philosophie, Geschichte und Germanistik studiert und schließlich promoviert. Blüm wusste, er verdankte dem Sozialstaat bei aller Eigeninitiative viel. Dessen Funktionieren war für ihn die Grundvoraussetzung von Freiheit und einer stabilen Demokratie. Natürlich stimmte der Satz »Die Renten sind sicher!« nicht. Er stimmte nicht, weil jeder, der ihn hörte, daraus folgerte, seine Rente sei im Rahmen der bisher gemachten Versprechungen garantiert. Doch das war nicht mehr der Fall, und auch Blüm wusste das. Blüm relativierte ihn – auch zu seiner Amtszeit – immer wieder. In einem Interview im Jahr 1998 für *Die Zeit* sagte er: »Ich stehe nach wie vor dazu, dass die Renten sicher sind. Allerdings habe ich nie behauptet, dass dies ein Naturereignis ist. Die Renten sind nur sicher, wenn wir auf die Veränderungen in der Bevölkerungsentwicklung und in der Arbeitswelt reagieren. Zudem haben wir es mit einem Wertewandel zu tun. Auf diese Herausforderungen kann und muss unser System antworten.« Diese Argumentation Blüms lässt den Leser jedoch ratlos zurück. Denn wie ein umlagefinanziertes Rentensystem – das Blüm nach wie vor favorisiert – angesichts der auch von ihm benannten Veränderungen der wirtschaftlichen und gesellschaftlichen Rahmenbedingungen künftig funktionieren und Rentner ausreichend versorgen kann, die Antwort bleibt er schuldig. Außerdem drängt sich immer wieder die

Frage auf: Was hätte in der 16-jährigen Amtszeit Blüms schon gesehen werden können, was hätte verändert werden müssen?

Das Bild vom Steuermann des sinkenden Schiffes hilft vielleicht, Blüms Rolle als Bundesminister für Arbeit und Sozialordnung zu begreifen. Während der Kapitän Kohl meinte, man müsse am Schiff nichts Wesentliches tun, versuchte Steuermann Blüm alle an Bord zu beruhigen, gleichzeitig aber auch die dringlichsten Probleme anzugehen, Fehler des umlagefinanzierten Systems zu reparieren. Infrage stellte er es nie. Und der Satz, dass die Renten sicher seien, sollte das Erreichte retten. Blüm selbst ging in den Schiffsrumpf und versuchte nicht nur die Löcher zu stopfen, sondern das Schiff wieder soweit flott zu machen, dass es wieder Fahrt aufnehmen konnte. Er stellte 1992 die Ermittlung der Rente von Brutto- auf Nettolohn um, reformierte die Krankenversicherung der Rentner, begrenzte die angerechneten Ausbildungszeiten und führte den demographischen Faktor ein, also die Berücksichtigung der Jahrgangsstärken, um die Rentenerhöhungen zu dämpfen. Doch es war viel zu wenig und zu wenige sahen, wie ernst die Lage bereits vor der Wiedervereinigung war. Das Umlagesystem konnte schon seit den Sechzigerjahren nur noch durch erhebliche Zuschüsse aus dem Haushalt der Bundesregierung aufrechterhalten werden. Als 1990 die Rentner der ehemaligen DDR in das System aufgenommen wurden, musste der Bundeszuschuss immer stärker erhöht werden. Denn die Beiträge der Arbeitnehmer der neuen Bundesländer konnten Beitragsansprüche der zahlreichen neuen Rentner aus den neuen Bundesländern keineswegs ausgleichen.

Doch nach wie vor wagte man sich nicht an Reformen. Es gab nur Anpassungen. Auch der 1998 auf Helmut Kohl nachfolgende sozialdemokratische Bundeskanzler Gerhard Schröder nahm Reformen erst allmählich in Angriff und im Endeffekt halbherzig. Denn diese beschränkten sich trotz der Debatten, die sie in Politik und Bevölkerung auslösten, nur auf Teilbereiche des gefährdeten Gesamtsozialsystems. Schröders Aufmerksamkeit widmete sich vor allem der Arbeitslosenversicherung und -vermittlung. Die damit verbundenen Maßnahmen brachten seine Partei SPD nicht nur vor die innere Zerreißprobe, sondern sie wurde in mehreren Landtagswahlen vom Wähler abgestraft und kostete Schröder vorzeitig die Kanzlerschaft. Zu weiteren – unter der Regierung Kohl versäumten – immer dringlicher werdenden Reformen im Gesundheitssystem, beim Subventionsabbau und auch im Rentensystem hatte es an Kraft, Mut und an Möglichkeiten zur Durchsetzung in einer Gesellschaft gefehlt, die festgefahren war in der Gemengelage aus den Interessen verschiedener mächtiger Gruppen und Institutionen wie Parteien, Gewerkschaften, Unternehmerverbände und Landesregierungen. Darüber hinaus war diese Gesellschaft geprägt von einer seltsamen Art, die Realität wahrzunehmen und darauf zu reagieren: Man weiß seit Jahren, dass nicht mehr genug Geld da ist. Geht es aber um Einschnitte bei bisher vom Staat gewährten Vorteilen, schreit jeder sofort, man sei im Vergleich zu den anderen nicht gerecht behandelt worden. Auf dem sinkenden Schiff sehen alle, dass immer mehr Wasser hineinläuft, zeigen aber auf den jeweils anderen, wenn es darum geht, an die Pumpen zu gehen.

Während der Regierungszeit Gerhard Schröders wurde das umlagebasierte Rentensystem nicht wesentlich verändert. Zunächst machte man sogar den Fehler, das System zusätzlich zu belasten, indem man den von Blüm eingeführten demographischen Faktor abschaffte. Wie zum Beweis, dass ein umlagefinanziertes System den Rentnern der Zukunft nicht mehr helfen wird, eine ausreichende Rente zu beziehen, führte schließlich Blüms Nachfolger im Amt des Bundesministers für Arbeit und Sozialordnung Walter Riester mit der so genannten Riester-Rente eine zusätzliche, jedoch nicht obligatorische Rente ein, die staatlich bezuschusst wird. Die Riester-Rente funktioniert jedoch nach dem System der Kapitaldeckung und nicht nach dem Umlageverfahren.

Schröder, von dem Widerstand gegen seine Reformen politisch geschwächt, setzte für den Herbst 2005 Neuwahlen an und verlor. Mit der CDU-Vorsitzenden Angela Merkel folgte ihm in einer großen Koalition aus CDU und SPD die erste Frau als Regierungschefin in der Geschichte der Bundesrepublik. Als die Bundesregierung im April 2006 die neueste Prognose zu den garantierten Rentenzahlungen künftiger Jahre veröffentlichte, wurde jene Gewissheit bestätigt, die die *tageszeitung* mit der Schlagzeile auf den Punkt brachte: »Eins ist sicher: Die Rente wird immer weniger.«

80 Die Achse des Bösen

George W. Bush (geb. 1946)

Als der Republikaner George Walker Bush, Sohn des ehemaligen US-Präsidenten George Bush, im Jahr 2001 Bill Clinton im Amt des US-Präsidenten nachfolgte, trat er mit seinem Programm des »mitfühlenden Konservatismus« an. Bush, der sich auch im Wahlkampf tief im christlichen Glauben verwurzelt zeigte, war es gelungen, die Stimmen aus dem in den USA bedeutenden christlich-fundamentalistischen Lager zu gewinnen. Die Berufung auf das, was angeblich Gottes Wille, was gottgefällig und was Sünde sei, fand sich immer wieder in seinen Wahlkampfreden.

George W. Bush konnte als erster republikanischer Präsident nach Dwight D. Eisenhower in den Fünfzigerjahren auf eine Mehrheit in beiden Häusern des Kongresses, dem Repräsentantenhaus und dem Senat, zurückgreifen. Die Wahl Bushs zum US-Präsidenten war wohl die umstrittenste der amerikanischen Geschichte. Sein Kopf-an-Kopf-Rennen mit dem Kandidaten der Demokraten Al Gore entschied sich im Staat Florida, in dem pikanterweise Bushs Bruder Jeb Gouverneur war und wo in Wahlbezirken, in denen traditionell mehrheitlich Demokraten gewählt werden, die Korrektheit der Stimmauszählungen massiv angezweifelt wurde. Die USA geriet an den Rand einer Verfassungskrise. Erst ein Urteil des Supreme Court erklärte nach wochenlangem Hin und Her George W. Bush zum Sieger in diesem Bundesstaat und damit zum neuen Präsidenten.

Schon zu Beginn von Bushs Amtszeit deutete sich an, dass auch diesen Präsidenten die Konflikte begleiten würden, die das politische Leben der USA seit ihrer Gründung durchziehen: Viel oder wenig Staat? Zentrale oder dezentrale Macht? Zulassen von religiösem Einfluss oder wertneutrale Haltung wie in der Aufklärung, wenn es um die Gesellschaft geht? Die USA als missionierende Weltmacht oder sich selbst genügender mächtiger Monolith?

Bushs Regierung als Speerspitze der neokonservativen Bewegung hatte ihre eigenen Antworten auf diese Fragen und begann sie umzusetzen. Im Juni 2001 setzte Bush gegen den erbitterten Widerstand der oppositionellen Demokraten eine weitreichende Steuersenkung durch. Der Staat begann sich aus der aktiven Wirtschaftslenkung zurückzuziehen. Doch in der Gesellschaftspolitik war er allgegenwärtig: zum Beispiel bei der Ablehnung von Homosexualität und Abtreibung. In der Außenpolitik verfuhr Bush nach dem Motto »America first« (Amerika zuerst) und gab bekannt, dass die USA sich nicht an das Kyoto-Protokoll und die darin beschlossenen Rahmenbedingungen für den weltweiten Klimaschutz halten werden. Die Beschränkungen bei den Emissionswerten, so Bush, liefen den Interessen der amerikanischen Wirtschaft zuwider. Amerika stand im Zentrum der Welt. Die Welt an sich wurde allenfalls noch als Rand des Vorgartens wahrgenommen.

Dann kam der 11. September 2001. Am Morgen dieses Tages wurden fast zeitgleich vier amerikanische Passagierflugzeuge entführt. Kurze Zeit später schlugen im Abstand von wenigen Minuten zwei der Maschinen in jeweils einen der beiden Türme des World Trade Centers in New York ein, die wenig später in sich zusammenstürzten. Das dritte Flugzeug krachte in das Pentagon, den Sitz des Verteidigungsministeriums. Das vierte Flugzeug, dessen Anschlagsziel bis heute unbekannt ist, stürzte auf ein freies Feld bei Pittsburgh in Pennsylvania. Die Passagiere hatten versucht, die Entführer zu überwältigen. Durch diesen schlimmsten terroristischen Anschlag der Geschichte fanden über 3 000 Menschen den Tod.

Als sich herausstellte, dass die Attentate von arabischen Terroristen durchgeführt worden waren, sah sich Amerika plötzlich dem schlimmsten Angriff von außen ausgesetzt seit dem japanischen Angriff auf Pearl Harbor im Dezember 1941. Der hatte damals zum Eintritt der USA in den Zweiten Weltkrieg geführt. Die mit Abstand mächtigste Militärmacht auf dem Globus sah sich einem unerwarteten Feind gegenüber, brutal, grausam, tückisch, todesverachtend auch gegen sich selbst, doch das Schlimmste: er war so gut wie gar nicht auszumachen. Dieser Feind schlug zu, doch niemand wusste, wie man zurückschlagen sollte.

Schnell wurde das Terrornetzwerk al-Qaida (»Qaida« ist arabisch für »die Basis«) und dessen Gründer und Kopf, der Saudi-Araber Osama bin Laden, als Drahtzieher der Anschläge benannt. Für die Regierung Bush rückte nun die Erhöhung der Sicherheit der Vereinigten Staaten und die Bekämpfung des weltweiten Terrors in den Vordergrund. Osama bin Laden hielt sich in Afghanistan auf, wo mit den Taliban eine Gruppe an der Macht war, die eine extremistische

Form des Islam umgesetzt hatte. Bilder waren verboten, ebenso Musik. Frauen mussten in der Öffentlichkeit völlig verhüllt gehen, durften nicht ohne Begleitung von Männern aus dem Haus und Mädchen waren vom Schulbesuch ausgeschlossen. Osama bin Laden betrieb in Afghanistan al-Qaida-Ausbildungslager. Nach Ablauf eines Ultimatums zur Auslieferung Osama bin Ladens, begannen die USA und ihre Verbündeten am 7. Oktober 2001 mit massiven Bombardements gegen Taliban- und al-Qaida-Ziele. Das Talibanregime wurde durch die militärische Intervention vertrieben. Der »Krieg gegen den Terror« (War on Terror) hatte begonnen.

Während die USA und ihre Verbündeten den Versuch starteten, in Afghanistan ein neues und demokratisches Staatswesen zu etablieren und gleichzeitig nach dem auf der Flucht befindlichen Osama bin Laden fahndeten, schien George W. Bush zu Beginn des Jahres 2002 eine neue Phase im Kampf gegen den Terror einzuleiten. Am 29. Januar sagte er in einer Rede zur Lage der Nation, dass es ein Ziel seiner Regierung sei, die USA vor Regimes zu schützen, die den Terror unterstützen. Speziell nannte er Nordkorea, Irak und Iran. Staaten wie diese, fügte er hinzu, bildeten eine »Achse des Bösen« (axis of evil).

Bushs Redenschreiber David Frum gab später an, er habe in der von ihm ausgearbeiteten Fassung von einer »Achse des Hasses« (axis of hate) gesprochen. Wer daraufhin den Ausdruck in »Achse des Bösen« geändert hat, ist nicht geklärt, ob es der Chef-Redenschreiber Michael Gerson oder George W. Bush selbst war. In der Wortwahl war die »Achse des Bösen« sehr viel näher am Weltbild Bushs und seines neokonservativen Lagers, dessen christlich-puritanische Werte Entscheidungen des Lebens oft auf Gut oder Böse reduzieren. Das Böse ist als Gegner sehr viel besser anzuvisieren und muss weniger differenziert gesehen werden als ein Gegner, der hasst. Bei einem Gegner, der hasst, könnte man sich die Frage stellen, warum er hasst.

Die sloganartige Nutzung sowohl der »Achse« als auch des »Bösen« waren nicht neu. Der britische Premierminister Winston Churchill führte im Zweiten Weltkrieg den Begriff der »Achse« in die Politik ein. So nannte er das Bündnis Japans, Deutschlands und Italiens, gegen das die von Großbritannien, Frankreich, der Sowjetunion und den USA geführten alliierten Mächte kämpften. Später im

Kalten Krieg bezeichnete US-Präsident Ronald Reagan die Sowjetunion als das »Reich des Bösen«.

In der benannten »Achse des Bösen« machten Bush und seine Administration nicht nur die Bedrohung durch terroristische Netzwerke, sondern auch durch Staaten aus. Vor allem der Irak geriet nun zunehmend ins Visier des politischen Drucks der US-Regierung. Die Aktivitäten des irakischen Diktators Saddam Hussein verquickte Bush in der öffentlichen Darstellung mit den Anschlägen des 11. September, warf dem Irak die Unterstützung von al-Qaida vor, vor allem die Entwicklung von Massenvernichtungswaffen. Trotz breiter Ablehnung in der UNO und trotz zunehmender Bedenken auch eng verbündeter Staaten wie Frankreich und Deutschland, steuerten die USA unbeirrt auf eine militärische Intervention im Irak zu und griffen im März 2003 ohne ein UN-Mandat mit Hilfe der so genannten Koalition der Willigen, bestehend aus 48 Staaten (u.a. Großbritannien, Polen, Australien, Italien, Niederlande, Japan), den Irak an. Anders als in Afghanistan verweigerten diesmal viele Verbündete – unter anderem Deutschland und Frankreich – ihre Unterstützung. Nach wenigen Wochen brach das Regime Saddam Husseins zusammen, die USA und ihre Verbündeten besetzten den Irak. Massenvernichtungswaffen wurden nicht gefunden.

Mit der Bedrohungskulisse der »Achse des Bösen« hatte die Regierung George W. Bushs die große Herausforderung, vor der nicht nur die USA zu Beginn des 21. Jahrhundert stehen, gefährlich vereinfacht. In weiten Teilen der öffentlichen Meinung der USA war er damit durchgekommen. Im November 2004 wurde er für eine zweite Amtszeit wiedergewählt. Bald sah er sich mit neuen Herausforderungen aus der »Achse des Bösen« konfrontiert: Nordkorea behauptete 2005, es besitze inzwischen Atomwaffen, der Iran arbeitet mit Hochdruck an einem Atomprogramm, das auch die Entwicklung von Nuklearwaffen nicht auszuschließen scheint.

Bei aller Einigkeit vor allem der Staaten der westlichen Hemisphäre, Terror bekämpfen zu müssen, hat das Vorgehen der USA – der Präventivkrieg ohne UN-Mandat, das Einrichten eines Gefangenenlagers auf dem US-Stützpunkt Guantanamo, wo Menschen unter menschenrechtlich bedenklichen Haftbedingungen ohne Anklage außerhalb des Völkerrechts festgehalten werden – einen Riss in das gemeinsame Verständnis im Kampf gegen Aggression und Terror gebracht. Nach wie vor steht seit Benennung der »Achse des Bösen« die Frage im Raum, ob man das Recht verlassen darf, um das Unrecht zu bekämpfen.

Dank

Für ihre Hilfe bei der Arbeit an diesem Buch danke ich Carmen Kölz, Josi Kemmann, Thorsten Hesse, Henning Hesse, Ralf Piolot, Thomas L. H. Schmidt und Michael Tochtermann.

Literaturverzeichnis

1. Erkenne dich selbst! Crescenzo, Luciano de: *Geschichte der griechischen Philosophie – Die Vorsokratiker*, Diogenes, Zürich 1985, Seite 33ff.; Diogenes Laertios: *Declarorum philosophorum vitis, dt. Leben und Meinungen berühmter Philosophen*, Meiner, Hamburg 1998; Hirschberger, Johannes: *Geschichte der Philosophie*, 2 Bände, Band 1, Komet, Frechen 1980, Seite 17ff.; Russell, Bertrand: *Denker des Abendlandes*, dtv, München 1992, Seite 27ff.; Störig, Hans Joachim: *Kleine Weltgeschichte der Philosophie*, Fischer, Frankfurt 1987; Weischedel, Wilhelm: *Die philosophische Hintertreppe*, dtv, München 2002, Seite 11-20; Zimmermann, Bernhard: »Thales von Milet«, in: Bernd Lutz (Hrsg.): *Metzler Philosophenlexikon*, Metzler, Stuttgart 1989, Seite 777f.

2. Alles fließt. Creszenco, Luciano de: *Alles fließt, sagt Heraklit*, btb, Berlin 1997; Crescenzo, Luciano de: *Geschichte der griechischen Philosophie – Die Vorsokratiker*, Diogenes, Zürich 1985, Seite 79ff.; Diogenes Laertios: *Declarorum philosophorum vitis, dt. Leben und Meinungen berühmter Philosophen*, Meiner, Hamburg 1998; Gönner, Gerhard: »Heraklit«, in: Bernd Lutz (Hrsg.): *Metzler Philosophenlexikon*, Metzler, Stuttgart 1989, Seite 347-350; Hafner, German: *Bildlexikon antiker Personen*, Albatros, Düsseldorf 2001, Seite 194; Heraklit: *Fragmente*, bearbeitet von Bruno Snell, Artemis & Winkler, Zürich, München 2004; Hirschberger, Johannes: *Geschichte der Philosophie*, 2 Bände, Band 1, Komet, Frechen 1980, Seite 27ff.; Nestle, Wilhelm: *Die Vorsokratiker*, VMA, Wiesbaden 1976; Russell, Bertrand: *Denker des Abendlandes*, dtv, München 1992, Seite 36ff.; Störig, Hans Joachim: *Kleine Weltgeschichte der Philosophie*, Fischer, Frankfurt 1987, Seite 135-137.

3. Der Mensch ist das Maß aller Dinge. Crescenzo, Luciano de: *Geschichte der griechischen Philosophie – Die Vorsokratiker*, Diogenes, Zürich 1985, Seite 209ff.; Diogenes Laertios: *Declarorum philosophorum vitis, dt. Leben und Meinungen berühmter Philosophen*, Meiner, Hamburg 1998; *Duden: Zitate und Sprüche*, Dudenverlag, Mannheim, Leipzig, Wien, Zürich 2002, Seite 370f.; Hirschberger, Johannes: *Geschichte der Philosophie*, 2 Bände, Band 1, Komet, Frechen 1980, Seite 52ff.; Russell, Bertrand: *Denker des Abendlandes*, dtv, München 1992, Seite 36ff.; Störig, Hans Joachim: *Kleine Weltgeschichte der Philosophie*, Fischer, Frankfurt 1987, Seite 144-147; Vernant, Jean-Pierre (Hrsg.): *Der Mensch der griechischen Antike*, Fischer, Frankfurt 1996.

4. Ich weiß, dass ich nichts weiß. Connolly, Peter; Dodge, Hazel: *Die antike Stadt – Das Leben in Athen und Rom*, Könemann, Köln 1998; Crescenzo, Luciano de: *Geschichte der griechischen Philosophie – Von Sokrates bis Plotin*, Diogenes, Zürich 1988; Diogenes Laertios: *Declarorum philosophorum vitis, dt. Leben und Meinungen berühmter Philosophen*, Meiner, Hamburg 1998; Platon: *Apologie des Sokrates – Kriton*, Reclam, Stuttgart 1987; Störig, Hans Joachim: *Kleine Weltgeschichte der Philosophie*, Fischer, Frankfurt 1987, Seite 148-153; Taylor, C. C. W.: *Sokrates*, Herder, Freiburg im Breisgau 2000; Vernant, Jean-Pierre (Hrsg.): *Der Mensch der griechischen Antike*, Fischer, Frankfurt 1996.

5. Wehe den Besiegten! Cassius Dio: *Römische Geschichte*, übers. v. Otto Veh, 5 Bände, Artemis, Zürich 1987; *Duden: Zitate und Sprüche*, Dudenverlag, Mannheim, Leipzig, Wien, Zürich 2002, Seite 545; Plutarch: »Camillus« in: *Bibliotheca scriptorum Graecorum et Romanorum Teubneriana* (BT), Band 1, Saur, München 2000; Polybios: *Geschichte*, übers. v. Hans Drexler, 2 Bände, Artemis, München, Zürich 1978f.; Tacitus: *Annalen*, Sammlung Tusculum, Artemis, München, Zürich 1982. Liber 16, Kap. 30.; Titus Livius: *Römische Geschichte*, hrsg. v. Hans Jürgen Hillen und Josef Feix, Sammlung Tusculum, 11 Bände, Wissenschaftliche Buchgesellschaft, Darmstadt 1987ff., Livius 5,46. (Liv. 5,47-49); Yonah, Michael Avi; Shatzman, Israel: *Enzyklopädie des Altertums*, GLB Parkland, Köln 1993.

6. Das ist der springende Punkt. Barnes, Jonathan: *Aristoteles*, Reclam, Ditzingen 1992; Crescenzo, Luciano de: *Geschichte der griechischen Philosophie – Von Sokrates bis Plotin*, Diogenes, Zürich 1988, Seite 123ff.; *Duden: Zitate und Sprüche*, Dudenverlag, Mannheim, Leipzig, Wien, Zürich 2002, Seite 497; Horster, Detlef: »Aristoteles«, in: Bernd Lutz (Hrsg.): *Metzler Philosophenlexikon*, Metzler, Stuttgart 1989, Seite 42-47; Russell, Bertrand: *Denker des Abendlandes*, dtv, München 1992; Störig, Hans Joachim: *Kleine Weltgeschichte der Philosophie*, Fischer, Frankfurt 1987, Seite 174ff.

7. Geh mir ein wenig aus der Sonne. Cicero: *Tusculanae disputationes – Gespräche in Tusculum*, Reclam, Ditzingen 1997, V, 92; Crescenzo, Luciano de: *Geschichte der griechischen Philosophie – Von Sokrates bis Plotin*, Diogenes, Zürich 1988, Seite 57ff.; Diogenes Laertios: *Declarorum philosophorum vitis, dt. Leben und Meinungen berühmter Philosophen*, Meiner, Hamburg 1998; Plutarch: *Alexander. Caesar*, Reclam, Ditzingen 1980; Russell, Bertrand: *Denker des Abendlandes*, dtv, München 1992, Seite 145; Schefczyk, Michael: »Der Erfolg und sein Schatten – Diogenes, der Anti-Projektemacher«, in: *Neue Zürcher Zeitung*, 26.1.2002, Nr. 21, Seite 95.

8. Was zu beweisen war. Euklid auf der Webseite der Universität St. Andrews: u. a. Artikel von O'Connor, J. J., Robertson, E. F.: http://turnbull.mcs.st-and.ac.uk/history/Mathematicians/Euclid.html, abgerufen am 2.2.2006; Euklid: *Die Elemente*, Buch 1-13, Harri Deutsch, Frankfurt 2003; Hofstadter, Douglas R.: *Gödel, Escher, Bach*, dtv, München 1991.

9. Um dem Volk voranzugehen, muss man sich dahinter stellen. Laotse: *Tao te king – Das Buch vom Sinn und Leben*, übers. von Richard Wilhelm, Beck, München 2005, Seite 79; Lao Tse: *Tao Te King*, Reclam, Ditzingen 1997; Schnitzler, Christian: »Wie Tse-Tung zu Zedong wurde«, in: *Frankfurter Allgemeine Zeitung*, 23.11.2000; Störig, Hans Joachim: *Kleine Weltgeschichte der Philosophie*, Fischer, Frankfurt 1987, Seite 96ff.

10. Du verstehst zu siegen, den Sieg zu nutzen, verstehst du nicht. Barceló, Pedro: *Hannibal*, 2. Auflage. C. H. Beck, München 2003; Christ, Karl: *Hannibal*, Wissenschaftliche Buchgesellschaft, Darmstadt 2003; Fritsch, Werner Freiherr von; Schlieffen, Graf Alfred von: *Cannae*, Mittler, Berlin 1936; Hebold, Wolfgang: *50 Klassiker: Siege und Niederlagen – Militärische Entscheidungen von Troja bis Jom Kippur*, Gerstenberg, Hildesheim 2002; Mann, Golo; Heuß, Alfred (Hrsg.): *Propyläen Weltgeschichte,* Band 4, *Rom und die römische Welt*, Propyläen, Frankfurt 1963, Seite 123f.; Merkel, Wolfgang W.: »Natur liefert stärkste Chemiewaffen«, in: *Die Welt*, 18.1.2003; *Der große Ploetz – Die Daten-Enzyklopädie der Weltgeschichte*, Komet, Frechen 1998, Seite 227; Titus Livius: *Römische Geschichte*, hrsg. von Hans Jürgen Hillen und Josef Feix, Sammlung Tusculum, 11 Bände, Wissenschaftliche Buchgesellschaft, Darmstadt 1987.

11. Störe meine Kreise nicht. Archimedes: *Abhandlungen*, Harri Deutsch, Frankfurt 1996. Moormann, Eric M.; Uitterhoeve, Wilfried: *Lexikon der antiken Gestalten*, Kröner, Stuttgart 1995, Seite 103-106; O'Connor, J. J., Robertson, E. F.: »Archimedes of Syracuse«, in: Webseite der Universität von St. Andrews, http://turnbull.mcs.st-and.ac.uk/history/Mathematicians/Archimedes.html, abgerufen: 16.2.2006; Schneider, Ivo: *Archimedes. Ingenieur, Naturwissenschaftler und Mathematiker*, Wissenschaftliche Buchgesellschaft, Darmstadt 1979; Strathern, Paul: *Archimedes und der Hebel*, Fischer, Frankfurt 2002 .

12. Die Würfel sind gefallen. Caesar: *Der Bürgerkrieg*, Reclam, Ditzingen 1986; Cassius Dio: *Römische Geschichte*, übers. v. Otto Veh, 5 Bände, Artemis, Zürich 1985-87; Heuss, Alfred: *Römische Geschichte*, Westermann, Braunschweig 1976, Seite 204-217; *Duden: Zitate und Sprüche*, Dudenverlag, Mannheim, Leipzig, Wien, Zürich 2002, Seiten 76, 53; Maier, Christian: *Cäsar*, dtv, München 2002; Plutarch: *Alexander. Caesar*, Reclam, Ditzingen 1980; Sueton: *Cäsar*, Reclam, Ditzingen 1999.

13. Irren ist menschlich. Constable, Nick: *Das antike Rom*, Gondrom, Bindlach 2004;

Fuhrmann, Manfred: *Cicero und die römische Republik. Eine Biographie*, Artemis und Winkler, München, Zürich 1989, 1997; Giebel, Marion: *Marcus Tullius Cicero*, Rowohlt, Reinbek 1991; Grimal, Pierre: *Cicero: Philosoph, Politiker, Rhetor*, List, München 1988; Habicht, Christian: *Cicero der Politiker*, C. H. Beck, München 1990; Perring, Dominic; Perring, Stefania: *Gestern & Heute. Streifzüge durch antike Stätten*, Könemann, Köln 1991, Seite 62-69.

14. Nutze den Tag! Buchwald, Wolfgang; Hohlweg, Armin; Prinz, Otto: *Tusculum-Lexikon griechischer und lateinischer Autoren des Altertums und des Mittelalters*, Wissenschaftliche Buchgesellschaft, Darmstadt 1982; Demandt, Alexander: *Sternstunden der Geschichte*, C. H. Beck, München 2004, Seite 47ff.; Fraenkel, Eduard: *Horaz*, Wissenschaftliche Buchgesellschaft, Darmstadt 1983; Horaz: *Oden und Epoden* (Lateinisch-Deutsch), Reclam, Ditzingen 1978; Kytzler, Bernhard: *Horaz – Eine Einführung*, Reclam, Ditzingen 1996; Maurach, Gregor: *Horaz, Werk und Leben*, Universitätsverlag Winter, Heidelberg 2001; Sueton: *Das Leben der römischen Kaiser*, Patmos, Düsseldorf 2001; Syndikus, Hans P.: *Die Lyrik des Horaz*, 2 Bände, Wissenschaftliche Buchgesellschaft, Darmstadt 2002.

15. Ich wasche meine Hände in Unschuld. *Die Bibel*, Einheitsübersetzung, Herder, Freiburg 1999; Dahm, Christof: »Pilatus, Pontius«, in: *Biographisch-Bibliographisches Kirchenlexikon*, Band VII, Spalten 613-616, Verlag Traugott Bautz, Nordhausen 1994; Demandt, Alexander: *Hände in Unschuld – Pontius Pilatus in der Geschichte*, Böhlau, Köln 1999; Festenberg, Nikolaus von; Müller, Manfred; Schreiber, Mathias: »Das Blut der Versöhnung«, in: *Der Spiegel*, Nr. 16, 2003, Seite 154-169; Jaroš, Karl: *In Sachen Pontius Pilatus*, Philipp von Zabern, Mainz 2002; Luther, Martin: *Das Neue Testament*, Fischer, Frankfurt 2005; Scheidgen, Andreas: *Die Gestalt des Pontius Pilatus in Legende, Bibelauslegung und Geschichtsdichtung vom Mittelalter bis in die frühe Neuzeit: Literaturgeschichte einer umstrittenen Figur*, Lang, Frankfurt/Main, 2002; Schmithals, Walter: »Nicht die Juden, Gott selbst hat Christus ausgeliefert«, in: *Die Zeit*, Nr. 4, 26.2.2004.

16. Welch ein Künstler geht mit mir zugrunde! Frenschkowski, Marco: »Nero«, in: *Biographisch-Bibliographisches Kirchenlexikon*, Band VI, Spalten 611-616, Verlag Traugott Bautz, Nordhausen 1993; Hafner, German: *Bildlexikon antiker Personen*, Albatros, Düsseldorf 2001, Seite 194; Heuss, Alfred: *Römische Geschichte*, Westermann, Braunschweig 1976, Seite 331-335. Sueton: *Das Leben der römischen Kaiser*, Patmos, Düsseldorf 2001.

17. Geld stinkt nicht. Bengtson, Hermann: *Die Flavier. Vespasian, Titus, Domitian. Geschichte eines römischen Kaiserhauses*, C. H. Beck, München 1979; Cassius Dio: *Römische Geschichte*, Band V, Epitome der Bücher 61-80, Artemis, München, Zürich 1987; Hafner, German: *Bildlexikon antiker Personen*, Albatros, Düsseldorf 2001, Seite 276f.; Heuss, Alfred: *Römische Geschichte*, Westermann, Braunschweig 1976, Seite 338-341; Sueton: *Das Leben der römischen Kaiser*, Patmos, Düsseldorf 2001; Tacitus: *Historien*, Reclam, Ditzingen 1984.

18. In diesem Zeichen wirst du siegen! Gibbon, Edward: *Verfall und Untergang des Römischen Reiches*, Eichborn, Frankfurt 2000; Hafner, German: *Bildlexikon antiker Personen*, Albatros, Düsseldorf 2001, Seite 163f.; Heuss, Alfred: *Römische Geschichte*, Westermann, Braunschweig 1976, Seite 448-459; Lätzel, Martin: »Konstantin I.«, in: *Biographisch-Bibliographisches Kirchenlexikon*, Band XXIII, Spalten 841-845, Verlag Traugott Bautz, Nordhausen 2004.

19. Im Zweifel für den Angeklagten. Bretone, Mario: *Geschichte des Römischen Rechts*, C. H. Beck, München 1998; Bringmann, Klaus: »Justinian«, in: Manfred Clauss (Hrsg.): *Die römischen Kaiser*, C. H. Beck, München 2001; *Duden: Zitate und Sprüche*, Dudenverlag, Mannheim, Leipzig, Wien, Zürich 2002, Seiten 76, 135; Meier, Mischa: *Justinian. Herrschaft, Reich und Religion*, C. H. Beck, München 2004; Söllner, Alfred: *Einführung in die römische Rechtsgeschichte*, C. H. Beck, München 1996.

20. Bete und arbeite! Bautz, Friedrich Wilhelm: »Benedikt von Nursia«, in: *Biographisch-Bibliographisches Kirchenlexikon*, Band I, Spalten 494-496, Verlag Traugott Bautz,

Nordhausen 1990; *Die Benediktusregel*, herausgegeben im Auftrag der Salzburger Äbtekonferenz, Beuroner Kunstverlag, Beuron 1996; Crescenzo, Luciano de: *Kleine Geschichte der mittelalterlichen Philosophie*, Albrecht Knaus, München 2003; Hiestand, Rudolf: »Der Säulenheilige«, in: Ludwig Schrader (Hrsg.): *Alternative Welten im Mittelalter*, Droste, Düsseldorf 1988, Seite 7-18.

21. Die Zeiten ändern sich, und wir ändern uns mit ihnen. Büchmann, Georg: *Geflügelte Worte*, Knaur, München 1977, Seite 97; Focke, Roland: »Vom Frankenreich zum Deutschen Reich«, in: Heinrich Pleticha (Hrsg.): *Deutsche Geschichte*, 6 Bände, Bertelsmann, Gütersloh 1998, Band 1, Seite 86-105; Hartmann, Gerhard; Schnith, Karl (Hrsg.): *Die Kaiser – 1200 Jahre europäische Geschichte*, Marix, Wiesbaden 2006; Herbers, Klaus: »Lothar I.«, in: *Biographisch-Bibliographisches Kirchenlexikon*, Band V, Spalten 251-253 Verlag Traugott Bautz, Nordhausen 1993.

22. Ich glaube, um zu erkennen. Anselm von Canterbury: *Proslogion*, Reclam, Ditzingen 2005; Anselm von Canterbury: *Cur deus homo – Warum Gott Mensch geworden*, übers. v. Franciscus Salesius Schmitt, Wissenschaftliche Buchgesellschaft, Darmstadt 1967; Bautz, Friedrich Wilhelm: »Anselm von Canterbury«, in: *Biographisch-Bibliographisches Kirchenlexikon*, Band I, Spalten 182-184, Verlag Traugott Bautz, Nordhausen 1990; Crescenzo, Luciano de: *Kleine Geschichte der mittelalterlichen Philosophie*, Albrecht Knaus, München 2003; Eadmer: *Das Leben des heiligen Anselm von Canterbury. Beschrieben von seinem Schüler und unzertrennlichen Begleiter dem Mönch Eadmer*, übers. v. Günther Müller, Theatiner, München 1923; Lutz, Bernd: »Anselm von Canterbury«, in: Bernd Lutz (Hrsg.): *Metzler Philosophenlexikon*, Metzler, Stuttgart 1989, Seite 28-30; Mojsisch, Burkhard (Hrsg.): *Kann Gottes Nicht-Sein gedacht werden? – Die Kontroverse zwischen Anselm von Canterbury und Gaunilo von Marmoutiers*, Dieterich, Mainz 1989.

23. Wer zuerst kommt, mahlt zuerst. Kümper, Hiram: *Sachsenspiegel. Eine Bibliographie, mit einer Einleitung zu Überlieferung, Wirkung und Forschung*, Verlag Traugott Bautz, Nordhausen 2004; Lück, Heiner: *Über den Sachsenspiegel: Entstehung, Inhalt und Wirkung des Rechtsbuches*, Stekovics, Dössel/Saalkreis 2005; Merwald, Günter: »Anfänge der deutschen Literatur«, in: Heinrich Pleticha (Hrsg.): *Deutsche Geschichte*, 6 Bände, Bertelsmann, Gütersloh 1998, Band 1, Seite 124-131; von Repgow, Eike: *Sachsenspiegel – in hochdeutscher Übersetzung* von Paul Kaller, C. H. Beck, München 2002; von Repgow, Eike; Koschorrek, Walter (Hrsg.): *Der Sachsenspiegel in Bildern*, Insel, Frankfurt 1976; Schroder, Klaus-Peter: *Vom Sachsenspiegel zum Grundgesetz*, C. H. Beck, München 2001.

24. Tabula rasa. Bautz, Friedrich Wilhelm: »Albertus Magnus«, in: *Biographisch-Bibliographisches Kirchenlexikon*, Band I, Spalten 86-88, Verlag Traugott Bautz, Nordhausen 1990; Comenius, Johann Amos: *Große Didaktik. Die Kunst allen Menschen alles zu lehren*, Klett-Cotta, Stuttgart 1992; Crescenzo, Luciano de: *Kleine Geschichte der mittelalterlichen Philosophie*, Albrecht Knaus, München 2003; Hirschberger, Johannes: *Geschichte der Philosophie*, 2 Bände, Komet, Frechen 1980, Seite 426ff.; Pinker, Steven: *Das unbeschriebene Blatt*, Berlin Verlag, Berlin 2003; Schwab, Hans-Rüdiger: »Albertus Magnus«, in: Bernd Lutz (Hrsg.): *Metzler Philosophenlexikon*, Metzler, Stuttgart 1989, Seite 13f.; Störig, Hans Joachim: *Kleine Weltgeschichte der Philosophie*, Fischer, Frankfurt 1987, Seite 249ff.

25. Teile und herrsche. Kruse, Holger: »Ludwig XI., König von Frankreich«, in: Joachim Ehlers, Heribert Müller, Bernd Schneidmüller: *Die französischen Könige des Mittelalters*, München, C. H. Beck 1996, Seite 337-361; Moinot, Pierre: *Jeanne d'Arc. Die Macht und die Unschuld*, Societäts-Verlag, Frankfurt 1989; Polybios: *Geschichte*, übers. v. Hans Drexler, 2 Bände, Artemis/Patmos, Düsseldorf 1978f.; Pulsfort, Ernst: »Ludwig XI.«, in: *Biographisch-Bibliographisches Kirchenlexikon*, Band V, Spalten 366-367, Verlag Traugott Bautz, Nordhausen 1993.

26. Der Zweck heiligt die Mittel. *Duden: Zitate und Sprüche*, Dudenverlag, Mannheim, Leipzig, Wien, Zürich 2002, Seite 639; Kersting, Wolfgang: *Niccolò Machiavelli*, C. H.

Beck, München 2006; Machiavelli, Niccolò: *Der Fürst*, übers. v. Friedrich Blaschke, hrsg. v. Werner Bahner, VMA, Wiesbaden 1980; Machiavelli, Niccolò: Brief Machiavellis an den Gesandten Francesco Vettori, Botschafter von Florenz in Rom vom 10. Dezember 1513; Vasari, Giorgio: *Lebensläufe der berühmtesten Maler, Bildhauer, Architekten*, Manesse, München 2000; Zimmer, Robert: *Das Philosophenportal*, dtv, München 2004, Seite 37ff.

27. Hier stehe ich, ich kann nicht anders. Beutel, Albrecht: »Luther, Martin«, in: Bernd Lutz (Hrsg.): *Metzler Philosophenlexikon*, Metzler, Stuttgart 1989, Seite 479-483; Demandt, Alexander: *Sternstunden der Geschichte*, C. H. Beck, München 2004, Seite 174ff.; Herrmann, Horst: *Martin Luther*, Aufbau Taschenbuch, Berlin 2003; Knoll, Ernst: »Martin Luther – Reformer oder Spalter der Kirche?«, in: Georg Popp (Hrsg.): *Die Großen der Welt*, Arena, Würzburg 1977; Maurer, Ernstpeter: *Luther*, Herder, Freiburg im Breisgau 2000; Schulze, Manfred: »Martin Luther«, in: *Biographisch-Bibliographisches Kirchenlexikon*, Band V, Spalten 447-482, Verlag Traugott Bautz, Nordhausen 1993; Schwarz, Ulrich: »Ich kann nicht anders«, in: *Der Spiegel*, Nr. 51, 2003, Seite 76-89.

28. In meinem Reich geht die Sonne nie unter. Gotthardt, Axel: »Das Ringen um den rechten Glauben«, in: *Brockhaus. Die Bibliothek. Die Weltgeschichte*, Leipzig, Mannheim, 6 Bände, Band 3, 1997-1999, Seite 480-493; Hinten, Gerhard von: »Deutschland und Europa zur Zeit Kaiser Karls V.«, in: Heinrich Pleticha (Hrsg.): *Deutsche Geschichte*, 6 Bände, Bertelsmann, Gütersloh 1998, Band 3, Seite 224-259; Kohler, Alfred: *Karl V. 1500 – 1558*, C. H. Beck, München 1999; Leu, Urs: »Karl V.«, in: *Biographisch-Bibliographisches Kirchenlexikon*, Band III, Spalten 1140-1151, Verlag Traugott Bautz, Nordhausen 1992; Reifenscheid, Richard: »Kaiser Karl V.«, in: Gerhard Hartmann, Karl Schnith (Hrsg.): *Die Kaiser – 1200 Jahre europäische Geschichte*, Marix, Wiesbaden 2006; Schulin, Ernst: *Kaiser Karl V. Geschichte eines übergroßen Wirkungsbereiches,* Kohlhammer, Stuttgart, Berlin, Köln 1999.

29. Wissen ist Macht. Bacon, Francis: *Neues Organon*, Meiner, Hamburg 1990; Bacon, Francis: *The Major Works*, Oxford University Press, Oxford 2002, Seite 81f.; Gerschmann, Karl-Heinz: »Bacon, Francis«, in: Bernd Lutz (Hrsg.): *Metzler Philosophenlexikon*, Metzler, Stuttgart 1989, Seite 65-67; Krohn, Wolfgang: *Francis Bacon*, C. H. Beck, München 1987.

30. Und sie bewegt sich doch! Fischer, Klaus: *Galileo Galilei*, Beck, München 1983; Galilei, Galileo: *Sidereus Nuncius – Nachricht von anderen Sternen*, Suhrkamp, Frankfurt 2000; Galilei, Galileo: *Dialog über die beiden hauptsächlichen Weltsysteme. Das ptolemäische und das kopernikanische*, Teubner, München 1982; Drake, Stillman: *Galilei*, Herder, Freiburg im Breisgau 2000; Fischer-Fabian, Siegfried: *Die Macht des Gewissens*, Droemer Knaur, München 1987, S. 149-200; Hemleben, Johannes: *Galilei*, Rowohlt, Reinbek 2003; Koestler, Arthur: *Die Nachtwandler*, Suhrkamp, Frankfurt 1980; Mudry, Anna (Hrsg.): *Galileo Galilei, Schriften, Briefe, Dokumente*, 2 Bände, C. H. Beck, München 1987; Naess, Atle: *Galilei – Als die Welt stillstand*, Springer, Berlin 2005.

31. Ich denke, also bin ich. Descartes, René: *Von der Methode*, Meiner, Hamburg 1960; Sorell, Tom: *Descartes*, Herder, Freiburg im Breisgau 2000; Störig, Hans Joachim: *Kleine Weltgeschichte der Philosophie*, Fischer, Frankfurt 1987, Seite 313ff.; Weischedel, Wilhelm: *Die philosophische Hintertreppe*, dtv, München 1994, Seite 114ff.; Wichmann, Thomas: »Descartes, René«, in: Bernd Lutz (Hrsg.): *Metzler Philosophenlexikon*, Metzler, Stuttgart 1989, Seite 180-186; Zimmer, Robert: *Das Philosophenportal*, dtv, München 2004, Seite 64ff.

32. Der Mensch ist dem Menschen ein Wolf. Hobbes, Thomas: *Vom Menschen. Vom Bürger*, Meiner, Hamburg 1994; Hobbes, Thomas: *Leviathan*, Reclam, Ditzingen 1986. Hobbes, Thomas: »De Cive, Widmungsschreiben«, in: *Thomae Hobbes Malmesburiensis opera philosophica quae latine scripsit omnia in unum corpus nunc primum collecta / studio et labore*, Band 2, Gulielmi Molesworth, London 1839, S. 135; Maier, Hans; Moss, Lawrence S.; Aubrey, John; Recktenwald, Horst Claus: *Thomas Hobbes' umstrittenes Weltbild*, Kommentarband zur Faksimile-Ausgabe der 1651 erschienenen Erstausgabe von Thomas Hobbes: Leviathan, Verlag Wirtschaft und Finanzen, Düsseldorf 1990; Tuck, Richard: *Hobbes*, Herder, Freiburg im Breisgau 2002.

33. Der Staat bin ich. Burghardt, Stefan: »Ludwig XIV.«, in: *Biographisch-Bibliographisches Kirchenlexikon*, Band V, Verlag Traugott Bautz, Nordhausen 1993, Spalten 370-372; Burke, Peter: *Ludwig XIV. Die Inszenierung des Sonnenkönigs*, Wagenbach, Berlin 2005; Schwesig, Bernd-Rüdiger: *Ludwig XIV.*, Rowohlt, Reinbek 1986; Wills, John E.: *1688 – Was geschah in jenem Jahr rund um den Globus?*, Bastei Lübbe, Bergisch-Gladbach 2003, Seite 265ff.

34. Laissez faire! Boisguilbert, Pierre de: »Factum de la France«, in: M.E. Daire: *Économistes et financiers*, Guillaumin, Paris 1851; Castelot, E.: »laissez-faire, laissez-passer, history of the maxim«, in: *The New Palgrave, A Dictionary of Economics,* Macmillan, London 1987; Hecht, Jacqueline: *Pierre de Boisguilbert ou la naissance de l'économie politique*, I.N.E.D, Paris 1966 ; Hesse, Helge: *Ökonomen-Lexikon*, Wirtschaft und Finanzen, Düsseldorf 2003. Seite 47f; Kolb, Gerhard: *Geschichte der Volkswirtschaftslehre*, Vahlen, München 1997, Seite 37; Oncken, August: *Die Maxime Laissez faire et laissez passer. Ihr Ursprung, ihr Werden. Ein Beitrag zur Geschichte der Freihandelslehre*, Topos, Glashütten/Taunus 1974; Schefold, Bertram; Grüske, Karl-Dieter; Hax, Herbert; Heertje, Arnold (Hrsg.): *Kommentarband zu »Pierre de Boisguilbert, Le détail de la France«*, Verlag Wirtschaft und Finanzen, Düsseldorf 1996.

35. Nach uns die Sintflut! Elias, Norbert: *Die höfische Gesellschaft*, Suhrkamp, Frankfurt 2003; Goncourt, Edmond und Jules de: *Madame Pompadour – Ein Lebensbild*, Piper, München 2000; Hanken, Caroline: *Vom König geküsst. Das Leben der großen Mätressen*, Berlin Verlag, Berlin 1997; Röhrig, Anna Eunike: »Pompadour«, in: *Biographisch-Bibliographisches Kirchenlexikon*, Band XIV, Spalten 1373-1375, Verlag Traugott Bautz, Nordhausen 1998; Seufert, Sabine Caroline: *Porträts der Madame de Pompadour*, Dissertation, Droemer Knaur, München 1998; Schreiber, Hermann: *Die ungekrönte Geliebte. Liebe und Leben der Mätressen*, München 1992; Schultz, Uwe: *Madame de Pompadour oder Die Liebe an der Macht*, C. H. Beck, München 2004; Thoma, Helga: *»Madame, meine teure Geliebte …«. Die Mätressen der französischen Könige*, Piper, München 1998; Weisbrod, Andrea: *Von Macht und Mythos der Pompadour. Die Mätressen im politischen Gefüge des französischen Absolutismus*, Helmer, Königstein/Taunus 2000.

36. Jeder muss nach seiner Fasson selig werden. Kunisch, Johannes: *Friedrich der Große*, C. H. Beck, München 2004; Preisendörfer, Bruno: »Preußens großer Hasardeur«, in: *Die Zeit*, Nr. 4, 20.1.2005, Seite 34; Schmid, Josef Johannes: »Friedrich II.«, in: *Biographisch-Bibliographisches Kirchenlexikon*, Band XVIII, Spalten 475-492, Verlag Traugott Bautz, Nordhausen 2001; Vocke, Roland: »Friedrich der Große und Preußen«, in: Heinrich Pleticha (Hrsg.): *Deutsche Geschichte*, 6 Bände, Bertelsmann, Gütersloh 1998, Band 4, Seite 226-232.

37. Der Mensch ist frei geboren, und liegt doch überall in Ketten. Pelz, Monika: *Der hellwache Träumer – Die Lebensgeschichte des Jean-Jacques Rousseau*, Beltz & Gelberg, Weinheim 2005; Rousseau, Jean-Jacques: *Vom Gesellschaftsvertrag oder Grundsätze des Staatsrechts*, Reclam, Ditzingen 1986; Störig, Hans Joachim: *Kleine Weltgeschichte der Philosophie*, Fischer, Frankfurt 1987, Seite 373-379.

38. Aufklärung ist der Ausgang des Menschen aus seiner selbstverschuldeten Unmündigkeit. Gerhardt, Volker: »Kant, Immanuel«, in: Bernd Lutz (Hrsg.): *Metzler Philosophenlexikon*, Metzler, Stuttgart 1989, Seite 406-411; Höffe, Ottfried: *Immanuel Kant*, C. H. Beck, München 2004; Kant, Immanuel: *Was ist Aufklärung? Ausgewählte kleine Schriften*, Meiner, Hamburg 1999; Saltzwedel, Johannes; Schreiber, Mathias: »Das reine Gold des Denkens«, in: *Der Spiegel*, Nr. 1, 2004, Seite 116-133; Scruton, Roger: *Kant*, Herder, Freiburg im Breisgau 2000; Zimmer, Robert: *Das Philosophenportal*, dtv, München 2004, Seite 106-120.

39. Zeit ist Geld. Franklin, Benjamin: *Autobiographie*, C. H. Beck, München 2003; Franklin, Benjamin: »Modest Enquiry into the Nature and Necessity of Paper Currency (1729)«, in: *The Selected Writings of Benjamin Franklin*, 3 Bände, Band 1, Pickering &

Chattoo, London 1996; Franklin, Benjamin: *Advice to a Young Tradesman – Written by an Old One*, B. Franklin and D. Hall, New-Printing-Office, Philadelphia 1748; Hesse, Helge: *Ökonomen-Lexikon*, Verlag Wirtschaft und Finanzen, Düsseldorf 2003, Seite 117; Weatherford, Jack: *Eine kurze Geschichte des Geldes und der Währungen*, Conzett, Zürich 1999, Seite 168ff.

40. Es steht in unserer Macht, die Welt aufs Neue zu beginnen. Demandt, Alexander: *Sternstunden der Geschichte*, C. H. Beck, München 2004, Seite 196ff.; Hesse, Helge: *Ökonomen-Lexikon*, Verlag Wirtschaft und Finanzen, Düsseldorf 2003, Seite 267-268; Keane, John: *Thomas Paine – Ein Leben für die Menschenrechte*, Claassen, Hildesheim 1998; Winter, Michael: »Paine, Thomas«, in: Bernd Lutz (Hrsg.): *Metzler Philosophenlexikon*, Metzler, Stuttgart 1989, Seite 591-593.

41. Das größte Glück der größten Zahl. Augstein, Franziska: »Automatik des Glücks«, in: *Frankfurter Allgemeine Zeitung*, Nr. 38, 14.2.1998, Seite IV; Beccaria, Cesare: *Über Verbrechen und Strafen*, Insel, Frankfurt 1998; The Bentham Project, in: http://www.ucl.ac.uk/Bentham-Project/info/auto-iconhtm.htm; letzter Zugriff: 3.2.2006; Bentham, Jeremy: *An Introduction to the Principles of Morals and Legislation*, hrsg. v. J.H. Burns and H.L.A. Hart, Clarendon Press, Oxford 1996; Foucault, Michel: *Überwachen und Strafen*, Suhrkamp, Frankfurt 1991, Seite 256f; Prechtl, Peter: »Bentham, Jeremy«, in: Bernd Lutz (Hrsg.): *Metzler Philosophenlexikon*, Metzler, Stuttgart 1989, Seite 96-97; Priestley, Joseph: *An essay on the first principles of government and on the nature of political, civil, and religious liberty*, 1768; Schnitzler, Meike: »Die Mumie hat das Wort«, in: *Die Zeit*, Nr. 31, 2001; Troyer, John (Hrsg.): *The Classical Utilitarians Bentham and Mill*, Hackett, Indianapolis, 2003, Seite xi-xii.

42. Wenn sie kein Brot haben, dann sollen sie doch Kuchen essen. Cronin, Vincent: *Ludwig XVI. und Marie Antoinette*, List, München 2005; Haslip, Joan: *Marie Antoinette, ein tragisches Leben in stürmischer Zeit*, Piper, München 2005; Kuhn, Axel: *Die französische Revolution*, Reclam, Stuttgart 2003; Szerb, Antal: *Das Halsband der Königin*. dtv, München 2005; Zweig, Stefan: *Marie Antoinette*, Deutscher Bücherbund, Stuttgart, Hamburg, München 1981.

43. Die Revolution frisst ihre Kinder. Bouwers, C. G.: *Pierre Vergniaud. Voice of the French Revolution*, Macmillan, New York 1950; Kuhn, Axel: *Die französische Revolution*, Reclam, Stuttgart 2003; Römmelt, Stefan W.: Kurzbiogramm Vergniaud, in: http://www.revolution.historicum.net/biographien/vergniaud.html, letzter Zugriff: 3.2.2006; Artikel »Vergniaud«, in: *Chronique de la Révolution*, Edition Larousse, Paris 1988.

44. Vierzig Jahrhunderte blicken auf euch herab! Ceram, C.W.: *Götter, Gräber und Gelehrte*, Rowohlt, Reinbek 1949, Neuauflage 2000, Seite 82 ff.; Hegasy, Sonja: »Arabiens Versailles«, in: *Die Zeit*, Nr. 20, 6.5.2004, Seite 4; Kleßmann, Eckart: »Der musische Diktator«, in: *Die Zeit*, Nr. 5, 27.1.2005, Seite 32; Kleßmann, Eckart: *Napoleon*, dtv, München 2002; Tulard, Jean: *Napoleon oder der Mythos eines Retters*, Ullstein, Berlin 1982; Ullrich, Volker: *Napoleon – Eine Biografie*, Rowohlt, Reinbek 2004; Ullrich, Volker: »Der gesalbte General«, in: *Die Zeit*, Nr. 50, 2.12.2004, Seite 88; Johannes Wilms: *Napoleon*, C. H. Beck, München 2005.

45. Ich wollte, es wäre Nacht oder die Preußen kämen. Ainé, Jardin: »The Battle of Waterloo as Recounted by one of Napoleon's Personal Aides (June 1815)«, in: Mackenzie Macbride (Hrsg.): *With Napoleon at Waterloo and other Unpublished Documents of the Waterloo and Peninsular Campaigns*, J.B. Lippincott, Philadelphia 1911, Seite 181-185; Hofschroer, Peter: *1815, The Waterloo Campaign: The German Victory: From Waterloo to the Fall of Napoleon*, Greenhill, London 1999; Hofschroer, Peter: *1815, The Waterloo Campaign: Wellington, His German Allies and the Battles of Ligny and Quatre Bras*, Greenhill, London 1998; Kelly, Christopher: *A Full and Circumstantial Account Of The Memorable Battle of Waterloo*, Thomas Kelly, London 1836.

46. Der Krieg ist eine bloße Fortsetzung der Politik mit anderen Mitteln. Bassford, Christopher: *Clausewitz in English – The Reception of Clausewitz in England and Ame-*

rica 1815 – 1945, Oxford University Press, New York, Oxford 1994; Clausewitz, Carl von: *Vom Kriege*, Ullstein, Berlin 2003; Herbergh-Rothe, Andreas: *Das Rätsel Clausewitz. Politische Theorie des Krieges im Widerstreit*, Wilhelm Fink, Paderborn 2001.

47. Friede den Hütten, Krieg den Palästen! Büchner, Georg; Weidig, Friedrich Ludwig: *Der Hessische Landbote*, Reclam, Ditzingen 1996; Hasselbach, Karlheinz: *Georg Büchner*, Reclam, Stuttgart 1999; Hauschild, Jan-Christoph: *Georg Büchner,* Rowohlt, Reinbek 2004; Wirtz, Thomas: »Stirb viermal, jetzt erst recht«, in: *Frankfurter Allgemeine Zeitung*, Nr. 289, 12.12.2000.

48. Eigentum ist Diebstahl. Goldschmidt, Werner: »Proudhon, Pierre Joseph«, in: Bernd Lutz (Hrsg.): *Metzler Philosophenlexikon*, Metzler, Stuttgart 1989, Seite 638-642; Isser, Matthias: »Proudhon, Pierre Joseph: Was ist Eigentum? Untersuchungen über den Ursprung und die Grundlagen des Rechts und der Herrschaft«, in: Georg W. Oesterdieckhoff (Hrsg.): *Lexikon der soziologischen Werke*, Westdeutscher Verlag, Wiesbaden 2001, Seite 557f.; Proudhon, Pierre-Joseph: *Was ist Eigentum? Erste Denkschrift*, Monte Verita, Wien 1992; Vincent, K. Steven: *Pierre-Joseph Proudhon and the Rise of the French Republican Socialism*, Oxford University Press, New York, Oxford 1984.

49. Deutschland, Deutschland über alles! Freitag, Sabine (Hrsg.): *Die Achtundvierziger. Lebensbilder aus der deutschen Revolution 1848/49*, C. H. Beck, München 1998; Pelzer, Erich: »Um Verfassung und Nation – Von der Julirevolution bis zum Vormärz«, in: *Brockhaus. Die Bibliothek. Die Weltgeschichte*, 6 Bände, Leipzig, Mannheim 1997-1999, Band 4, Seite 274-283; Rieder, Heinz: *Die Völker läuten Sturm. Die europäische Revolution 1848/49*, Gernsbach 1997; Tucholsky, Kurt: *Deutschland, Deutschland über alles*, Rowohlt, Reinbek 1980; Valentin, Veit: *Geschichte der deutschen Revolution von 1848-1849,* 2 Bände, Beltz Quadriga, Weinheim u. a. 1998.

50. Proletarier aller Länder vereinigt Euch! Blumenberg, Werner: *Karl Marx. Mit Selbstzeugnissen und Bilddokumenten*, Rowohlt, Reinbek 2004; Fetscher, Iring: *Marx*, Herder Verlag, Freiburg im Breisgau 2000; Kühnl, Reinhard: »Marx, Karl Heinrich/Engels, Friedrich«, in: Bernd Lutz (Hrsg.): *Metzler Philosophenlexikon*, Metzler, Stuttgart 1989, Seite 509-526; Marx, Karl; Engels, Friedrich: *Manifest der Kommunistischen Partei*, Reclam, Ditzingen 1989.

51. Erst wenn der letzte Baum gefällt, der letzte Fluss vergiftet, der letzte Fisch gefangen ist, werdet ihr feststellen, dass man Geld nicht essen kann. Clark, Jerry L.: »Thus Spoke Chief Seattle: The Story of An Undocumented Speech«, in: *Prologue*, Vol. 18, No. 1. Frühjahr 1985; Egan, Timothy: »Chief's Speech of 1854 Given New Meaning (and Words)«, in: *The New York Times*, 21. 4. 1992, Seite A1; Jones, Malcolm Jr.; Sawhill, Ray: »Just Too Good to Be True: another reason to beware of false eco-prophets«, in: *Newsweek*, 4.5.1992, Seite 68; Nichols, Russ: »Sorry, But Chief Seattle Didn't Speak in Bumper Sticker«, in: *The San Diego Union-Tribune*, 28.10.1991, Seite C1; Perry, Ted: (Version für TV-Film »Home«): engl in: www-formal.stanford.edu/jmc/progress/fake2.html, letzter Zugriff am 3.2.2006, dt. in: http://www.prometheusonline.de/ heureka/politik/vortraege/seattle/seattle.htm, letzter Zugriff am 3.2.2006; Probst, Sonja; Probst, Ernst: *Meine Worte sind wie die Sterne – Die Rede des Häuptlings Seattle und andere indianische Weisheiten*, Verlag Ernst Probst, Mainz 2001; Smith, Henry A.: »Chief Seattle's Speech«, in: *Seattle Sunday Times*, 29.10.1887; versch. Vers. d. Rede Seattles: http://www.synaptic.bc.ca/ejournal/seattle2.htm, letzter Zugriff: 3.2.2006.

52. Blut und Eisen. Bismarck, Otto von: *Gedanken und Erinnerungen*, Herbig, München 2004; Gall, Lothar: *Bismarck. Der weiße Revolutionär*, Ullstein, Berlin 1997; Görtemaker, Manfred: »›Durch Eisen und Blut‹ – Die deutsche Einigung«, in: *Brockhaus. Die Bibliothek. Die Weltgeschichte*, 6 Bände, Leipzig, Mannheim 1997-1999, Band 5, Seite 100-119; Haffner, Sebastian: *Von Bismarck zu Hitler*, Droemer Knaur, München 2001; Haupt, Udo: »Reaktion und Neuordnung«, in: Heinrich Pleticha (Hrsg.): *Deutsche Geschichte*, 6 Bände, Bertelsmann, Gütersloh 1998, Band 5, Seite 166-203; Krockow, Christian Graf von: *Bismarck*, dtv, München 2000; Mast, Peter: »Kaiser Wilhelm I.«, in: Gerhard Hartmann, Karl Schnith (Hrsg.): *Die Kaiser – 1200 Jahre europäische Ge-*

schichte, Marix, Wiesbaden 2006, Seite 747-761; Reid, Brian Holden: *Der Amerikanische Bürgerkrieg und die Europäischen Einigungskriege*, Brandenburgische Verlagsanstalt, Berlin 2000, Seite 179-209.
53. Alle Räder stehen still, wenn dein starker Arm es will. *Duden: Zitate und Sprüche*, Dudenverlag, Mannheim, Leipzig, Wien, Zürich 2002, Seiten 29, 75; Enzensberger, Ulrich: *Herwegh. Ein Heldenleben*, Eichborn, Frankfurt 1999; Fellrath, Ingo: »Georg Herwegh – Emma Herwegh: Vive la République!«, in: Sabine Freitag (Hrsg): *Die Achtundvierziger*, C. H. Beck, München 1998; Krausnick, Michail: *Die eiserne Lerche. Die Lebensgeschichte des Georg Herwegh*, Beltz und Gelberg, Weinheim 1993.
54. Getrennt marschieren, vereint schlagen. Becker, Frank: »Getrennt marschieren, vereint schlagen« Königgrätz, 3. Juli 1866, in: Stig Förster (Hrsg.): *Schlachten der Weltgeschichte. Von Salamis bis Sinai*, dtv, München 2004, S. 216-229; Cordes, Günter: »Moltke«, in: Gerhard Taddey (Hrsg.): *Lexikon der deutschen Geschichte*, Kröner, Stuttgart 1983, Seite 840; Mast, Peter: »Kaiser Wilhelm I.«, in: Gerhard Hartmann, Karl Schnith (Hrsg.): *Die Kaiser – 1200 Jahre europäische Geschichte*, Marix, Wiesbaden 2006, Seite 747-761; Reid, Brian Holden: *Der Amerikanische Bürgerkrieg und die Europäischen Einigungskriege*, Brandenburgische Verlagsanstalt, Berlin 2000, Seite 179-209; Zimmer, Frank: *Bismarcks Kampf gegen Kaiser Franz Joseph. Königgrätz und seine Folgen*, Styria, Wien 1996.
55. Vom Kap bis Kairo. Churchill, Winston: *Meine frühen Jahre*, Coron, Zürich 1966, Seite 155ff.; Flint, John: *Cecil Rhodes*, Little, Brown & Company, Toronto 1974; Lucius, Robert von: »Afrikas Held und Schurke«, in: *Frankfurter Allgemeine Zeitung*, 5.7.2003; Woodhouse, Christopher Montague: »Cecil Rhodes«, in: *Encyclopedia Britannica*, 2003; Roberts, Brian: Cecil Rhodes: *Flawed Colossus*, Norton, New York 1988; Schöllgen, Gregor: *Das Zeitalter des Imperialismus*, Oldenbourg, München 2001, Seite 557f.; Thomas, Anthony: *Rhodes: The Race for Africa*, Penguin Books, London 1997.
56. Sprich leise und trage einen großen Knüppel. Dippel, Horst: *Die Geschichte der USA*, C. H. Beck, München 2005; Heideking, Jürgen: »Macht, Geld und Sendungsbewusstsein – Amerikanische Außenpolitik im Zeichen des Imperialismus«, in: *Brockhaus. Die Bibliothek. Die Weltgeschichte*, 6 Bände, Leipzig, Mannheim 1997-1999, Band 5, Seite 188-197; Schäfer, Peter: *Die Präsidenten der USA*, Komet, Köln 2005, Seite 202-217; Morison, Elting E. (Hrsg.): *The Letters of Theodore D. Roosevelt*, 8 Bände, Cambridge/Massachusetts 1951-1954.
57. Ich kenne keine Parteien mehr, ich kenne nur noch Deutsche. Hartmann, Gerhard; Schnith, Karl (Hrsg.): *Die Kaiser – 1200 Jahre europäische Geschichte*, Marix, Wiesbaden 2006; Keegan, John: *Der Erste Weltkrieg – Eine europäische Tragödie*, Rowohlt, Reinbek 2004; Mommsen, Wolfgang J.: *War der Kaiser an allem Schuld?* Ullstein, Berlin 2005; Röhl, John: »Seine Schuld ist sehr groß«, Interview in: *Der Spiegel*, Nr. 8, 2004, Seite 90-93; Schwarz, Hans-Peter: *Das Gesicht des Jahrhunderts*, Siedler, Berlin 1998; Strachan, Hew: »Wer war schuld?«, in: *Der Spiegel*, Nr. 14, 2004, Seite 128-137; Wehler, Ulrich: »Die Urkatastrophe«, in: *Der Spiegel*, Nr. 8, 2004, Seite 82-89; Westwell, Ian: *Der I. Weltkrieg. Eine Chronik*, Gondrom, Bindlach 2000.
58. Vertrauen ist gut, Kontrolle ist besser. Drösser, Christoph: »Vertraute Prüfung«, in: *Die Zeit*, Nr. 12, 2000; *Duden: Zitate und Sprüche*, Dudenverlag, Mannheim, Leipzig, Wien, Zürich 2002, Seite 552; Holz, Hans-Heinz: »Lenin, Wladimir Iljitsch (Uljanow)«, in: Bernd Lutz (Hrsg.): *Metzler Philosophenlexikon*, Metzler, Stuttgart 1989, Seite 453-456; Lenin, Wladimir Iljitsch: *Werke*, 47 Bände, Dietz, Berlin 1971, Band 20, Seite 358; Weber, Hermann: *Lenin mit Selbstzeugnissen und Bilddokumenten*, Rowohlt, Reinbek 2004.
59. Freiheit ist immer nur Freiheit des Andersdenkenden. *Duden: Zitate und Sprüche*, Dudenverlag, Mannheim, Leipzig, Wien, Zürich 2002, Seite 181; Fülberth, Georg: »Luxemburg, Rosa«, in: Bernd Lutz (Hrsg.): *Metzler Philosophenlexikon*, Metzler, Stuttgart 1989, Seite 483-485; Luxemburg, Rosa: »Zur russischen Revolution«, in: *Gesammelte Werke*, Band 4, Ostberlin 1974, Seite 359, Fußnote 3; bzw. »Die Russische Revolution«

in: *Politische Schriften*, Band 3, Europäische Verlagsanstalt, Frankfurt 1968, Seite 106-141; Thiessen, Susanne: »Luxemburg, Rosa«, in: Ursula I. Meyer, Heidemarie Bennent-Vahle (Hrsg.): *Philosophinnen-Lexikon*, Reclam, Leipzig 1997.

60. Die deutsche Armee ist von hinten erdolcht worden. Barth, Boris: *Dolchstoßlegenden und politische Desintegration. Das Trauma der deutschen Niederlage im Ersten Weltkrieg 1914-1933*, Droste, Düsseldorf 2003; Haffner, Sebastian: *Von Bismarck zu Hitler*, Droemer Knaur, München 2001; Sammet, Rainer: *»Dolchstoß« – Deutschland und die Auseinandersetzung mit der Niederlage im Ersten Weltkrieg (1918–1933)*, trafo, Berlin 2003; Winkler, Heinrich August: *Der lange Weg nach Westen*, C. H. Beck, München, 2002; Ullrich, Volker: *Die nervöse Großmacht*, Fischer, Frankfurt 1997, Seite 559f.; *Der Sieg war zum Greifen nah*, Broschüre mit Texten von Paul von Hindenburg, Erich Ludendorff, Kronprinz Friedrich Wilhelm u. a., Verlag für Sozialwissenschaft, Berlin 1921.

61. Worüber man nicht sprechen kann, darüber muss man schweigen. Edmonds, David J.; Eidinow, John A.: *Wie Ludwig Wittgenstein Karl Popper mit dem Feuerhaken drohte*, Fischer, Frankfurt 2003; Grayling, A. C.: *Wittgenstein*, Herder, Freiburg im Breisgau 2000; Kunzmann, Peter; Burkard, Franz-Peter; Wiedmann, Franz: *dtv-Atlas zur Philosophie*, dtv, München 1991, Seite 212-215; Maurer, Ernstpeter: »Ludwig Wittgenstein«, in: Bernd Lutz (Hrsg.): *Metzler Philosophenlexikon*, Metzler, Stuttgart 1989, Seite 818-822; Störig, Hans Joachim: *Kleine Weltgeschichte der Philosophie*, Fischer, Frankfurt 1987, Seite 637-641; Watson, Peter: *Das Lächeln der Medusa*, Goldmann, München 2003, Seite 235ff.; Wittgenstein, Ludwig: *Wiener Ausgabe, ›The Big Typescript‹*, hrsg. v. Michael Nedo, Zweitausendeins, Frankfurt 2000; Wittgenstein, Ludwig: *Tractatus logico-philosophicus. Logisch-philosophische Abhandlung*, Suhrkamp, Frankfurt 1963; Zimmer, Robert: *Das Philosophenportal*, dtv, München 2004, Seite 179ff.

62. Gott würfelt nicht. Fischer, Klaus: *Einstein*, Herder, Freiburg im Breisgau 2000; Greene, Brian: *Das elegante Universum*, Goldmann, München 2006; Hawking, Stephen: *Die illustrierte kurze Geschichte der Zeit*, Rowohlt, Reinbek 2001; Heckl, Wolfgang M.: »Einstein, Albert«, in: Bernd Lutz (Hrsg.): *Metzler Philosophenlexikon*, Metzler, Stuttgart 1989, Seite 210-213; Krafft, Fritz (Hrsg.): *Lexikon der Naturwissenschaftler*, Fourier, Wiesbaden 2004; Mainzer, Klaus: *Zeit*, C. H. Beck, München 1999; Watson, Peter: *Das Lächeln der Medusa*, Goldmann, München 2003.

63. Ich kann gar nicht so viel essen, wie ich kotzen möchte. Gronau, Dietrich: *Max Liebermann*, Fischer, Frankfurt 2001; Müller, Felix: »Die Angst und das Gift«, in: *Berliner Morgenpost*, 5.6.2005; Püschel, Walter (Hrsg.): *Een Anarchist is der Kerl doch! – Anekdoten von Max Liebermann*, Eulenspiegel Verlag, Berlin 1987; Schmalhausen, Bernd: *Ich bin doch nur ein Maler*, Olms, Hildesheim 1996; Shirer, William Lawrence: *Aufstieg und Fall des Dritten Reiches*, Pawlak, Herrsching 1985; Toland, John: *Adolf Hitler*, 2 Bände, Bastei-Lübbe, Bergisch-Gladbach, 1977.

64. Seit 5.45 Uhr wird jetzt zurückgeschossen. Benz, Wolfgang; Graml, Hermann; Weiß, Hermann (Hrsg.): *Enzyklopädie des Nationalsozialismus*, dtv, München 1997; Gruchmann, Lothar: *Totaler Krieg – Vom Blitzkrieg zur bedingungslosen Kapitulation*, dtv, München 1991, Seite 11-37; Schwarz, Hans-Peter: *Das Gesicht des Jahrhunderts*, Siedler, Berlin 1998; Shirer, William Lawrence: *Aufstieg und Fall des Dritten Reiches*, Pawlak, Herrsching, 1985; Zentner, Christian: *Der Zweite Weltkrieg – Ein Lexikon*, Heyne, München 1995, Seite 208.

65. Blut, Schweiß und Tränen. Haffner, Sebastian: *Churchill*, Rowohlt, Hamburg 1967; Jenkins, Roy: *Churchill*, MacMillan, London 2001; Kraus, René: *Winston Churchill*, Lippincott, Philadelphia, New York 1940; Mansfield, Stephen: *Never Give In – The Extraordinary Character of Winston Churchill*, Cumberland House, Nashville 1995; Schwarz, Hans-Peter: *Das Gesicht des Jahrhunderts*, Siedler, Berlin 1998; Shirer, William Lawrence: *Aufstieg und Fall des Dritten Reiches*, Pawlak, Herrsching 1985; Zentner, Christian: *Der Zweite Weltkrieg – Ein Lexikon*, Heyne, München 1995.

66. Wollt ihr den totalen Krieg? Goebbels, Joseph: *Tagebücher 1924-1945*, hrsg. v. Ralf

G. Reuth, 5 Bände, Piper, München 2003; Gruchmann, Lothar: *Totaler Krieg – Vom Blitzkrieg zur bedingungslosen Kapitulation*, dtv, München 1991; Hachmeister, Lutz; Kloft, Michael: *Das Goebbels-Experiment*, DVA, München 2005; Reuth, Ralf G.: *Goebbels*, Piper, München 2000; Scholl, Inge: *Die Weiße Rose*, Fischer, Frankfurt 1994; Shirer, William Lawrence: *Aufstieg und Fall des Dritten Reiches*, Pawlak, Herrsching, 1985; Zentner, Christian: *Der Zweite Weltkrieg – Ein Lexikon*, Heyne, München 1995.
67. Die Hölle, das sind die anderen. Heidegger, Martin: *Sein und Zeit*, Niemeyer, Tübingen, 1993. König, Traugott: »Sartre, Jean-Paul«, in: Bernd Lutz (Hrsg.): *Metzler Philosophenlexikon*, Metzler, Stuttgart 1989, Seite 683-690; Ley, Bernard-Henri: *Jean-Paul Sartre*, dtv, München 2005; Sartre, Jean-Paul: *Das Sein und das Nichts*, Rowohlt, Reinbek 1993; Sartre, Jean-Paul: *Geschlossene Gesellschaft*, Rowohlt, Reinbek 1986; Vietta, Silvio: »Heidegger, Martin«, in: Bernd Lutz (Hrsg.): *Metzler Philosophenlexikon*, Metzler, Stuttgart 1989, Seite 326-339; Watson, Peter: *Das Lächeln der Medusa*, Goldmann, München 2003, Seite 579ff.
68. Der Versuch, den Himmel auf Erden einzurichten, produziert stets die Hölle. Edmonds, David J.; Eidinow, John A.: *Wie Ludwig Wittgenstein Karl Popper mit dem Feuerhaken drohte*, Fischer, Frankfurt 2003; Magee, Bryan: *Karl Popper*, UTB/Mohr Siebeck, Tübingen 1986; Popper, Karl R.: *Die offene Gesellschaft und ihre Feinde*, 2 Bände, Mohr/Siebeck, Tübingen 2003; Watson, Peter: *Das Lächeln der Medusa*, Goldmann, München 2003, Seite 542ff.; Zimmer, Robert: *Das Philosophenportal*, dtv, München 2004, Seite 209ff.
69. Die Banalität des Bösen. Ambros, Gerda: »Arendt, Hannah«, in: Ursula I. Meyer, Heidemarie Bennent-Vahle (Hrsg.): *Philosophinnen-Lexikon*, Reclam, Leipzig 1997; Arendt, Hannah: *Elemente und Ursprünge totaler Herrschaft*, Piper, München 2003; Arendt, Hannah: *Eichmann in Jerusalem*, Piper, München 1986; Gaus, Günter: *Was bleibt sind Fragen – Die klassischen Interviews*, edition ost, Berlin 2000; Matthias, Schmitz: »Hannah Arendt«, in: Bernd Lutz (Hrsg.): *Metzler Philosophenlexikon*, Metzler, Stuttgart 1989, Seite 34-38; Sontheimer, Kurt: *Hannah Arendt*, Piper, München, 2005; Watson, Peter: *Das Lächeln der Medusa*, Goldmann, München, 2003, Seiten 441ff., 717ff.; »Kurz vor Mitternacht wurde Eichmann hingerichtet«, in: *Die Welt*, Nr. 127 vom 2.6.1962, Seite 4.
70. Ich bin ein Berliner. Dallek, Robert: *John F. Kennedy*, DVA, München 2003; Etges, Andreas: *John F. Kennedy*, dtv, München 2003; Schäfer, Peter: *Die Präsidenten der USA*, Komet, Köln 2005, Seite 294-303; Schwarz, Hans-Peter: *Das Gesicht des Jahrhunderts*, Siedler, Berlin 1998; Kennedy, John F.: *Rede in Berlin am 26. Juni 1963*: http://www.dhm.de/lemo/html/teilung/DieZuspitzungDesKaltenKrieges/DieMauer/kennedyBesuch.html, letzter Zugriff am 9.5.2006.
71. I have a dream. Bahr, Hans-Eckehard: *Martin Luther King*, Aufbau Taschenbuch, Berlin 2004; Branch, Taylor: *Parting the Waters: America in the King Years 1954-63*, Simon & Schuster, New York 1989; Gentile, Thomas: *March on Washington August 28, 1963*, New Day Publications, Washington D.C. 1983; King, Martin Luther; Bahr, Hans-Eckehard; Grosse, Heinrich W.: *Ich habe einen Traum*, Patmos, Düsseldorf 2003; King, Martin Luther Jr.: *I have a Dream*, Scholastic Press, New York 1997; Presler, Gerd: *Martin Luther King*, Rowohlt, Reinbek 1984.
72. Dies ist ein kleiner Schritt für einen Menschen, ein riesiger Sprung für die Menschheit. Drösser, Christoph: »Kleiner Stolperer«, in: *Die Zeit*, Nr. 29, 1999; Hansen, James R.: *First Man: The Life of Neil A. Armstrong*, Simon & Schuster, New York 2005; Scholze, Oscar: *Die Eroberung des Mondes*, Wissen-Verlag, Stuttgart, Zürich 1969; Schreiber, Hermann: »Für uns gibt es nicht Rätselhaftes«, in: *Der Spiegel*, Nr. 30, 21.7.1969, Seite 61-65; *Die Männer auf dem Mond*, Beilage in: *Stern*, 1969; »Ein Sieg der sauberen Amerikaner«, in: *Der Spiegel*, Nr. 31, 28.7.1969, Seite 100; »Fesseln gesprengt«, in: *Der Spiegel*, Nr.29, 14.7.1969, Seite 88-106.
73. Wir wollen mehr Demokratie wagen. Merseburger, Peter: *Willy Brandt 1913-1992*, dtv, München 2004; Roedig, Christian: »Die Bundesrepublik von den sechziger Jahren

bis zur Wiedervereinigung«, in: Heinrich Pleticha (Hrsg.): *Deutsche Geschichte*, 6 Bände, Bertelsmann, Gütersloh 1998, Band 6, Seite 388-421; Schöllgen, Gregor: *Willy Brandt*, Propyläen, Berlin 2004; Schwarz, Hans-Peter: *Das Gesicht des Jahrhunderts*, Siedler, Berlin 1998; Seebacher-Brandt, Brigitte: *Willy Brandt*, Piper, München 2004.

74. The games must go on! Engelbrecht, Astrid: *Avery Brundage*, Cuvillier, Göttingen 1997; Guttmann, Allen: *The Games Must Go On. Avery Brundage and the Olympic Movement*, Columbia University Press, New York 1984; Reeve, Simon: *Ein Tag im September*, Heyne, München 2006; »Die schlimmste Nacht der Bundesrepublik«, in: *Der Spiegel*, Nr. 38, 11.9.1972, Seite 19ff.

75. Wer zu spät kommt, den bestraft das Leben. Drösser, Christoph: »Gorbis Warnung«, in: *Die Zeit*, Nr. 41, 1999; Gorbatschow, Michail: *Wie es war – Die deutsche Wiedervereinigung*, Econ, München 2003; Gorbatschow, Michail: *Erinnerungen*, Btb bei Goldmann, München 1996; Plog, Ulla: »Wer zu spät kommt, den bestraft das Leben«, in: *Frankfurter Allgemeine Sonntagszeitung*, Nr. 40, 3.10.2004, Seite 16; Ruge, Gerd: *Michail Gorbatschow*, Fischer, Frankfurt 1990; Schwarz, Hans-Peter: *Das Gesicht des Jahrhunderts*, Siedler, Berlin 1998; »Die Geduld ist zu Ende«, in: *Der Spiegel*, Nr. 41, 9.10.1989, Seite 18-27.

76. Blühende Landschaften. Kohl, Helmut: *Erinnerungen 1982-1990*, Droemer Knaur, München 2005; Kohl, Helmut: *Ich wollte Deutschlands Einheit*, aufgezeichnet von Kai Dieckmann und Ralf Georg Reuth, Ullstein, Berlin 1998; Römer, Karl: »Die Wiedervereinigung und die neue Republik«, in: Heinrich Pleticha (Hrsg.): *Deutsche Geschichte*, 6 Bände, Bertelsmann, Gütersloh 1998, Band 6, Seite 424-455; Schwarz, Hans-Peter: *Das Gesicht des Jahrhunderts*, Siedler, Berlin 1998; Sigmund, Thomas: »Auftritt des Altkanzlers«, in: *Handelsblatt*, 16.9.2004; Steingart, Gabor: »Helmut Kohl – Kanzler des Niedergangs«, in: *Der Spiegel*, Nr.15, 5.4.2004.

77. Die Mutter aller Schlachten hat begonnen. Atkinson, Rick; Broder, David S.: »U.S., Allies Launch Massive Air War Against Targets in Iraq and Kuwait«, in: *Washington Post*, 17.1.1991, Seite A01; Bengio, Ofra (Hrsg.): *Saddam Speaks on the Gulf Crisis: A Collection of Documents*, Tel Aviv University, 1992, Seite 207-212; Rosenthal, Andrew: »U.S. and Allies Open Air War on Iraq; Bomb Baghdad and Kuwaiti Targets«, in: *The New York Times*, 17.1.1991.

78. I did not have sexual relations with that woman, Miss Lewinsky. Clinton, Bill: *Mein Leben*, Ullstein, Berlin, 2005; Clinton, Bill: Interview in *60 Minutes*, gesendet auf CBS, 20.6.2004; Clinton, Hillary: *Gelebte Geschichte*, Ullstein, Berlin, 2004; Lewinsky, Monica: Interview in *Monica Lewinsky: My Side of the Story*, gesendet auf ITV, 25.6.2004; Morton, Andrew: *Monicas Story*, St. Martin's Press, New York 1999; Schäfer, Peter: *Die Präsidenten der USA*, Komet, Köln 2005, Seite 372-387; Schwarz, Hans-Peter: *Das Gesicht des Jahrhunderts*, Siedler, Berlin 1998.

79. Die Renten sind sicher. Afhüppe, Sven; Hammerstein, Konstantin von; Neubacher, Alexander; Sauga, Michael: »Der Schuldenstaat«, in: *Der Spiegel*, Nr. 26, 2005, Seite 22-33; Aust, Stefan; Richter, Claus: *Fall Deutschland* (DVD der 3-teiligen TV-Dokumentation), Spiegel TV, ZDF, 2005; »Eins ist sicher: Die Renten werden immer weniger«, in: *tageszeitung*, Nr. 7917, 9.3.2006, Seite 2; Blüm, Norbert: »Der Mensch ist keine Ich-AG«, Interview in: *Neues Deutschland*, 15.5.2004; Hauch-Fleck, Marie-Luise; Schumacher, Oliver: »Es gibt viel zu kämpfen« – Minister Norbert Blüm über die Rentenpolitik und die Zukunft des Sozialstaates, Interview in: *Die Zeit*, Nr. 26, 1998; Stüwe, Heinz: »Rentner Blüm«, in: *Frankfurter Allgemeine Zeitung*, 23.12.2002.

80. Die Achse des Bösen. Noah, Timothy: »David Frum's ›Axis of Evil‹« Authorial vanity strikes the Bush White House, Dienstag, 5.2.2002, um 3:49 Uhr PM ET, in: *Slate* (Online-Magazin der *Washington Post*), http://www.slate.com/id/2061695/, letzter Zugriff am 1.2.2006; Schäfer, Peter: *Die Präsidenten der USA*, Komet, Köln 2005, Seite 388-404; Woodward, Bob: *Bush at War – Amerika im Krieg*, DVA, München 2003. State of the Union Address: http://www.whitehouse.gov/news/releases/2002/01/20020129-11.html, letzter Zugriff am 1.2.2006.

Personenregister